영어 공부
잘하는 아이는
이렇게
공부합니다

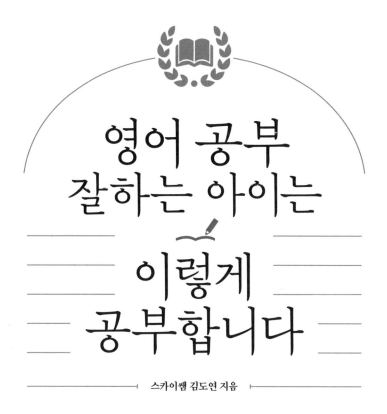

영어 공부
잘하는 아이는
이렇게
공부합니다

스카이쌤 김도연 지음

길벗

◇ **일러두기**

'엄마표 학습'이라는 단어가 우리나라에서는 '학원을 보내거나 과외를 시키는 등 외부인의 도움을 받지 않고 부모가 아이를 집에서 직접 가르치는 행위'를 의미하는 말로 통용되고 있기에, 본 도서에서도 '집에서 부모가 아이의 영어 학습을 돕는 것'을 의미하는 단어로 '엄마표 영어'를 사용했습니다. 꼭 엄마만 학습 코치가 될 수 있는 것은 아니에요.

◆ 이 책을 읽기 전까지 영재는 타고나는 것이라고만 생각했습니다. 이 책을 보니 영어 거부증까지 있던 행복이가 어떻게 영재로 자라났는지 이해가 갑니다. 가장 놀라운 부분은 영어를 공부하는 아이의 '감정'을 세심하게 살피는 학습법이라는 점입니다. 영어를 영어로 언어로서 받아들이려면 학습자가 궁금하게 만드는 것, 자발적으로 의미를 느끼도록 만드는 것, 즉 의지와 감정을 건드려주는 것이 필요합니다. 스카이쌤의 영어 교육법은 무척 체계적이면서도 아이의 감정을 1순위로 배려해서 효과를 극대화시키는 학습법이라는 것이 놀랍습니다.

그동안 저는 아무리 공부해도 1등급이 안 나오는 아이들이 존재한다는 사실에만 관심을 가졌습니다. 이 책을 통해 1등급이 쉽게 나오는 애들은 어떻게 그런 능력이 장착되어 있었던 것인지에 대해 알게 되었습니다. 그들은 국어의 문해력이 영어로 옮겨가도록 애초에 그 두 가지가 함께 길러졌던 것입니다. 아마도 그 아이들은 어렸을 때 이런 '엄마표 영어'의 반이라도 배워봤던 것이 아닐까요? 어려서부터 자연스럽게 영어를 받아들이는 아이로 성장시킬 수 있는 비결이 이 책에 있습니다.

－《너를 영어1등급으로 만들어주마》 저자 송서림

◆ 저를 포함해서, 국내에서 소위 '한국식 영어'로 공부를 했던 부모님 세대들은 영어에 대한 막연한 불안과 조급함을 가지고 있습니다. 엄빠표 영어를 통해 자녀에게 영어를 가르치시면서도, 이게 맞는 건지 잘하고 있는 건지 고민하시는 부모님들이 많습니다. 하지만 제가 학습법 책을 쓰고, 다양한 교육 전문가들을 만나면서 느낀 것은 디테일한 테크닉이나 방법이 중요한 것이 아니라, 확실한 원칙과 기준을 가지고 교육에 임하는 것이 자녀의 학습을 도와주는 가장 중요하면서도 명확한 본질이라는 것을 알 수 있었습니다.

그런 점에서 영어 교육 현장에서 다수의 아이들을 만나고, 직접 본인의 아이를 지도하며 좋은 성과를 거둔 스카이쌤의 저서 《영어 공부 잘하는 아이는 이렇게 공부합니다》는 엄마표 영어 및 자녀교육을 해나감에 있어 학습이라는 명목으로 아이와의 관계를 잃지 않고, 학습과 관계, 아이의 주체성이라는 세 마리 토끼를 모두 잡을 수 있는 길을 제시해줄 것입니다. **– 〈스몰빅클래스〉 대표 조승우**

◆ 스카이쌤이 내놓은 이 책은 기존 영어 교육서와는 다른 세 가지 장점이 있습니다. 첫째, 엄마표 영어를 위한 현실적이고 구체적인 성공 노하우가 담겼습니다. 둘째, 한국어 문해력과 시간 효율을 중시하는 등 제한적인 시간 안에 영어 학습에 관한 탄탄한 기본 역량을 키울 수 있습니다. 마지막으로 엄마이자 영어 교육 전문가로서의 균형 잡힌 시각을 통해 자녀 영어 교육으로 고민하는 많은 학부모들에게 효과적인 지침을 제공합니다. **– 초중등 교육 채널 〈교집합 스튜디오〉 소장 권태형**

◆ 스카이쌤은 10년 이상 학생들을 가르쳐온 노하우를 바탕으로 체계적이고 효율적인 영어 학습법을 제시합니다. 특히 여러 논문과 책을 참고하여 단순히 개인의 경험이 아닌 설득력 있는 영어 학습 커리큘럼을 제공한다는 점이 인상적입니다. 엄마표 영어를 추구하는 분들에게 좋은 길잡이가 되어줄 책입니다. 엄마표 영어에 도전하고 싶지만 어떻게 시작해야 할지 고민이 되는 분들에게 이 책을 적극 추천합니다.

- 서울대 공부 꿀팁 〈소린TV〉 안소린

◆ 아무리 찾아도 아이의 영어 교육에 답이 없는 것 같을 때, 이 책을 펴보시길 추천드립니다. 대한민국의 한 어머니로서, 영어 학원 선생님으로서, 경험을 통해 쌓아온 영어 교육의 노하우들이 담겨있는 비법책입니다. 아이를 사랑하고, 그 아이가 영어를 사랑하며 공부했으면 하는 작가님의 마음이 책에서도 느껴집니다. 영어 교육을 어떻게 시켜야 할지 모르겠는 우리나라의 부모님들이 이 책을 통해 도움을 받아갈 수 있길 바랍니다. **- 교육 인플루언서, 《구슬쥬의 시크릿 내신노트》 저자 구슬쥬**

영어거부감 있던 초2가
4년 만에 수능 모의고사
만점 받기까지

행복이의 영어 성적을 보면, 사람들은 이렇게 말하곤 합니다.

"엄마가 영어학원 선생이니까 어렸을 때부터 영어를 가르쳤겠지."

하지만 정작 행복이는 초등학교 1학년 때까지만 해도 영어 노래만 들리면 귀를 막고 울어버릴 정도로 영어거부감이 있는 아이였습니다. 당시 억대 연봉 영어학원 강사였던 제가 너무 바빠 정작 제 아이의 영어 노출이나 조기영어교육 같은 건 엄두도 못 냈거든요. 그런데 저를 대신해 행복이를 돌봐주시던 행복이 외할머니가 '일곱 살이 됐는데도 알파벳도 제대로 모르니 걱정된다'며 무작정 영어학원에 몇 달 보낸 것이 도리어 아이의 격렬한 영어 거부로 이어졌습니다.

그래서 행복이는 제가 건강상의 이유로 학원을 그만둔 아홉 살부터 영어 공부를 시작할 수 있었습니다. 그것도 옆에 끼고 하나하나 가르쳤다기보다 저의 영어 교육 노하우를 모두 녹여내, 영어거부감 있는 아이도 스스로 공부할 수 있는 '자기주도 공부법'으로 이끌었습니다.

제가 행복이를 이끈 교육법과 교육 목표는 기존의 엄마표 영어들과 이런 차별점이 있습니다.

스카이쌤 영어 공부법의 차별점 1
전 과목을 중시하는 공부법

저의 교육 지론은 '학습은 전체적인 밸런스가 중요하다'입니다. 공부는 계속해서 하는 거지, 어떤 과목을 하나 끝내놓고 그다음 과목을 마스터한다는 건 불가능하죠. 그래서 영어만 공부하는 것이 아니라 전 과목을 두루 잘할 수 있도록 구성했습니다.

아이들마다 사용할 수 있는 시간이 다릅니다. 또 아이의 체력, 흥미, 집중력 등 성향과 특성에 따라 학습 밀도에 차이도 생깁니다. 이렇듯 모든 아이가 가진 공부 기본값이 다르고, 또 어렸을 때부터 공부 습관과 지식을 차곡차곡 쌓아올리는 것이 중요한데, 이를 무시한 채 '영어가 중요하다'며 영어 공부만 시키면 영어만 잘하는 아이가 될 수는 있겠죠. 그러나 사회에 나가면 어떤가요? 통번역사처럼 영어를 직접 사용하는 직업을 갖지 않는 한 영어 실력은 한 사람의 능력치를 평가할 때 그저 한 가지 항목이 될 뿐입니다. 그래서 저는 행복이의 전체적인 학습력 향상을 목표로 삼았습니다. 결국 행복이는 영어가 아닌 과학영재로 선발되었고, 사립중학교에 장학금을 받고 입학하는 등 훌륭한 성과를 이루었습니다.

스카이쌤 영어 공부법의 차별점 2

문해력 키우는 5단계 독서법

영어뿐 아니라 전 과목의 성적까지 끌어올리는 영어 공부법이란 무엇일까요? 바로 독서가 중심이 되는 공부입니다. 영어책 독서 말고, 우리말로 된 책 독서요. 실제로 저는 영어 공부 시간을 최소한으로 정하고, 그 외의 시간에는 독서나 다른 과목 공부를 할 수 있게 했습니다. 이는 우리말 독서로 문해력을 키워주기 위함입니다.

저는 영어학원을 운영할 당시, 국어 성적이 좋거나 평소 책을 많이 읽는 아이는 영어 성적이 다소 낮아도 레벨이 높은 반에 배정했습니다. 왜냐하면 국어 실력이 탄탄한 아이일수록 영어 실력의 향상 속도가 빨랐기 때문입니다.

아이들을 오래 가르쳐본 저는 우리말 문해력의 중요성을 잘 알고 있었습니다. 그래서 행복이가 영어를 거부하는 동안에도 초조해하지 않고 우리말 독서를 시켰습니다. 독서로 쌓인 문해력은 영어뿐 아니라 전 과목 공부의 기초 체력이 됩니다. 이 책에서는 제 아이가 초등학생 동안 진행한 5단계 독서법을 제안드립니다.

스카이쌤 영어 공부법의 차별점 3

압축 영어 공부법

초등학교 1학년 겨울방학, 즉 아홉 살에야 알파벳을 배우기 시작한 행복이는 주 2~3회, 하루 1시간 정도만 영어 공부를 하고도 3년 만에 토플 교재를 풀었고, 초등 6학년 때는 수능영어 모의고사를 풀어 만점을 받고, 성인용 토플 교재로 공부할 실력이 되었습니다.

행복이는 과학에 관심이 많아 과학고 진학을 목표로 두었기에 초등 고학년 때부터 수학과 과학에 집중해야 했습니다. 그래서 영어는 짧은 시간 효율적으로 공부할 수 있도록 커리큘럼을 짰습니다.

제 아이처럼 늦게 영어 공부를 시작한 아이라도 효과가 있을 만한 학습법입니다. 착실하게 영어 실력을 쌓아온 아이에게도 물론 효과가 있고요.

대학 이후 영어 활용까지 생각하는 공부법

본 게임이 시작되는 대학에서의 영어 강의에도 곧바로 적응할 수 있는 공부법입니다. 귀가 말랑해져 있는 초등 시기에 리스닝 훈련을 집중적으로 시키고 영어 원서 읽기를 통해 영어로 쓰인 대학 교재에 대한 적응력을 높입니다. 영어를 자유자재로 쓰려면 라이팅과 스피킹 실력 역시 필요합니다. 라이팅과 스피킹에도 도움이 되는 영어 공부법이라 제 아이는 스피킹 대회와 라이팅 대회에서 상을 휩쓸고 있습니다.

억대 연봉 강사의 코칭 노하우가 담긴 공부법

수백 명을 가르친 억대 연봉 학원강사이자 원장이었던 저는 초등학생부터 중고등학생까지 가르쳐봤기 때문에 각 학년별 영어 과목의 특징과 연결선을 잘 압니다. 이런 것들을 토대로 단계별 학습법과 코칭법을 가르쳐드립니다. 여기에는 제가 강사 시절 시행착오를 겪으며 터득한 귀중한 노하우도 포함됩니다. 간단한 절차를 추가하거나 학습 순서를 바꾸는 등의 작은 차이이지만 결과는 완전히 다릅니다. 단지 내 아이 한두 명만 키우고는 깨달을 수 없는, 디테일이 살아 있는 코칭법입니다.

자기주도학습 능력을 키우는 코칭법

제 엄마표 영어는 일정한 시간에 학습을 하도록 공부 시간표를 짜고 진행합니다. 제 컨디션 난조로 티칭이 아닌 코칭을 했지만 그 대신 아이의 자기주도학습 능력을 키웠습니다. 코칭이라 영어 실력이 뛰어나지 않은 부모님들도 충분히 따라하실 수 있습니다.

정서 학습법

정서 학습법이란 아이의 정서를 고려한 영어 공부법으로, 영어거부감이 있던 학원생들과 제 아이에게 실제로 적용했던 방법입니다. 영어거부감이 없는 아이라도 영어에 대한 좋은 감정을 키우고 부모님과 긍정적인 유대관계를 형성해 엄마표 영어의 성공 가능성을 높입니다.

꿈을 이용한 선순환 공부법

아이들은 꿈을 그리며 학습에 대한 강력한 동기를 얻습니다. 이 동기를 이용해 영어를 포함한 전 과목을 학습하도록 만들고, 학습을 하며 더 큰 꿈을 키우게 합니다. 단계별 영어 공부법과 우리말 독서처럼 제 아이가 '꿈을 키운 방법'을 단계별로 제시합니다.

스카이쌤 영어 공부법의 차별점 9
엄마표가 안 된다면 외부 도움을 섞는 공부법

엄마표 영어뿐만 아니라 외부의 도움을 받아 누구라도 실행 가능한 엄마도움표 영어도 제시합니다. 제 엄마표 영어는 티칭이 아니라 코칭이기 때문에 엄마표 영어가 부담스러운 부모님이나 일하시는 부모님들도 아이의 영어 공부를 코치하실 수 있습니다.

또한 아이가 영어학원에 다니지만 부족한 부분이 있어 보충이 필요한 경우에도 제가 제시하는 엄마도움표 영어로 필요한 영역만 코치가 가능합니다. 이를테면 학원에서 리스닝 학습을 하지 않는 경우 제 엄마표 영어의 리스닝 코칭법과 학습법을 이용해 리스닝만 코치할 수 있습니다. 하지만 매 단계마다 제시하는 '우리말 문해력 독서법'과 '꿈과 목표 그리고 영어'는 필수 조건이므로 반드시 실천해주시길 바랍니다. 저는 이 책에서 21가지의 엄마표 영어와 엄마도움표 영어를 제시하지만 내 아이에게 맞게 변형하고 보완한다면 그 이상의 방법이 만들어질 겁니다.

초등 시절의 영어 공부에 대해 빠짐없이 담다 보니 다른 책에 비해

훨씬 두껍습니다. 책 두께가 부담스러운 부모님이라면 PART 1을 읽으
신 뒤 PART 2의 0단계를 읽고 아이의 현재 단계에 맞춰 조금씩 읽어나
가시거나, 한 단계 정도만 앞서서 읽으셔도 됩니다. 대신 PART 2의 경우
소제목이라도 쓱 훑으셔서 전반적인 흐름을 미리 잡으시길 권합니다.

이 책은 보다 정확하고 구체적인 방법을 서술한 기술서技術書에 가깝
습니다. 그간 제가 공부했던 수많은 서적과 논문의 이론으로 코칭법과
학습법을 뒷받침했고요. 제 엄마표 영어가 자녀의 영어 실력을 향상시
키는 약진의 발판이 되길 바랍니다.

스카이쌤 김도연

차례

영어거부감 심한 아이가
영어를 자유자재로 하기까지

PART 2

4년 만에 수능 영어 만점 받은 5단계 커리큘럼

수능 모의고사 만점 이후
영어 로드맵

PART 1

영어거부감 심한 아이가
영어를 자유자재로
하기까지

제1장

내가 엄마표 영어를
하는 이유

1학년 겨울방학,
허약한 체질과 영어거부감을 가진
행복이의 영어 시작

체력이 약해서 가용 시간이 부족한 아이

인간은 한정된 시간을 어떻게 사용하는가를 통해 자신의 진가를 드러냅니다. 하루 24시간, 1년 365일은 누구에게나 평등하게 주어지지만, 이 평등함이 동등함을 의미하진 않습니다. 실제로 생산적인 활동을 할 수 있는 시간은 개인의 체력, 집중력 등에 따라 각각 다릅니다.

　저는 임신 7개월 차부터 부정맥, 자궁수축, 임신소양증 같은 여러 증상이 겹쳐 위험한 지경까지 갔습니다. 결국 버티고 버티다 임신 주수를 다 못 채운 채 제왕절개로 행복이를 간신히 낳았습니다. 배 속에서 제대로 품지 못한 탓인지 아기 행복이는 아토피가 심했고 또래보다 작

23

고 말랐죠. 지금은 다행히 또래보다 키는 조금 크지만 여전히 몸무게는 100명 중 79등으로 심하게 말랐습니다. 운동을 꾸준히 시켜도 행복이의 저질 체력은 보통 수준 언저리에도 가지 못합니다.

태생적으로 체력이 약한 행복이는 잠만 적게 자도 바로 티가 납니다. 입에서 고약한 냄새가 나고 수업 집중력이 뚝 떨어집니다. 잠이 중요한 체질이라 또래보다 깨어 있는 시간이 늘 적습니다. 지식전략연구소 민도식 대표님은 저서 《배움력》에서 "모든 사람에게는 하루에 쓸 수 있는 에너지가 정해져 있는데, 그것을 어디에 사용하느냐에 따라 미래도 달라진다"며 이를 '에너지 총량의 법칙'이라고 표현했는데, 체력이 약하디 약한 행복이의 시간을 효율적으로 관리하는 게 제겐 늘 숙제였습니다.

그래서 체력이 많이 소모되는, 차를 타고 이동하는 학원보다는 집에서 효율적으로 에너지를 쓰는 엄마표 영어를 시작했습니다. 행복이의 허약한 체력도 걱정되었지만, 엄마표 영어를 하게 된 가장 큰 이유는 행복이의 영어거부감이었습니다.

영어만 들으면 통곡하는 아이를 위해 무얼 할 수 있을까

행복이가 첫돌이 되기 전에 저는 서울에서 영어교습소를 시작했고, 2년 반 만에 선생님을 6명을 둔 학원으로 확장했습니다. 교습소를 운영하는 동안에는 1년에 8일 정도만 쉬었고, 그나마 학원을 운영할 때는 일요일 정도 쉴 수 있었습니다. 원 없이 열정을 다해 일했지만 행복이에게는 낯선 엄마가 되었습니다. 그리고 저도 모르는 사이에 행복이는 영어거부감이 있는 아이가 되었습니다.

오해하지 마세요. 그 시기엔 제가 영어를 가르치지 않았습니다. 엄마 된 도리로 영어만 보면 통곡하는 행복이를 모르는 체 외면할 수 없었습니다. 전에 영어거부감이 있는 아이들 몇을 가르쳐봤는데 고치기가 너무 힘들었거든요. 솔직히, 그 아이들이 완벽하게 고쳐졌다고도 확신할 수 없습니다. 그만큼 영어거부감이라는 게 복잡다단하고 미묘합니다. 그렇더라도 저는 행복이의 영어거부감을 남에게 맡겨 치료하기보다 제가 직접 고쳐주기로 결심하고 새로운 학습법과 코칭법을 연구하기로 마음먹었습니다. 영어거부감이 있는 아이가 효과를 본 학습법과 코칭법이라면 영어거부감 없는 보통 아이들에게도 효과가 있을 것은 분명하니까요.

그렇게 차일피일 행복이의 영어 공부가 미뤄지던 차에 우리 가족에게 큰 변화가 생겼습니다. 남편의 직장 이전으로 거주지를 옮겨야 했고, 이제 막 초등학교에 입학해 겨우 적응한 행복이는 다른 학교로 전학해서 다시 적응해야 했습니다. 그리고 저는 오랜 기간 학원을 운영하며 몸을 혹사시킨 탓인지, 목소리가 제대로 나오지 않는 등 건강이 악화되었습니다. 학원을 더 이상 운영할 수 없겠다는 생각이 올라왔습니다. 결국 여러 상황이 겹쳐, 학생수가 정점을 찍었을 때 다른 사람에게 학원을 인계하는 용단을 내렸습니다.

첫 단계, 아이와 친해지기

영어거부감이 있는 아이들은 정서적으로 안정된 환경에서 영어를 배워야 합니다. 가르치는 사람이 아이에게 지속적으로 믿음과 신뢰를 줘야 하는 것은 기본이고요. 하지만 학원을 그만둔 직후에 저는 행복이에게 말 그대로 '낯선 엄마'였습니다. 그 상태로는 행복이의 영어 공부를 코치할 수 없었습니다. 행복이의 삶 속에 자연스럽게 스며들 시간과 노력이 필요했습니다.

행복이가 여덟 살이던 해의 5월에 학원을 그만둔 뒤로 저는 그동안 알지 못했던 행복이에 대해 알아갔습니다. 행복이는 말이 없는 편이었고 또래에 비해 언어 발달이 느렸습니다. 내성적이고 조용한 아빠의 성향을 닮기도 했지만, 행복이의 주양육자였던 저의 친정엄마가 평소 TV 시청이나 라디오 청취를 하지 않으셔서 행복이에게는 언어적 인풋이 부족한 듯했습니다.

흙수저 언어감각을 가진 아이의 반전 이야기

학원에서, 그리고 책을 통해 만난 아이들을 보면 평소에 말을 잘하는 아이가 영어로도 말을 잘합니다. 특히 영어 읽기나 말하기가 확실히 월등해요. 말이 느린 아이가 갑자기 말을 빠르게 잘하기란 어렵습니다. 왜냐하면 그 아이의 성향이 그런 데다 타고난 언어감각이 조금 떨어지는 거니까요. 저는 행복이도 그렇다는 것을 인정하고 받아들였습니다.

이 책은 흙수저 언어감각을 가진 행복이의 영어 공부법에 대한 책입니다. 이 세상 보통 무리에 속하는 평범한 아이의 이야기죠. 하지만 결과도 평범했다면 저는 이 책을 쓰지 않았을 겁니다. 저질 체력에 영어 거부감이라는 핸디캡까지 가진 행복이가 점차 자신의 한계를 극복하고 성장해 상위권으로 올라가는 과정을 함께했기에 이 책에 그 이야기를 담은 겁니다.

아홉 살에 영어 공부를 시작해 4년 만에 수능영어 모의고사 만점을 받고 같은 나이의 미국 학생 수준으로 영어 원서를 읽는 행복이의 성장 과정을 흥미진진하게 바라봐주세요. 효율적인 시간 사용의 측면에서도 놀랄 겁니다.

생각보다 심각하고
생각보다 흔한 영어거부감

학습에 해를 끼치는 영어거부증

행복이의 영어거부감을 물리치기 위해 여러 자료들을 살펴보다 한 논문 속 구절에 눈길이 갔습니다.

영어가 모국어가 아닌 환경에서 사회적 분위기에 이끌려 많은 아이가 인위적으로 영어 학습을 시작한다. 이 아이들 중 일부는 어린 시절부터 영어거부증을 경험한다. 이는 심리적으로 영어에 대한 방어기제가 되어 영어 학습에 많은 장애를 가져오게 된다.[*]

또 다른 논문에서는 아이들에게 하나 이상의 언어를 배우게 하는 것이 언어적, 정신적, 정서적 발달에 해를 끼친다고 했습니다. 아이가 우리말을 완전히 습득하기 전에 외국어를 학습시키면 언어 발달 과정에 혼란이 생겨서 우리말 습득이 방해받을 수 있다는 주장이었습니다.**

어린 나이에 영어 공부를 하면 일어날 수 있는 현상

조기영어교육으로 효과를 본 아이들도 있지만 그렇지 않은 아이들도 있습니다. 제가 학원에서 지도한 영어거부감이 있는 아이들은 너무 이른 나이에 영어를 배워 거부감이 생긴 것 같았습니다. 저는 영어 실력 향상보다는 우리말 문해력 발달이 우선이라는 교육철학을 갖고 있었고, 학생들을 가르치며 우리말 문해력과 영어 실력은 비례한다는 걸 알았습니다. 그래서 행복이를 영어유치원 대신 일반 유치원과 예체능 학원에 보냈죠.

하지만 저 대신 행복이를 키우시던 친정엄마는 제 교육철학에는 동조하셨지만 결국 불안감에 저와 상의 없이 행복이를 집 앞 영어학원에 보내셨습니다. 제가 운영했던 영어학원은 유치원생을 가르치지 않았고, 집과는 거리가 멀어 행복이가 다닐 수 없었거든요.

---

* 류충희. 조기영어교육 실태에 따른 학습 성취도, 학부모의 흥미도 및 만족도 비교 - 초등학교 5학년을 중심으로. 한양대학교 석사학위 논문. 2008.
** Saville-Troike, M.. *Private speech: Evidence for second language learning strategies during the silent period.*. Journal of Child language 13: pp. 567-590. 1988.

영어거부감은 학원거부감으로

행복이가 잠깐 다닌 영어학원에는 유치원생이 거의 없었고, 초등학생들이 등원하기 전에 행복이가 등원할 수 있게 해주어서 선생님과 1:1 수업을 했습니다. 행복이는 새로운 걸 좋아하는 편이라 첫 1~2개월은 영어학원에 잘 다녔습니다. 선생님께서 열심히 가르쳐주서서 행복이는 단기간에 많은 영어단어를 암기했어요. 하지만 어느 날부터 행복이는 영어학원에 다니기 싫다고 했습니다. 저 역시 영어 교재가 너무 학습 중심이어서 행복이가 영어학원을 그만두면 좋겠다는 말씀을 친정엄마께 드리던 차였어요. 하지만 친정엄마는 유아에게 맞는 영어 교재가 새로 들어왔다고 했다면서 조금 더 가르쳐보자고 말씀하셨습니다.

행복이는 그 후 영어학원을 몇 달 더 다녔어요. 그러나 그 영어학원이 문을 닫았고, 친정엄마가 다른 영어학원을 권했지만 행복이는 어디에도 안 가겠다고 강하게 거부했습니다. 희극이길 바랐던 행복이의 영어 공부는 영어거부감이라는 비극으로 끝이 났어요. 행복이의 영어거부감은 그 뒤로 학원거부감으로 바뀌었습니다.

초등학교에 입학하고 1년은 학교생활 적응과 전학, 그리고 새로운 학교 환경에 적응하느라 시간을 보냈습니다. 그리고 행복이가 아홉 살이 된 1학년 겨울방학 때 제가 영어 공부를 코치하기로 마음먹었습니다.

엄마표 영어 2년 차에야 행복이는 그 당시 학원 선생님이 좀 무서웠다고 고백했습니다. 제 생각에는 영어단어카드를 맞혀야 한다는 압박감에 선생님을 무섭게 느낀 것 같았습니다. 선생님께서 열정은 있으셨으나 행복이의 나이에 맞지 않는 교습법으로 가르치셨던 것 같았습니다.

영어거부감이 있는 아이의 특징

제가 가르쳤던 아이들 중 영어거부감을 보인 대표적인 세 명의 예를 들어보겠습니다.

첫 번째 아이는 초등 5학년 A군입니다. A군은 학교에서 반장을 도맡아 하고 성적이 두루 우수했지만 영어만 60~70점대였어요. 반장인 A군이 학교 임원수련회에 참석하기 위해 학원을 결석한다고 해서 우리 학원 선생님들은 내심 놀랐습니다. 초등학교 3학년과 같이 영어 수업을 듣는 A군이 학교에서 상위권 학생일 줄은 미처 몰랐거든요.

두 번째 아이는 초등 6학년 B군입니다. B군이 학원에 들어온 뒤 B군 어머니의 입김에 줄줄이 신규 학생들이 들어왔어요. 알고 보니 B군의 어머니는 뛰어난 정보력으로 다른 어머니들을 몰고 다니는 분이었습니다. B군은 어려서부터 영어유치원을 비롯한 다양한 영어 교육을 받았다고 했습니다. 그런데 B군 어머니의 소개로 온 학생들은 영어 우등생이었지만 정작 B군은 영어거부감으로 영어 실력이 형편없었습니다.

세 번째 아이는 C양입니다. C양은 밝은 성격과 달리 수업만 시작하면 "저는 못 해요"라는 말을 자주 했어요. C양이 영어유치원 시절부터 해온 입버릇 같았습니다.

이 세 학생은 부모님의 선택으로 어렸을 때부터 영어를 배웠지만 영어거부감이 생겼고, 결국 영어 열등생이 되어 낮은 자존감을 갖게 되었습니다(영어유치원이 나쁘다는 게 아닙니다. 맞지 않는 아이들도 있다는 겁니다).

영어거부감의 원인은 이른 나이에 영어를 배우는 것과도 관련이 있지만 적합하지 않은 교습법이나 과도한 학습량과도 연관이 있습니다. 영어거부감을 예방하는 방법은 Part 2의 0단계에서 논의하기로 하고, 영어거부감이 있는 아이들의 대표적인 특징을 말씀드리겠습니다. 내 아이에게 영어거부감이 있는지 살펴보세요.

영어거부감이 있는 아이들의 특징

1. 음가 혼란을 겪습니다. 'b'와 'd', 'p'와 'q'를 헷갈려 합니다.

2. 영어 자체를 싫어합니다. 심지어 영어를 가르치는 선생님에게 공격성을 보이기도 합니다.

3. 유독 영어 학습력이 떨어집니다. 다른 과목에 비해 영어 점수가 훨씬 낮습니다.

우리 아이는 얼마나 영어를
잘해야 할까?

'영어를 잘한다'는 어떤 의미일까?

우리는 '영어를 잘한다'고 하면 무조건 원어민처럼 유창하게 말하고 쓸 줄 알아야 한다고 생각합니다. 그 정도로 영어에 능통해야 영어로 강의를 하고, 회의를 하고, 글이나 논문을 쓸 수 있다고 생각하죠. 그러나 영어로 논문을 쓰는 데 능통한 교수들도 아이들이 읽는 영어 원서에서 모르는 단어가 있습니다. 영어로 강의를 하고 논문을 쓴다고 원어민처럼 줄줄 영어를 사용할 수 있는 건 아닙니다.

한 외항사 승무원의 이야기를 덧붙여 보겠습니다. 명문대 영문과 장학생이었던 그 승무원은 오랜 기간 외국 생활을 하면서도 영어로 인한 불편함을 느낀 적이 없었습니다. 그러나 과학 학술지 〈네이처Nature〉나 〈셀Cell〉에 실린 영어 논문은 읽다 포기했습니다. 이 승무원은 영어를 잘하는 걸까요? 잘 못 하는 걸까요?

영어가 아닌 우리말로 바꾸어 생각해봅시다. 과학이나 의학 학술 발표회에서 한 전문가가 자신의 논문이나 실험에 대해 해당 분야의 전문 용어를 사용해 발표하는 장면을 떠올려보세요. 분명 우리말로 발표하는데 대부분의 일반인은 도무지 무슨 말인지 이해하기 힘들 겁니다.

우리말이나 영어나 똑같습니다. 과학자나 연구자들은 영어로 자기 분야를 이해하고 설명할 수 있으면 '영어를 잘'하는 겁니다. 승무원은 자기 업무를 하는 데 능통하면 '영어를 잘'하는 겁니다.

여기서 두 가지 결론이 도출됩니다. 첫째, 자신의 직업에서 영어를 사용하는 데 능통하다면 문제없습니다. 둘째, 영어를 잘하는 기준은 사람마다 다릅니다. '영어를 잘한다'는 말은 굉장히 중의적인 표현입니다. 전천후 영어 구사력을 가졌다는 의미일 수도 있고, 일상회화용 영어를 잘한다는 뜻일 수도 있고, 아니면 자기 분야의 학술적인 영어를 잘한다는 의미일 수도 있습니다. 이 경우들 모두 한마디로 표현됩니다. '영어 잘한다'입니다.

지금 우리 아이에게 필요한 영어 실력은?

우리 부모 세대와 아이 세대를 비교해볼게요. 우리 대부분은 1970~1980년대생으로 세계적으론 '3차 산업혁명 시대', 우리나라의 경제 상황으로 보면 마지막 '성장 시대'에 젊은 시절을 보냈습니다. 그러나 지금은 경제성장은 둔화되었지만, 사회 변화는 빠르고, 경쟁은 치열하며, 양극화가 더욱 심화되고 있습니다.

우리 아이들은 당장 5년 뒤 변화도 예측하기 힘든 '4차 산업혁명 시대'를 살아가야 합니다. 우리는 정해진 루트를 따라 학습하고 정해진 규칙에 따라 줄을 서며 살았지만, 우리 아이들은 이런 승패 게임에서도 살아남아야 하는 것은 물론 자신만의 게임까지 준비해야 합니다. 평균적인 선택에서 벗어나 새로운 분야를 개척해 기회를 만들고 그 분야의 온리원Only One이 되는 승승게임 말입니다.*

이제 영어의 쓰임에 초점을 맞춰 얘기해볼게요. 우리 아이들이 살아갈 4차 산업혁명 시대에는 AI가 통역을 대신합니다. 그래서 통·번역가는 대표적인 쇠퇴 직종으로 꼽힙니다(이 외에도 은행 창구 직원, 텔레마케터, 펀드매니저, 법원 공무원, 일반 비서, 자동차 조립원 등이 쇠퇴 직종으로 예견됩니다. 반면 빅데이터 전문가, 사물인터넷 전문가 등은 유망 직종으로 예상합니다).** 이처럼 우리 아이들이 살아갈 세상과 우리가 살아온 세상은 다르기에 우리 기준에 맞춰 영어 공부의 기준을 세우면 안 됩니다.

4차 산업혁명 시대는 서로 다른 것을 한데 묶어 새로운 것을 발견하거나 만들어내는 통섭Consilience***의 시대입니다. 이과적 사고와 문과적

---

* 민도식. 자기주도학습지도사 교안. 2019.
** 강이슬. 4차 산업혁명 세미나 ②고용정보원 김한준 위원, AI 시대의 5대 유망 직업 분석. 뉴스투데이. https://m.post.naver.com/viewer/postView.nhn?volumeNo=7965464&memberNo=34766885&vType=VERTICAL. 2017.06.02.
*** 강준만. 《선샤인 논술사전》. 인물과사상사. 2007.

사고를 통합하는 멀티형 사고가 필요합니다. 또한 이 둘의 연결고리를 찾아 새로운 것을 창조하는 창의성도 요구되기에 우리 아이들은 미래를 위해 준비할 게 참 많습니다.

전문가들이 꼽는 멀티형 사고와 창의성을 키우는 가장 일반적이고 쉬운 방법은 독서입니다. 단지 이야기책 독서만 하면 안 됩니다. 지식 전달용 책(이하 지식책)을 읽어 이과적 사고를 키우고 다방면의 지식을 쌓아 그것을 물꼬로 창의력을 틔워줘야 합니다. 독서는 우리말 능력을 키워 영어 공부에 도움을 주고, 4차 산업혁명 시대까지 준비하는 1석 2조의 방법입니다.

전략적인 시간 활용도 능력입니다. 강철 체력으로 가용 시간이 많은 아이는 영어에 많은 시간을 투자해도 됩니다. 하지만 행복이처럼 체력이 안 좋아 가용 시간이 적거나 흙수저 언어감각으로 우리말 능력을 보강해야 하는 아이는 다른 전략이 필요합니다(대부분의 아이들이 이 부류에 속합니다). 영어와 아이의 미래를 다 잡는 전략가가 되어주세요.

제2장

우리말 문해력이
곧 영어 실력이자 모든 실력이다

수능 만점자 어머니와
SKY 조기졸업자의 초등교육 비법

수능 만점자 공부의 핵심 요소는?

지인 중에 2014학년도 수능 만점자의 어머니가 있습니다. 그 어머님은
2014학년도 수능에는 만점자가 많았다며 겸손하게 말씀하셨지만, 수
능 만점은 정말 희귀한 경우죠. 그 아들의 공부법에 대해 들으니 독서
가 키포인트였습니다. 아들이 책을 좋아해서 초·중등 시절에 이미 대학
생 수준의 책을 섭렵했다고 했습니다.

그 아들이 수준 높은 독서를 할 수 있었던 건 엄마의 영향이 컸습니
다. 그녀는 그림책 단체의 회장이었고, 그림책 애호가입니다. 그것에
그치지 않고 자녀들에게 틈틈이 그림책을 읽어주는 것은 물론, 학교에

보내는 대신 서점에 함께 가 하루 종일 책을 읽는 날도 꽤 있었습니다. 독서광 아들의 뒤에는 독서광 엄마가 있었던 것입니다.

수능 만점자가 된 그녀의 아들은 초등 시절 스스로 영어 공부를 하다가 영어학원에 갔지만 맞는 레벨이 없어 선생님과 영자신문으로 토론을 했다고 합니다. 그리고 얼마 지나지 않아 대학생 이상 수준의 책인 칼 세이건의 《코스모스》를 원서로 읽었습니다. 그녀의 아들은 외고에 진학해서도 전교 1등을 유지했고, 대학 입시에서 수능 만점자가 되었습니다.

이 판타지 같은 이야기가 팩트가 된 건 바로 독서 매직 때문이었어요. 신기한 건, 공부와 담을 쌓고 지내던 그녀의 딸 역시 고등학생 때 간호사라는 목표가 생기자 반 1등이 되었다는 사실입니다. 말도 안 되는 경우라고 생각되겠지만, 이 역시 독서 매직으로 이뤄낸 성과입니다.

그녀의 '천재' 아들에 대한 얘기를 들으니 행복이는 지극히 평범한 아이라는 생각이 들었습니다. 행복이도 책을 많이 읽지만 그녀의 아들만큼 우리말 실력이 좋지는 않았습니다. 하지만 행복이가 보통 아이라 제 교육법과 학습법이 많은 분의 공감을 얻을 수 있을 거라는 안도감이 듭니다.

평범하던 사람이 SKY 조기졸업자, 교수가 된 공부 비법

이번에는 지인의 이야기를 해보겠습니다. 그는 SKY(서울대·고려대·연세대) 중 한 곳의 이과대학을 조기졸업했습니다. 학점이 3점대만 돼도 장학금을 받을 정도로 점수를 짜디짜게 주는 학과에서 4.5점 만점에 4.5점이라는 경이로운 점수를 받은 그는 여러 명이 머리를 맞대도 풀지 못하는 문제를 혼자서 풀고, 평균 40~50점대 시험에서 90점 이상의 점수를 받을 정도로 대학 공부를 아주 잘했습니다. 그리고 그렇게 원하던 교수가 되었습니다. 그의 영어 실력은, 영어로 논문을 쓰고 강의와 질의응답을 하는 등 자신의 분야에서 영어를 불편함 없이 사용할 정도입니다.

그는 사실 초·중·고 시절에 1등을 한 적이 없었습니다. 그런 사람이 뒤늦게 머리가 트여서 대학 공부를 아주 성공적으로 마치고, 꿈을 이뤄 자신의 분야에서 거리낌 없이 영어를 사용할 수 있게 된 비법은 역시 우리말 독서였습니다. 어렸을 때는 백과사전이 너덜너덜해질 정도로 읽었고, 좀 커서는 지식책, 이야기책 등 여러 분야의 책을 편식 없이 골고루 읽었다고 하니 우리말 독서가 평범한 사람에게도 아주 큰 힘을 준다는 걸 느끼게 됩니다.

학습 측면에서 독서의 효과

사례에서 봤듯, 타고난 천재에게도 평범한 사람에게도 우리말 독서는 영어 실력의 비법뿐 아니라 평생 공부에 막대한 영향을 끼치는 비법입니다. 학습 측면에서 독서의 영향력은 여섯 가지로 정리할 수 있습니다.

첫째, 지식들을 크고 넓게 연결해 머릿속에 큰 생각그물을 만듭니다.

둘째, 지식 간의 연결고리가 많아 지식 보유력이 좋아지고, 지식 유지의 힘도 커집니다. 그래서 예전에 읽은 내용을 잘 기억해요. 즉 지식을 머릿속에 유지시키는 지식 갈고리가 많습니다.

셋째, 개념화를 통해 부분적 사고가 아닌 통합적 사고 능력이 커져서 원리를 더 깊이 이해하고, 학습을 잘할 능력을 갖추게 됩니다.

넷째, 정보 배치 능력이 좋아집니다. 특히 시리즈 소설이나 지식책을 읽다 보면 많은 양의 정보를 처리하게 되는데, 이렇게 키워진 능력은 학습에도 적용이 돼 정보의 배치 능력이 좋아집니다.

다섯째, 독서를 통해 머릿속에 크고 넓은 섬을 만들고 쌓는 과정을 반복하다 보면 정리와 이해, 암기의 과정이 단축됩니다. 머릿속 섬에 지식들이 많이 쌓여 있어 정리하고 이해하고 암기해야 할 것이 줄어드는 것입니다. 결국 학습을 좀 더 빠르게 할 수 있게 됩니다.

여섯째, 지식책을 통해 얻은 지식들은 학습 전반의 이해를 돕습니다. 문해력은 글을 이해하는 능력이지만, 이해하는 걸 가능하게 하는 지식 역시 문해력입니다. 문해력이 좋아지니 학습 능력도 좋아집니다.

대학 이후 생활까지 고려한 현명한 교육

한국에서 대학 입시는 매우 중요하죠. 일단 좋은 대학에 들어가는 것도 중요하지만 부모님들이 그 너머까지 보면 좋겠습니다. 진짜 공부는 대학교부터입니다. 아이가 독서를 통해 심도 있고 통합적이며 통찰력 있는 사고를 완성해 학문에 정진하고 자신이 원하는 꿈을 이루게 만드세요.

제 엄마표 영어는 아이의 영어 실력, 대학 입시, 대학 이후의 생활까지 모두 다 잡을 수 있는 우리말 능력을 바탕으로 합니다. 이 현명하고 매력적인 공부법으로 자녀를 세계 속의 인재로 키우길 바랍니다.

영어를 늦게 시작하는 것이
조급하지 않았던 이유

영어조급증이 생기지 않았던 이유

영어 선생님인 제가 아이의 영어 공부를 서두르지 않았던 이유가 몇 가지 있습니다. 우선, 주위 사람들을 보면서 자기 직업에 필요한 정도의 영어를 구사하면 된다는 생각을 했기 때문입니다. 영어를 전공하거나 영어와 관련된 직업을 갖지 않는 이상 영어는 도구일 뿐입니다. 그렇다고 영어를 놓을 순 없으니 영어와 지식이 만날 수 있는 접점을 찾았습니다. 영어 실력을 높이고 지식을 풍부하게 만드는 방법은 독서뿐입니다. 그래서 행복이는 독서로 우리말 능력과 다양한 지식, 영어 실력을 높이기로 마음먹고 일반 유치원을 보내 한글을 익히게 했습니다.

영어 적기교육을 시킨 이유

또 다른 이유는 영어유치원을 다닌 아이들 중 영어에 흥미를 잃어버리거나 심하면 영어거부감을 보이는 아이들을 많이 봐왔기 때문입니다. 가정에서라도 우리말 교육에 힘써 둘 사이의 균형을 이루면 좋겠지만, 영어유치원의 학습법은 ESL 환경에서 효과가 더 큽니다. ESL은 'English as a Second Language'의 약자로 '제2언어로서의 영어'라는 의미입니다. 영어를 모국어처럼 사용하는 환경에서 영어를 배우는 경우를 말합니다. 가정에서도 영어유치원 수준으로 영어 노출에 힘써야 한다는 겁니다. 그러면 우리말 독서는 등한시됩니다.

저는 우리말 독서로 잠재력을 키워오다가 초등 이후에 영어 괴력을 발휘한 아이들을 여럿 만났습니다. 남들보다 늦게 영어 공부를 시작했지만 계속 실력이 좋아져 1~2년 후에는 자기 학년 아이들 수준을 따라잡고 2~3년 후에는 최상위권이 된 아이도 있었습니다. 저는 이러한 이유로 우리말 능력 향상을 주안점으로 삼고 영어 적기교육을 시켰습니다.

우리말 능력과 영어 실력은 함께 간다

영어학원은 교습소, 보습학원, 어학원으로 분류됩니다. 제가 운영하고 교습했던 영어학원은 보습학원 규모로, 강의실이 5개였습니다. 보습학원은 학원 등록 시 가르치는 교과목도 함께 등록합니다. 저는 문해력의 필요성을 인지하고 있었기 때문에 교과목을 영어와 국어로 등록했습니다. 국어를 가르치진 않았지만 특목고 대비반 아이들은 독서 이력을 관리하는 등 우리말과 관련된 프로그램도 운영했습니다.

저는 반 레벨을 결정하는 데 다양한 테스트를 보고 상담을 했습니다. 대표적인 테스트는 두 가지인데, 그중 하나는 독해 추론 테스트입니다. 영어단어카드 없이 영어 지문을 읽고 해석을 쓰고 문제를 풉니다. 글에 쓰인 영어단어의 의미를 알지 못하기 때문에 학생이 알고 있는 영어단어를 바탕으로 글을 이해해야 합니다. 이를 위해선 추론 능력이 절대적으로 필요합니다. 이 추론 능력은 우리말 독서로 키워지고 완성됩니다.

두 번째는 독해 능력 테스트입니다. 영어단어카드를 주고 독해 추론 테스트를 보았던 똑같은 지문을 다시 해석하고 문제를 풉니다. 이전 테스트의 결과와 비교해 독해 능력과 지문 이해력을 파악할 수 있습니다. 그밖에도 영어단어, 우리말 능력, 라이팅과 스피킹 실력 등을 테스트하고 상담을 통해 학생의 꿈과 독서량, 영어 학습 이력 등에 대해 알아봅니다.

이 테스트들의 결과를 분석하면 영어 실력과 우리말 능력을 알게 됩니다. 예를 들면 학생이 독해 추론 테스트는 잘 보지 못했지만, 영어단어카드의 도움으로 해석을 잘한다면 독해 능력은 좋다고 판단합니다. 독해 추론 테스트와 우리말 테스트는 꽤 잘 봤지만 영어단어 테스트 결과가 좋지 않았다면 우리말 능력이 좋다고 판단합니다.

사실 우리말 테스트와 학생의 독서량만으로 우리말 능력을 짐작할 수 있지만, 스피킹 테스트에서의 토론과 라이팅 테스트에서의 에세이에 쓰인 배경지식과 문장 형태나 구조 등을 통해서도 학생의 우리말 능력을 엿볼 수 있습니다.

영어 실력에 있어 우리말 능력은 위력적이다

테스트 결과, 영어 실력이 부족해도 우리말 능력이 좋은 학생은 더 높은 레벨의 반으로 배정했습니다(사실 꿈도 고려했습니다. 꿈이 있는 아이는 역경에 굴복하지 않고 끝까지 목표를 성취하는 역경지수가 높기 때문입니다).

우리말 능력이 좋은 학생은 독해 추론 능력이 뛰어나 부족한 어휘량과 문법, 구조 실력을 메울 수 있으며, 해석을 정확하게는 못 하더라도 앞뒤 문맥으로 내용을 파악하고 이해할 수는 있습니다. 초반에는 다른 학생들보다 실력이 뒤처져 학원 수업을 따라가기 힘들어해도 어느 정도 기간이 지나면 다른 학생들과 실력이 비등해집니다. 뛰어난 우리말 능력이 촉매제가 되어 영어 실력을 급상승시키기 때문입니다. 저는 학원을 운영하며 이런 아이들을 꽤 많이 봤습니다.

혹시 오해하실까 봐 첨언하는데, 여러 단계로 아이를 테스트해야 한다는 게 주요 골자가 아닙니다. 제가 말하고자 하는 건 영어 실력에 있어 우리말 능력이 위력적이라는 점입니다.

행복이는 영어만 올백일까?
우리말 문해력과 전 교과 성적

엄마표 영어와 함께 자기주도학습 시작

행복이는 1학년 겨울방학에 엄마표 영어를 시작했습니다. 엄마표 영어의 시작은 행복이의 본격적인 자기주도학습의 시발점이 되었어요.

엄마표 영어는 학원처럼 요일과 시간을 정해서 하지 않으면 흐지부지될 가능성이 큽니다. 그래서 엄마표 영어 첫날에 핸드폰 알람부터 설정했습니다. 1학년 여름방학 때부터 사용한 계획표에 학습을 추가해 자기주도학습의 틀을 만들었습니다. 행복이는 1년에 4회, 첫 일과가 독서인 공부 계획표나 공부 목록표를 작성하는데(1, 2학년 때는 공부 계획표를, 3학년 때부터는 공부 목록표를 작성합니다. 자세한 내용은 Part 2의 0단계에서 다룹니다) 현재까지 안정적으로 자기주도학습을 하고 있습니다.

공부 계획표와 함께 우리말 독서와 꿈 찾기도 병행했습니다. 우리말 독서로 높아진 우리말 능력으로 영어 실력이 동반 성장하는 것이 제 엄마표 영어의 목표인 만큼 행복이는 꾸준한 독서로 우리말 실력을 차곡차곡 쌓으며 영어 실력도 성장시켰습니다. 그 영향으로 4학년 때 전학 간 사립초등학교의 영어 리딩Reading, 라이팅Writing, 문법Grammar 시험(1년에 4회 시험을 봅니다)에서 행복이는 전학 첫해에 만점을 두 번 받으며 영어 실력을 뽐냈습니다.

자기주도학습을 시작하기 전과 시작하고 난 뒤

자기주도학습을 시작하기 전 행복이의 1학년 2학기 교과 성적은 좋지 않았습니다. 아직 우리말 능력이 자리 잡히지 않은 데다 공부 습관을 잡는 초기 단계였거든요. 행복이는 공부를 잘하는 편이었지만, 뛰어나게 잘하는 아이는 아니었습니다. 원래부터 똑똑한 아이가 아닙니다.

행복이는 자기주도학습을 시작한 이후인 2학년 때부터 실력이 눈에 띄게 향상되었습니다. 2학년과 3학년 때는 전 과목에서 '매우 잘함' 평가를 받았어요(3학년 때는 평가 등급에서 '매우 잘함'이 없어져서 '잘함'이 최상위 등급이었어요). 4학년 때는 평균 90점대 중·후반을 유지했고, 5학년 때는 평균 99점과 99.75점, 97.75점을 받았습니다(행복이가 다니는 사립초등학교는 1년에 3회 국어, 수학, 사회, 과학 시험을 봅니다).

이처럼 행복이가 1학년 2학기 때와 다른 행보를 보인 비법은 우리말 독서와 자기주도학습이었습니다. 우리말 독서로 올라간 우리말 능력은 교과 학습 능력을 향상시키고 더 큰 꿈을 꾸게 합니다. 행복이는 과학자라는 꿈을 키웠습니다. 그렇게 생긴 단단한 꿈은 다시 더 넓고 깊은 우리말 독서를 하게 하는 선순환 구조를 만듭니다. 우리말 독서에 공부 습관과 자기주도학습, 꿈 찾기까지 뒷받침해주니 전천후 공부법이 된 것입니다.

영어만을 위한 공부를 시키지 말자

저는 영어를 최우선으로 여기는 영어 과몰입 공부법을 지양합니다. 영어에 지나치게 투자하는 시간을 줄이고, 교과 학습과 꿈 찾기를 병행함으로써 학습의 균형을 맞춥니다.

자세히 말하면, 우리말 독서로 우리말 능력을 향상시키면서 영어를 비롯한 다양한 교과 공부를 하게 하고, 꿈 찾기를 병행합니다. 영어만을 위한 공부가 아닌 영어와 교과 학습, 꿈을 발전시키는 우리말 선순환 공부법이지요. 그 결과 행복이는 과학영재로 선발되어 과학자라는 꿈을 향해 전진하고 있습니다.

제3장

엄마표(엄마도움표) 영어로
성공 확률UP!

일부 외부의 도움을 받는
엄마도움표 영어도 고려하자

영어 공부 실행력을 높이는 3가지 요소

행복이는 영어거부감이 있어서 3시간 동안 몰입해서 영어 공부를 하는
건 무리였어요. 그래서 우리말 독서 시간을 확보하고 공부 시간을 효율
적으로 쓰기 위해 시중에 판매하는 학습 교재를 사용했습니다. 학습 교
재를 사용한다 하니 엄마가 영어 이론을 가르쳐야 하는 건 아닌지 걱정
부터 앞서는 분들이 계실 텐데, 걱정할 필요가 없는 방법을 제시하겠습
니다.

　엄마표 영어든 자기주도학습이든 아이가 직접 움직이지 않으면 아
무 소용이 없다는 걸 부모님들은 잘 아실 거예요. 무엇보다 아이의 실

행력을 높여야 하는데, 실행력은 동기와 기회, 능력을 모두 갖춰야만 발휘될 수 있습니다.

$$실행력 = 동기^{motivation} \times 기회^{opportunity} \times 능력^{ability*}$$

영어 공부 실행력을 높이는 필수 요소 1 동기

사전을 찾아보면 동기^{motivation}는 '어떤 일이나 행동을 일으키게 하는 계기'로 풀이되어 있습니다. 실제로 동기는 어떤 일이나 활동을 유지시키는 내적 상태로, 목표 달성에 도움을 줍니다.[*]

동기는 외적동기와 내적동기로 나뉩니다. 외적동기는 외부에서 유발된 동기로, 쉽게 말해 보상을 받거나 처벌을 회피하기 위해 공부를 하는 마음입니다. 내적동기는 내부에서 시작된 동기로, 쉽게 말하면 아이 스스로 세운 꿈과 목표입니다. 외적동기는 강력하지만 일회성으로 끝나며, 아이가 점점 더 큰 보상을 바랄 수 있어요. 내적동기는 지속성이 있지만 처음부터 아이 혼자 찾기는 힘들고, 눈에 띄는 변화를 일으키기까지 시간이 걸립니다.

언뜻 보면 외적동기인 보상과 처벌이 더 매력적이지만, 그렇다고 외적동기에 치우친 방법을 쓰면 안 됩니다. 큰 변화는 내적동기가 만드는 만큼 부모는 외적동기와 내적동기가 조화된 방법을 영리하게 활용해야 합니다. 즉 시험 결과나 공부 과정에 대해서는 적절히 보상하고, 아

---

[*] 민도식. 자기주도학습 지도사 교안. 2019.

이와 함께 직업을 탐색하면서 꿈을 갖게 해주고, 그 꿈에 맞는 영어 목표를 함께 설정하면 됩니다.

영어 공부 실행력을 높이는 필수 요소 2 기회

기회opportunity는 '어떤 일을 하기에 적절한 시기나 경우'를 말합니다. 공부 기회는 아이의 스케줄을 조율해 공부할 수 있는 시간을 확보하고 공간도 마련하는 것입니다.

엄마표 영어를 하는 시간은 '시간 날 때 일주일에 3회 정도' 식으로 대강 정하면 안 됩니다. 시간표를 만들어 요일과 시간을 정하고 일정한 장소에서 해야 합니다(시간표 짜는 법은 Part 2의 0단계에서 다룰게요).

영어 공부 실행력을 높이는 필수 요소 3 능력

능력ability은 '일을 감당해낼 수 있는 힘'입니다. 심리학에서는 '정신적인 기능이나 신체적인 기능의 가능성'이라고 합니다. 공부 능력을 키우려면 신체적인 기능과 정신적인 기능 모두 원활히 발휘할 수 있게 단련시켜야 합니다.

우선, 아이의 신체적인 기능을 단련시키려면 영양이 충분한 식단을 제공하고 적당한 수면과 운동을 생활화해야 합니다(고학년이 되면 운동량은 줄고 잠은 잘 못 자는 아이들이 많아집니다). 정신적 기능은 이해, 지각, 판단, 평가, 기억, 추론, 결정 등을 수행하는 능력입니다. 영어의 정신적인 기능은 학습 능력과 관련이 깊은데, 아이가 영어를 이해하고 추론, 판단 등을 하려면 기본적으로 읽기와 듣기 실력을 갖춰야 하고, 문법 체계를 알아야 하며, 문제해결력도 필요합니다. 부모는 인적·물적 자원을 동원해서라도 이런 지식들을 아이가 습득하도록 도와야 합니다(지식 습득의 해결책도 제시할게요).

아이 또는 부모의 능력이 부족하면 엄마도움표 영어를 하자

학원을 운영하면서 안타까운 일이 많았습니다. 특히 아이마다 잘하는 영역이 있고 부족한 영역이 있는데, 학원의 커리큘럼대로 수업을 진행하다 보니 부족한 영역은 여전히 부족했습니다. 보충을 해주어도 완벽히 보충되지 않는 경우가 많았습니다. 또 학원마다 추구하는 교습 스타일이 있다 보니, 예를 들어 문법이나 구조적인 설명을 덧붙이면 간단히 해결될 일도 학원 고유의 교습 스타일로 해결하려고 합니다. 그래서 만든 것이 '엄마도움표 영어'입니다. 부모의 도움으로 아이의 부족한 능력을 메우는 공부 방법입니다.

이 책을 통해 최소 3가지 방식으로 아이의 영어 공부를 코치할 수 있습니다. 제가 했던 '엄마표 영어', 학원 공부의 부족한 부분을 메우는 '엄마도움표 영어', 엄마가 못하는 부분만 동영상 강의나 과외로 갈음하는 또 다른 '엄마도움표 영어'입니다. 동영상 강의는 틀린 문제만 들을 수 있어 시간 절약 면에서 좋고, 과외는 선생님께 요청해 필요한 영역만 배울 수 있습니다. 엄마표 영어에 자신이 없다면 일부 외부의 도움을 받는 '엄마도움표 영어'로 아이의 영어를 성공시키세요.

엄마표(엄마도움표) 영어의
장점은?

엄마표 영어는 전문성과 체계성, 계획성이 없다?

저는 대학생 때는 과외를, 대학 졸업 후에는 공부방, 교습소, 학원을 운영하면서 직접 아이들을 가르쳤습니다. 즉 쌍방향 수업인 1:1 수업부터 수십 명의 학생들을 놓고 가르치는 단방향 수업까지, 우리나라에 존재하는 모든 형태의 영어 교육을 거의 다 해본 겁니다(평소엔 한 반에 8명 정도이지만, 시험 기간에는 같은 학교 학생들끼리 내신대비반을 짜서 한 반의 학생 수가 수십 명이었어요). 솔직히 사교육계에 있을 때는 엄마표 영어에 대한 불신과 의구심만 가득했습니다. '영어를 잘 모르는 부모님이 주도하니 전문성이 없고, 전문성이 없기에 체계적인 공부법과 학습법이 없다. 또 학원처럼 일정한 시간과 공부 양을 정하지 않아 비효율적이다'고 생각했어요. 그리고 엄마표 영어가 성공적인 교육법이라면 아이들이 학원의 문을 두드리지 않았을 거라고 생각했어요.

그러던 제가 아이의 영어거부감과 저질 체력으로 엄마표 영어를 하기로 마음먹고 나니 초반에는 '엄마과외표 영어'를 할지 '엄마표 영어'의 전범을 따를지 고민이 많았습니다. 맹목적으로 엄마표 영어를 고집하다 희망과 노력이 수포로 돌아간 부모가 되긴 싫었습니다. 고심 끝에 '엄마표 영어의 불신과 의구심을 없애면서 효율성과 아이의 꿈을 고려하자'고 결론을 내렸습니다. 그리고 필승의 엄마표 영어 교육법을 찾고자 촉각을 곤두세웠습니다.

엄마표 영어의 장점 1

다른 대안으로도 영어 실력을 늘릴 수 있다

엄마표 영어를 진행하다 보니 장점이 여럿 있었습니다.

우선, 영어가 아닌 다른 방법으로 영어 실력을 높일 수 있습니다. 영어학원에서 학생의 영어 실력을 높이는 방법은 대략 '영어단어 암기량, 독해량, 문법량 늘리기' 정도예요. 사실 우리말 독서로 언어감각과 일반적인 지식을 높여야 영어 실력이 해결되는 경우도 있지만, 영어학원에서는 무조건 영어로만 아이의 영어 실력을 높일 수밖에 없습니다. 영어학원이지 국어학원이 아니니까요. 우리말 능력에 대해서는 그저 학부모님에게 조언을 드리는 정도로만 끝나는 게 현실입니다.

하지만 제 엄마표 영어를 하면 무턱대고 영어책만 들이밀지 않아도 됩니다. 우리말 독서라는 필승의 학습법을 병행할 수 있습니다.

엄마표 영어의 장점 2
전 과목 학습을 균형 있게 할 수 있다

엄마표 영어의 두 번째 장점은, 공부의 균형을 고려할 수 있다는 것입니다. 학원에서 만난 학생들에게 성적을 물어보면 영어와 수학만 잘하는 아이들이 꽤 됩니다. 시험 기간이 되면 학원에서 배틀이라도 하듯 많은 양을 공부시킨 결과입니다. 사실 저도 그랬어요. 아이들의 영어 실력 향상을 목표로 시험 기간은 물론 평소에도 공부를 많이 시켰지요. 각 학원에서는 아이마다 해당 과목에 투자할 수 있는 가용 시간을 고려하지 않습니다. 그저 영어나 수학 성적만 높일 궁리를 하고, 학생들은 그에 따라 많은 시간을 영어나 수학 숙제에 올인합니다.

엄마표 영어를 하면 내 아이의 공부 균형을 잡을 수 있습니다. 우리말 독서는 영어 말고도 다른 과목 실력도 향상시켜줍니다. 또한 필요에 따라 영어에 투자하는 시간을 늘리거나 줄여서 다양한 프로그램을 시도할 수 있습니다. 행복이도 영어 공부에 투자하는 시간을 적절히 조절해서 영재교육원 준비를 차질 없이 해낼 수 있었어요.

아이의 학습 강점과 실력을 점검하기 쉽다

엄마표 영어의 세 번째 장점은, 엄마가 아이의 실력을 중간 중간 확인할 수 있다는 것입니다.

저는 학습 교재를 사용해 엄마표 영어를 진행하기 때문에 문제의 정답률로 아이의 실력을 짐작하지만, 학원에 의지하면 아이의 실력 점검이 미흡할 수 있습니다. 설사 학원의 피드백지를 통해 아이의 실력을 점검하더라도 아이의 실력에서 단점을 찾기는 힘듭니다. 학원에서는 아이의 실력에서 단점보다는 장점을 부각시키고, 부모님들은 아이의 실력 부족의 원인을 학원 탓으로 돌리는 경우가 많기 때문입니다. 물론 학원에서도 아이의 문제점을 인지하면 해결 방안을 모색할 수도 있겠지만, 그건 선생님이 모든 아이를 신경 쓸 여유와 여력이 있어야 가능합니다. 이렇듯 학원 공부가 100% 성공을 보장하지 않으니 엄마도움표 영어 시 학원을 보낼 때도 피드백지나 학원 상담을 통해 아이의 부족한 점을 찾아 그 부분을 보완해야 합니다.

영어 원서나 영어 동영상을 3시간씩 보는 3시간 영어 몰입 학습법 역시 아이의 실력을 확인할 수 없다는 맹점이 있습니다. 그러다 보니 아이가 잘하고 있겠거니 믿고 있다가 본격적인 학습 영역으로 들어갈 때 아이의 실력에 실망하고 그동안 들인 시간을 아까워하는 일이 종종 있는 것 같습니다.

내 아이에게 맞는 속도와 양 조절이 가능하다

엄마표 영어의 네 번째 장점은, 내 아이에게 맞게 학습 속도와 양을 조절할 수 있다는 것입니다.

아이가 영어의 전 영역(리딩, 리스닝, 문법, 라이팅, 스피킹 등 5대 영역)을 고르게 잘한다면 좋겠지만, 유독 어려워하는 영역이 있을 수 있습니다. 이과형 뇌구조를 가진 아이의 경우 문법과 구조 분석을 잘하지만 언어적인 감각이 떨어집니다. 반면 문과형 뇌구조를 가진 아이의 경우 언어 능력은 좋으나 문법과 구조 분석을 어려워합니다. 엄마표 영어를 하면 이런 아이의 특성에 맞게 공부의 속도와 양을 조절할 수 있습니다.

예를 들어 이과형 뇌구조를 가진 아이라면 아이의 장점을 살려 문법 교재의 사용 시기를 조금 앞당기고 구조 분석도 학습시켜 그로 인한 영어 실력 향상을 꾀할 수 있습니다. 그리고 단점인 부족한 언어감각을 보충하기 위해 우리말 독서에 신경을 씁니다. 문과형 뇌구조를 가진 아이라면 문법 교재의 사용 시기를 조금 늦추고, 아이가 어려워하는 부분은 양을 줄여서 차근히 학습시킵니다.

전문성과 체계성, 계획성이 있다

엄마표 영어의 다섯 번째 장점은, 제가 우려했던 것과 달리 전문성, 체계성, 계획성이 있다는 것입니다.

전문성의 경우, 부모님의 능력이 부족하다면 잘 만들어진 교재나 동영상 강의를 통해 보충할 수 있습니다. 체계성은 제가 선택한 아이주도형 엄마표 영어로 갖출 수 있습니다. Part 2에서 단계별로 제시하는 코칭 방법으로도 체계성을 잡을 수 있을 겁니다. 또 계획표를 반드시 필요로 하고 학습 단계마다 목표가 확실한 아이주도형 엄마표 영어이기 때문에 계획성 또한 잡을 수 있습니다(아이주도형 엄마표 영어 방법에 대해서는 Part 1에서 4장 중 '공부의 주체는 부모가 아니라 아이다'에 나옵니다).

우리 아이는
4가지 영어 학습 유형 중 어디 속할까?

영어 공부에 있어 4가지 유형의 아이들

아이들의 성향은 천차만별입니다. 하지만 잘 살펴보면 공통된 성향들이 있어서 그 기준으로 아이들의 유형을 나누곤 합니다. 제 엄마표 영어는 교재를 사용하고 학습했던 문장이나 단어를 흡수해 영어 실력을 높이는 방식으로 이루어지기 때문에 교재 내용을 '이해'하는 능력과 문장과 단어를 '암기'하는 능력을 기준으로 아이들의 학습 유형을 나눕니다.

이 중에서 암기력은 모든 학습의 기초가 되는 조건입니다. 이해한 내용을 완전히 흡수하는 경험을 반복하며 암기력이 발달합니다. 대부분의 아이들은 암기에 완벽히 적응하기까지 보통 반년 정도 걸립니다.

코로나19 발생 이후 자기주도학습 능력이 더더욱 요구되고 있습니다. 이해한 내용을 자기만의 방법으로 흡수하는 건 자기주도학습의 틀을 만드는 데 기본이 되는 중요한 능력입니다.

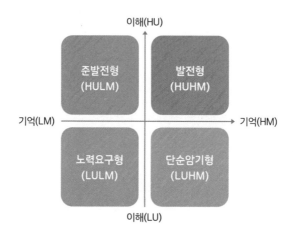

※ HU/LU(High/Low ability to Understand): 높은/낮은 이해력
HM/LM(High/Low ability to Memorize): 높은/낮은 암기력

이해력과 암기력을 기준으로 아이들의 학습 유형을 4가지로 나눌 수 있는데, 아이의 학습 유형이 한번 정해진다고 해서 영구적으로 지속되는 게 아닙니다. '준발전형(HULM)' 아이가 성실히 암기하며 '발전형(HUHM)'으로 바뀔 수 있고, '노력요구형(LULM)' 아이가 자신만의 암기 방법을 터득하고 우리말 독서를 꾸준히 해서 '단순암기형(LUHM)'을 거쳐 최종적으로 '발전형(HUHM)'으로 바뀔 수도 있습니다. 또한 두 가지 유형에 걸쳐 있거나 정중앙에 점을 찍는 아이도 있을 수 있습니다.

이처럼 아이의 학습 유형은 아이의 노력과 부모님의 지지로 얼마든지 바뀔 수 있으니 아이를 지속적으로 지지해주시길 바랍니다.

발전형(HUHM)

이해력과 암기력이 우수한 유형으로, 소위 머리가 좋다는 이야기를 듣는 아이들 중 다수가 이 유형에 속합니다. 다만, 빨리 외우는 대신 기억의 지속 시간이 짧을 수 있습니다. 그러니 음원을 듣거나 노트 정리를 읽으며 반복학습을 하면 좋습니다. 발전형 아이가 암기 속도가 느려진다면 암기력보다는 성실성에 문제가 있을 확률이 더 큽니다. 아이의 심적인 변화에 주목해 원인을 찾아보세요.

이 유형의 아이들은 어느 선까지는 영어 실력이 빨리 향상됩니다. 하지만 우리말 독서가 부족해서 추론력과 이해력, 논리력이 향상되지 않고 배경지식이 쌓이지 않는다면 수준 높은 고등용 교재부터는 정체기가 올 수 있습니다. 좋은 머리만 믿고 있다가 어느 순간 다른 유형의 아이들에게 추월당하지 않도록 우리말 독서에 신경을 써야 합니다.

준발전형(HULM)

이해력은 좋으나 암기 속도가 느린 유형입니다. 이 유형의 아이들은 부모님이 옆에서 본보기로 함께 공부하며 암기할 수 있도록 유도해주면 좋습니다. 초반에는 암기하는 걸 힘들어하고, 암기가 잘 안 되면 "난 머리가 나빠"라며 오해를 합니다. 그럴 땐 "너에게 맞는 암기 방법을 찾는 과정이라 오래 걸리고 힘들겠지만 암기력은 갈수록 향상될 것"이라고 말해주세요.

이 유형의 아이들은 오만해지지는 않지만, 암기력이 좋아지기까지 시간이 걸리기 때문에 자칫하면 영어에 자신감과 흥미를 잃을 수 있습니다. 그러니 꾸준히 아이의 상태를 살펴서 학습량이 아이의 능력보다 버겁다 생각되면 양을 조절해주세요. 이때는 꼭 "이번 내용이 어려워 줄이는 것"이라는 단서를 달아야 합니다. 안 그러면 매번 암기할 양을 줄여주길 바랄 수 있거든요. 아이의 암기 속도는 시간이 갈수록 빨라질 겁니다. 그리고 암기는 어떤 공부를 하든 꼭 필요한 능력이니 아이가 조금 힘들어하더라도 전반적인 암기력 향상을 위해 시간과 노력을 좀 더 투자해주세요.

행복이도 이 유형이에요. 암기를 해도 잘 잊어버려서 꾸준히 음원을 듣고 노트 정리를 읽게 했습니다. 4~6주마다 복습하는 주나 복습하는 날을 만들어 반복학습도 시켰습니다. 어떤 아이든 자신에게 맞는 암기 방법을 터득해 암기력이 발달하고 우리말 능력까지 더해지면, 영어에 자신감을 갖게 되고 영어를 더 좋아하게 될 겁니다.

단순암기형(LUHM)

빨리 외우면 기억의 지속 시간은 짧아지기 마련입니다. 특히 이 유형의 아이들은 이해력과 암기력이 모두 낮아지는 최악의 상황이 발생할 수 있으니 반드시 반복학습을 해야 합니다. 노트 정리를 복습해서 기억의 지속 시간을 늘리고, 리딩과 문법 교재를 반복학습해서 이해력을 키워주세요.

교재의 반복학습이란, 배웠던 교재를 여러 번 보거나 교재의 음원을 반복해서 듣는 겁니다. 아이가 영어 이해에 어려움을 느낀다면 필요한 영역, 비슷한 수준의 다른 교재를 한 권 정도 더 풀어보는 것도 좋은 방법입니다.

이런 아이의 경우 암기 속도가 느려진다면 공부를 성실하게 안 해서가 아니라 영어 이해를 잘 못 하고 있을 확률이 더 큽니다. 내용 이해가 안 되니 전처럼 빠르게 암기하지 못하는 겁니다. 이럴 때 암기할 양과 배울 내용을 조절해 공부한 내용을 자기 것으로 흡수할 수 있도록 도와야 합니다. 이를테면 아이가 어려워하는 문법 규칙 대신 그 규칙이 적용된 문장이나 단어를 암기시키는 겁니다. 이렇게 문장과 단어의 양을 조금씩 늘리며 암기를 하면 영어 실력 향상에 도움이 될 겁니다.

주의할 점이 있습니다. 이 유형의 아이들은 이해하기보다는 외워버리려고 합니다. 이해해야 할 부분도 단순히 암기하곤 합니다. 그렇게 되면 이해해야 할 게 많아질수록 '노력요구형(LULM)'이 되어버릴 확률이 큽니다. 이런 일이 생기지 않게 하려면 문제를 풀게 해서 내용을 이해했는지 확인해야 합니다.

이 유형에서 발전형이나 준발전형으로 바뀌려면 우리말 능력이 반드시 필요합니다. 이 유형의 아이들 중 우리말 능력이 부족한 아이들을 많이 봤습니다. 옆에서 지켜보는 부모는 조급함이 들 수 있지만 기반을 쌓지 않으면 모래성이 될 가능성이 큽니다. 이해력은 우리말 독서로 키워지며, 언어감각을 키우면 영어 실력에 큰 도움이 되는 거 잊지 마세요.

영어 학습 유형 4
노력요구형(LULM)

이 유형의 아이들은 영어의 이해력과 암기력이 둘 다 좋지 않기 때문에 영어뿐 아니라 학습 전반에 주눅이 들어 있거나 싫어할 수 있습니다. 그렇다고 교재 대신 단순히 영어 원서를 읽거나 영어 영상을 보는 등 더 쉬운 방법만 고집한다면 중고등 내신과 입시 준비를 할 때 큰 차질이 생길 수 있습니다.

그러니 부모님은 아이의 성적 때문에 조급해하지 말고 기다려줘야 합니다. 부모님의 마음이 아이에게 스며든다는 점을 명심하며 평정심을 가져야 합니다.

그리고 학습 진도와 암기할 양은 아이의 속도에 맞춰 유연하게 조절하길 권유합니다. 교재 진도를 무조건 한 유닛씩 나가는 것보다는 어려운 유닛의 경우 두 차례에 나눠 학습합니다. 단순암기형(LUHM)처럼 아이가 어려워하는 문법 규칙 대신 그 규칙이 적용된 문장이나 단어를 암기해도 좋습니다. 아이가 전혀 이해를 하지 못하면 우선 이해하는 문장과 단어를 외우는 것에 집중하거나, 비슷한 수준의 다른 교재를 한두 권 더 풀어본 뒤 다음 단계로 진행하기를 적극 추천합니다.

준발전형(HULM)처럼 꾸준히 음원을 듣고 노트 정리를 읽어야 합니다. 4~6주마다 복습하는 주나 복습하는 날을 정해서 반복학습을 합니다. 복습하는 주에는 그동안 배웠던 교재를 훑어보며 내용을 상기시키고, 복습하는 날에는 아이가 미흡하게 암기했던 내용을 골라 다시 암기시킵니다. 아이에게 노트 정리를 보며 다시 외울 단어를 표시하라고 한 뒤 부모님이 노트에 정리해주면 됩니다(아이가 정리해도 됩니다).

초반엔 아이의 암기력부터 조금씩 나아질 겁니다. 향상된 암기력은 아이가 영어에 재미를 붙이고 자신감을 갖게 하는 계기가 되니, 암기력이 좋아지면 아이의 노력과 성실함을 아낌없이 칭찬해주세요. 이해력은 아이가 고학년이 되는 시점을 기점으로 성장할 겁니다.

이런 아이일수록 단순암기형(LUHM)처럼 우리말 독서에 특히 신경을 써야 합니다. 우리말 독서로 언어감각을 보강하고 추론력과 이해력, 논리력도 함께 키울 수 있습니다.

제4장

엄마표(엄마도움표) 영어 교육의
전제조건

공부의 주체는
부모가 아니라 아이다

아이주도형 엄마표 영어로 부모는 코치 역할만 하자

엄마표 영어를 지속하느냐 도중에 포기하느냐는 부모의 의지가 큰 역할을 합니다. 아이가 싫다고 하면 부모는 아이를 달래고 얼러서라도 공부를 이어나갈 수 있지만, 부모가 포기하면 그대로 끝나버립니다. 엄마표 영어의 운전대는 결국 부모가 쥔 셈입니다. 그래서 저는 엄마표 영어를 하려는 분들에게 이 말을 간절히 하고 싶습니다.

"엄마표 영어를 완벽하게 하려고 하지 마세요. 완벽해야 한다는 스트레스가 시도조차 못 하게 해요. 어설퍼도 시도하는 게 안 하는 것보다는 백배 천배 나아요."

그러나 엄마표 영어를 아이가 주도해서 한다면 부모는 완벽해야 한다는 부담감이 확 줄어듭니다. 부모는 코치 역할만 충실히 해도 되니까요. '아이주도형 엄마표 영어'는 엄마도움표 영어에 이어 제가 만든 말입니다. 아이가 영어 공부를 주도하고 부모는 옆에서 코치 역할만 하면 아이는 듣는 공부가 아니라 읽고 생각하는 공부를 하게 될 겁니다(행복이는 6학년 때 자기주도적으로 영어 공부를 하는 '아이표 영어'를 하게 되었습니다. 이 내용은 Part 3에 나옵니다).

아이를 셀프리더로 만들자

아이주도형 엄마표 영어의 이해를 돕기 위해 경제·경영 분야의 조직관리 이론인 '셀프리더십self-leadership'과 '슈퍼리더십super-leadership'을 차용해 설명하겠습니다. 셀프리더십과 슈퍼리더십 이론은 1980년대 이후 국제경쟁력이 떨어진 미국 기업들이 경영을 혁신하고 신세대 근로자들을 관리하는 대안에서 출발한 이론이지만[*] 교육 분야에서도 많이 소개됩니다. 우선, 셀프리더십과 슈퍼리더십의 의미부터 보겠습니다.

셀프리더십은 스스로 리더가 되어 자기 자신을 이끌어가는 리더십을 말합니다. 셀프리더십이 있는 사람은 스스로 방향을 설정하고 자신을 통제하며, 자아실현과 같은 고차원적인 욕구에 의해 동기 부여가 됩

---

[*] Manz, C.C. and Sims, H.P.. *Super leadership: Beyond the myth of heroic leadership.* Organizational Dynamics 19(4): 18-35. 1991.

니다. 즉 셀프리더십은 자기관리^{self-management}보다 상위 수준의 개념으로, 특정 행동을 해야 하는 이유를 찾습니다. *

반면, 슈퍼리더십은 조직 구성원들이 스스로 자기 자신을 이끌어갈 수 있게 도와주는 리더십을 말합니다. 셀프리더십이 스스로 자신을 이끄는 리더십이라면, 슈퍼리더십은 셀프리더가 될 수 있도록 구성원들이 보유한 잠재역량을 자극하고 개발합니다. ** 그리하여 구성원들은 스스로 판단하고 행동하며 그 결과도 책임지는 자율적 리더가 되고, 조직의 리더는 구성원들이 능력을 이끌어내도록 도움을 줌으로써 슈퍼리더가 됩니다.*** 슈퍼리더십에서 쓰인 '슈퍼'는 '어떤 것을 뛰어나게 하는 지혜나 능력'을 가리키는 말입니다.****

이 개념을 아이주도형 엄마표 영어에 적용하면 '셀프리더'는 아이로, '슈퍼리더'는 부모로 볼 수 있습니다.

슈퍼리더로서의 부모 역할

아이주도형 엄마표 영어에서 부모는 슈퍼리더로서 아이를 물질적·정

---

* 두피디아 '셀프리더십 [Self- leadership]'. http://www.doopedia.co.kr/doopedia/master/master.do?_method=view&MAS_IDX=181203001597587. 2019.01.30 접근.

** 두피디아 '슈퍼리더십[Super-leadership]'. http://www.doopedia.co.kr/doopedia/master/master.do?_method=view&MAS_IDX=181129001597480. 2019.01.30 접근.

*** 박용진. 학교장의 슈퍼리더십과 교사의 셀프리더십, 교사의 학교 조직 몰입 및 학교 조직 건강 간의 상관관계 연구. 인하대학교 박사학위 논문. 2009.

**** Manz, C.C.and Sims, H.P., *Super leadership: Beyond the myth of heroic leadership.* Organizational Dynamics 19(4): 18-35. 1991.

서적으로 지원하고 시간과 자원을 관리하는 코치입니다. 아이가 꾸준히 영어 공부를 할 수 있도록 같이 계획표를 짜고(우리말 독서 시간도 마련합니다), 영어 교재를 제공하고, 학습에 필요한 영어단어나 숙어 등을 찾아줍니다(길어봤자 20분이고 10분도 채 안 걸립니다). 아이가 영어 리딩과 리스닝을 할 때는 영어 음원을 틀어주고(공부 시간 외에도 음원을 틀어주면 아이의 영어 실력은 더욱 좋아집니다), 답지를 보며 아이가 영어 문장의 의미를 제대로 파악했는지 확인합니다. 이때 단어와 숙어 찾기, 음원 틀기 정도는 아이가 직접 해도 괜찮습니다. 문법의 경우 직접 설명해줄 수 없다면 제대로 된 문법 교재를 골라주거나 엄마도움표 영어로 동영상 강의나 문법 과외 등을 제공합니다.

슈퍼리더로서 부모는 아이의 학습뿐만 아니라 꿈 찾기와 목표 설정을 도움으로써 아이가 삶을 주도적으로 살아가게 하는 내적동기를 유발시킵니다. 이외에 적절한 칭찬과 격려, 보상 등 정서적 지원도 해줍니다.

이렇게 부모의 긍정적 코칭을 받아 셀프리더가 된 아이는 자기주도 공부를 하게 됩니다. 계획표대로 영어 학습을 하고, 복습과 예습을 하며(이때 부모님은 영어 교재를 채점해줍니다), 정해진 시간에 우리말 책이나 영어 원서를 읽습니다.

미래의 슈퍼리더를 위한 조언

셀프리더십은 성격, 자아 개념, 자아효능감 등 개인의 내적 변인에 의해 형성되는 교육과 경험을 통해 형성될 수 있는 리더십입니다.[*] 이 과정에서 슈퍼리더의 역할이 중요합니다. 한 논문에서 밝힌 슈퍼리더십 요인[**]을 바탕으로 곧 슈퍼리더가 될 부모님들을 위해 몇 가지 조언을 하겠습니다.

첫째, 부모 스스로 셀프리더십의 모델이 됨으로써 아이가 부모를 본받아 셀프리더십을 발휘할 수 있게 해주세요. 아이가 영어 공부에 적응할 때까지만 해도 좋습니다. 저는 행복이가 영어 공부를 시작했을 때 같이 영어 공부를 했어요. 행복이가 영어에 대한 호감과 긍정적인 사고방식을 가질 수 있도록 하고, 영어 공부에 적응하도록 도왔습니다.

둘째, 목표 설정을 명확하게 해주세요. 아이가 성취할 수 있고 의미 있는 목표를 세우고 우선순위를 정한 뒤 세부 계획을 세우면 됩니다. 행복이는 영어 공부 초기에는 영어거부감이 있어 학습 교재로 학습 밀도는 높이되 영어 공부에 투자하는 시간은 줄였습니다. 대신 우리말 독서로 교과 실력을 향상시키고 꿈 찾기로 꿈에 다가가는 것을 목표로 삼았습니다.

셋째, 때로는 당근과 채찍을 이용하세요. 아이가 잘해내면 용돈이나 게임 시간 늘리기와 같은 적절한 보상을 주세요. 반면 아이가 잘 못하면 스스로 반성하게 유도하세요. 행복이는 영어 교재를 끝냈을 때, 누

[*] Andrasik, F. and Heimberg, J.S.. *Self-management procedures*. In Frederickson, L. W. (Ed.), *Handbook of Organizational Behavior Management*. New York: Wiley. 219-247. 1982.

[**] 조희수. 유치원 교사가 지각한 원장의 슈퍼리더십과 교사의 셀프리더십의 관계. 서울교육대학교 석사학위 논문. 2012.

적된 테스트 성적이 일정 기준 이상인 경우에만 용돈을 받습니다. 평소에 행복이에게 이유 없이 용돈을 주지 않기 때문에 이 방법이 잘 통합니다. 행복이는 영어거부감이 있던 아이라 질책은 최대한 피합니다.

부담스럽다면 엄마도움표 영어를 잊지 말자

셀프리더인 아이가 하는 아이주도형 엄마표 영어를 엄마도움표 영어로 할 경우 슈퍼리더인 부모님은 공부 계획 짜기, 단어와 숙어 찾아주기, 음원 틀어주기, 동기 부여하기 정도만 하면 됩니다. 시간표를 기반으로 하기에, 아이는 스스로 영어 공부, 우리말 독서, 교과 학습까지 하게 됩니다(시간표 짜는 법은 Part 2의 0단계에서 알려드립니다).

　엄마도움표 영어도 효과가 좋습니다. 두려워하지 말고 도전해보세요. 하다가 실력이 쌓이면 엄마표 영어를 하면 됩니다. 학원에 오가는데 걸리는 시간을 하루에 30분이라고 가정하면, 일주일에 4회 학원에 갈 경우 1년에 100시간은 족히 넘습니다. 이 시간에 독서를 한다고 생각해보세요. 시간과 공부의 효율성만 생각해도 엄마표 영어를 안 할 이유가 없습니다.

엄마표 영어를
두려워할 필요가 없는 이유

아이주도형 엄마표 영어는 티칭이 아닌 코칭이다

교육을 업으로 삼는 집안에서 태어난 저는 누군가를 가르치는 데 겁이 없었습니다. 그래서 영어를 가르치게 됐고, 엄마표 영어도 시작했지요. 아마 제가 영어를 가르치던 사람이라 엄마표 영어도 당연히 잘하는 거라고 생각하는 분도 계시겠죠. 하지만 제 엄마표 영어는 학원 강의와는 결이 다릅니다. 티칭teaching이 아닌 코칭coaching이거든요.

저는 행복이에게 영어 외의 분야도 코칭합니다. 전과목 엄마표 교육을 하고, 가끔 미술대회 준비도 제가 시켰습니다.

아이가 똑똑해봤자 성인의 우리말 능력을 따라잡을 순 없다

사실, 영어는 자신 있었지만 내 아이를 가르치는 것, 또한 다른 분야까지 엄마표로 교육시킬 자신은 없었습니다. 전문 지식이 없다는 것이 가장 큰 이유였습니다. 한자는 거의 다 잊어버렸고, 사회는 교과과정의 변화가 커서 생소했어요. 어떤 식으로 진행해야 할지 막막했습니다. 하지만 교재에 학습 계획표가 있고 설명이 자세히 되어 있어 엄마표 교육이 가능했습니다.

가끔 행복이가 물어보는 것 중에 모르는 내용이 있을 땐 행복이와 함께 인터넷으로 찾아서 쉽게 설명을 해주고, 모르는 말의 의미도 알려줬어요. 제아무리 똑똑한 아이도 어른의 우리말 능력과 이해력을 따라갈 순 없어요. 부모가 하나라도 더 압니다. 그러니 아이의 질문을 두려워하지 마세요.

만약 아이가 물어본 단어와 숙어의 뜻을 잘 모르겠다면 아이와 함께 인터넷 사전을 찾아보시면 됩니다. 의미와 발음이 다 있습니다. 네이버 사전 앱의 경우 '듣고 따라하기'를 통해 발음 그래프의 형태까지 알수 있습니다. 여기서 부모는 단어나 숙어의 의미를 쉽게 설명해주면 됩니다. 발음까지 익히기 위해 생소한 단어가 나오면 무조건 영어사전을 찾아보기로 아이와 미리 규칙으로 정해두면 쉬운 단어일지라도 "엄마는 이것도 몰라?"라는 핀잔은 듣지 않을 겁니다.

그리고 아이에게 "아이주도형 영어라 엄마의 역할은 코치로서 방향 제시를 하는 거야. 엄마도 모르는 내용이 있을 수 있어. 그럴 땐 최선을 다해 찾아서 알려줄게"라고 뻔뻔한 응수도 하세요. 저도 가끔 단어 뜻이 헷갈리거나 영어 원서에 나온 단어의 뜻을 모를 때가 있는데, 그럴 때 이 방법을 씁니다.

성인학습자의 이점

엄마표 영어를 할 용기가 생겼다면 그 용기에 힘을 보태줄 '성인학습자가 갖는 이점'에 대해 알아보겠습니다. 엄마표 영어를 하는 부모들의 나이를 대개 30~50세 정도로 볼 수 있는데, 이 나이쯤 되면 성인학습자로서의 자격을 충분히 갖추게 됩니다. 우선, 성인은 무지로 인한 불편함이나 어려움을 겪어본 터라 배움의 의지가 확고합니다.

레빈슨Levinson의 성인 생애 발달단계에 따르면, 성인절정기(33~40세)의 여성들은 독립적이고 유능하고 책임감 있고 보다 완숙한 성인이 되려고 노력하고,[*] 성인중년기 전환기(40~45세)와 성인중년기 입문기(45~50세)의 여성들은 사고력과 실생활에 응용 가능한 지능이 더 발달합니다.[**] 또한 본인의 경험을 토대로 인생을 두루 살피고, 이전의 삶을 되돌아볼 수 있는 성숙한 자아를 갖추게 됩니다.[***] 중년의 여성들은 풍부한 경험을 통해 스스로 깨달았던 지혜를 통합시키면서 불필요하다

---

[*] Levinson, D. J. and Levinson, J. D.. *The season of a woman's life*. New York, NY: Ballantine. 21-34. 1996.
[**] 박한진. 성인여성학습자의 학습 가치, 자아존중감이 학습 성과에 미치는 영향: 지식 공유 활동의 매개 효과를 중심으로. 중앙대학교 석사학위 논문. 2017.
[***] Levinson, D. J. and Levinson, J. D.. *The season of a woman's life*. New York, NY: Ballantine. 21-34. 1996.

고 느껴지는 형식과 타성에서 좀 더 자유로워지고, 어떤 것을 현실적으로 실천할 수 있는가에 대한 결론을 내릴 줄 압니다.*

이처럼 성인여성학습자는 엄마도움표 영어나 엄마표 영어를 할 수 있는 학습 능력이 충분하므로 아이의 학습 코치 역할을 훌륭히 해낼 수 있습니다. 그러니 두려워하지 말고 일단 시작하세요.

---

* 황윤주, 이희수. 두 50대 여성의 전환적 생애 경험에 관한 내러티브 연구: 웃음강사로 제2의 인생 살기. 평생학습사회 11(2): 215-243. 2015.

부모의 자신감과 지구력이
엄마표 영어를 성공으로 이끈다

엄마표 영어를 꾸준히 할 수 있게 하는 힘

아이 스스로 영어 원서나 영상을 보며 학습한다면 부모님은 안목과 센스를 발휘해 영어 원서와 영상을 고르는 데 많은 시간과 노력을 들여야 합니다. 제 엄마표 영어도 품이 들긴 마찬가지이지만, 제 엄마표 영어는 단순히 영어 원서나 영상을 찾고 끝나는 것이 아니라 부모 자신의 지식과 실력을 쌓는 기회까지 얻을 수 있습니다.

엄마표 영어는 부모인 나를 위해서도 유익한 학습법입니다. 그런 의미에서 엄마표 영어의 지구력을 높이는 방법에 대해 이야기하겠습니다. 엄마표 영어의 지구력을 높이는 핵심은 '엄마의 만족감과 자존감

높이기'이며, 구체적인 방법은 6가지입니다.

1. 날 위한 보답을 받자

첫째, 교육비 통장을 만들어 주기적으로 소액이라도 코치비를 책정해 받으세요. 그럴 자격이 충분합니다. 인간은 이기적인 존재이기 때문에 어느 순간 내가 희생하고 있다는 생각이 들면 자기연민에 빠져 마음이 힘들어집니다. 그런 감정에 빠지지 않으려면 소액이라도 코치비 명목으로 받아서 반드시 자신을 위해 쓰세요. 제발 생활비에 보태지 말고요. 어느 날 갑자기 엄마표 영어가 하기 싫고 땡땡이 치고 싶은 날엔 받은 코치비를 생각하세요.

2. 인터넷 기반 활동을 하자

둘째, 블로그나 인스타그램 등 인터넷 기반 SNS 활동을 하며 아이의 영어 공부 상황을 기록으로 남기세요. '블로그 이웃'이라는 지지하는 사람들이 생기고, 그들과 정보를 주고받을 수도 있습니다. 저처럼 출판의 기회가 올지도 모릅니다. 다른 사람의 블로그에서 운영하는 영어 공부 프로젝트에 참여하는 것도 좋습니다.

이러한 학습 정보 공유는 여러 가지 이점이 있습니다. 한 논문에 의하면, 성인여성학습자들의 지식 공유 활동은 학습 성과뿐만 아니라 삶의 질, 학습자의 만족 여부, 전문 능력, 자기주도학습 능력에 긍정적인 영향을 준다고 합니다.* 그러니 적극적으로 SNS 활동을 활용하세요.

3. 자부심을 갖되 부담은 버리자

셋째, 엄마표 영어에 대한 자부심을 가지세요. 아이의 교육비가 줄어드니 돈을 벌고 있는 겁니다. 제 엄마표 영어는 우리말 독서로 전반적 학습 능력을 높이고 시간표를 짜 아이의 공부 습관까지 잡습니다. 확률은 낮겠지만 엄마표 영어가 실패한다고 해도 우리말 능력과 공부 습관은 잡힐 겁니다. 마음의 부담을 내려놓으세요.

4. 배우자의 지지를 받자

넷째, 배우자의 지지로 엄마표 교육(또는 아빠표 교육)의 지구력을 키우세요. 아이와의 사이가 아무리 좋아도 1년에 한두 번은 트러블이 생깁니다. 행복이가 3학년 때 저는 요령이 없어서 힘겹게 영재원 준비를 했습니다. 그러다 저와 행복이 둘 다 너무 예민해졌고 결국 폭발하고 말았어요. 저는 홧김에 영재원 준비도 엄마표 영어와 엄마표 교육도 못하겠다고 선언했습니다. 행복이는 엄마와 함께 공부하겠다고 엉엉 울었지만 제가 너무 지쳐서 다 그만두고 싶은 마음뿐이었습니다.

---

* 박한진. 성인여성 학습자의 학습 가치, 자아존중감이 학습 성과에 미치는 영향: 지식 공유 활동의 매개 효과를 중심으로. 중앙대학교 석사학위 논문. 2017.

남편은 그동안 제가 영재원 준비까지 하느라 힘들어한 걸 눈치 챘는지 엄마표 교육에 도움을 더 주고 지지의 말을 아낌없이 해줬습니다. 내가 힘이 들 때 나의 마음을 가장 잘 알아주는 건 남편일 겁니다. 남편이 엄마표 교육을 인정해주고 내 편이 된다면 엄마표 교육의 지구력이 늘어납니다.

5.자기계발을 하자

다섯째, 영어를 통해 자기계발 목표를 가질 수 있어요(이게 힘들다면 엄마도움표 영어를 하면 됩니다). 이를테면 엄마도움표 영어로 시작해서 엄마표 영어로의 전환을 목표로 삼을 수도 있고, 영어가 아주 서툴다면 아이와 함께 처음부터 영어를 배울 수 있어요. 아이가 공부 습관을 들이도록 엄마도 옆에서 영어 공부를 하면 됩니다.

단, 따로 시간을 내서 영어 공부를 좀 더 해야 합니다. 이때 목표를 '우리 아이 영어 공부 제대로 시키기'로 잡고 아이 영어 교재로 예습과 복습을 충실히 하세요. 이것만 해도 실력이 늘 겁니다. 그러다 자신이 좋아하는 영어 공부로 조금씩 확장하세요. 저는 행복이가 영어 공부를 할 때 제가 좋아하는 영어 학자와 교수님의 책과 논문을 보며 공부했습니다. 부모는 자기계발을 통해 자존감을 높이고 아이는 공부 습관을 잡게 되는 아주 훌륭한 방법입니다.

6. 꿈을 갖자

여섯째, 공부방 운영과 같은 꿈을 가져보세요. 어머님들이 모이면 공부 잘하는 아이의 얘기를 많이 합니다. 그 아이의 공부법을 궁금해하고, 그 부모의 육아 비법에 관심을 갖죠. 만일 주변에 내 아이의 영어 실력 이 출중하다는 이야기가 전해지면 자기 아이의 영어 공부를 봐달라는 부탁이 들어올 거예요. 저도 여러 명에게서 부탁을 받았어요. 이로써 자연스럽게 경제활동으로 이어지기도 합니다.

아이의 학습 성과를 내세우며 영어공부방을 시작할 수도 있어요. 공 부방을 시작하는 데는 큰돈이 들지 않습니다. 집에 있는 방 하나를 공 부방으로 쓰고, 교육청에 신고를 하면 됩니다. 학원과는 다르게 최종학 력은 기재하지만 기준이 없기 때문에 누구라도 공부방을 차릴 수 있습 니다. 생활정보지나 아파트 단지 내에 광고를 하면 학생 모집에 도움이 됩니다.

내 아이를 위한 최적의 영어 코치는 부모다

내 아이를 가장 잘 아는 내가 아이에겐 최적의 영어 코치라는 사실을 마음에 되새기세요. 내 아이의 부족한 점을 가장 잘 알고 고쳐주고자 가장 고심하고 노력할 사람은 '나'라는 사실을 항상 기억하며 힘내세요.

PART 2

4년 만에 수능영어
만점 받은
5단계 커리큘럼

0단계

엄마표 영어를 위한
준비운동하기

성공하는 엄마표 교육의 비결,
아이와 우선 친해지자

심리적으로 편하고 좋은 사이일수록 학습 결과가 좋다

'학습자의 심리 불안도가 낮을수록 제2언어(영어)를 더 잘 배운다'는 크라센Krashen의 제2언어 습득 가설이 있습니다. 학습자가 교실에서 편안함을 느끼고 선생님을 좋아하면 수업에 더 열심히 참여하고 선생님의 말씀을 더 많이 흡수한다는 겁니다.[*]

저는 학원을 운영하고 아이들을 가르치면서 이 가설이 진실임을 절

---

[*] Krashen, S.D., *Second Language Acquisition and Second Language Learning*, Oxford: Pergamon Press, 1981.

실히 느꼈습니다. 선생님인 저에 대한 감정이 좋은 학생들의 수업 집중
도가 다른 학생들보다 높았고, 과제 결과물이나 테스트 성적도 더 좋았
기 때문입니다. 저는 이 사실을 적극 활용해 내신시험 기간마다 전략을
세웠습니다. 내신대비반을 구성할 때 학생들이 선호하는 선생님을 담
임으로 배정한 것입니다. 좋아하는 선생님과 공부함으로써 학생들은
높은 강도의 학습과 집중을 요하는 힘든 시험 기간을 잘 이겨냈고 만족
할 만한 결실을 얻었습니다.

언어 습득을 방해하는 가상의 장벽을 좋은 감정으로 낮추자

제2언어 습득 가설을 제대로 이해하려면 '정의적 영역'과 '정의적 여과
막(필터)'에 대해 알아야 합니다. 정의적 영역은 인간 행동에 있어 감정
적 측면으로, 다른 사람들에 관한 느낌을 포함합니다.[*] 그리고 정의적
여과막은 학습자의 언어 습득을 방해하는 가상의 장벽입니다.[**] 여기
에서 '정의affect, 情義'는 우리가 보통 아는 정의justice, 正義와 다른 단어로, 감
정이나 느낌을 가리킵니다.

　모국어의 경우 인간이 선천적으로 타고난 언어 습득 장치LAD; Language
Acquisition Device를 통해 무의식적으로 습득합니다. 반면에 외국어는 언어
자료가 곧바로 언어 습득 장치에 적용되지 못하고 [그림 1]처럼 정의적

---

[*] 김은선. 초등 영어학습자들의 정의적 특성에 관한 연구. 군산대학교 석사학위 논문. 2005.
[**] Lightbown, P.M. and Spada, N.. 《외국어는 어떻게 배우고 가르치는가》. EPUBLIC. 2019.

여과막을 통과해야 합니다. 그런데 학습자의 감정 상태가 좋지 않을 때에는 입력언어를 완전히 습득하지 못하게 하는 여과막이 작용합니다. 두려워하거나 자신감이 없고 동기가 유발되지 않는다면 입력언어가 이해되어도 언어 습득 장치까지 이르지 못합니다.

즉 동기 유발이 잘되어 있고, 근심이나 불안감이 적으며, 자신감이 높으면 [그림 1]처럼 여과막의 장벽이 낮아져 큰 어려움 없이 외국어 습득을 할 수 있다는 겁니다.*

[그림 1] 외국어 습득 모식도: 정의적 여과막

제2언어 습득 가설에 따라, 행복이와의 엄마표 영어는 관계 개선부터 시작했어요. 행복이는 영어거부감이 있던 아이라 정의적 여과막의 장벽을 더 낮추고 심리적으로 충분히 안정되어야 영어 습득을 효과적

* Dulay, H. and Burt, M.. *Viewpoints on English as a Second Language*. New York: Regents. 95-126. 1977.

** Krashen, S.D.. *Principles and Practice in second Language Acquisition*. Oxford: Pergamon Press. 1982.

으로 할 수 있는데, 그러려면 저에 대해 호감을 갖게 만드는 게 급선무였거든요.

아이가 좋아하고 신뢰하는 부모가 되자

우리나라 사람들의 특징 중 하나는 빨리 해야 한다는 조급증을 가지고 있다는 것입니다. 엄마표 영어를 하겠다고 마음먹자마자 바로 교재를 사서 공부를 시작했다면 그 추진력과 실행력에 박수를 쳐야 하는 게 맞습니다. 하지만 엄마표 영어의 시작점은 영어 습득이 아닌 아이와의 관계 개선입니다. 코치인 나를 아이가 좋아하게 만들어야 정의적 여과막이 낮아지면서 엄마표 영어가 성공의 길로 향하게 됩니다. 그러기 위해선 스킨십이 필수입니다. 이때의 스킨십은 외적인 스킨십뿐만 아니라 영적인 스킨십도 포함됩니다.

저는 행복이가 제 따뜻한 온기를 느끼게끔 포옹과 입맞춤을 자주 해 줬습니다. 그리고 둘만의 시간을 갖거나 이야기를 나누며 깊은 교감을 나누고 진짜 우정을 쌓았어요. 연애할 때 상대에게 정성을 쏟듯 행복이에게 잘 보이려고 애썼고, 말도 예쁘게 하려고 했습니다. 워킹맘 시절에 생긴 행복이와의 간극을 좁히기 위한 노력을 많이 했습니다. 숨바꼭질을 할 때면 일부러 엉덩이를 약간 빼놓고 숨었습니다. 저학년인 행복이가 찾기 쉽고 재미있게 찾으라고 우스꽝스러운 행동을 한 것이죠. 저는 이런 노력을 무려 3년 넘게 함으로써 행복이가 저를 좋아하게 만들었습니다. 또한 행복이와의 작은 약속도 꼭 지키려고 노력해 아이가 저를 절대적으로 신뢰하게 했습니다.

자기를 좋아하고 또 자기가 좋아하는, 그리고 믿음 가는 엄마가 공부를 이끌어주니 행복이는 당연하다는 듯 믿고 따르더군요.

영어 코치이자 서포터로 거듭나자

부모가 아이를 훈계하고 가르치는 역할에만 집중하면 부모는 아이를 지배하는 권력자가 되고 아이는 받아들이기만 하는 순종자가 될 수 있습니다. 혹은 부모는 의견을 내는 발언자가 되지만 아이는 아무 말도 하지 않고 잠잠히 듣기만 하는 묵언자가 됩니다. 이런 관계에서 아이는 긴장을 하고, 그 영향으로 정의적 여과막이 올라가게 됩니다.

부모는 일방적으로 가르치는 선생님이기보다 아이의 인격을 존중하고 심리적으로 안정감을 주어 영어 습득이 원활히 이루어지도록 돕는 코치이자 서포터입니다. 그러니 코치인 나 자신을 먼저 바로잡으세요. 아이를 향하는 말투와 행동을 되돌아보고, 아이의 심리적 안정감을 해치는 말투나 행동이 있다면 최대한 고치세요.

엄마표 영어를 함에 있어 아이와 부모의 관계가 가장 중요하단 걸 명심하세요.

영어 공부 효율을 높이는
영어 준비운동

영어 습득에 장애가 되는 사회적 거리감과 감정

아이들은 완벽한 영어 교재가 있어도 그 내용을 모두 숙지하지 못합니다. 앞서 말했듯 크라센의 가설에 따르면, 언어 습득의 첫 과정에는 입력된 언어를 거르는 일종의 여과막이 있기 때문입니다.[*] 여과막의 역할은 앞에서 알아보았던 정의적 특성이 합니다. 브라운Brown은 정의적 특성을 사회문화적 요인과 인성적 요인으로 분류했습니다. 사회문화적 요인에는 개인이 자신이나 타인 또는 문화에 대한 태도, 개인이 접하는

---

[*] 김은선. 초등 영어학습자들의 정의적 특성에 관한 연구. 군산대학교 석사학위 논문. 2005.

두 문화 사이의 사회적 거리감 등이 있습니다. 인성적 요인에는 행동할 때 느끼는 자신의 능력에 대한 믿음, 지식, 자기 확신, 불안감, 억압, 감정 이입 등이 있습니다.*

영어 학습의 첫발을 내딛기 전, 영어 준비운동으로 마음의 준비를

아이가 영어의 세계로 들어서기 전에 해야 할 것이 있습니다. 바로 영어에 대해 낯설어하고 두려워하는 마음을 없애는 준비운동입니다. 이는 앞서 얘기한 정의적 특성 중 사회문화적 요인, 즉 영어권 국가에 대한 사회적 거리감을 좁힘으로써 낯선 언어로 인한 정신적 부담감과 압박감을 최소화하는 방법입니다.

사실 영어 준비운동은 말만 거창하지 누구나 할 수 있는 수월한 방법입니다. 가족이 함께 할 수도 있고 혼자서 할 수도 있습니다.

영어 준비운동 1
가족 활동으로 좋은 방법

세계지도에서 영어를 쓰는 국가(미국, 영국, 호주, 캐나다, 뉴질랜드, 필리핀, 인도 등)를 찾아보고, 영어권 나라에 대한 보고서를 작성합니다. 이

---

* Brown, H.D., *Principles of Language Learning and Teaching*, Addision Wesley Longman, Inc. 2000.

때 단순히 나라의 위치를 알아보고 끝내기보다는 국가들의 기후, 화폐, 문화, 인종 등에 대해 알아봅니다. 가족 모두 모여서 영어권 나라에 대한 보고서를 작성하며 의미 있는 시간을 보낼 수 있습니다.

영어권 국가의 기념일을 알아보는 방법도 있습니다. 핼러윈데이, 크리스마스, 추수감사절과 같은 기념일을 함께 검색해보세요. 행복이는 추수감사절에 요리해 먹는 큰 칠면조를 보고 놀랐고, 핼러윈 의상을 입고 사탕을 받고 싶어 했어요. 초반에는 핼러윈데이나 추수감사절 같은 축제 위주로 기념일을 알아보고, 점차 마틴루터킹데이나 독립기념일처럼 사회적으로 의미가 있는 기념일에 대해 알아보면 좋습니다.

영어 준비운동 2

혼자 할 수 있는 방법

영어권 국가가 배경인 영화나 만화를 보면 그 나라 사람들의 삶, 문화, 역사 등에 대해 알 수 있습니다. 주요 인물이 아이와 비슷한 나이대라면 더 재미있어할 겁니다. 영어권 국가가 배경인 그림책이나 소설책을 읽어도 좋습니다.

아이가 영어권 국가와 관련된 책을 읽어 그 나라의 문화, 역사, 정치 등의 다양한 배경지식을 쌓으면 그 국가에 대해 친숙하게 느끼는 데 도움이 됩니다. 저학년이라면 《Why? 세계사》의 미국편과 영국편을, 고학년이라면 《먼 나라 이웃나라》의 미국편과 영국편, 《미국을 알면 영어가 보인다》를 추천합니다.

언어능력의 하나로 여겨질 수 있는 문화의 이해

《영국 영어 산뜻한 첫걸음》의 저자 앤드류 핀치Andrew Finch는 책에서 "외국어 학습에 있어 그 나라의 문화를 이해하는 것은 '말하기, 듣기, 읽기, 쓰기'에 이어 다섯 번째 언어능력으로 인정받아도 될 만큼 가치 있고 의미 있는 일"이라고 했습니다.* 이런 준비운동을 통해 생긴 영어권 국가에 대한 관심은 영어에 대한 호기심으로 이어지고, 결국 아이는 더 이상 영어를 '낯선 세계로부터 온 생경한 언어'가 아닌 '친숙한 문화'로 받아들일 겁니다.

---

* 앤드류 핀치, 박희본. 《영국 영어 산뜻한 첫걸음》. 종합출판EnG. 2011.

엄마표 영어의 토대 쌓기와
영어거부감 예방하기

감정에 초점을 맞춘 인성적 요인으로 엄마표 영어를 성공시키자

영어 준비운동이 정의적 특성 중 사회문화적 요인에 대한 방법이라면, 이제는 인성적 요인에 포커스를 맞춰 영어 교육의 토대를 쌓는 방법과 영어거부감을 예방하는 방법에 대해 알아보겠습니다.

우리는 이미 인성적 요인을 접했습니다. 0단계의 첫 번째 주제, 기억 나시나요? '성공하는 엄마표 교육의 비결, 아이와 우선 친해지자'였습니다. 이 주제야말로 인성적 요인에 대한 해결책으로, 모든 정의적 요인 중 가장 선행되어야 하면서 가장 중요한 요인입니다. 이제 다른 인성적 요 인들도 참고해 엄마표 영어의 성공적인 행보를 걸길 바랍니다.

부모가 먼저 영어 접하기

'엄마표 영어 토대 쌓기'란 엄마표 영어를 하기에 앞서 부모가 행하고 다짐해야 할 것을 말합니다. 그 첫 번째는 부모가 아이보다 먼저 영어를 접하고 아이에게 그 모습을 보여주는 것입니다. 영어거부감이 있어 영어를 싫어했던 행복이가 영어에 관심을 갖게 된 계기는 바로 저 때문입니다. 아이들은 부모가 하는 일에 관심이 많고 옆에서 참견하고 싶어 합니다. 제가 영어 교재를 집필하고 영어 공부를 하며 관련 책들을 읽으니, 행복이도 자연스럽게 엄마가 하는 일을 지켜보다 영어와 친숙해지고 영어거부감과 불안감이 줄어들었습니다.

엄마도움표 영어에서 엄마표 영어로 전환하기 위한 공부를 해도 좋습니다. 영어 공부가 힘들다면 유튜브나 넷플릭스를 통해 영미권 영화나 드라마로 영어 공부를 할 수도 있습니다. 함께 최신 팝송을 들으며 감상을 나눌 수도 있습니다. 아이가 영어를 친숙하게 여기도록 간접적으로 계속 영어를 접하게 해 영어에 대한 불안감을 없애야 합니다.

믿음, 준비운동, 수준 낮추기

이 방법은 행복이의 영어거부감을 없앤 비법이기도 합니다.

첫째, 코치인 부모님을 절대적으로 신뢰하게 하세요. 영어를 코치하려면 아이와 좋은 관계를 유지해야 하는데, 그러려면 부모를 절대적으로 믿게 해야 합니다. 저는 편지 주고받기, 스킨십 많이 하기, 약속 꼭 지키기, 책 읽어주기, 같이 요리하기 등을 실천했어요.

둘째, 영어 준비운동을 통해 낯선 영어에 대한 불안감을 해소시켜주세요.

셋째, 아이가 '영어를 해볼 만하다'고 느끼는 수준부터 시작하세요. 행복이는 5개월 동안 영어학원에 다녔었지만 알파벳부터 다시 시작했습니다(사실 행복이가 알파벳을 반 이상 잊어버렸어요). 영어거부감이 없더라도 아이가 영어 공부를 한동안 쉬었다면 아마 영어를 많이 잊어버렸을 겁니다. 자신감을 갖고 영어 공부를 시작할 수 있도록 처음엔 아이가 만만해하는 수준을 공부하게 하고, 영어에 자신감이 어느 정도 생기면 속력을 내서 늦어진 진도를 빼면 됩니다.

영어거부감을 예방하는 초반 코칭법 2
함께, 재미있게

넷째, 아이가 '부모님과 같이 배운다'고 느끼게 만드세요. 부모님이 직접 영어 교재를 풀라는 게 아닙니다. 아이와 같이 영어 지문을 읽고, 파닉스를 할 땐 같이 노래 부르고 따라 말하면 됩니다. 아이와 같이 호흡하고 배움으로써 안정적인 학습 환경을 조성할 수 있습니다.

다섯째, 과장된 몸짓을 해서라도 재미있다는 모습을 보여주세요. 영어에 흥미를 갖고 신나게 공부하는 아이도 있지만, 영어에 관심이 없는 아이도 있습니다. 그렇기에 과장된 몸짓을 해서라도 영어가 재미있다는 걸 보여주어야 합니다. 아이들은 부모가 신이 나면 덩달아 신나고 영어가 재미있다고 생각하게 됩니다.

저는 행복이와 파닉스를 배울 때 신나게 노래 부르고 춤까지 추었어요. 그렇게까지 한 건 제 성격이 워낙 밝기도 하지만 육아와 집안일로 지친 마음을 날려버릴 수 있기 때문이었어요. 행복이가 이상하게 보든 말든 말이죠.

영어거부감이 있는 아이를 코치할 때 주의할 점

아이가 영어거부감이 있다면 학습 초반에는 정해진 시간 외에 공부 시간을 더 늘리지 마세요. 행복이가 파닉스를 배울 때 저는 영어 공부 시간을 1시간 이하로 잡았습니다. 다른 아이들보다 늦었다는 생각에 처음부터 공부를 많이 시키는 일은 없어야 합니다. 그러다 역효과가 날 수 있습니다. 일단 천천히 가세요. 아이가 힘들어하면 공부 횟수를 줄이고 아이의 속도에 맞추세요. 나중에 공부에 가속도가 붙는 시점이 분명 옵니다.

눈에 띄는 성과를 얻고자 아이가 매일 영어를 배우게 하는 것도 좋지 않습니다. 행복이의 경우 초반에는 일주일에 5회 영어 공부를 했는데, 4회는 파닉스 공부를 하고 1회는 교재 CD로 게임을 했어요.

아이가 천천히 영어 공부를 하다가 영어거부감 없이 즐겁게 공부하기 시작하면 공부 시간과 공부 양을 늘려도 됩니다. 다만, 아이가 영어 공부를 더 하고 싶다는 신호를 보내면 그때부터 더 하게 하세요. 행복이는 파닉스 후반부에 영어에 대한 호의적인 반응을 보였어요. 영어가 좋아졌는지 알파벳으로 캐릭터 그림을 그려 저에게 선물했습니다.

아이가 배우는 게 늦고 의지가 없어도 영어거부감이 없어질 때까지는 절대 야단치거나 혼내지 않아야 합니다. 아이에게 욱하거나 화내지 않기로 다짐도 하세요. 행복이가 가끔 하는 말이 "엄마가 나한테 화냈었다"입니다. 행복이가 'cat'을 '쌧'이라고 말해서 순간 욱한 적이 있거든요. 특히 영어거부감이 있는 아이에게는 영어를 이유로 화내지 마세요. 아이에게 화내지 말자고 자기최면을 걸고, 학원생이라고 생각하며 웃고 넘기는 센스를 발휘하세요. 아이가 조금이라도 잘하거나 발전하는 모습을 보이면 아낌없이 칭찬하고, 지속적으로 용기와 격려의 말을 해줍니다.

마지막으로 강조하고 싶은 말이 있습니다.

"아이가 따뜻한 영어를 배우게 하세요."

엄마표 영어의 밑거름을 만들고 아이의 영어거부감을 없애거나 예방하는 비결은 '엄마의 따뜻한 마음'이라는 걸 명심하세요.

영어에 앞서
공부 습관과 독서 습관 잡기

평범한 일상이 꾸준히 쌓이면 특별한 삶이 된다

사자성어 중에 '수적천석水滴穿石'이라는 말이 있습니다. '물방울이 바위를 뚫는다'는 뜻으로, 작은 노력이라도 꾸준히 하면 큰일을 이룰 수 있다는 의미입니다. 이와 비슷한 속담으로 '가랑비에 옷 젖는 줄 모른다'가 있는데, 아무리 사소한 일이라도 그 일이 거듭되면 무시하지 못할 정도로 커지는 상황을 표현한 말입니다. 두 말 모두 '작고 평범해 보이는 일상도 꾸준히 쌓다 보면 엄청난 위력을 발휘하는 특별한 삶이 된다'는 것을 의미합니다.

엄마표 영어를 위해 공부 시간표나 공부 목록표를 사용하자

행복이가 쌓은 작고 평범한 일상은 공부 계획표와 공부 목록표를 사용해 꾸준히 공부하고 책을 읽은 것입니다.

제 엄마표 영어는 대부분 시중 영어 교재를 사용합니다. 제가 영어 학원을 운영했을 때 만난 학부모님들은 영어 교재를 사용하는 게 당연하다고 생각을 하셨는데요. 제가 전업맘이 되고 보니 영어 교재보다는 영어 원서 위주로 아이의 영어 학습을 진행하는 분들이 많으시더라고요. 영어 원서 읽기도 당연히 필요합니다. 제 아이도 꾸준히 영어 원서를 읽었어요. 하지만 영어 교재 학습도 필요합니다.

영어 교재란 학습을 위해 만들어진 도구로, 학습 태도가 잡혀야 이 도구를 멋지게 사용해 비범한 결실을 만들 수 있습니다. 학습 태도는 공부 습관과 연결되고, 공부 습관은 공부 시간표나 공부 목록표로 잡을 수 있습니다. 결국 제 엄마표 영어는 올바른 학습 태도와 공부 습관을 잡음으로써 효과가 증대됩니다.

그리고 공부 습관이 길러졌다고 해도 독서 습관이 빠지면 영어 능력의 극적인 발전을 기대하기 힘듭니다. 사실 제가 행복이에게 공부 시간표나 공부 목록표를 사용하게 한 가장 큰 목적은 '독서 습관 기르기'였습니다.

행복이가 사용한 공부 시간표와 공부 목록표

행복이가 1, 2학년 때는 1년에 네 번(1학기, 여름방학, 2학기, 겨울방학) 공부 시간표를 작성했습니다. 3학년 때부터는 1년에 네 번, 일주일치의 공부 목록표를 작성했습니다.

　[표 1]은 행복이가 사용했던 공부 시간표와 공부 목록표의 일부입니다. 이를 통해 공부 습관과 독서 습관을 잡을 수 있는데, 자세한 내용은 뒤이어 나오는 '05. 엄마표 영어를 위한 7가지 공부 습관과 독서 습관 팁'에서 알려드리겠습니다(제 블로그 '스카이쌤과 평범한 영재 행복이'에는 공부 시간표에 대한 12개의 포스트가 있어요. '이웃추가' 버튼을 누를 만큼 공부 시간표에 대한 상세한 설명이 있으니 제 블로그에서 다양한 정보를 얻으세요).

[표 1] 행복이가 사용했던 공부 시간표와 공부 목록표 일부

🕐 초등 2학년 학기 중 공부 시간표

	월	화	수	목	금
13:30~14:30	방과 후 한자				방과 후 한자
14:30~16:00	태권도				
16:00~17:00	피아노	책 읽기 & 독서록 쓰기	피아노	책 읽기 & 독서록 쓰기	피아노
17:00~18:00	책 읽기 & 독서록 쓰기		책 읽기 & 독서록 쓰기		책 읽기 & 독서록 쓰기
18:00~19:00	저녁밥 & 휴식				
19:00~20:00	영어	영어	영어 동영상	영어	영어
20:00~21:00	수학 & 일기	수학	일기	수학	수학

※ 공부 시간표와 공부 목록표의 각 항목마다 10~25분 정도의 여유시간을 두었지만, 표에는 따로 표시하지 않았습니다. 공부 시간표는 정해둔 시간에 아이가 공부하는 것이고, 공부 목록표는 매일 해야 할 공부의 시간을 아이 스스로 적고 체크한 것입니다.

🕐 3학년 여름방학 공부 목록표

월	화	수	목	금	토
1) 방과 후 한자 9:30~ 10:30(v)	1) 기상 책 읽기 ~10:45(v)	1) 기상 책 읽기 ~10:45(v)	1) 기상 책 읽기 ~10:45(v)	1) 방과 후 한자 9:30~ 10:30(v)	1) 영어 (리스닝) (v)
2) 책 읽기 10:30~ 12:00(v)	2) 영어 공부 10:45~ 12:00(v)	2) 영어 공부 10:45~ 12:00(v)	2) 영어 공부 10:45~ 12:00(v)	2) 책 읽기 10:30~ 12:00(v)	2) 수학, 과학, 사회 틀린 것 보기 (v)
3) 사회, 과학 문제집 풀기 12~12:50(v)	3) 사회, 과학 문제집 풀기 12~12:50(v)	3) 사회, 과학 문제집 풀기 12~12:50(v)	3) 사회, 과학 문제집 풀기 12~12:50(v)	3) 사회, 과학 문제집 풀기 12~12:50(v)	3) 한자 숙제 (v)
⋮	⋮	⋮	⋮	⋮	⋮
6) 수학 풀기 7~8:00(v)	6) 일기 쓰기 7~8:00(v)	6) 한자 숙제 7~8:00(v)	6) 여름방학 숙제 7~8:00(v)	6) 여름방학 숙제 7~8:00(v)	

독서 습관은 영어 공부 습관과 영어 실력 향상의 기폭제

행복이는 위의 공부 시간표와 공부 목록표처럼 학기 중이든 방학 때든 가정 내에서 첫 일과를 독서로 하고 특정 시간에 영어를 공부하면서 하루를 알차게 쓰는 법을 차츰 터득해갔습니다. 그 영향으로 공부 습관이 잡히고, 독서 습관으로 우리말 능력도 쑥쑥 자랐습니다. 이러한 습관은 영어 이외의 과목들을 공부할 때도 도움이 되어 행복이는 지금 전 과목을 자기주도로 공부하고 있습니다.

아이가 공부 시간표나 공부 목록표에 적응하는 초반에는 부모님이 아이 곁에서 함께 해주시는 것이 좋습니다. 그러려면 오전에 집안일을 하고, 주말에 미리 반찬과 국을 만들어놓으면 좋습니다. 때로는 반찬을 사먹어도 됩니다. 제 지인의 말씀이 생각납니다.

"집 안이 엉망인 것은 표시가 안 나도 아이가 공부 못하는 것은 표가 난다."

아이의 공부를 위해 집안일은 잠시 미뤄놓아도 괜찮습니다.

엄마표 영어를 위한
7가지 공부 습관과 독서 습관 팁

공부 습관과 독서 습관을 위한 팁 1

공부 시간표를 사용하기 전, 일정 지키는 연습하기

행복이는 1학년이던 해의 6월부터 여름방학 전까지는 공부 시간표를 만들지 않았어요. 대신 하루에 꼭 지켜야 하는 두 가지 일정과 시간을 정했습니다. 그 일정은 하교 후 책 읽기와 수학 공부였어요. 저는 그 시간을 핸드폰 알람으로 맞췄습니다. 핸드폰 알람의 효과는 생각보다 강력합니다. 아이는 알람 소리가 나면 하던 일을 멈추고 바로 일정대로 행동하는데, 이러한 일정 지키기를 통해 계획을 시간에 맞춰 실천하는 습관을 기르게 됩니다.

부모님은 아이가 적응할 때까지 옆에서 관심을 갖고 격려하고 지켜봐주시면 됩니다. 아이가 책을 읽거나 공부를 할 때는 스마트폰, 텔레비전, 전화 통화를 자제하고 아이 옆에서 책을 읽거나 공부를 해주세요. 공부하기 싫다면 공부하는 척이라도 해주세요.

공부 습관과 독서 습관을 위한 팁 2
공부 시간표와 공부 목록표 사용하기

저학년 때는 공부 시간표를 1년에 네 번, 학기 중과 방학으로 나누어 작성하고, 3~4학년부터는 아이 주도로 공부 목록표를 작성하면 좋습니다. 단, 아이가 공부 시간표를 지켜서 학습하는 데 완벽히 적응한 뒤에 공부 목록표로 넘어가야 합니다. 공부 시간표는 정해진 시간에 정해진 공부를 하면 되지만, 공부 목록표는 아이가 스스로 매일 해야 할 공부 목록에 자신이 시간을 적고 실천하는 것입니다. 자기주도학습 능력과 시간 조절 능력을 키우는 연습인 셈이지요.

공부 목록표 사용 초반에는 아이가 어릴수록 시간 가늠하는 걸 어려워할 겁니다. 그럴 땐 당분간은 아이와 함께 시간을 적거나, 예시가 될 공부 목록표를 만들어 아이에게 주세요. 저는 전자를 택했지만, 부모님 모두 일을 한다면 후자를 선택하는 게 만만합니다.

공부 시간표와 공부 목록표의 첫 일정을 독서로 잡기

103~104쪽에 있는 공부 시간표와 공부 목록표 예시를 보면 학원 수업과 '방과 후 한자'를 제외한 첫 일과는 '책 읽기'입니다. 이걸 반복하면 아이가 하루 일과의 최우선 순위를 '책 읽기'라고 생각하게 됩니다. 저는 독서를 최우위에 두기 때문에 아이가 공부나 숙제할 시간이 촉박한 날에도 최소 10~20분은 독서를 한 뒤에 공부든 숙제든 하게 합니다.

다른 과목의 공부 습관부터 잡기

엄마표 영어를 하기에 앞서 다른 과목의 공부 습관을 잡는 것이 좋습니다. 아이가 공부할 수밖에 없는 주요 과목을 선택해 그 과목으로 공부 습관을 만들어주세요. 아이는 이미 주요 과목의 필요성을 잘 알기에 공부 습관 잡기가 더 유리합니다. 이때 부모님은 옆에서 해당 과목을 코치하세요. 국어나 수학의 경우 부모님이 아이보다 더 잘할 것이니 이 일을 계기로 아이로부터 코치로서의 자질을 인정받을 수 있습니다.

이처럼 먼저 다른 과목으로 공부 습관을 기르는 건 규칙적으로 영어 공부를 할 수 있는 능력을 키우고 코치로서 인정도 받을 수 있는 좋은 기회가 됩니다.

부모가 독서의 롤모델이 되기

'어머니의 독서 활동이 자녀 독서 습관 형성에 미치는 영향'이라는 논문에 따르면, 자녀의 독서 습관을 형성하려면 부모가 먼저 책 읽는 모습을 보여야 합니다. 모든 교육의 출발점은 가정이며, 아이들은 부모의 모습을 보면서 삶을 배워가니까요.[*]

저는 이 이론에 공감합니다. 그래서 행복이가 독서 습관이 잡힐 때까지 행복이 옆에서 책을 읽었습니다. 여러분도 독서 롤모델이 되어 아이들이 일상에서 독서를 자연스레 접하도록 해주세요.

부모가 곁에서 지켜봐주기

아이가 공부 시간표나 공부 목록표에 적응하기까지 시간이 꽤 걸립니다. 그 긴 시간 동안 낯선 공부 방법에 적응하느라 애쓰는 아이가 혼자라는 생각이 들지 않도록 부모님이 곁에서 지켜봐주세요. 이때 같이 공부나 독서를 하면 좋아요. 아이의 영어 교재를 훑어보거나 재테크 공부를 하는 것도 괜찮습니다. 부모와 함께한다는 느낌이 들면 아이는 힘을 더 내서 주어진 일과를 잘 끝낼 겁니다.

---

[*] 송현서. 어머니의 독서 활동이 자녀 독서 습관 형성에 미치는 영향. 한국교원대학교 석사학위 논문. 2008.

제가 행복이 옆에서 같이 공부한 기간은 1년 정도 됩니다. 길다면 길고 짧다면 짧지만, 이 시간은 아이에게는 적응 시간을 줄이고 성공 확률을 높이는 기회이고, 부모님에게는 자기계발을 할 수 있는 좋은 기회임을 잊지 마세요.

공부 습관과 독서 습관을 위한 팁 7
자투리 시간을 활용하게 만들기

공부 시간표를 작성할 땐 항목마다 10~25분의 여유 시간을 두길 바랍니다. 저학년 때는 20~25분 정도로 여유 시간을 좀 더 두는 것도 좋습니다. 10~25분은 TV를 보거나 놀기에는 부족한 시간이기 때문에 아이는 잠시 쉰 뒤에 남는 자투리 시간을 활용할 수 있습니다.

행복이는 그 시간에 무엇을 할지 고민을 하더군요. 그래서 독서와 삼행시 짓기, 그림 그리기 등을 권했습니다. 그리고 저는 행복이 옆에서 독서를 했습니다. 처음에는 삼행시 짓기나 그림을 그렸지만 나중에는 저와 함께 책을 읽었습니다. 이를 통해 행복이는 자투리 시간도 알차게 활용할 수 있게 되었습니다.

영어 교육철학과
목표 설정하기

저는 교육철학과 목표를 세우고 그것을 기반으로 영어 코칭 방법을 정했습니다. 엄마표 영어를 하는데 거창하게 교육철학까지 가져야 하느냐고요? 물론입니다. 반드시 교육철학과 목표를 세워야 합니다.

소설가는 등장인물의 특징과 스토리라인을 정한 뒤 그걸 기준 삼아 주제, 구성, 문체 등을 정해서 글을 씁니다. 저 역시 이 책을 쓰는 동안 내용이나 논조가 바뀔까 봐 간간이 목차의 제목과 소제목을 확인했습니다. 소설가에게는 등장인물의 특징과 스토리라인이, 저자에게는 목차가 철학과 목표가 됩니다. 주인공 없는 소설, 목차 없는 책은 없습니다.

마찬가지로, 엄마표 영어도 교육철학과 목표를 가지고 해야 합니다.

교육철학과 목표가 없으면 도중에 방향을 잃고 정처 없이 헤맬 수 있고, 아이와 갈등을 겪을 경우 엄마표 영어를 포기하는 일이 생길 수도 있습니다. 주인공이 엑스트라로 전락해버리거나 결말이 흐지부지한 어이없는 소설은 창작하지 마세요.

이정표 역할을 하는 교육철학과 목표

예를 들어볼게요. A는 대학 진학을 우선으로 내신과 수능영어 완성을 목표로 영어를 공부하고, B는 실용영어를 우선으로 영어 원서를 읽고 원어민과 의사소통하는 것을 목표로 영어를 공부합니다. 그렇다면 둘의 학습법은 어떻게 다를까요?

A는 내신과 수능영어를 잘하기 위해 우리나라에서 출판된 교재를 선택하고 영문법을 공부합니다. 반면에 B는 교재 없이 영어 원서나 영어 영상을 보며 스스로 영어를 습득합니다. 만약 A가 영어권 나라에서 출판된 단어집을 선택하면 수능용 단어집을 다시 외워야 할 수도 있어요. 영어권 단어집이 좋지 않아서가 아니라, 구성된 단어들이 우리나라 수능영어에서 사용되는 어휘와 다르기 때문입니다. 영어권 단어집은 오히려 B에게 적합합니다.

제 지인의 자녀는 수능을 준비하면서 영어권 단어집을 사용했어요. 주변에서 추천한 교재를 선택한 듯 보였습니다. 결국 그 아이는 우리나라 출판사에서 나온 단어집으로 다시 공부해야 했지요. 이렇듯 엄마표 영어를 하는데 교육철학과 목표가 없으면 적합하지 않은 교재를 선택할 확률이 높습니다. 이런 일을 겪지 않으려면 나침반 역할을 할 교육철학과 목표를 반드시 세우세요. 제가 엄마표 영어의 교육철학과 목표를 정할 때 고려한 것을 알려드립니다.

영어 교육철학과 목표 설정 시 고려한 점 1

우리말 능력으로 영어 실력을 향상한다

덴마크 태생의 언어학자이자 영어학자인 오토 예스퍼슨Otto Jespersen은 '외국어를 시작하기 전에 모국어가 확실하게 아이의 마음에 자리 잡을 수 있도록 충분한 시간을 주어야 한다'*고 했습니다. 저도 같은 생각이라 우리말 능력을 키워서 영어 실력을 올리는 걸 최우선의 교육철학이자 목표로 꼽습니다. 그래서 저는 공부 시간표나 공부 목록표의 첫 일과를 우리말 독서로 정합니다.

영어 교육철학과 목표 설정 시 고려한 점 2

꿈 찾기로 영어 공부에 박차 가하기

학습에 있어서 동기는 행동과 능률, 결과를 결정짓는 중요한 요인이자 개인차를 유발하는 주요 요인입니다. 동기가 강한 학습자일수록 성공적으로 영어를 학습한다고 여겨집니다.**

---

* Jespersen, O., 《오토 예스퍼슨의 외국어 교육 개혁론》. 한국문화사. 2004.

저는 아이에게 영어 공부의 동기를 심어주기 위해 꿈 찾기를 함께 진행합니다. 꿈을 찾는 과정에서 영어의 필요성을 인지한 아이는 영어 공부에 박차를 가할 수 있는 에너지를 얻습니다. 이러한 꿈 찾기의 효과는 영어를 포함한 모든 과목을 공부할 때 나타납니다.

영어 교육철학과 목표 설정 시 고려한 점 3

정규교육에 맞는 영어도 준비하기

정규교육의 최대 장점은 다양한 사람들과 무언가를 함께 이루어내는 협업 능력을 키울 수 있다는 점이라 생각합니다. 《공부두뇌》라는 책에서는 4차 산업혁명 시대의 인재 육성을 위한 지침 중 하나로 '협업 능력 키우기'를 꼽았습니다.

인공지능조차도 학습과 협업collaboration이 가능한 시대에 동료와 협업하지 못하는 아이는 집단지성을 발휘할 수 없다. (중략) 큰 프로젝트를 협력해 완수하거나, 공연을 함께 하거나, 회의와 토론을 통해 협업 역량을 키울 수 있다. 혼자서 공부하던 시대는 끝났다. 고등학교나 대학에서처럼 낯선 사람들과 많이 협업하는 환경에서 함께 공

** Brown, H.D., *Principles of Language Learning and Teaching (4th Ed.)*, Addison Wesley Longman, 2000.

부해야 한다.*

여기에서 말한 집단지성Collective Intelligence은 협업지성과 같은 의미로, '다수의 개체들이 서로 협력하거나 경쟁을 통해 얻게 된 지적 능력의 결과로 얻어진 집단적 능력'**을 일컫는 용어입니다. 아이가 협업 능력을 키우기 가장 좋은 곳은 학교입니다. 그런데 학교에 다니려면 영어 공부에서도 정규교육을 고려한 내신과 수능을 대비한 학습이 수반되어야 함을 의미합니다.

스카이쌤의 교육철학과 목표

위의 세 가지 점을 고려해 제가 세운 교육철학과 목표는 이렇습니다.

1. 학습 교재를 사용해 영어에 투자하는 시간을 줄인다. 그 대신 우리말 독서를 늘린다('학습 교재를 사용한다'는 말에 책을 덮지 말아주세요. 방법까지 제시할 겁니다).
2. 외국인처럼 유창하게 영어를 말하는 수준이 되면 좋겠지만 우선은 영어 진도를 빼면서 실력을 쌓은 뒤 중고등학교 때는 다른 과목에 집중하게 한다.

---

* 김영훈. 《압도적인 결과를 내는 공부두뇌》. 베가북스. 2018.
** 두피디아 '집단지성 [Collective Intelligence]'. http://www.doopedia.co.kr/doopedia/master/master.do?_method=view&MAS_IDX=101013000933341. 2019.02.15 접근.

3. 장래의 직업에 필요한 만큼의 영어 실력을 쌓게 한다.

4. 되도록 정규교육을 받게 해 협업 능력을 키워준다.

5. 대학에서 영어를 사용하는 경우까지 고려한다.

6. 영어 원서를 꾸준히 읽게 한다.

행복이는 체력이 약하고 지구력이 부족해 장시간 공부할 여력이 없었습니다. 그래서 학습 교재를 사용해 짧은 시간 안에 효율적으로 영어 공부를 했고, 밀도 높은 학습으로 영어 진도를 빠르게 진행했습니다. 또한 흙수저 영어 감각이라 우리말 능력을 키워 독해 추론 능력을 높였습니다.

정규교육은 협업 능력을 키울 수 있어 포기하고 싶지 않았습니다. 게다가 제게도 저만의 시간이 필요하고, 100% 홈스쿨링을 하는 건 겁이 났습니다.

대학과 그 이후의 생활을 위해 영어 원서를 읽게 하고 강도 높은 심화 듣기를 하게 했습니다.

외국인처럼 유창하게 영어를 쓰게 만드는 것이 목표라면 제 교육법과는 맞지 않을 겁니다. 하지만 대학에 가서 영어 강의를 수월하게 듣고 장래의 직업에서 안정적인 영어 실력을 펼치는 것이 목표라면 제 엄마표 영어가 도움이 됩니다. 그리고 아이는 자신의 꿈에 맞는 영어 학습의 목표와 교육철학으로 영어 교재와 학습법을 선택하고, 결국 영어를 잘하는 사람이 될 겁니다.

사회에서는 자기 분야의 영어에만 능통해도 영어를 잘한다는 소리를 듣습니다. 그리고 직장에서는 영어를 원어민처럼 잘해야 하는 직업이 아닌 이상 어떤 콘텐츠와 능력을 가졌는지로 실력을 평가받습니다. 영어만 잘한다고 좋은 직업을 얻고 능력을 인정받는 게 아닙니다. 아이의 영어 학습에서 무엇을 기준으로 삼아야 하는지 곰곰이 생각해서 영어의 교육철학과 목표를 잡아보세요.

'엄마표 영어'와
20가지의 '엄마도움표 영어'란

엄마표 영어를 하기 힘들다면 다음의 방법을 통해 엄마도움표 영어를 고려해보세요. 엄마가 아이에게 티칭의 손길이 아닌 코칭의 손길만 주어도 아이의 영어 실력은 안정적으로 향상됩니다.

두 가지 엄마도움표 영어, 소극적 vs 적극적

저는 행복이에게 영어의 전 영역을 코치하는 엄마표 영어를 합니다(일부 스피킹과 라이팅은 외부의 도움을 받습니다). 지금 제가 소개하는 방법으로는 엄마표 영어도 엄마도움표 영어도 할 수 있습니다.

엄마도움표 영어는 크게 두 가지로 나뉩니다. 첫째, 부모의 부족한 부분을 외부 도움으로 해결하는 '적극적 엄마도움표 영어'입니다. 부모는 코치할 수 있는 영역만 코치하고, 코치가 불가능한 영역은 동영상 강의나 과외, 학원 수업으로 대체합니다. 둘째, 아이가 학원이나 과외 등을 통해 영어를 배우지만 부족한 영역이 있을 경우 부모가 그 영역을 코치하는 '소극적 엄마도움표 영어'입니다.

21가지 엄마표 영어 방법 중 하나를 선택하자

부모가 영어 능력자라면 스피킹과 라이팅까지 완벽하게 코치하겠지만 대부분의 부모는 그렇지 못합니다. 그러나 스피킹과 라이팅에 도움을 주는 리스닝과 리딩, 문법 코칭법을 알면 아이의 스피킹과 라이팅도 향상시킬 수 있습니다.

영어의 5대 영역 중 스피킹과 라이팅을 제외한 세 영역만으로 코칭법을 제시할게요. M은 부모가 코치하는 것을 의미하고, H는 외부의 도움을 받는 것을 의미합니다. 여기서는 21가지 방법을 제시하지만 스피킹과 라이팅까지 감안하면 수십 가지로 변형될 수 있습니다.

세상에 완벽하고 절대적인 교육법은 없습니다. 내 아이의 상태를 면밀하게 분석해 코치한다면 그게 최선의 교육법이 될 겁니다. 제가 도울 테니 엄마표 영어 혹은 엄마도움표 영어를 시작하세요.

1	엄마표	M 리딩 + M 리스닝 + M 문법	
2	적극적 엄마 도움표	M 리딩 + M 리스닝 + H 문법	
3		M 리딩 + H 리스닝 + H 문법	
4		H 리딩 + M 리스닝 + M 문법	
5		H 리딩 + H 리스닝 + M 문법	
6		H 리딩 + M 리스닝 + H 문법	
7		M 리딩 + H 리스닝 + M 문법	+ 우리말 독서★★
8	소극적 엄마 도움표	H 리딩1 + H 리스닝 + H 문법 + M 리딩2	+ 꿈 찾기★
9		H 리딩 + H 리스닝1 + H 문법 + M 리스닝2	+ 영어 원서 읽기
10		H 리딩 + H 리스닝 + H 문법1 + M 문법2	+ 스피킹
11		H 리딩1 + H 리스닝1 + H 문법 + M 리딩2 + M 리스닝2	+ 라이팅
12		H 리딩 + H 리스닝1 + H 문법1 + M 리스닝2 + M 문법2	+ 어휘
13		H 리딩1 + H 리스닝 + H 문법1 + M 리딩2 + M 문법2	
14		H 리딩1 + H 리스닝1 + H 문법1 + M 리딩2 + M 리스닝2 + M 문법2	
15	변형된 엄마 도움표	2~3시간 몰입 영어 + M 리딩	
16		2~3시간 몰입 영어 + M 리스닝	
17		2~3시간 몰입 영어 + M 문법	
18		2~3시간 몰입 영어 + M 리딩 + M 문법	
19		2~3시간 몰입 영어 + M 리스닝 + M 문법	
20		2~3시간 몰입 영어 + M 리딩 + M 리스닝	
21		2~3시간 몰입 영어 + M 리딩 + M 리스닝 + M 문법	

※ M은 부모가 코치하는 것, H는 외부 도움을 받는 것을 의미

적극적 엄마도움표 영어

엄마표 영어 + 외부 도움

21가지 코칭법 중에서 1번 코칭법은 제가 하고 있는 '엄마표 영어'이고, 2~7번 코칭법은 '적극적 엄마도움표 영어'에 해당됩니다. 엄마표 영어를 하고 싶지만 일부 영역을 코치할 능력이 부족하다면 그 영역만 외부 도움을 받는 겁니다. 그러다가 능력이 쌓이면 엄마표 영어로 전환할 수 있습니다. 제 엄마표 영어는 티칭 중심이 아니라 코칭 중심이어서 전환의 가능성이 높습니다.

시간이나 여력이 없을 경우에도 이 방법을 선택하면 좋습니다. 외부 도움은 동영상 강의, 과외, 학원 등을 통해 받을 수 있어요.

소극적 엄마도움표 영어

학원 + 엄마표 영어

8~14번 코칭법은 '소극적 엄마도움표 영어'입니다. 아이는 학원을 다니거나 과외 등을 받지만 미흡한 점이 있어 부모가 보충하는 형태입니다. 미흡한 점은 학원 상담이나 아이와의 대화를 통해 찾거나, 3단계(3. 교재 선정 방법과 팁)에서 제시하는 테스트를 통해서도 알 수 있습니다(리딩과 리스닝 테스트지를 만드는 방법을 제시할 겁니다).

전적으로 외부에 의존하는 영어 학습은 아이의 실력에 틈이 생겨도 그걸 완벽히 메우기에는 한계가 있어요. 학원마다 추구하는 교육방식이 달라 소홀한 영역이 있거든요. 그러니 부모가 보완하는 '소극적 엄마도움표 영어'를 해보세요. 이 코칭법은 적극적 엄마도움표 영어나 엄마표 영어로 전환할 수도 있습니다.

같은 레벨의 학원생들 사이에 실력 차이가 생기는 이유는 여러 가지입니다. 아이의 학습에서 부족한 부분을 메워주는 부모의 코칭 방식이 그중 하나가 아닐까요? 어찌되었던 간에 부모의 개입은 필요합니다.

변형된 엄마도움표 영어

2~3시간 몰입 영어 + 엄마표 영어

15~21번 코칭법은 영어 원서와 동영상을 2~3시간 보는 영어 몰입 교육에 교재 학습을 추가한 방법입니다. 대부분의 영어 몰입 교육은 하루 3시간의 영어 노출을 지향합니다. 하지만 일부를 교재 학습으로 대체한다면 영어 노출 시간을 1시간 정도 줄일 수 있습니다. 하지만 저는 우리말 독서 시간을 확보하기 위해 영어 몰입 시간을 1시간 이상 줄이기를 권합니다. 여러분의 자녀가 외고, 국제고, 민사고 입시를 준비한다면 21번 코칭법이 어울릴 수 있지만, 다른 방법으로도 입시 준비는 할 수 있습니다(하지만 2025년에 외고, 국제고, 자사고는 일반고로 전환될 수 있습니다. 민사고도 마찬가지입니다).

1단계: 0~6개월 차

주 4회 파닉스 배우기

학습 기간: 6개월 (행복이는 초등 1학년 겨울방학부터 실시)

◆ **아이의 목표**

　즐겁게 파닉스 배우기

◆ **엄마의 미션!**

1. 공부 시간을 알리는 알람을 맞춰놓고 일정한 시간에 영어 공부하는
   습관 들이기

2. 알람이 울리면 기쁜 마음으로 아이에게 영어 공부가 시작됐음을 알리기

3. 손가락을 이용해 5분 정도 단어 검색하기

4. 재밌고 신나게 파닉스를 배우는 학습 분위기 조성하기

5. 음원을 틀어주며 엄마의 온기 넣어주기

6. 학습 후엔 몇 개의 단어를 테스트하기

[문해력 독서법]
하루 두 권 제대로 읽기

필수 조건

독서를 최우선으로 하는 환경 조성을 위해

행복이가 6~7세 때부터 한 달에 한두 번은 도서관에 데리고 갔습니다. 그때는 행복이가 읽고 싶어 하는 책을 빌리되 그림책, 전래동화, 과학책 등 다양한 분야의 책을 고르도록 유도했어요. 제가 학원 운영을 그만두기 전까지는 너무 바빴고, 전업맘이 되고 한동안은 목이 아파서 주로 행복이 혼자 책을 읽었습니다.

대신 저는 독서를 최우선으로 공부 계획을 짜고, 행복이 옆에서 책을 읽으며 독서에 집중할 수 있는 분위기를 조성했어요. 행복이가 2학년이 되고 나서는 제가 직접 행복이의 독서 습관을 잡았습니다.

저의 경우 어쩔 수 없이 행복이의 독서 습관 잡기를 늦게 시작했지만, 아이를 신경써줄 여건이 된다면 더 일찍 시작하면 좋습니다.

독서 활동으로 독서 습관을 잡고 아이와도 친밀해지자

행복이가 2학년 때 학교의 주중 과제로 하루에 책을 두 권 읽고 한 줄 독서록을 쓰는 활동이 있었습니다. 그쯤 행복이에게 책 읽기를 해주고 있었는데 이 기회에 제대로 독서 습관을 잡자고 마음먹었습니다.

행복이가 숙제를 하려면 두 권의 책을 읽어야 했는데, 그중에서 행복이가 읽어달라고 하는 한 권만 제가 읽어주고, 나머지 한 권은 행복이가 스스로 읽고 독서록을 썼습니다. 저도 그 책을 읽고 행복이가 한 줄 독서록 쓰는 걸 코치했어요. 저는 읽은 두 권 중 한 권을 골라서 한 시간 독서 활동을 했습니다. 어떤 활동을 했는지는 앞으로 자세히 설명하겠지만 아이와 책에 대해 다각도로 이야기를 나눔으로써 두 가지 효과를 기대했어요. 행복이가 책읽기의 즐거움을 느껴서 독서 습관을 잡는 것이 첫 번째 효과이고, 두 번째 효과는 행복이와 친밀해져서 영어를 비롯한 엄마표 교육의 코치로서 인정받는 것이었어요.

한 줄 독서록, 계속 쓰다 보면 눈에 띄게 실력이 는다

행복이가 2학년 때 한 줄 독서록을 쓴 책은 모두 400권입니다. 초반에는 행복이가 독서록 쓰기를 힘들어해 책을 읽고 기억에 남거나 좋아하는 문장을 적기도 했어요. 책 내용을 전체적으로 요약하는 것도 서툴렀는데 점점 실력이 늘어 나중엔 3~4줄 독서록을 쓰기도 했습니다.

행복이가 독서록 과제 초반과 후반에 작성한 내용을 아래에 옮겨 봤어요. 이 양식을 참고해 자녀와 독서 활동을 할 때 활용하길 바랍니다.

권수	월/일	책 이름	지은이(글)	책의 내용, 느낀 점
2	3/7	바다 100층짜리 집	이와이 도시오	여러 가지 바다 친구들을 만날 수 있어서 재미있었다. "아름답다! 바다 크리스마스구나!"
⋮	⋮	⋮	⋮	⋮
387	1/18	형광고양이	아더우	빨간 고양이는 친구들에게 미움을 받았다. 형광노랑 페인트가 온몸에 묻은 뒤 친구들이랑 친하게 지냈다. 하지만 계속 빨간 털이 드러나 페인트를 계속 바르다 친구들에게 들킨다. 나는 친구를 겉으로만 판단하면 안 되겠다.

아이와의 한 시간 독서 활동을 위한 팁 1

책 읽기 전엔 기대감을, 책을 읽는 동안엔 실감나게

때로는 책을 읽기 전에 예습을 하세요. 독서 활동에서 꼬리에 꼬리를 물며 대화하고 질문을 이어가려면 부모가 미리 읽고 생각해보는 것도 좋습니다. 저는 책의 내용이 까다롭거나 생각할 거리가 있는 책은 미리 읽어 행복이에게 할 질문을 생각하고 자료를 찾아보았어요.

아이가 책을 읽기 전에 기대감을 만들어주는 것도 좋습니다. 저는 행복이와 책 표지를 보며 느낌을 얘기하고 내용을 예측했어요. 이렇게 하면 책에 대한 기대감과 흥미가 높아지고 상상력도 좋아집니다.

책을 읽을 때는 실감나게 읽어주세요. 등장인물의 특징을 살려 할머니, 아이, 아저씨, 악당 등으로 변신하려면 미리 대충이라도 훑어보는 게 낫습니다. 그렇지 않으면 읽다가 목소리 변조에서 실수를 하기도 해요. 이를테면, 할머니인데 아이 목소리로 읽기도 합니다. 아이는 재미있다고 웃겠지만 책 읽기의 흐름이 깨질 수 있습니다. 저는 행복이에게 책을 읽어줄 때 실감나고 재미있게 읽어주려고 노력했습니다. 그랬더니 행복이는 제가 읽어주는 책이 가장 재미있다고 했습니다.

아이와의 한 시간 독서 활동을 위한 팁 2
책 내용 외의 요소에 관심 갖기

행복이는 책 자체를 정말 사랑합니다. 제 방법이 큰 몫을 했는데요. 이 방법은 책을 단순히 읽기 자료로 보는 것이 아니라 사랑하고 관심이 가는 친구로 볼 수 있는 강력한 방법이니 꼭 실행해보세요.

첫째, 책 내용 외에 종이 재질, 책 크기, 글씨체, 삽화, 화풍, 그림을 그린 재료 등에도 관심을 가지고 토론을 하세요. 아이가 알고 싶고 말하고 싶은 게 많은 날에는 한 시간 넘게 독서 활동을 할 수 있답니다. 행복이는 그로 인해 책 자체에 관심을 갖게 되었어요.

둘째, 글 작가와 그림 작가에 대한 설명을 읽으세요. 저희는 글 작가와 그림 작가에 대한 설명을 항상 읽었어요. 책 속 그림이 마음에 들면 그 그림 작가의 다른 책을 검색해보았고, 글이 마음에 들면 글 작가의 다른 책을 검색해봤답니다. 그러곤 다음에 도서관에 갈 때 그 글 작가나 그림 작가의 다른 책을 빌렸어요. 또한 작가의 나라, 사진, 전공 등 아이가 궁금해하는 걸 인터넷에서 찾아보았어요. 행복이는 이런 활동을 통해 좋아하는 작가가 생겼고, 나름 자신의 취향을 알게 되었습니다.

셋째, 마음에 드는 장면이 있다면 사진을 찍어두세요. 저학년 때는 책의 글밥이 적어 많은 책을 읽을 수 있지만 책을 다 사주기에는 비용 면에서 부담스러워 대부분의 책을 도서관에서 빌려 봤어요. 그중 마음에 드는 책은 책 표지와 마음에 드는 책 속 장면을 사진으로 찍었어요. 그리고 다음에 내용이나 화풍이 비슷한 책으로 독서 활동을 할 때 사진 속 책과 비교를 하곤 했답니다.

아이와의 한 시간 독서 활동을 위한 팁 3
책을 읽고 난 후에 한 줄 독서록 쓰기

독서 활동을 할 때 아이에게 책 내용과 느낀 점을 말하라고 강요하지 마세요. 저는 행복이가 책을 읽고 느낀 점이 별로 없으면 책 내용만 간단히 말하게 했어요.

아이는 책을 읽고 느낀 게 없을 수도 있습니다. 그건 이상한 일이 아니라 사람마다 받아들이고 생각하는 게 달라서 생기는 일일 뿐입니다.

그러니 "왜 너는 아무것도 느끼지 못하니?"라는 말 대신 글 작가나 그림 작가, 책 속 그림 등 내용 이외의 것에 대해 얘기하세요.

한동안은 한 줄 독서록을 코치하세요. 비록 한 줄이지만 저학년 아이가 내용을 요약하고 느낀 점을 쓰는 건 어려운 일이거든요. 이 때의 코칭법은 아이가 책 내용을 정리할 수 있게 도와주는 겁니다. 책 내용을 발단-전개-위기-절정-결말로 나누고, 내용에 대한 힌트를 주면서 내용을 상기시킵니다. 그리고 나서 그 내용을 1~3줄로 요약시킵니다. 초반에는 내용은 기억해내지만 요약하기는 힘들어해서 옆에서 도와줘야 합니다. 아이가 책을 읽고 느낀 점이 없다면 요약으로 한 줄 독서록을 끝냅니다. 행복이는 처음에 한 줄 독서록을 잘 못 썼는데 몇 달 동안 옆에서 코치하니 갈수록 글 쓰는 실력이 늘었습니다.

공부 체력을 쌓는 마음으로

제가 행복이에게 해준 것 중 가장 뿌듯한 일은 사실 엄마표 영어가 아니라 한 시간 독서 활동입니다. 행복이와 저는 독서 활동을 통해 서로의 생각을 공유하며 전보다 훨씬 친밀해졌어요. 또한 행복이는 독서 습관이 잡혔고, 의견이나 생각을 표현하는 법을 알게 되었습니다. 마지막으로 영어 실력의 촉매제인 우리말 능력이 향상되었습니다. 우리말 능력은 아이의 영어 학습 자립 능력을 키워 영어를 코치하는 부모의 부담을 줄여줍니다.

엄마표 영어 1단계는 영어 자립 능력과 영어 실력 향상의 핵심 포인트인 우리말 독서를 본격적으로 하는 시기입니다. 행복이는 이 시기에 주중에는 1시간 반 이상, 주말에는 4시간 이상 책을 읽었습니다. 사실 주말에는 하루 종일 책을 읽은 날이 많았습니다.

아이의 체력과 시간 등의 여건을 고려하면 아직은 모든 걸 다 해낼 수는 없습니다. 부모의 욕심이 클수록 우리말 독서와 멀어질 수 있으니 욕심을 어느 정도 내려놓으세요. 저는 우리말 독서를 위해 행복이가 4학년 때까지는 수학의 경우 한 시리즈의 수학 문제집만 풀게 했고(3학년 때 영재교육원을 준비하면서는 영재원 대비 수학 문제집을 추가로 풀었습니다), 국어는 문제집을 따로 풀지 않고 우리말 독서로 대체했어요.

[꿈과 목표 그리고 영어]
주변 환경을 통해
영어의 필요성 알기

필수 조건

서울시 교육연구원의 연구에 따르면 아이들은 4학년이 되면 자신의
진로 및 직업에 지대한 관심을 나타내고, 6학년이 되면 잠정적으로 자
신의 진로를 선택한다고 합니다.* 엄마표 영어 1단계를 학습하는 아이
들은 대부분 저학년이라 꿈이나 목표를 설정하기에는 아직 어리니, 이
단계에서는 영어에 대한 호의적인 동기를 이끌어내는 것을 목표로 합
니다.

———

* 장은숙. 초등학생의 다중지능에 따른 독서 성향과 진로 흥미. 대전대학교 석사학위 논문.
2006.

영어와 영어권 문화가 흥미로워 생기는 통합적 동기

외국어 학습에 영향을 주는 동기는 두 가지입니다. 첫 번째는 도구적 동기로, 어떤 목적을 달성하기 위해 외국어를 학습하는 것입니다. 좋은 직업을 얻는 것, 회사에서 승진하는 것, 학점을 취득하는 것, 시험에 합격하는 것이 그 목적이 될 수 있습니다. 두 번째는 통합적 동기로, 외국어를 배우는 것 자체가 재미있거나, 해당 언어 문화권에 자신을 통합하거나 동화시켜서 그 사회의 일원이 되기 위해 외국어를 학습하는 것을 말합니다.*

한 논문에 의하면, 도구적 동기를 가진 학습자보다 통합적 동기를 가진 학습자가 대체로 외국어 능력 시험에서 높은 성취도를 나타낸다고 합니다.** 때에 따라서는 도구적 동기가 더 이로울 때도 있겠지만, 엄마표 영어 1단계에서 도구적 동기를 불러일으키는 건 사실상 무리입니다.

이러한 이유들로 엄마표 영어 1단계에서는 통합적 동기 만들기에 집중해 학습 의욕을 고취시킵니다. 그러기 위해서는 영어와 영어권 문화에 흥미를 갖게 하는 게 중요합니다.

---

* Gardner, R.C. and Lambert, W.E.. *Attitudes and Motivation in Second Language Learning*. Rowley, MA: Newbury House Publishers. 1972.

** Spolsky, B.. *Attitudinal aspects of second language learning*. Language Learning 19: 271-283. 1969.

영어의 시계|horizon 넓히기:
아이가 즐기며 영어 공부를 하게 만들자

대부분의 사람들은 'horizon'의 의미를 '수평선, 지평선'으로 알고 있습니다. 하지만 'horizon'은 '욕구, 지식, 흥미의 범위를 나타내는 시야나 시계'를 의미하기도 합니다. 이를 영어 학습에 대입하면, 시계|horizon를 넓히면 영어에 대한 흥미가 생기거나 더욱 높아집니다. 이때는 꿈과 목표를 설정하는 대신 영어에 대한 긍정적 이미지를 심어주는 것이 더 효과적입니다. 영어에 흥미가 생긴 아이는 통합적 동기가 쌓여 즐기며 공부하게 됩니다.

한 영어학자는 영어의 시계를 넓히는 방법으로 '영어권 국가의 생활양식, 자연 풍광, 건축물, 예술, 제도 등을 엿볼 수 있는 시각 자료를 매 시간 학생들에게 보여주고 5~10분 이상 영어로 토의하는 기회를 자주 가져야 한다'[*]고 말합니다. 제 엄마표 영어를 하면 0단계의 '영어 준비운동'과 1단계의 활동을 통해 영어의 시계를 넓힐 수 있습니다.

제 엄마표 영어 0단계에서는 영어 읽기가 불가능하니 책이나 인터넷 검색으로 영어권 국가를 조사하거나 영화나 만화를 봄으로써 낯선 언어에 대한 부담감과 압박감을 최소화하고 관심과 기대감을 높입니다. 열심히 공부해야 하는 과목으로서의 영어가 아니라, 세계 도처에서 쓰이는 언어로서 영어를 접해보는 것입니다.

1단계에서는 아이가 더듬더듬이라도 영어를 읽을 수 있게 되니 주변

---

[*] Jespersen, O., 《오토 예스퍼슨의 외국어 교육 개혁론》, 한국문화사, 2004.

환경을 통해 영어의 필요성을 느끼고, 자연스럽게 영어의 즐거움을 깨우치도록 유도합니다. 제가 행복이와 했던 재미있는 활동 중 두 가지만 소개하겠습니다.

첫째, 간판과 자동차 브랜드와 모델명을 읽는 것입니다. 길을 걷다 보면 영어로 쓰인 간판이 우리말 간판만큼 많습니다. 아이와 길을 걸으며 간판을 읽다 보면 자연스럽게 파닉스를 배우면서 전과는 다르게 세상을 느낄 겁니다. 부모가 카카오맵의 로드뷰를 통해 간판을 보고 사전으로 발음과 의미를 찾아볼 수도 있어요. 자동차 브랜드와 모델명도 간판처럼 길을 걷다가 읽으면 됩니다.

둘째, 외국 식료품을 활용해보세요. 이를테면 초코스프레드나 잼을 먹으며 원산지에 대해 알아보는 겁니다. 저는 호주에서 어학연수를 하던 시절에 초코스프레드 '누텔라'를 처음 맛보았어요. 처음 먹어본 달콤한 맛에 푹 빠졌죠. 하지만 '베지마이트'를 먹고는 헛구역질을 했습니다 (베지마이트를 사랑하는 호주 사람들에게는 죄송하지만 제 입맛에는 맞지 않아요). 행복이에게 그 에피소드를 말해주니 꽤 흥미를 보였습니다. 그래서 호주에서 지냈던 지역과 그 지역의 음식, 동물, 건축물을 알아보고 호주는 영국식 영어를 사용한다는 이야기도 해주었습니다.

외국 식료품의 포장용기를 살펴보면서 유통기한을 읽어보는 것도 재미납니다. 날짜 표기 방식이 우리나라와 영어권 나라가 다른데, 같은 영어권 나라여도 미국과 영국이 달라 아이들이 신기해합니다.

미국식 유통기한 표기	영국식 유통기한 표기
7/30/2019 (월/일/년)	30/7/2019 (일/월/년)
July 30, 2019	30 July, 2019
July 30th, 2019	30th July, 2019

이런 활동들을 통해 아이는 주변에서 영어가 많이 쓰인다는 것을 인지하고 영어 공부의 필요성을 느끼게 됩니다. 이는 영어 공부의 의지를 키워줍니다. 부모와의 활동에서 얻은 즐거움은 영어의 재미로 이어지고 통합적 동기를 높입니다. 또한 정의적 여과막을 낮춰줍니다.

조기영어교육,
빠를수록 좋을까?

양면성을 지닌 조기영어교육

조기영어교육을 생각하면 '재화'라는 단어가 떠오릅니다. 재화는 '빛나는 재주나 뛰어난 재능才華'을 뜻하는 말이지만 '재앙이나 화난災禍'을 의미하기도 해요. 조기영어교육은 재화와 같은 양면성을 지닌 교육방식입니다. 잘하면 아이에게 빛나는 재주와 뛰어난 재능을 가져다주지만 그렇지 않으면 재앙이 될 수도 있습니다.

행복이는 우리말 능력이 어느 정도 자리 잡은 1학년 겨울방학 때 영어 공부를 시작했지만 빠르면 두세 살부터 영어를 시작하는 아이들도 있어요. 반면에 행복이보다 늦게 시작하는 아이들도 있습니다. 그렇다

137

면 영어 공부는 일찍 시작하는 게 좋은 걸까요? 아닌 걸까요?

우리말 능력이 자리 잡은 뒤에 vs 되도록 빨리

'아동발달과 조기영어학습에 관한 연구'*라는 논문을 보면 조기영어교육을 언제부터 시작하면 좋은지 감을 잡을 수 있습니다. 논문 내용에 의하면, 언어 발달의 결정적 시기는 대개 두 살부터 사춘기까지입니다. 언어 발달의 결정적 시기와 관련해서 조기영어교육에 대한 주장이 두 가지로 갈라집니다. '우리말을 완전히 습득한 뒤 영어를 습득해야 한다'는 아동발달의 '기초성' 이론과, '아동발달기에 가장 쉽게 언어를 습득할 수 있다'는 '적기성' 이론입니다. 행복이는 우리말 능력이 자리 잡은 1학년 겨울방학에 영어 공부를 시작했으므로 '기초성' 이론을 따른 셈이지만, 유아기에 영어를 시작했다면 '적기성' 이론을 따른 것이 됩니다.

일단 위험 부담을 알아보자

조기영어학습에 있어 기초성 이론을 따르는 것이 나은가, 적기성 이론을 따르는 것이 나은가는 여전히 논란거리입니다. 조기학습을 반대하는 쪽은 아이가 우리말을 완전히 습득하지 못한 이른 나이에 영어 공부

---

* 이경호, 김익균. 아동 발달과 조기영어학습에 관한 연구. 유아교육·보육복지연구 11(2): 115-134. 2007.

를 시작하면 앞으로의 발달에 좋지 않은 영향을 미친다고 주장합니다. 반면 적기성 이론이 낫다고 주장하는 쪽에서는 영어 공부를 빨리 시작할수록 학습을 효과적으로 할 수 있다고 합니다.

실제로 기초성 이론과 적기성 이론은 각각 위험 부담을 안고 있습니다. 적기성 이론을 따를 경우, 학습을 담당하는 뇌가 덜 발달된 상태에서 영어 공부를 시작하기 때문에 영어거부감이나 영어혐오감 같은 부작용이 생길 수 있습니다. 또 이중언어로 인해 언어 발달이 지연되고 지능 발달이 저해될 수도 있습니다. 기초성 이론을 따를 경우에는 적기성 이론이 주장하는 외국어 교육의 최적기인 5~6세와 그 이전의 학습 시기를 놓칠 수 있습니다.

아이마다 정답은 다르다

학자들 사이에서도 영어의 시작 시점에 대한 의견은 분분합니다. 그러니 기초성 이론과 적기성 이론 중 어느 쪽의 위험 부담이 더 심각한지를 따지기보다는 언어 발달과 성향은 개인차가 있다는 점을 고려하세요. 아이가 일찍 영어 공부를 시작해서 잘하고 있다면 걱정하지 마시고, 아이가 아직 시작을 안 해서 불안하더라도 걱정은 하지 마세요. 개인차가 있어서 이른 나이에 영어 공부를 시작하는 게 좋은 아이가 있는가 하면, 우리말 능력이 어느 정도 발달한 여덟 살 이후에 영어를 시작해도 괜찮은 아이도 있거든요.

행복이는 일곱 살 때 몇 달간 배운 영어로 영어거부감이 생겼으니 적기성 이론보다는 기초성 이론에 따른 영어 학습법이 잘 맞습니다. 반면에 적기성 이론에 따라 이른 나이에 영어 공부를 시작했는데 아이가 차곡차곡 영어에 대한 좋은 감정을 쌓았다면 이는 앞으로의 영어 공부에 자양분이 될 겁니다.

늦은 대신 우리말 능력을 초석 삼아 영어를 빛나는 재주로 만들자

행복이처럼 영어 공부를 늦게 시작해서 불안하시다면 아래의 글을 읽어보기 바랍니다.

> 일찍 시작함으로 인해 불리한 점도 있음을 깨닫는 것도 중요한데, 제2언어(영어) 학습을 일찍 시작해서 아이들이 자신의 제1언어(우리말)에 대한 지식을 계속해서 발달시킬 기회가 적어지는 경우가 특히 그러하다. (중략) 소수언어 배경을 가진 아이들의 경우 가정과 학교에서 제2언어(영어)의 장기적인 성공을 위해 제1언어(우리말) 발달을 증진시키는 프로그램이 제2언어(영어)를 일찍 시작하는 것보다 더 중요할 수도 있다.[*]

《외국어는 어떻게 배우고 가르치는가》에 나오는 내용인데, 제1언어

---

[*] Lightbown, P.M. and Spada, N., 《외국어는 어떻게 배우고 가르치는가》, EPUBLIC, 2019.

인 우리말의 탄탄한 기초가 제2언어인 영어의 실력 향상에 좋은 초석
이 될 수 있다는 내용입니다. 제 엄마표 영어는 우리말 능력이 자리 잡
은 상태에서 영어 실력 향상을 도모하는 학습법입니다. 영어 부작용 같
은 재앙의 재화가 아닌, 빛나는 영어 재주인 재화를 아이에게 가져다
줄 가능성이 훨씬 큰 방법인 만큼 아이가 영어를 늦게 시작했더라도 걱
정 말고 차근차근 아이의 영어 실력을 잡아보세요.

파닉스는 배우는 게 좋을까?

행복이는 영어거부감이 있는 상태로 영어 공부를 시작해 초반에는 행복이의 기분을 고려하는 것이 언제나 1순위였어요. 행복이가 영어를 잘 못해도 화내거나 실망한 기색을 보이지 않으려고 늘 노력했지만, 제 평정심이 깨진 사건이 벌어졌습니다. 칭찬해줄 요량으로 'cat'을 읽어보라고 했더니 행복이가 "쌧"이라고 읽었거든요. 그 순간 저는 욱 하고 말았습니다. 이 일은 아직까지도 행복이 입에서 회자되고 있는, 행복이에겐 잊지 못할(?) 추억이 되었어요.

연구 결과, 파닉스는 배울 가치가 있다

행복이가 'cat'을 "쌧"이라고 읽은 건 몇 달간 다녔던 학원에서 파닉스 교육을 받지 않았기 때문이었습니다. 언어감각이 있는 아이라면 "캣"이라고 읽었겠지만 행복이는 그런 감각이 없었어요. 저는 행복이가 언어감각이 부족하고 이과형 뇌구조를 가져서 분석적인 방법이 효과가 있을 거란 기대에 파닉스 학습을 시켰습니다.

파닉스는 원어민을 대상으로 초등학교 3학년까지 아이들의 읽기를 도울 목적으로 고안된 학습법입니다. 영어의 소리와 철자 사이의 법칙을 익혀서 보는 대로 읽고 듣는 대로 쓰게 하는 것을 목적으로 합니다.[*] 파닉스 학습이 얼마나 유용한지 궁금하실 텐데, 파닉스에 대한 아래의 연구 결과들을 보시면 배울 가치가 있다고 느끼실 거예요.

(a) 2005년 스코틀랜드에서 7년간 통합 파닉스 연구를 한 보고서에 의하면, 모든 학생, 특히 남학생과 성적이 부진한 학생들에게 효과적이었습니다.[*]

(b) 초등학교 3학년 중 지능과 학업 성취 면에서 수준이 동일한 영어 입문기 아동 40명을 대상으로 실험반 20명, 통제반 20명으로 나눠서 8개월 동안 연구를 했습니다. 동일한 수업 매체를 사용하되 실험반에는 다양한 읽기 지도법을 적용하고, 통제반에는 읽기 교육을 배

---

[*] 오윤경. 파닉스 학습법 적용을 통한 읽기 능력 활성 방안. 공주대학교 석사학위 논문. 2010.

제한 채 영어 수업을 실시했습니다. 그 결과 실험반 학생들이 영어에 더 흥미와 자신감을 갖게 되었고, 듣기와 말하기 능력 및 어휘력이 더 크게 향상되었습니다.*

(c) 초등학교 5학년을 대상으로 b와 같은 방식으로 실험을 했습니다. 실험반에서는 파닉스 수업을 진행했고, 비교반에서는 교과서와 교사용 지도서의 수업 방식에 따라 수업을 했습니다. 그 결과 실험반 아이들이 알파벳 읽기, 영어단어 읽기, 영어알파벳 쓰기, 영어단어 쓰기, 영어단어 이해하기에서 비교반보다 성과가 좋은 것으로 나타났습니다. 파닉스 수업이 단어 읽기에 도움이 되었는지를 물으니 실험반의 68%, 비교반의 31.5%가 도움이 된다고 대답했습니다.**

이처럼 파닉스 학습은 아이들의 학습 성과를 높이는 데 도움이 됩니다. 특히 남학생과 학습 부진 학생들에게 말이죠. 게다가 영어 공부에 대한 자신감과 흥미, 의욕을 고취시켜서 리딩과 라이팅을 배울 때 긍정적인 효과를 나타냅니다.

---

* 김무식. 읽기 능력이 초등학교 입문기 아동의 듣기·말하기 능력에 미치는 효과 연구. 부산교육대학교 석사학위 논문. 2000.
** 최종진. 초등영어 교육에서 *Phonics*를 활용한 문자 지도의 학습 효과 연구. 중앙대학교 석사학위 논문. 2001.

대부분의 아이들은 파닉스가 필요하다

영어 문화권의 아이들은 영어를 읽지 못하는 나이에도 영어로 소통을 합니다. 하지만 우리는 영어로 소통이 불가능하고, 영어에 대한 기본지식이나 선행지식이 거의 없는 상태에서 영어 학습을 시작하기 때문에 파닉스가 더더욱 필요합니다. 행복이는 영어 글자를 잘 읽는 편이 아니어서 파닉스 학습으로 읽기 실력을 한껏 올렸습니다.

사실 아이를 보고 파닉스의 필요성을 판단하는 건 어려운 일입니다. 인지 능력이 특별히 좋고 영어에 대한 배경지식도 꽤 있어서 영어 글자를 잘 읽는 아이라면 파닉스 학습이 필요 없을 수도 있지만, 파닉스 학습을 하지 않은 채 영어 리딩을 학습하는 건 많은 시간과 노력이 드는데다 어려운 파닉스가 나오면 터득하기 힘들고 파닉스의 예외가 적용되는 단어를 만나면 혼란을 겪을 수 있습니다.

일부 부모님들은 파닉스를 꼭 교육해야 하는지 의심하곤 합니다. 그러나 제가 여러 논문들을 찾아본 결과 파닉스 학습의 이점이 분명히 있고, 이를 꼭 필요로 하는 아이들도 있습니다. 파닉스가 영어 학습의 필수조건은 아니지만, 파닉스의 이점이 분명하니 그 이점을 활용하시기를 추천합니다.

만약 파닉스라는 개념이 생소하시다면 아이의 파닉스를 코치하기 전에 EBS의 무료 파닉스 강의인 〈Touch! 초등 영어-파닉스〉를 들어보세요. 총 52강이고 각각 15분짜리 동영상이지만 한두 편만 보셔도 파닉스가 무엇인지 대충 감이 올 겁니다. 아이의 시간이 허락된다면 이 동영상 강의를 보충 자료로 활용해도 좋습니다.

[파닉스 학습 1단계]

알파벳 배우기

학습법과 코칭법

파닉스 학습은 알파벳 배우기, 모음(단모음·장모음) 배우기, 연속자음과 자모조합 배우기로 단계가 나뉩니다. 가장 먼저 알파벳 배우기부터 알아보겠습니다.

알파벳을 모른 채 파닉스 1단계 교재를 사용하면

저는 학원을 운영하며 원생들에게 본격적으로 파닉스를 가르쳤어요. 파닉스를 가르친 첫해에는 요령이 전혀 없었습니다. 알파벳도 모르는 아이들을 대상으로 파닉스 학습 1단계인 알파벳을 호기롭게 가르쳤습니다. 알파벳 대문자와 소문자를 익히면서 그 알파벳이 들어간 단어와 구, 문장을 가르쳤는데 교재의 중간 정도까지 진행하다 아이들이 잘 익히고 있는지를 확인해보니 배운 내용을 많이 잊어버렸더군요. 아이들은 알파벳을 익히고 단어와 문장에 익숙해지며 즐겁게 수업을 했지만 알파벳과 단어, 문장이 동시에 나오는 파닉스 교재를 따라가기가 벅찼나 봅니다.

알파벳을 익힌 후 파닉스 1단계 교재를 사용하면

파닉스를 가르친 지 두 번째 해까지는 파닉스 1단계 교재로 알파벳을 가르쳤으나, 세 번째 해부터는 방법을 바꿔서 최소 일주일의 시간을 들여 아이들이 알파벳을 완전히 자기 것으로 만들게 한 뒤에 1단계 교재로 가르쳤습니다. 그 결과, 세 가지 특징이 발견되었습니다.

첫째, 파닉스 학습의 체감 난도가 낮아져서 아이들은 영어를 쉽게 받아들였고, 훨씬 더 수월하게 교재를 풀었습니다. 낯선 언어에 대한 불안감도 줄어들었습니다.

둘째, 아이들이 소리에 더 집중하게 되어 수업 집중도가 전반적으로 올라갔습니다. 아이들은 이미 대문자와 소문자의 형태는 물론 그 알파벳이 가진 소리를 대충 익힌 뒤라 자기가 알고 있는 것이 맞는지 귀를 쫑긋 세우며 확인했고, 이미 그 소리를 알기에 그 외의 것에도 관심을 가졌습니다. 아이들이 알파벳을 모를 때는 알파벳의 형태와 음을 익히는 데 집중했다면, 이 방식은 아이들이 해당 알파벳이 쓰인 단어까지 익히는 여유를 만들어주었습니다.

셋째, 알파벳을 이미 알기에 단어와 구, 문장의 학습 이해도가 좋아졌습니다. 파닉스 1단계 교재에서 배운 단어들은 다음 단계의 교재에도 나와 반복 효과를 볼 수 있었어요.

영어에 자신감을 붙게 하려면 미리 알파벳 익히기

이렇듯 파닉스 1단계 교재로 알파벳부터 익히는 방식과, 알파벳 암기후 파닉스 1단계 교재로 학습하는 방식은 학습 효과 면에서 차이가 있습니다. 저는 첫 번째 방법보다는 두 번째 방법을 권하고 싶어요. 행복이처럼 영어거부감이 있는 아이라면 일부 영어의 음까지 학습하는 방법도 좋습니다. 낯선 음에서 오는 불안감을 줄이고 교재를 만만하게 느끼게 해서 영어에 대한 자신감을 높여줄 수 있거든요. 행복이는 거의 2주 동안 알파벳과 일부 음을 익힌 뒤 파닉스 1단계 교재를 사용했어요.

스튜던트북과 워크북을 준비하자

행복이가 사용한 파닉스 교재는 영국에서 나온 《Oxford Phonics World》(Oxford University Press)예요. 이 교재는 스튜던트북Student Book과 워크북Workbook으로 구성되는데, 행복이는 이 두 교재를 모두 썼습니다.

스튜던트북은 주교재예요. 교재 안에는 2장의 CD와 플래시 카드, 증서Certificate가 있습니다. 플래시 카드는 잘라서 사용하는 카드로, 자르면

96장의 단어카드가 됩니다. 이 단어카드는 복습과 게임에 이용하고, 증서는 아이가 교재를 끝냈을 때 줍니다(증서와 함께 선물이나 특별 요리를 해주면 아이가 너무 좋아합니다). 워크북은 복습용 교재로, 스튜던트북으로 학습한 후 풉니다.

인터랙티브 CD가 있다면 예습과 복습에 이용하자

행복이가 사용한 교재의 장점은 인터랙티브 CDInteractive CD가 있다는 겁니다. CD 플레이어에서 틀면 교재의 음원이 나오고, 컴퓨터에서 틀면 학습할 수 있는 콘텐츠가 나오는 CD입니다. 플래시 애니메이션과 게임 등을 통해 재미있게 복습과 예습을 할 수 있어요.

하지만 영어로만 구성된 교재라 부모가 최소한 기초영어는 할 수 있어야 코치하기 수월합니다. 이 교재가 부담스럽다면 우리나라 출판사에서 나온 교재를 사용하세요. 우리나라 교재도 외국 교재 못지 않게 좋고, 우리말 설명이나 정답이 있어 부모가 코치하기 쉽습니다. 우리나라 파닉스 교재로 《Smart Phonics》(이퓨처), 《Spotlight on First Phonics》(Bricks), 《Come on, Phonics》(NE Build&Grow) 등이 있습니다. 《Smart Phonics》의 경우 학부모 가이드가 있어서 수업 진행 방법을 익힐 수 있습니다.

행복이가 사용한 파닉스 교재

《Oxford Phonics World》
Oxford University Press

스튜던트북

인터랙티브CD

한국 파닉스 교재

《Smart Phonics》이퓨처

《Spotlight on First Phonics》Bricks

《Come on, Phonics》NE Build&Grow

파닉스 교재 사용 전 알파벳 익히기(선택사항)

행복이는 알파벳을 익힐 때 저와 재밌게 알파벳 송을 암기한 뒤 하루에 알파벳 4~5개씩 대·소문자를 익혔어요. 알파벳을 여러 번 반복해서 쓸 수 있는 따라 쓰기manuscript 교재를 직접 만들거나 액티비티 활동으로 활용할 수 있는 교재를 사서 이용해도 좋습니다.

알파벳 쓰기는 외국 교재인 《Scholastic Success with 1st Grade Workbook》과 《Get Ready For Pre-K》(둘 다 scholastic)로 했어요. 알파벳을 잘 익혔는지 알아볼 때는 따로 테스트를 보기보다는 자연스럽게 암기했는지 알아보았어요. "오늘 알게 된 알파벳을 종이에 뚱뚱하게 써 볼까?"라고 말하면 웬만하면 아이들은 씁니다. '뚱뚱하게' 대신 '귀엽게/예쁘게/길게/짧게/지저분하게/엄청 크게/아주 작게' 식으로 바꿔가며 요청하면 테스트가 재미있는 게임이 됩니다.

《Scholastic Success with 1st Grade Workbook》 scholastic
《Get Ready For Pre-K》 scholastic

알파벳 코칭법 2

학습 구성 ★

이 단계의 아이들은 스스로 영어 공부를 하기가 쉽지 않기 때문에 공부 시작을 각성시켜야 합니다. 가장 효과적인 방법은 알람이에요. 아이뿐만 아니라 부모님까지 알람을 통해 각성할 수 있어요.

알람이 울리면 아이가 기분 좋게 영어 공부를 시작할 수 있도록 기쁜 마음으로 학습의 시작을 알리는 것이 중요합니다. 특히 아이가 '영어는 기분 좋은 공부'라는 생각을 갖도록 노력해주세요.

행복이는 일주일에 4회는 《Oxford Phonics World》교재로 50분 정도 파닉스 학습을 하고, 1회(수요일)는 CD를 이용해 배웠던 내용을 다시 듣거나 게임을 하며 복습을 했어요. 평일 내내 파닉스 교재로 학습을 하면 아이들은 지루해합니다. 인터랙티브 CD가 없는 교재라면 책에서 중요한 부분을 다시 들은 뒤 다른 활동을 시키세요. 예를 들면 교재에 수록된 게임판이나 플래시 카드로 게임을 하거나, 다른 액티비티 교재나 알파벳에 대한 책을 사서 활용해도 좋습니다.

알파벳 코칭법 3

학습 방법

교재는 한 유닛을 2회에 나눠 하루에 4~5쪽 정도씩 풀었습니다. 중간에 있는 리뷰 테스트는 1회 수업으로 구성했어요. 행복이가 어려워하면 2회의 수업으로 구성했고요. 이런 식으로 하니 파닉스 1단계 교재를 끝내는 데 5주 정도밖에 걸리지 않았습니다. 아이가 알파벳을 완전히 숙지할 수 있도록 아이의 속도에 맞춰 진도를 나가주세요. 괜히 서두르다가 영어거부증이 생길 수 있습니다. 알파벳 26자의 음에 대해서는 부록 1의 '기본 파닉스 표'에 정리했으니 참고하세요.

교재의 스토리 부분에는 '일견어휘'나 '시각단어'라고도 불리는 사이트 워드Sight Words가 있습니다(행복이가 사용했던 교재에는 스토리 하단 부분에 사이트 워드가 정리되어 있어요). 사이트 워드란 그 뜻을 이해하려고 노력하지 않아도 보는 즉시 이해가 되는 단어를 의미합니다. 그 예로는 an, is, this, has, the 등이 있습니다. 사이트 워드는 파닉스대로 읽히지 않는 단어도 있기 때문에 반복학습으로 익숙해지게 해야 합니다. 즉 따라 읽기, 받아쓰기, 보고 쓰기, 사이트 워드 표시하기 등의 다양한 활동을 통해 아이가 단어를 보는 즉시 이해하게 만들어야 합니다.[*]

파닉스 교재를 사용하기 전에 알파벳을 암기했다면 스펠링 맞히기 놀이를 할 수 있습니다. 파닉스 1단계 알파벳 편 교재에는 영어단어의 스펠링이 없고 그림만 있습니다. 아이가 알파벳을 알고 어느 정도 음을 안다면 영어단어에 쓰인 알파벳을 맞히는 게임을 해도 좋습니다.

---

[*] 조미미. *Sight Words* 지도를 통한 *Readers Theatre*의 활용이 유아의 영어 어휘력과 읽기 향상도에 미치는 영향. 숭실대학교 교육대학원 석사학위 논문. 2018.

알파벳 코칭법 4

아이와 함께 ★

아이를 코치하며 같이 배우세요. 아이에게는 "엄마가 네 학습 코치로서 옆에서 CD를 틀어주고, 채점하며 도와주고, 같이 배우며 이끌게"라고 말하세요. 아이는 '같이 배운다'는 말에 고개를 갸우뚱하면서도 좋아할 겁니다.

그렇다고 직접 문제를 풀라는 말이 아닙니다. 아이 옆에서 코치하면서 같이 말하고 노래하며 배우라는 겁니다. 아이에게 시범을 보이는 것이 아니라 아이와 함께 말하거나 아이가 먼저 말을 한 뒤 따라 말하는 겁니다. 여기서 키포인트는 아이가 '부모님과 함께한다'고 느끼는 겁니다. 아이는 낯선 언어를 익히느라 힘들겠지만 부모님이 옆에 있다는 사실에 큰 힘을 얻습니다. 부모님은 교재를 미리 읽어보고 단어의 의미를 찾아보는 등 예습을 하시는 것도 좋아요. 예습하는 데 5~10분 정도밖에 걸리지 않습니다.

알파벳 코칭법 5

아이와 신나게 ★★

알파벳을 익힐 때는 알파벳의 형태와 그 음을 아는 것이 목표이니 학습에 너무 치중하기보다 아이가 영어를 신나게 배우게 해주세요. 친구들 없이 엄마와 단둘이서 영어를 배우는 건 아이들에겐 재미없는 일입니다. 그래서 부모님이 애를 쓰셔야 합니다. 이 시기에는 영어가 재미

있다는 인식을 심어주고 영어에 대한 행복감과 긍정심, 애정, 호기심을 갖게 해주는 게 관건이라 과장된 몸짓을 하며 아이와 함께 노래를 따라 부르고 춤을 추기도 해야 합니다. 이 기억은 훗날 가속도가 붙은 학습 진도를 견뎌내고, 영어 공부가 지겨워진 마음을 다잡고 공부를 지속할 수 있게 하는 강력한 원동력이 됩니다.

아이에게 격려와 응원, 용기를 주는 말도 듬뿍 해주세요. 아이에겐 낯선 언어를 배우는 것 자체가 힘든 일입니다. 그러니 작은 일도 칭찬 해주세요. 그 칭찬이 아이가 영어 공부를 지속하게 하는 힘이 됩니다.

알파벳 코칭법 6

그 외 활동

알파벳을 익히는 동안은 테스트를 보지 마세요. 저는 알파벳 테스트 대신 단어카드를 이용해 게임 형식으로 알파벳을 익혔는지 확인했습니다. 그랬더니 아이가 알파벳을 자연스럽게 암기했어요. 26개의 알파벳을 한꺼번에 외워야 하는 압박감은 영어거부감의 원인이 될 수 있으니 배우는 순서대로 자연스럽게 익히게 하는 것이 좋습니다.

아이와 알파벳으로 그림을 그리는 활동도 즐겁게 알파벳을 익히는 방법입니다. 저는 행복이와 함께 알파벳을 이용해 재미있는 캐릭터를 그리며 복습시켰어요. 그랬더니 어느 날 행복이가 제게 알파벳 26자 캐릭터를 만들어서 줬습니다. 행복이의 영어거부감이 줄어들었다는 확신에 얼마나 기뻤는지 모릅니다.

워크북은 숙제할 시간을 정해 그 시간에 풀게 했습니다. 또한 교재에 있는 게임판과 주사위를 이용해 영어 공부를 더 즐기게 만들었고, 부록인 플래시 카드는 복습할 때 유용하게 사용했어요.

단모음과 장모음 배우기

학습법과 코칭법

파닉스 학습의 1단계인 알파벳을 익혔으니 이제 파닉스 학습 2단계와 3단계인 단모음과 장모음에 대해 알아보겠습니다.

영어 소리와 한글 소리는 같지 않다

'사족을 붙인다'라는 말을 아실 겁니다. 사족은 '화사첨족畵蛇添足'의 준말로 '뱀을 그리는데 발까지 그려 넣는다'는 뜻입니다. 즉 쓸데없는 일을 덧붙여 하다가 도리어 일을 그르친다는 의미입니다. 파닉스를 코치할 때도 이 말을 명심해야 합니다.

파닉스 학습을 할 때 사족을 붙이는 경우가 종종 있습니다. 대표적인 예가 대치substitution인데, 생소한 외국어의 소리를 모국어의 가장 비슷한 소리로 인지하고 사용하는 것을 말합니다. 《영어음성학 개론》의 저자 전상범은 이러한 대치가 항상 올바른 결과를 가져오지는 않는다고 말합니다.*

예를 들어, 알파벳 t는 우리말의 자음 'ㅌ'와 소리가 비슷하지만 우리말과 영어는 소리를 내는 음의 높이가 다르기 때문에 같은 소리라고 할 수 없습니다. 그러니 아이에게 도움을 주고자 영어를 우리말에 대치시키는 설명을 덧붙이는 것은 좋지 않습니다. 혹시 아이가 "b는 ㅂ과 같아요"라고 말한다면 "b는 ㅂ와 비슷하게 들리지만 영어와 우리말의 소리는 다르단다"라고 설명해주세요. 그러면 아이는 어떻게 다른지를 궁금해하며 더 주의해서 들을 겁니다.

단모음Short Vowels 단어 형태와 발음

단모음의 단어 형태는 '단모음(a, e, i, o, u)+자음' 앞에 자음이 붙은 'man'과 같은 형태나, '단모음(a, e, i, o, u)+자음' 뒤에 자음이 붙은 'ant'와 같은 형태입니다. 영어 알파벳 26자 중 'a, e, i, o, u'만 모음입니다.

---

* 전상범. 《영어음성학 개론》. 을유문화사. 1995.

단모음 a (ㅐ)	ad/ am/ an/ ap/ at/ ax
단모음 i (ㅣ)	ib/ id/ ig/ ik/ in/ ip/ ish/ it/ ix
단모음 u (ㅓ)	ub/ ud/ ug/ um/ un/ up/ ut
단모음 e (ㅔ)	eb/ ed/ eg/ ell/ em/ en/ et
단모음 o (ㅏ)	od/ og/ op/ ot/ ox

영어 말하기가 두려운 부모들을 위한 첫 입 뻥끗 팁 1

'어' 넣기

파닉스 학습 2단계인 단모음부터는 본격적으로 알파벳들이 조합된 영어단어를 학습하기에 부모님도 같이 따라 말해야 합니다. 그런데 많은 부모님들이 영어를 말해야 하는 상황에서 처음 입을 뻥끗하는 게 어렵다면서, 발화를 어떻게 해야 하는지 도통 모르겠다고 호소를 하십니다. 하지만 두려워하실 필요가 없습니다. 제 엄마표 영어에서 아이는 음원을 통해 제대로 된 발음을 듣고 내뱉은 후 부모의 발음을 듣기 때문에 부모가 어떻게 발음하든 별 영향을 받지 않습니다.

그렇더라도 영어로 말하는 것이 두려운 부모님들을 위해 영어 발음의 팁을 두 가지 알려드리겠습니다.

첫째, 우리말의 소리 구조를 이용해 쉽게 발음하는 방법이 있습니다. 영어단어를 발음할 때 '어' 같은 모음을 앞에 붙여 발음하는 겁니다.

《영어음성학 개론》에 그 방법이 자세히 나와 있어서 소개합니다.

'b, d, g(유성파열음)'로 시작하는 모든 단어 앞에 [ə]와 같은 모음을 하나 붙여서 이어서 발음합니다. 예를 들면 bed의 경우 [ㅂ]로 대치하지 말고 [əbed/어베드]로 발음하는 겁니다. 처음에는 이렇게 가상의 모음을 집어넣어 발음하다가 차차 익숙해지면 점점 그 삽입모음을 짧게 발음합니다. 마지막에는 그 삽입모음을 머릿속에서만 발음합니다. 이 방법은 유성음이나 무성음 등의 개념을 이해할 수 없는 어린이들의 발음을 효과적으로 교정시키는 유용한 방법입니다.*

· boy → ə + [bɔɪ] = [əbɔɪ/ 어보이]

· day → ə + [deɪ] = [ədeɪ/ 어데이]

· get → ə + [get] = [əget/ 어겟]

영어 말하기가 두려운 부모들을 위한 첫 입 뻥끗 팁 2

첫 스펠링 신경 쓰기

무성음과 유성음의 차이를 이용해 첫 스펠링에 신경 써보세요. 이 점만 기억하셔도 첫 입 뻥끗하기가 한결 편해집니다.

첫 스펠링이 무성음(ㅍ, ㅌ, ㅋ, ㅍ', ㅅ, 쉬, 취, ㅆ, ㅎ)이라면 좀 더 높은 음에서 발음됩니다. 반면 유성음(ㅂ, ㄷ, ㄱ, ㅂ, ㅈ 등)은 좀 더 낮은 음에

---

* 전상범. 《영어음성학 개론》. 을유문화사. 1995.

서 발음됩니다(영어단어의 첫 스펠링이 모음인 경우 무성음과 같습니다).

- **유**성음★ + 모음 + **유**성음:
  b★ + a + n

- **무**성음★ + 모음 + **유**성음:
  p★ + a + n

아이가 음원을 들을 때 부모님은 그 옆에서 같이 따라 말하면 됩니다. 자신 있게 말하셔도 됩니다. 위에서 제시한 포물선 형태와 자세한 설명을 부록 1에 정리해놓았으니 참고해서 읽기 연습을 하면 좋습니다.

장모음 Long Vowels 단어 형태와 발음

장모음에는 단모음 a, i, o, u가 e와 만나 음이 변한 형태와, 모음 두 개가 연속해서 오는 이중모음 형태가 있습니다. 단모음이 e와 만나 장모음으로 변하면 알파벳 본래 소리대로 냅니다.

a_e	a_e에서 a는 'ㅔㅣ'로 발음됩니다.
i_e	i_e에서 i는 'ㅏㅣ'로 발음됩니다.
o_e	o_e에서 o는 'ㅗ'로 발음됩니다.
u_e	u_e에서 u는 'ㅠ'로 발음됩니다.
ai, ay	'ㅔㅣ'로 발음되는데, 'ㅔ'가 더 길게 발음됩니다.

ee, ea, y, ey	'ㅣ'로 발음됩니다.
igh, ie, y	'ㅏㅣ'로 발음되는데, 'ㅏ'가 더 길게 발음됩니다. y는 '자음+y'(예: my)나 '자음+ry'(예: cry)일 경우입니다.
oa, ow	'ㅗㅜ'로 발음되는데, 'ㅗ'가 더 길게 발음됩니다.
ow	'ㅏㅜ'로 발음되는데, 'ㅏ'가 더 길게 발음됩니다.
ue, ui, oo	'ㅜ'로 발음됩니다.
ue, ew	'ㅠ'로 발음됩니다.

동작 파닉스를 이용해 효과적으로 학습하자

파닉스를 효율적으로 학습하는 방법으로 챈트chant, 노래song, 게임, 동작 파닉스Phonics in Motion: PIM 등이 있습니다. 이 중 동작 파닉스는 교재에 수록되어 있지 않아 방법을 궁금해하시는 분들이 많은데, 그 방법에 대해 알아보겠습니다.

동작 파닉스란 영어의 음소(음의 최소 단위)를 식별하는 쉬운 방법으로 언어, 동작, 음악적 요소로 구성됩니다. 동작 파닉스의 기본 형태는 '해당 알파벳이 들어간 단어 발화(언어) + 알파벳의 음소를 3회 연이어 외치며(음악적 요소) 몸동작하기(동작)'입니다.

예를 들어 알파벳 a를 동작 파닉스로 연습하면 "apple [a/ㅐ][a/ㅐ] [a/ㅐ]"라고 챈트하는 동시에 손뼉을 3회 칩니다. 알파벳 b의 연습은 "bat [b/ㅂ][b/ㅂ][b/ㅂ]"라고 챈트하면서 야구방망이를 휘두르는 동작을 합니다.* 음소는 3회 이상 말해도 되며, 몸동작은 사전에 정하거나 즉흥적으로 만들 수 있습니다.

기억의 연결고리 역할을 하는 동작 파닉스

동작 파닉스의 기본 형태는 노래를 이용해 발화하는 것입니다. 책에 수록된 노래나 동요를 이용할 수 있습니다. 말이 느린 아이라면 〈반짝반짝 작은 별〉을, 말이 빠른 아이이거나 재미의 가속도를 붙이고 싶다면 〈떴다떴다 비행기〉를 권합니다.

알파벳 c를 〈떴다떴다 비행기〉에 맞춰 연습을 하면 "[can/캔](떴다)! [can/캔](떴다)! [c/크][c/크][c/크](비행기)! [c/크][c/크][c/크](날아라)! [c/크][c/크][c/크](날아라)!(동시에 [c/크]에 맞춰서 손뼉치기)"의 형태가 됩니다.

노래를 다양한 분위기로 바꿔 부르면 더 신나게 부를 수 있습니다. 반드시 동작 파닉스의 기본 형태로 음을 제대로 발화하는 연습을 한 뒤 '크게/작게/화내면서/귀엽게/예쁘게/느리게/빠르게/느끼하게' 식으로 노래 분위기를 바꿔가며 재미있게 파닉스를 학습할 수 있습니다.

저는 학원을 운영했을 당시 동작 파닉스를 활용해 수업을 했습니다. 신기하게도 아이들은 전에 했던 동작들로 영어를 기억해냈습니다. 이처럼 동작 파닉스는 기억의 연결고리 역할을 합니다. 동작 파닉스로 아이가 영어를 지루하지 않게 익히고 오래 기억하게 하세요.

---

* 오윤경. 파닉스 학습법 적용을 통한 읽기 능력 활성 방안. 공주대학교 석사학위 논문. 2010.

단모음과 장모음을 비교하며 학습하자

단모음이 e와 만나 장모음이 된 단어와, 발음이 같은 단모음과 장모음을 정리했습니다. 동작 파닉스는 헷갈릴 만한 이런 알파벳 음을 비교하는 좋은 방법이 될 수 있습니다. 아래 표에 있는 단어들을 이용해 동작 파닉스를 해보세요. 이때 장모음은 단모음보다 길게 발음됩니다.

단모음		장모음	단모음		장모음
cap	→	cape	cut	→	cute
hat	→	hate	tub	→	tube
can	→	cane	hug	→	huge
pin	→	pine	hop	→	hope
kit	→	kite	rob	→	robe
fin	→	fine	not	→	note
fit	→	feet	sit	→	seat
ship	→	sheep	hit	→	heat

모음 코칭법 1

학습 구성과 방법 ★

행복이는 단모음과 장모음 학습도 알파벳 학습 때처럼 파닉스 교재로 일주일에 4회 50분 정도씩 하고, CD를 이용한 복습을 1회 했습니다. 한 유닛을 2회에 나눠 학습했고, 제 격려와 응원, 용기의 말을 들으며 신나게 파닉스를 배웠습니다.

이 단계부터는 파닉스 교재에 단어의 스펠링이 적혀 있습니다. 그 단어의 뜻을 알려주세요. 아이가 파닉스에서 배운 단어만 잘 읽어도 좋겠지만, 파닉스에 어느 정도 적응했으니 장모음부터는 스토리에 있는 사이트 워드를 이용해 문장의 의미를 파악하는 것에 좀 더 신경을 씁니다.

저는 행복이가 발음하는 법을 스스로 터득하길 바랐습니다. 그래서 아이가 궁금해하면 발음에 대해 간단히 말해줄 뿐 우리말에 '대치'시키는 설명은 지양했습니다. 우리말의 음 높이는 영어의 음 높이보다 낮은데, 이미 우리말에 익숙한 성인에 비해 아이는 그 차이를 더 민감하게 느낄 수 있거든요. 그러니 아이의 능력을 믿어보세요.

모음 코칭법 2
학습 활동 ★

파닉스 교재는 반복되는 구성이라 다소 지루하니 이 단계에서는 부모님이 흥과 재미를 유도하는 역할을 해주셔야 합니다. 동작 파닉스로 밝은 학습 분위기를 조성하면 복습 효과를 얻을 수 있습니다.

다른 액티비티 교재를 준비하는 것도 추천합니다. 아이가 파닉스 교재를 지겨워할 즈음에 액티비티 교재들을 풀게 하면 기분 전환 효과를 얻을 수 있습니다. 액티비티 교재는 선 긋기, 색칠하기, 그리기 등의 활동을 하면서 어휘와 문법 등을 학습할 수 있는 교재입니다. 행복이는 《Activity Book for Children》(Oxford University Press)과 《Scholastic

Success with 1st Grade Workbook》,《Get Ready for Pre-K》에서 하고 싶은 부분만 사용했습니다. 이 교재들을 모두 살 필요는 없고, 한 권 정도면 충분합니다. 이 교재들 중《Scholastic Success with 1st Grade Workbook》은 수학, 쓰기, 읽기 등도 학습할 수 있고, 다음 단계에서 사용해도 됩니다.

모음 코칭법 3
예습과 복습

아이를 코치하기 부담스럽다면 CD에 내장된 플래시 애니메이션으로 예습을 시킨 뒤 교재를 풀게 하는 방법을 추천합니다. 미리 접한 내용은 이해도가 높아져 부모님이 교재 학습에 관여하는 부분을 줄일 수 있습니다.

행복이는 알파벳 학습 때는 테스트를 안 봤지만 모음을 학습하면서는 학습한 8~10개의 단어 중 단모음 단계에서 2~3개, 장모음 단계에서 3~4개의 단어를 테스트 봤습니다. 파닉스 원리만 공식처럼 암기하면 잘 잊어버리기 때문입니다. 하지만 관련 단어를 암기하면, 그 파닉스 단어를 샘플로 활용해 파닉스 단어를 직관적으로 읽는 게 더 쉬워지고 기억에도 오래 남습니다. 제가 발음을 불러주면 행복이는 스펠링과 의미를 적었습니다.

테스트를 볼 단어는 행복이가 직접 선택했지만 저는 옆에서 다양한 형태의 단어를 고를 수 있게 유도했습니다. 만약 아이가 '-ag'로 끝나는 단어를 골랐다면 '-ap'로 끝나는 단어도 고르게 했어요. 아이가 스스로 고른 단어라 연습이 필요 없을 정도로 잘 알고 있을 거라고 생각되겠지만 꼭 그렇지는 않아요. 만약 아이가 단어를 헷갈려 한다면 몇 번 쓰게 하세요. 테스트를 봐서 틀린 단어는 최소 4회 이상 쓰게 한 뒤에 다시 테스트를 봅니다. 나머지 단어들은 단어카드를 이용해 게임 형식으로 묻고 확인합니다. 이때 강압적인 분위기가 되지 않도록 주의하세요.

모음 코칭법 4
그 외 활동

행복이가 사용한 《Oxford Phonics World》의 스튜던트북에는 플래시카드가 내장되어 있지만, 간혹 별도 자료가 첨부되지 않은 교재도 있습니다. 그런 교재로 학습하고 있다면 아이와 배웠던 단어로 영어단어카드나 단어판을 만들어보세요. A4용지를 16분할해서 앞면에는 영어를, 뒷면에는 해당 단어의 의미를 적거나 관련 그림을 그리면 됩니다(플래시 카드가 있어도 카드에 없는 배운 단어를 이용해 카드를 더 만들어도 좋습니다). 종이에 단어카드를 그려서 16분할하면 단어카드가 되고, 그대로 사용하면 단어판이 됩니다. 행복이는 파닉스 4단계 교재부터 단어카드를 자르지 않고 사용했어요. 제가 단어판의 단어를 손으로 짚으면 행복이가 그 단어를 읽었습니다. 제가 손을 빠르게 움직이면 행복이는 더 신나게 대답하곤 했어요.

행복이는 일주일에 1회 정도는 파닉스 수업 후 《영어동요 하루

《영어동요 하루 Song》
로그인

Song》(로그인)으로 영어동요를 들었습니다. 이 책의 동요는 쉬운 회화체 문장으로 되어 있어서 기초회화 문장을 습득하기에 좋습니다. 저는 행복이가 듣고 싶어 할 때마다 들을 수 있게 제 핸드폰에 동요를 넣어놨습니다.

저는 보상을 통한 학습법을 선호하지 않지만 행복이가 동요를 외울 때마다 스티커판에 스티커를 붙여줬습니다. 행복이는 스티커를 모아 선물을 샀고요. 영어동요 암기를 강압적으로 하지 않아서 행복이는 한 달에 1~2곡만 암기했습니다.

[파닉스 학습 4단계+5단계]

연속자음과
자모조합 배우기

학습법과 코칭법

파닉스 학습 3단계까지가 기본 파닉스였다면 파닉스 학습 4단계와 5단계는 고급 파닉스에 해당됩니다. 이제부터는 같은 형태이지만 다른 발음, 단어 내의 위치에 따라 달라지는 발음, 묵음 등 예외와 변수에 대해 배웁니다. 아이들이 배우기 어려워하는 부분이니 동작 파닉스와 같은 활동들을 활용해 복습하길 바랍니다.

연속자음Consonant Blends 발음 팁

연속자음은 자음 2개가 연달아 이어지는 형태입니다.

- **'dr'과 'tr'의 발음**

[d]와 [t]를 발음한 뒤 바로 [r]을 말하는 게 어려워 'dr'은 [dʒr/ㅈ뤄]로, 'tr'은 [tʃr/ㅊ뤄]에 가깝게 발음됩니다.

- **어두에 있는 [st], [sp], [sk] 발음**

단어 맨 앞에 위치한 's' 뒤에 오는 [t], [p], [k] 발음은 된소리(ㄸ, ㅃ, ㄲ)에 가깝게 발음됩니다. 즉 [st]는 'ㅅㄸ'로, [sp]는 'ㅅㅃ'로, [sk]는 'ㅅㄲ'로 발음됩니다.

> 예) start (ㅅ따알ㅌ), speak (ㅅ삐잌), school (ㅅ꾸울)

- **약한 발음의 자음** Soft Consonants

① 약한 발음 c: c가 'i, e, y' 앞에 오면 [ㅋ]가 아니라 부드러운 [씨]로 약하게 발음됩니다.

> 예) city(씨티), cereal(씨리얼), bicycle(바이씨클)

② 약한 발음 g: g가 'i, e, y' 앞에 오면 [ㄱ]가 아니라 [쥐]로 약하게 발음됩니다.

> 예) giant(좌이언ㅌ), gentle(젠틀), gym(짐)

주의: 'get'은 [쥐]가 아니라 [ㄱ]로 발음돼 [겟]입니다.

③ c와 g는 'a, o, u' 앞에서는 거센소리가 되어서 'ㅋ'와 'ㄱ'로 발음됩니다.

혼합자음 (두 자음을 연속해서 발음)	어두 혼합 (단어 앞쪽에 위치)	자음+ l	bl(블ㄹ), cl(클ㄹ), fl(플^{f}ㄹ), gl(글ㄹ), pl(플ㄹ), sl(슬ㄹ)
		자음+ r	br(ㅂㄹ), cr(ㅋㄹ), fr(ㅍ^{f}ㄹ), gr(ㄱㄹ), dr(ㄷ뤄. 'ㅈ뤄'에 더 가까움), tr(ㅌ뤄. 'ㅊ뤄'에 더 가까움)
		s+ 자음	sm(ㅅㅁ), sn(ㅅㄴ), sw(ㅅ우), sk(ㅅㄲ), sc(ㅅㄲ), st(ㅅㄸ), sp(ㅅㅃ), sq(ㅅ꾸), str(ㅅㅊ뤄), spr(ㅅㅃㄹ), spl(ㅅ쁠ㄹ), squ(ㅅ꾸)
	어미 혼합 (단어 끝에 위치)	s+ 자음	st(ㅅㅌ), sk(ㅅㅋ)
		n+ 자음	nk(응ㅋ), nd(ㅡㄴㄷ), nt(ㅡㄴㅌ), lt(ㄹㅌ), mp(ㅁㅍ), ng(응)
2자1음 자음 (두 자음을 하나의 음으로 발음)	어두에서 (단어 앞쪽에 위치)	자음+ h	sh(쉬), ch(취), ph(ㅍ^{f}), wh(우. 빠르게 'ㅜㅓ'로 발음하는 것에 더 가까움)
			th(유성음 ㄷ), th(무성음 ㅆ. 'ㄸ'에 가까움)
	어중에서 (단어 중간에 위치)	자음+ h	th(유성음 ㄷ), th(무성음 ㅆ. 'ㄸ'에 가까움), ph(ㅍ^{f})
	어미에서 (단어 끝에 위치)	자음+ h	sh(쉬), ch(취), ph(ㅍ^{f}), gh(ㅍ^{f})
			th(유성음 ㄷ), th(무성음 ㅆ. 'ㄸ'에 가까움)
그 밖의 주의할 발음			c(약한 음 ㅆ), g(약한 음 쥐), s(유성음 ㅈ)

자모조합 Letter Combination 발음 팁

• schwa(슈와)

발음기호 [ə(ㅓ)]에 해당되는 소리입니다. 강세가 주어지지 않고 약하게 나면서 본래의 발음으로 발음되지 않고 [ə(ㅓ)]로 발음됩니다.

이중모음	ar(알-)		star(ㅅ딸-), car(칼-)
	ir, ur (얼-)		bird(벌-ㄷ), nurse(널-ㅅ)
	er, or (얼-)		teacher(티철-), doctor(닥털-)
	ou, ow (ㅏㅜ)		house(하우ㅅ), brown(브라운)
	oi, oy (ㅗㅣ)		coin(코인), toy(토이)
	oo, u (ㅜ)		book(북), bush(부쉬)
	[ɔː(ㅗ-)]에 해당되는 소리	au, aw	sauce(소-ㅅ), draw(즈로-)
		all, wa	ball(볼-), water(워-럴)
		or, oar	fork(폴f-ㅋ), board(보-ㄷ)
	are, air(ㅔ얼-)		share(쉐얼-). hair(헤얼-)
	ea(ㅔ), ear(ㅔ얼)		head(헤드), pear(페얼-)
	ear(ㅣ얼), eer(ㅣ얼)		clear(클리얼-), deer(디얼-)
글자 본래 소리대로 발음하는 모음	a(ㅔㅣ)		baby(베이비), elevator(엘레베이럴-)
	e(ㅣ), i(ㅏㅣ)		he(히), tiger(타이걸-)
	o(ㅗ), u(ㅠ)		cold(코올드), uniform(유니폼f)
schwa (슈와)	a[ə]		gorilla(고릴러), umbrella(엄브렐러)
	o[ʌ]		love(러브), honey(허니)

·묵음

① 두 개의 자음 중 앞의 자음이 소리가 나지 않는 경우: kn(ㄴ), wr(ㄹ), gn(n)

② 두 개의 자음 중 뒤의 자음이 소리가 나지 않는 경우: mb(ㅁ. 주로 단어 끝에 위치), rh(ㄹ), st(ㅅ)

③ 아예 소리가 나지 않은 경우: e, gh, h, l(주로 'al+자음'의 형태)

묵음	kn(ㄴ), wr(ㄹ), gn(n)	knee(니), write(롸이트), sign(싸인)
	mb(ㅁ), rh(ㄹ), st(ㅅ)	lamb(램), rhino(라이노), castle(캐슬)
	e(·), gh(·), h(·), l(·)	live(리브), light(라이트), hour(아월), walk(워ㅋ)
접미사 (단어 끝에 위치)	-ture(-철), -sure(-절)	picture(픽철-), measure(메절-)
	-tion(-션), -sion(-젼/-션)	station(ㅅ떼이션), television(텔레비젼), mission(미션)
	-ous(ㅓㅅ), -ful(-뿔)	famous(퐤ʳ이머ㅅ), beautiful(뷰리풀ʳ)
	-cial(-셜)	special(ㅅ뻬셜)

코스북 Course Book 도 병행하자

행복이는 1~4단계 파닉스 학습을 통해 단어를 분별하고 새로운 단어를 읽을 수 있게 되었습니다. 그래서 파닉스 학습 5단계부터는 코스북을 부교재로 병행했습니다(파닉스 학습 4단계부터 사용해도 괜찮습니다). 일주일에 1회는 CD로 파닉스를 복습하던 것을 코스북 학습으로 대체했고, CD로 하던 복습은 주중에 조금씩 했습니다.

코스북은 영어의 4가지 영역인 리딩, 리스닝, 문법, 어휘를 모두 포함한 총체적인 회화책으로 의사소통을 위한 실용문법과 어휘, 문장으로 구성되어 있습니다. 문장은 문어체보다는 주로 구어체 문장입니다. 아이들은 코스북의 반복적인 문장 패턴을 통해 연습을 반복함으로써 핵심 문장을 습득하게 됩니다.

코스북의 목적이 영어의 흥미를 키우는 것이므로 재밌게 학습을 유도하면 됩니다. 다만, 아이가 중학년 이상이라면 학습의 목적도 살짝 가미해 대표 문장과 어휘 정도는 완전히 익힐 수 있게 반복학습을 시키세요. 반복학습은 여러 번 따라 말하기와 음원 반복 듣기로 할 수 있습니다.

코스북을 코칭할 때 전신반응법TPR; Total Physical Response을 사용하면 좋습니다. 전신을 활용해 영어를 체험하는 방법으로, 부모님이 발음을 하거나 발화를 하면 아이는 그에 해당하는 행동을 구현합니다. 예를 들면 "Stand up!" 하고 부모님이 말하면 아이는 일어나고, "Sit down!" 하고 부모님이 말하면 아이는 앉습니다. 이 방법은 아이들이 재미있어하고 학습 효과도 좋습니다.*

행복이는 외국 출판사에서 나온 코스북《Let's go 1》을 사용했지만 저는 우리나라 출판사에서 나온 코스북을 추천하고 싶습니다. 우리나라 출판사의 코스북은 디자인이 세련되어 아이들이 좋아하고 구성도

---

* 정동빈. 조기영어교육론. 임병빈, 정동빈 편저. 《어린이 영어교육 1-듣기·말하기·읽기·쓰기》. 한국문화사. 2009.

알차기 때문입니다. 게다가 답지가 있어 코치하기가 더 수월합니다. 우리나라 출판사의 코스북은《Come on Everyone》(능률교육),《English Bus》(Bricks),《Smart English》(이퓨처) 등이 있습니다. 첫 단계의 코스북은 모두 내용과 수준이 비슷하니 아이의 취향, 답지와 부록 여부 등을 고려해 교재를 선정하면 됩니다.

《Let's go》 OXFORD
《Come on, Everyone》 능률교육
《English Bus》 Bricks
《Smart English》 이퓨처

연속자음과 자모조합 코칭법 1

동작 파닉스 활용 ★

모음을 배우면서 설명한 코칭법과 같으니 참고하길 바랍니다. 다만, 연속자음은 4~5개 단어를, 5단계인 자모조합은 5~7개 단어를 테스트 봅니다. 그러나 전 단계와 다르게 아이가 테스트 볼 단어의 절반은 부모가 선택하고, 스토리에 있는 사이트 워드도 테스트용 단어로 선택할 수 있게 합니다.

연속자음을 학습할 때는 헷갈릴 만한 단어를 비교하는 동작 파닉스를 추천하고 싶습니다. fly(자음+l)와 fry(자음+r), this(유성음 th/ㄷ)와 think(무성음 th/ㅆ(ㄸ)), cat(강한 자음 c/ㅋ)과 cell(약한 자음 c/ㅆ), get(강한 자음 g/ㄱ)과 gem(약한 자음 g/쥐)을 비교하는 동작 파닉스를 만들 수 있습니다. 파닉스 4단계 학습이 까다로운 편이라 아이들이 어려워하는데, 동작 파닉스를 활용하면 좀 더 수월하게 코치할 수 있을 겁니다.

5단계 학습인 자모조합에서는 묵음도 나옵니다. 묵음의 경우 알파벳의 음이 없기 때문에 입을 다물고 고개를 끄덕끄덕하는 것으로 표현할 수 있습니다. 동작 파닉스가 어렵다면 단어카드나 단어판을 이용해서 비교하며 학습할 수 있게 해주세요.

연속자음과 자모조합 코칭법 2
배우지 않은 단어를 찾아 단어카드나 단어판 만들기

파닉스 교재에서 배웠던 단모음, 장모음, 이중모음, 이중자음 등이 들어간 단어를 찾아보고 단어카드나 단어판을 만들어보세요. 네이버 영어사전 같은 포털사이트 영어사전에서 '*'를 이용해 찾으면 됩니다.

이를 테면 'ra*'로 검색하면 'ra'로 시작하는 'rank' 같은 단어들이 나옵니다. 검색창에 '*ra*'을 치면 중간에 'ra'가 들어간 'draw' 같은 단어들이 나옵니다('ra'가 앞에 있는 단어가 나오긴 합니다). 검색창에 '*ra'라고 치면 'ra'로 끝나는 'extra' 같은 단어들이 나옵니다. 검색 결과 초반에 짧고 쉬운 단어들이 나와 어렵지 않게 찾을 수 있을 겁니다. 이중모음 'oo'의 경우 '*ㅇㅇ*'나 '*ㅇㅇ'로 검색해 'ㅇㅇ'가 중간에 들어가거나 'ㅇㅇ'로 끝나는 단어를 검색하면 됩니다.

이렇게 찾은 단어는 단어카드나 단어판을 만들어 빨리 읽기 게임, 카드 맞추기 게임 등을 하면서 파닉스 복습과 새로운 단어 학습의 효과를 누릴 수 있습니다.

늦게 영어 공부를 시작한 아이와 부모 예습용으로 좋은
한 권짜리 파닉스 교재

《파닉스 무작정 따라하기》 길벗스쿨
《한 권으로 끝내는 파닉스》 Happy house
《초등 영어를 결정하는 파닉스》 사람in
《파닉스 완전정복》 애플북21

◆ 장점
① 한 권으로 파닉스를 모두 배울 수 있어 여러모로 경제적입니다.
② 모든 파닉스를 설명하는 철저한 구성과 자세한 우리말 설명이 있습니다.

◆ 단점
① 워크북이 없어 복습이 미흡할 수 있습니다.
② 초등 저학년에게는 다소 설명이 어렵습니다.
③ 우리말로 설명되어 있어 아이가 영어적 사고로 몰입하기에 힘듭니다.

◆ 추천 대상
① 엄마표 영어를 준비하는 부모님: 한 권으로 빠르게 예습하기에 좋습니다.
② 파닉스를 배웠으나 복습이 필요한 아이: 자세한 설명을 통해 이해하지 못했던 부분을 이해해가며 복습할 수 있습니다.
③ 늦게 파닉스를 시작한 중학년이나 고학년 아이: 빠르게 파닉스를 끝마칠 수 있습니다.
④ 자연스럽게 배우기보다 분석적으로 배우는 걸 좋아하는 아이: 규칙으로 배우기 때문에 분석적인 성향의 아이가 흥미롭게 학습할 수 있습니다.

영어 원서의
렉사일^{Lexile} 지수 찾는 법

학습법과 코칭법

파닉스 학습 4단계부터는 영어 원서를 읽으면 좋은데, 한두 줄짜리 쉬운 리더스북이 적당합니다(리더스북은 읽기 연습을 목적으로 한 영어 원서로, 단계가 나뉘어 있습니다).

영어 원서 읽기를 시작하는 단계이니 영어 원서를 고르는 기준에 대해 알아보겠습니다.

원활한 대학생활까지 고려해야 하는 영어 원서 읽기

좋은 대학에 입학하는 것으로 아이의 삶이 성공했다고 볼 수는 없습니다. 대학에 입학해 스펙을 쌓아 자신이 원하는 직업을 갖고, 그 직업 안에서 안정된 기반을 잡아야 일단락됩니다. 그렇다면 부모는 어디까지 아이를 도와야 할까요?

뚜렷한 목표 없이 그저 아이의 영어 공부를 성공시키겠다는 일념으로 냅다 달리다 보면 끝이 보이지 않는 길에서 포기하게 됩니다. 저는 우리말 능력을 키우기 위해 독서를 꾸준히 하면서 영어 실력을 함께 키우는 것을 꾀합니다. 또한 아이를 국내 대학에 입학시키기 위해 교재를 이용한 학습으로 수능영어를 준비시키고, 대학 입학 이후의 삶을 위해 영어 원서를 읽게 합니다(대학에서 영어 강의를 듣고 영어 서적을 읽는 것을 고려하면 영어 원서 읽기는 필수입니다. 이 내용에 대해서는 엄마표 영어 5단계에서 더 자세히 다룹니다). 영어 원서 읽기를 통해 원활한 대학생활 외에도 어휘 학습, 감성 지능 발달, 자신감 등 여러 이점을 얻을 수 있습니다.

제 엄마표 영어는 원활한 대학생활까지가 목표라 영어 원서 읽기를 병행합니다. 그래서 알아야 하는 것이 영어 원서를 고르는 기준이 되는 렉사일Lexile 지수와 AR 지수입니다.

렉사일Lexile 지수란?

렉사일 지수는 미국의 저명한 교육연구기관인 메타메트릭스MetaMetrics® 의 과학적인 연구를 기초로 개발된 영어 읽기 능력 지수입니다. 개인의 영어 독서 능력과 수준에 맞는 책을 골라 읽을 수 있도록 개발된 평가

지수라 영어 원서를 고를 때 기준으로 삼기에 유용합니다.*

렉사일 지수는 렉사일 문서 지수lexile text measure와 렉사일 독자 지수lexile reader measure로 구분됩니다. 렉사일 지수의 단계는 0L부터 2000L까지 있습니다. 렉사일 독자 지수가 2000L에 가까울수록 능숙하고 뛰어난 독자라고 할 수 있습니다. 책 역시 렉사일 지수가 작을수록 읽기 쉽고, 2000L에 가까울수록 읽기 어려운 책이라고 할 수 있습니다. 예를 들어 영어 원서《Roller Girl》의 경우 440L입니다. 이는 렉사일 문서 지수가 440L라는 뜻입니다. 아이의 렉사일 지수를 측정했더니 440L이었다면 그 아이는 렉사일 독자 지수가 440L이라는 뜻입니다.

렉사일 독자 지수를 이용해 아이에게 맞는 책의 렉사일 범위를 알자

책의 렉사일 지수는 단지 텍스트의 난도만 나타내고 책의 내용이나 질을 설명하진 않습니다. 텍스트의 난도는 단어의 빈도word frequency와 문장의 길이sentence length를 통해 텍스트가 얼마나 이해하기 어려운지를 예측합니다.** 렉사일 지수에 이런 한계점이 있어도 영어 원서를 선택하는 좋은 출발점이 되므로 책의 내용과 독자 연령, 개인 흥미도, 책 디자인

---

* TOEFL Junior & Primary 렉사일 안내자료. https://www.toefljunior.or.kr/data/main_data/TOEFL%20Junior%20&%20Primary_%EB%A0%89%EC%82%AC%EC%9D%BC%EC%95%88%EB%82%B4%EC%9E%90%EB%A3%8C.pdf. 2020.01.15 접근.
** 이은혜. 초등학생의 수준별 영어 도서 읽기를 위한 한국형 렉사일(Lexile) 도서 지수 개발. 한국교원대학교 석사학위 논문. 2010.

등 다른 요인들까지 고려해 영어 원서를 선택하세요.*

영어 원서를 고를 땐 렉사일 독자 지수를 살핀 뒤 그 지수에서 -100L 부터 +50L까지의 렉사일 범위Lexile range 안에서 책을 찾으면 됩니다. 만약 아이의 렉사일 독자 지수가 400L이라면 이상적인 렉사일 범위는 300L부터 450L까지입니다.

아이의 렉사일 지수는 ETS의 TOEFL iBT® 혹은 TOEFL® JUNIOR™, TOEFL® Primary™의 리딩 파트 성적표에서 제공하는 렉사일 지수와 연계된 점수로 알 수 있습니다. 하지만 간단하게 렉사일 지수를 알아볼 수 있는 사이트가 있습니다.

간단히 렉사일 지수 측정하는 법

'www.testyourvocab.com'은 자신의 영어단어 수준을 확인함으로써 무료로 렉사일 지수를 측정하는 사이트입니다. 사이트 번역이 필요할 수 있으니 크롬Chrome으로 접속해 한국어 번역 기능을 활용하세요.

이 사이트는 총 4페이지로 구성되어 있습니다. 첫 번째와 두 번째 페이지에서는 아는 단어를 체크한 뒤 하단에 있는 'continue' 버튼을 클릭합니다. 단어의 뜻을 하나만 알아도 표시하는데, 본 적 있는 단어이지만 뜻을 정확하게 모른다면 표시하지 않습니다. 세 번째 페이지에서는

---

* TOEFL Junior & Primary 렉사일 안내자료. https://www.toefljunior.or.kr/data/main_data/TOEFL%20Junior%20&%20Primary_%EB%A0%89%EC%82%AC%EC%9D%BC%EC%95%88%EB%82%B4%EC%9E%90%EB%A3%8C.pdf. 2020.01.15 접근.

아이의 이력을 입력한 뒤 하단에 있는 'finish' 버튼을 클릭합니다. 웹페이지가 영어로 되어 있어 잘 모르겠다면 마우스의 오른쪽 버튼을 클릭한 뒤 여러 설정값 중 '한국어로 번역'을 클릭합니다. 번역된 내용을 통해 해당 사항을 입력할 수 있을 겁니다(제 블로그의 'Lexile 지수를 아는 법 + Lexile 지수로 AR 지수를 아는 법' 포스트에 해당 웹페이지를 다 해석해놨습니다. 구글 번역이 불편하다면 제 포스트를 참고하세요). 네 번째 페이지에서는 측정값이 나옵니다. 측정값을 10으로 나눈 수치가 아이의 렉사일 지수입니다. 만약 측정값이 '8810'이라면 렉사일 지수는 '881'입니다.

렉사일 지수에 맞는 책을 찾는 사이트

아이의 렉사일 지수를 알게 되었으니 렉사일 지수에 맞는 책을 고를 수 있는 사이트를 알아볼게요. 이 사이트도 번역이 필요할 수 있으니 크롬에서 접속하세요.

렉사일 홈페이지 www.lexile.com에서는 3가지 방법으로 책을 고를 수 있습니다. 첫 번째는 '도서명, 작가, 시리즈를 검색해서 렉사일 지수 알아보기'입니다. 두 번째는 '자신의 렉사일 지수를 입력하고 추천도

서 알아보기'입니다. 세 번째는 '자신의 렉사일 지수에 해당하는 학년
을 입력하고 추천도서 알아보기'입니다(187쪽 '아이의 렉사일 지수를 통
해 AR 지수를 알아보자'를 통해 해당 학년을 알 수 있어요).

'AD530L'처럼 렉사일 지수 앞에 두 자리 코드가 붙기도 합니다. 이
코드의 의미를 알아볼게요.

• 렉사일 코드Lexile Codes

· AD(Adult Directed): 어른이 지도하도록 의도된 책으로, 아이 혼자 읽
  는 것보다 어른이 소리 내어 읽어주면 좋은 책.
· HL(High-Low): 높은 흥미의 내용이지만 문장은 쉬운 책으로, 나이에
  비해 영어 실력이 낮은 아이에게 맞는 책.

· IG(Illustrated Guide): 글의 내용을 그림으로 풀이한 도해로, 백과사전 이나 용어해설집 등이 해당.

· NC(Non-Conforming): 독서 능력이 높은 학생용으로, 나이에 비해 영 어 실력이 좋은 아이에게 맞는 책.

· BR(Beginning Reader): 초보자용 책.

· GN(Graphic Novel): 흔히 우리가 알고 있는 만화책.

· NP(Non-Prose): 산문이 아닌 시, 노래, 요리법 등이 해당.

영어 원서의
AR 지수 찾는 법

아이에게 영어 원서를 읽어주는 것이 정 걱정된다면 유튜브에 있는 영어 원서를 읽어주는 동영상을 참고하세요. 영어 원서에 있는 CD나 음원을 활용해도 좋습니다.

AR 지수란?

렉사일 지수도 영어 원서 선택의 훌륭한 기준이지만, 저는 AR^{Accelerated Readers} 지수를 더 선호합니다. AR 프로그램은 미국의 르네상스 러닝 사^{Renaissance Learning, Inc.}가 방대한 양의 도서를 분석하고 해당 도서를 읽은 학

생들의 데이터를 분석한 뒤 그 결과를 기반으로 만든 평가 도구로, 독서 능력 지수를 나타냅니다.[*]

학교나 학원 등에서는 유료인 이 프로그램을 통해 아이의 수준에 맞는 책의 리스트를 제시하고, 읽기 후 간단한 읽기 퀴즈book quiz와 어휘 퀴즈word quiz를 통해 이해도를 평가합니다. 하지만 저는 이 회사에서 무료로 제공하는 사이트 www.arbookfind.com을 통해 책 레벨 지수(BL 지수)와 연령적합성 지수(IL 지수) 등을 알아내 책 선정 기준으로만 사용합니다. AR 프로그램은 어휘만 평가하는 렉사일 지수와 달리 책 내용의 함축적인 의미까지 도서 지수에 반영된다는 점에서 더욱 신뢰할 만합니다.

아이의 렉사일 지수를 통해 AR 지수를 알아보자

다음 페이지에 나오는 '리딩 레벨 전환표'는 간이 렉사일 지수 측정법으로 찾은 아이의 수치와 상응하는 AR 지수를 알아낸 뒤 그에 맞는 책을 고를 수 있는 레벨 전환표입니다. 하지만 간이로 측정한 렉사일 지수를 토대로 한 수치인 데다 그 수치가 아이에게 절대적이지 않다는 점은 유념하세요.

---

[*] 이은혜. 초등학생의 수준별 영어 도서 읽기를 위한 한국형 렉사일(Lexile) 도서 지수 개발. 한국교원대학교 석사학위 논문. 2010.

리딩 레벨 전환표*

Lexile	AR	Lexile	AR	Lexile	AR	Lexile	AR
25	1.1	350	2.0	675	3.9	1000	7.4
50	1.2	375	2.1	700	4.1	1025	7.8
75	1.2	400	2.2	725	4.3	1050	8.2
100	1.3	425	2.3	750	4.5	1075	8.6
125	1.3	450	2.5	775	4.7	1100	9.0
150	1.3	475	2.6	800	5.0	1125	9.5
175	1.4	500	2.7	825	5.2	1150	10.0
200	1.5	525	2.9	850	5.5	1175	10.5
225	1.6	550	3.0	875	5.8	1200	11.0
250	1.6	575	3.2	900	6.0	1225	11.6
275	1.7	600	3.3	925	6.4	1250	12.2
300	1.8	625	3.5	950	6.7	1275	12.8
325	1.9	650	3.7	975	7.0	1300	13.5

BL 지수와 IL 지수란?

제가 행복이의 책을 고를 때 가장 먼저 고려하는 건 BL 지수와 IL 지수입니다. 이 두 가지 지수와 책의 장르만 확인해도 아이에게 적합한 책을 고를 수 있습니다.

---

* 인터넷서점 알라딘의 원서 읽기 가이드. https://www.aladin.co.kr/shop/wbrowse.aspx?CID=67970&start=we_tab. 2020.01.15 접근.

BL 지수란?

ATOS Book Level 또는 ATOS 지수라고 하는 책 레벨 지수입니다. 단어의 평균 길이, 단어의 평균 레벨을 분석해 도서의 난도를 나타낸 수치입니다. BL4.3이라면 미국 초등학생 4학년 3개월 학생이 읽고 이해할 수 있는 수준의 책입니다. 소수점 앞의 숫자는 학년을, 소수점 뒤의 숫자는 그 학년에서 몇 개월이 지났는지를 뜻합니다. 미국 학생의 실력과 비교해 목표를 설정하는 것도 좋은 방법이 될 겁니다. 행복이는 같은 학년 미국 학생들의 읽기 수준을 목표로 영어 원서를 읽고 있습니다.

IL 지수란?

IL 지수Interest Level는 어느 연령대의 아이가 해당 책에 흥미를 갖는지를 알려주는 연령적합성 지수입니다. 도서의 주제와 아이디어에 근거해 연령적합성을 나타낸 수치로, 유치원부터 12학년까지를 4단계로 나누었습니다. 'IL: MG'라고 하면 '4~8학년' 아이가 흥미를 갖는다는 의미입니다.

· LG(Lower Grades): 유치원~3학년

· MG(Middle Grades): 4~8학년

· MG+(Upper Middle Grades): 6학년 이상

· UG(Upper Grades): 9~12학년

AR 지수 찾는 법

무료로 제공되는 도서 레벨 검색 사이트 www.arbookfind.com에서 AR 지수, 즉 BL 지수와 IL 지수를 찾는 방법은 6가지입니다. 그중에서 저는 1~3번 방법까지만 이용합니다(크롬으로 접속한 뒤 구글 번역의 도움을 받으세요).

1. 'Please tell us who you are(당신이 누구인지 우리에게 말해주세요.)' 에서 Student(학생), Parent(부모), Teacher(선생님), Librarian(사서) 중 하나를 선택한 뒤 파란색 'Submit(제출)'을 클릭합니다.

2. 'Quick Search(빠른 검색)'에서 'Matilda'를 쓴 뒤 오른쪽에 있는 파란색 'Search'를 클릭해 책의 BL 지수를 알아봅니다.

3. 로알드 달(Roald Dahl)의 《Matilda》의 BL 지수는 5.0으로 미국 초등학생 5학년 0개월 수준입니다. 도서를 검색하면 해당 도서의 BL 지수, IL 지수 등이 나옵니다.

4. 도서를 클릭하면 해당 도서의 단어 수(Word Count), 픽션/논픽션(Fiction/Nonfiction) 여부, 수상 내역 등을 알 수 있습니다.

5. Advanced Search(상세 검색)로 IL 지수Interest Level, BL 지수Book Level, 주제 등으로 한정해 검색할 수 있습니다.

6. Collections를 통해 수상작(Awards), 미국 주별 추천 도서(State Lists), 한 해 동안 아이들이 가장 많이 읽은 도서(What Kids Are Reading)를 검색할 수 있습니다.

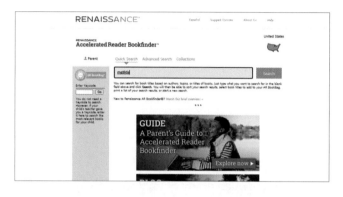

1단계

한눈에 보이는 진도표와 학습법

아이와 부모 모두가 행복한 파닉스 학습은 아이가 영어 학습을 이어나가는 동기가 됩니다.

6개월
우리말 독서(하루 2권 제대로 읽기)
꿈과 목표 그리고 영어(주변 환경을 통해 영어의 필요성 알게 하기)
파닉스 1단계 《Oxford Phonics World 1》
↓
파닉스 2단계 《Oxford Phonics World 2》
↓
파닉스 3단계 《Oxford Phonics World 3》
↓
파닉스 4단계 《Oxford Phonics World 4》
↓

파닉스 5단계 《Oxford Phonics World 5》	코스북 《Let's go 1》 (리더스북으로 대체 가능)

+
리더스북(선택)

✦ 공통

1. 우리말 독서와 영어 공부의 필요성 알기

공부 시간표의 첫 일과를 우리말 독서로 정해 아이가 항상 독서를 한 뒤 다른 일과를 하게 하세요. 우리말 능력이 뒷받침되어야 영어 실력이 폭발적으로 향상됩니다. 이 시기에는 반드시 하루 1시간 이상 우리말 독서를 해야 합니다. 3시간 동안 영어를 공부한다고 생각하고 남는 시간은 우리말 독서를 하게 합니다. 부모님이 아이에게 책을 읽어주어도 좋습니다. 또한 주변 환경을 이용해 아이가 영어의 필요성을 알게 해주세요.

2. 행복한 파닉스 학습 분위기 만들기 & 아이와 친밀한 관계 유지하기

파닉스 학습을 통해 아이가 영어 읽기를 할 줄 아는 것도 중요하지만, 이것이 목적이 되어 지루하거나 재미없게 파닉스를 익히게 하면 안 됩니다.
부모와 아이의 관계가 좋지 않으면 엄마표 영어의 효과를 제대로 볼 수 없고, 오래 지속될 수도 없습니다. 엄마표 영어의 효과와 지속성을 높이기 위해 아이와 좋은 관계를 유지하세요.

✦ 엄마표 영어

3. 공부 습관의 틀 만들기

교재 사용으로 공부 습관을 길러 계획적으로 공부를 하게 합니다. 이 습관을 잡는 효과적인 방법은 '시간표를 짜서 실천하기'입니다. 시간표의 첫 번째 일과를 우리말 독서로 하고, 영어 공부 시간과 복습 시간 등을 정하세요. 최소한 영어 공부 시간만이라도 알람을 맞춰놓고 아이가 일정한 시간에 영어 공부를 하게 만드세요.

4. 예습이 필요한 부모는 엄마표 영어 예습 10분 하기

부모님은 수업 전에 교재에 쓰인 단어를 정리하세요. 노트에 정리해도 되지만 다음사전 앱이나 네이버사전 앱에 있는 영어단어장에 정리해도 됩니다. 사전 앱을 이용하면 영어 공부 중간에 지체 없이 발음을 확인할 수 있고, 단어장에 있는 단어들을 한꺼번에 다시 들으며 복습할 수 있어 좋습니다.

5. 학습 횟수와 시간

① 파닉스 학습 1~4단계: 일주일에 4회는 교재로 공부하고, 1회는 CD를 이용해 복습을 합니다.

② 파닉스 학습 5단계: 일주일에 4회는 교재로 공부하고, 1회는 코스북으로 공부합니다. 주중에 CD를 이용해 복습합니다.

③ 공부 시간은 50분 내외로 진행합니다.

④ 일하는 부모님의 경우 1회 학습량을 늘려 일주일에 3회를 교재로 공부하거나, 학습량을 늘리지 않고 교재 학습 중 한두 번을 주말에 한다면 부담이 줄어듭니다.

6. 테스트

테스트는 주 4회로 영어 공부의 시작이나 끝에 합니다. 파닉스 2단계는 아이가 선택한 2~3개의 단어를, 3단계는 아이가 선택한 3~4개의 단어를, 4단계는 4~5개의 단어를, 5단계는 5~7개의 단어를 테스트 봅니다.

7. 숙제

시간표 작성 시 워크북 푸는 시간을 따로 마련합니다. 교재 학습 시간에 워크북을 풀어도 됩니다. 초반에는 워크북 푸는 시간을 알람으로 맞춰놓으세요.

◆ 적극적 엄마도움표 영어

8. 엄마표 영어 + 외부 도움

엄마가 아이의 영어 공부를 리드하기 힘든 경우 동영상 강의로 갈음합니다. 《Amazing Phonics》(키출판사)의 경우 유튜브 '어메이징파닉스 시리즈'에서 무료 강의를 제공합니다. '엘리하이'에는 22강짜리 《Smart Phonics》 종합반 강의도 있습니다. 일주일에 4회 동영상 강의를 듣는다면 권당 5주 정도 걸립니다. EBS의 동영상 강의 〈Touch! 초등 영어 - 파닉스〉로 학습을 한 뒤 교재를 사용할 수도 있습니다.

부모님은 곁에서 보기만 하는 방관자가 아니라 수업에 참가해서 관여하는 참여자가 되어야 합니다. 아이에게는 "옆에서 도와주는 코치로서 같이 수업을 들을 거야"라고 미리 알려주세요. 부모님은 아이와 함께 수업을 들으며 선생님의 진행에 따라 읽고 노래를 부릅니다. 이때 부모님이 더 신나게 즐기며 수업을 들어야 합니다.

또한 코치로서 교재를 채점하고, 아이의 속도에 맞춰 적절하게 동영상 강의를 중지시켜가며 아이가 발음을 더 연습하게 돕고, 문제를 풀게 합니다. 단계별 파닉스 코칭법을 참고해서 동영상으로 대체한 교재 학습 이외의 것들을 아이에게 해주면 됩니다.

◆ 소극적 엄마도움표 영어

9. 학원표 영어 + 엄마표 영어

파닉스 단계에서 아이는 행복하게 영어를 배워야 합니다. 아이가 부모님과 함께 하는 추가 영어 공부를 싫어한다면 안 하느니 못합니다. 이때는 아이와의 관계를 개선한 후 다시 시도해보세요. 부모님은 아이의 학원 교재를 보고 부족한 부분을 알려주거나 단어카드를 이용한 게임을 통해 복습을 시킵니다.

새롭게 파닉스 카드를 만들어 복습시킬 수도 있습니다. 학원에서 단어 시험을 보지 않는다면 부모님이 시킬 수도 있습니다. 단계별 파닉스 교육법과 학습법을 참고해 아이에게 필요한 것을 해주면 됩니다.

◆ 변형된 엄마도움표

10. 2~3시간 몰입 영어 + 엄마표 영어

3시간 몰입 영어의 경우 시간을 조정해 아이가 어려워하는 단계의 파닉스만 학습시킵니다. 아니면 파닉스 대신 리더스북이나 코스북만 사용할 수도 있습니다. 3시간 몰입 영어는 우리말 독서 시간을 충분히 확보하기가 어렵고 아이가 영상매체에 지속적으로 노출된다는 단점이 있다는 점에서 우리말 독서를 우선시하는 제 엄마표 영어와 차이가 있습니다.

2단계: 7개월~1년 4개월 차

주 3회 초등 수준 영어 배우기

기간: 10개월 (행복이 초등 2학년인 해 중순부터)

◆ **아이의 목표**

초등영어의 기본 단어와 문장을 익혀 기초영어의 초석 쌓기

◆ **엄마의 미션!**

1. 영어 공부 습관을 들이기 위해 공부 시작을 알리는 알람을 맞춰놓고 기쁘게 알리기

2. 튼튼한 손가락을 이용해 5분 정도 단어 검색해 정리하기

3. 필요하다면 답지를 휘릭 들여다보기

4. 아이가 최소한 찡그리지 않고 공부할 수 있게 미소를 유지하며 편안한 학습 분위기 만들기

5. 아이가 영어 공부를 할 때 졸지 않고 음원 틀어주며 온기 넣어주기

6. 공부가 끝나면 5~10분 정도 단어와 문장, 내용을 노트에 정리해준 뒤 잊지 않고 테스트하기

7. 엄마가 좀 더 할 수 있다면 이 책의 부록을 활용하기

8. 아이가 틈틈이 음원을 듣게 유도하기

다독다독! 그림책 읽기와
확장독서를 위한 기반 만들기

필수 조건

엄마표 영어와 독서 습관을 위해, 이 시기엔 특히 독서에 신경 쓰자

행복이가 올바른 독서 습관을 잡고 행복하게 엄마표 영어를 할 수 있게 된 데는 한 시간 독서 활동의 영향이 컸습니다. 저는 행복이가 2학년 때 하루에 한 권씩 책을 읽어주었고, 행복이는 제가 읽어준 책을 포함해 두 권의 한 줄 독서록을 작성했어요. 이 무렵에 행복이는 한 달에 최소 70권 이상의 책을 읽었습니다. 그림책, 학습만화, 동화, 위인전 등 분야를 가리지 않았고, 그중에는 100쪽이 넘는 책도 있었습니다.

저는 행복이가 다독할 수 있는 환경을 만들고자 꾸준히 노력했어요. 우선, 행복이가 하교 후 보는 제 첫 모습에 신경을 썼습니다. 오전에 집안일을 모두 끝내고 행복이에게는 독서하는 모습을 보여주었어요. 그 영향인지 행복이는 자연스럽게 책을 읽어 하루의 첫 일과인 '책 읽기'를 잘해냈습니다. 숙제가 많은 날에는 단 20분이라도 책을 읽고 숙제를 하게 했더니 어느덧 책 읽기는 매일 제일 먼저 하는 일과가 되었습니다. 또한 짬짬이 책 읽는 습관을 만들어주기 위해 일부러 공부 시간표의 항목마다 10~25분씩 남게 짜고 그 시간에 책을 읽도록 유도했습니다(0단계 '5. 엄마표 영어를 위한 7가지 공부 습관과 독서 습관 팁'에서 설명했어요).

독서 활동의 키포인트는 양질의 그림책

이 시기의 독서에서 가장 강조하고 싶은 것은 양질의 그림책picture book 읽기입니다. 저는 행복이와 한 시간 독서 활동을 할 때 대부분 그림책을 읽어주었어요.

그림책은 글과 그림의 상호작용으로 의미가 생성되는 책입니다.[*] 동화책이 글로 의미를 전달하고 그림으로 부가 설명을 하는 책이라면, 그림책은 글처럼 그림도 중요한 역할을 하기 때문에 글과 그림 모두 수준이 뛰어납니다.

세계적인 아동도서 전문가인 마쯔이 다다시는 그림책의 가치에 대해 이렇게 언급했어요.

[*] 김승민. 유아 그림책에 나타난 가족 형태 및 가족관계 연구: 실제와 허구 그리고 문화적 차이를 중심으로. 이화여자대학교 석사학위 논문. 2013.

그림책은 풍부한 상상력과 즐거움을 주고, 감동하는 마음을 기르게 하며, 타인의 말에 귀 기울여 듣는 힘을 자연스럽게 길러줍니다. 또한 그림책의 문장이나 삽화를 통해 얻게 된 기쁨, 놀라움, 슬픔, 두려움, 공감 등은 긴 세월에 걸쳐 여러 가지 체험과 사색을 통해 성장을 돕습니다.[*]

이처럼 그림책이 아이의 성장 및 발달에 주는 영향은 참 큽니다. 그러니 제가 알려드리는 몇 가지 팁을 참고하셔서 아이가 그림책을 많이 읽도록 코치해주세요.

순한 고전 그림책은 부모님과 함께

첫째, 고전 그림책을 읽어주세요. 저는 200권짜리 〈네버랜드 세계의 걸작 그림책〉 시리즈(시공주니어)를 사서 행복이에게 읽어주었어요. 고전 그림책은 양질의 책이 많지만 세련되지 않아 아이들이 좋아하지는 않습니다. 행복이도 그림이 촌스러운 몇 권은 읽기를 거부했어요. 이런 그림책은 부모님이 독서 활동을 통해 읽어주세요.

고전 그림책은 화려한 요즘 그림책과는 달리 글과 그림의 형태나 색

[*] 변정수. 그림책을 활용한 독서치료가 초등학생의 행복에 미치는 효과. 대구교육대학교 석사학위 논문. 2015.

감 모두 잔잔합니다. 한마디로 '순한' 책들이죠. 등장인물 역시 그 시대 사람들의 순수함이 느껴져 아이들의 정서에 좋습니다. 게다가 그림을 통해 그 당시 시대상을 알 수 있어 역사 공부에도 유익합니다. 등장인물의 옷, 직업, 배경, 음식 등의 다양한 세부사항들로 그 당시 모습을 추측할 수 있거든요. 예를 들면 《펠레의 새 옷》(엘사 베스코브)에서는 사람들이 털을 고르는 일을 했다는 것을, 《리디아의 정원》(사라 스튜어트, 시공주니어)에서는 미국의 경제대공황을 엿볼 수 있습니다.

그림책, 다양하게 바라보자

둘째, 그림 작가도 주목하세요. 저는 행복이와 독서 활동을 할 때 작가, 화풍, 그림 재료 등 다양한 관점에서 책을 살피면서 행복이가 책 자체를 좋아하게 만들려고 노력했습니다. 그중 그림 작가에 관심을 가지면 독서의 폭을 넓히는 효과를 볼 수 있습니다.

그림책은 그림 작가가 자신의 이름을 내걸고 만들기 때문에 예술성이 뛰어납니다. 앤서니 브라운, 존 버닝햄, 모리스 샌닥 등 거장의 그림은 책을 넘어선 작품입니다. 아이가 좋아하는 그림 작가가 생겼다면 그 작가의 다른 책들을 빌려서 함께 보는 것도 추천합니다. 행복이에게는 이 방법이 잘 통했어요. 좋아하는 장면이 있다면 그림 따라 그리기를 독후 활동으로 활용하면 됩니다.

셋째, 다양한 형태의 그림책을 이용하세요. 그림책은 이야기 그림책만 있는 것이 아닙니다. 위인전을 대체할 수 있는 《황소고집 이순신》

(정하섭·원혜영, 우주나무) 같은 인물 그림책도 있고, 자연관찰서를 대신할 《수달이 오던 날》(김용안·한병호·한성용, 시공주니어) 같은 자연생태 그림책도 있어요. 《콩쥐팥쥐》 같은 옛이야기 그림책, 시 그림책, 논픽션 그림책도 있습니다. 기왕 볼 거면 예술성과 작품성을 겸비한 그림책을 보게 해주세요.

즐거운 그림책 독서 활동을 위해 부모도 즐기자

넷째, 마지막으로 마쯔이 다다시의 철언을 하나 남길게요.

> "그림책은 순박한 어린이의 마음에 언어의 씨를 뿌리는 역할을 한다. 그 언어는 기쁘고 즐거운 가운데 들었을 때 깊이 기억된다."[*]

그러니 아이에게 사랑으로 그림책을 읽어줘 아이가 행복한 독서를 하게 만드세요. 그러려면 부모님도 이 독서 활동을 즐겨야 합니다. 그림책은 0~100세까지 봐도 될 만큼 예술성을 겸비한 책입니다. 부모님도 미술관의 작품을 관람하듯 그림책을 음미하고 즐기세요.

---

[*] 이상희. 《그림책 쓰기》. 랜덤하우스코리아. 2011

학습만화에 대한 조사 결과 - 단지 재미가 아니다

이 시기의 독서에 대해 강조하고 싶은 또 다른 하나는 확장독서의 모태가 되는 학습만화 읽기입니다. 확장독서는 책을 읽고 나서 궁금하거나 더 알고 싶은 점을 책의 단계를 높여가며 알아보는 독서법으로 독서로 지식을 쌓는 좋은 방법입니다(확장독서에 대해서는 엄마표 영어 3단계에서 다시 설명할게요).

학습만화는 학습 내용을 쉽게 이해할 수 있도록 대중적인 만화 형태로 제작된 책이에요. 아이들은 학습만화를 읽음으로써 책 읽기의 동기가 생기는 것은 물론 학습에 대한 흥미를 높이는 효과를 얻을 수 있습니다.[*] 학습만화의 교육적 효과에 의구심을 갖는 부모님들도 있지만, 그럼에도 불구하고 재미보다는 학습에 도움이 된다는 조사 결과가 있습니다. 초등학생들의 학습만화에 대한 인식을 조사했더니 '학습만화가 공부에 도움이 된다'고 대답한 아이들이 37.3%, '새로운 사실이나 정보를 알 수 있다'고 대답한 아이들이 21.3%, '쉽고 빨리 이해된다'라고 대답한 아이들이 16.3% 순으로 나타났습니다. '재미있다'는 고작 6.6%였습니다.[**] 저는 행복이를 지켜보며 학습만화의 유의미한 효용성을 깨달았어요.

---

[*] 김승민. 학습만화의 교육적 기능에 관한 연구. 중앙대학교 석사학위 논문. 1989.
[**] 강현주. 학습만화의 스토리텔링 방식과 독자 반응에 관한 연구: 《초등과학 학습만화 WHY? 시리즈》와 《살아남기 시리즈》를 중심으로. 경인교육대학교 석사학위 논문. 2009.

취향 파악과 확장독서의 통로, 학습만화

행복이는 이 시기에 〈초등과학 학습만화 WHY?〉 시리즈(예림당)와 〈브리태니커 만화 백과〉 시리즈(아이세움)를 완독했어요. 행복이가 학습만화를 너무 좋아해서 초반에는 일주일에 9권씩 읽었지만 나중에는 2권으로 제한했어요. 행복이가 학습만화에 빠져 글 위주의 책을 등한시하고 학습 효과도 기대에 못 미칠 것 같았거든요. 그래도 학습만화를 일주일에 2권이라도 허용한 이유가 있어요.

첫째, 아이가 눈길도 주지 않았던 주제의 책을 학습만화라는 이유로 읽게 되고 관심을 가질 수 있어요. 또한 다양한 분야의 책을 읽다 보면 아이의 취향을 더 잘 파악할 수 있어요. 학습만화로 알게 된 아이의 관심 방향과 취향은 잘 기억했다가 확장독서를 할 때 활용하세요.

둘째, 학습만화 속 지식은 연결성이 부족한 단편적인 지식이지만 더 알고 싶게 만드는 부분이 있어 확장독서로 연결시키기 좋습니다.

영어에 대한 불안한 마음까지 잡아주는 우리말 독서

엄마표 영어 2단계의 우리말 독서에서 신경 써야 할 점은 양질의 그림책을 아이에게 읽어줌으로써 지적·정서적 발달을 도모하고, 행복한 엄마표 영어의 기틀을 굳히는 겁니다. 또한 학습만화로 확장독서를 준비시키기 때문에 아이가 학습만화에 너무 빠지지 않도록 세심히 신경 써야 합니다. 저는 학습만화의 권수를 제한했고, 100쪽이 넘는 글 위주의 책을 읽어야 한다는 조건을 달았어요.

마지막으로 한마디만 덧붙일게요. 행복이가 영어거부감이 있고 영어에 투자하는 시간이 적어 저는 때때로 불안했어요. 그럴 때마다 불안한 마음을 잡아줬던 건 우리말 독서였습니다. 우리말 독서로 행복이의 학교 성적이 잘 나오니 마음을 잡고 영어 실력의 향상도 기대할 수 있었어요.

영어의 인문학적 접근과
직업에 대해 알아보기

필수 조건

저학년 아이들은 꿈과 목표를 설정하기에 아직 이릅니다. 그래서 두 가지 목표를 세우고 '꿈과 목표 그리고 영어'를 진행했어요. 행복이가 했던 방법을 토대로 영어에 대한 흥미를 키워 통합적 동기를 끌어올리고, 꿈과 목표 설정의 기반을 잡길 바랄게요.

영어의 역사를 통해 영어를 인문학적으로 접근하자

제가 설정한 첫 번째 목표는 '인문학적 접근법으로 영어 이해하기'입니다. 인문학이란 인간이 무엇인지를 묻고 대답하는 학문이에요.* 즉 아이에게 영어를 코치할 때 영어권 국가 사람들과 문화 등에 대해서도 함께 이해할 수 있게 했습니다. 《영어 그 안과 밖》의 저자 한학성은 책에서 영어의 인문학적 접근법에 대해 이렇게 설명했습니다.

"영어학이 인문학이 되려면 영어 자료에만 매몰되어서는 안 됩니다. 영어를 사용하는 사람에 대한 관심도 가져야 합니다. 즉 그들의 삶, 생각, 그리고 그들이 모여 사는 사회와 그 사회의 문화 및 역사, 문학에도 관심을 가져야 합니다."*

제가 코치한 '인문학적 접근법으로 영어 이해하기'의 구체적인 방법은 이렇습니다.

엄마표 영어 0단계 '영어 준비운동' 하기에서는 영어권 국가 사람들과 사회, 문화 등을 이해시켰어요. 그리고 한 단계 더 나아가 역사에 대해 알아봤습니다. 저는 《영어 그 안과 밖》(한학성, 채륜)과 《세계사를 품은 영어 이야기》(필립 구든, 허니와이즈) 등의 책을 읽은 뒤에 행복이에게 영어의 역사에 대해 알려주었어요. 그 당시 행복이는 우리나라 역사에 관심이 많았던 터라 영어의 역사도 흥미로워했습니다.

아이가 영어의 역사에 대해 알고 나면 영어를 바라보는 시각이 달라질 겁니다. 단지 학문으로서의 영어가 아니라 역사와 문화가 숨 쉬는

* 한학성, 《영어 그 안과 밖》, 채륜, 2016.

인문학으로서 영어를 대할 거예요. 이로써 아이는 영어에 대한 흥미를 끌어올리지 못하더라도, 최소한 영어를 낯설어하지는 않을 겁니다. 또 풍부한 영어 지식을 알려주는 부모님을 존경하게 될 거예요. 행복이가 제게 그랬거든요(제 블로그에 영어의 역사에 대한 포스트가 있으니 필요하시면 참고해 코치하세요).

저학년용 무료 직업 프로그램으로 직업에 대해 알아보자

제가 설정한 두 번째 목표는 '직업에 대해 알아보기'입니다. 이 목표는 엄마표 영어 3단계의 '꿈과 목표 그리고 영어'를 위해 선행되어야 할 조건이니 아이와 함께 실천하길 바랍니다.

시중에는 한 권짜리 책부터 시리즈까지 직업에 대한 어린이용 책이 다양합니다. 아이의 학년에 맞게 저학년용 또는 고학년용으로 골라 직업에 대해 이해하도록 도우세요.

사실 책도 좋지만 '주니어 커리어넷'이라는 초등학생 대상의 무료 직업 프로그램을 추천하고 싶습니다. 포털사이트 검색창에 '주니어 커리어'을 입력해서 해당 웹사이트넷(https://www.career.go.kr/jr/)에 들어간 뒤 상단에 있는 '나를 알아보아요'를 클릭, 3가지 세부 메뉴 중 '저학년 진로흥미탐색'을 클릭해 들어가면 됩니다.

자신의 특성을 알아야 알맞은 직업을 찾을 수 있기 때문에 주니어 커리어넷에서는 자기이해 설문조사를 합니다. 설문조사 결과는 '뚝딱이, 탐험이, 성실이' 등으로 나타나며, 해당 유형을 눌러 설명과 직업 정보를 살펴볼 수 있습니다. 아이가 직업에 대해 이해하지 못할 수 있으니 옆에서 설명해주면 좋습니다. 저희 부부는 행복이가 관심을 갖는 직업이 있다면 아이의 눈높이에 맞춰 적극적으로 알려주었습니다. 아이가 꿈을 키워야 영어 실력도 같이 키울 수 있다는 걸 명심하세요.

우리나라 교재 vs 외국 교재

학습법과 코칭법

이 단계부터는 영역별로 교재를 사용합니다.

만약 3시간 동안 영어 원서와 영어 영상을 보는 학습법을 선택했다면 부모님은 매일 영어 원서와 영어 영상을 준비해야 합니다. 행복이는 그보다는 영어 원서를 읽는 데 시간을 적게 투자하고, 몇 달 동안 사용할 수 있는 영어 교재를 쓰기 때문에 3시간 몰입 영어에 드는 노고에 비하면 훨씬 품이 적게 듭니다(엄마도움표 영어를 할 경우 부모님은 교재 선정만 하거나 교재 선정조차 하지 않아요).

다만, 3시간 몰입 영어의 경우 영어 원서와 영상물을 골라 틀어주는 것으로 부모의 일이 끝나지만, 제 엄마표 영어는 부모가 직접 교재를 보기도 해 아이의 영어 발달과 이해도를 제대로 살펴볼 수 있어요. 앞에서 엄마표 영어의 운전대를 쥔 사람은 아이가 아닌 부모 자신이라고 한 건 부모가 힘들면 엄마표 영어를 계속할 수 없기 때문입니다.

그렇다면 엄마표 영어를 지속하려면 어떤 교재를 선택해야 할까요?

우리나라 출판사 교재와 외국 출판사 교재

시중에 있는 영어 교재는 크게 우리나라 출판사 교재와 외국 출판사 교재로 나눌 수 있어요. 우리나라 출판사에서 집필한 교재는 원서형 교재와 일반 교재로 나뉘어요.

저는 교재 선정의 큰 기준을 '우리말 답지가 있는가'로 잡습니다. 부모의 영어 실력이 좋다면 아무 교재나 상관없겠지만, 그렇지 않다면 우리나라 출판사에서 나온 교재를 사용하면 좋습니다. 우리나라 출판사 교재의 답지에는 문장의 구조와 문법에 대한 설명, 각 문제의 풀이 등이 있어 영어에 대한 이해도를 높일 수 있거든요.

그러나 부모의 영어 실력에 상관없이 외국 교재를 사용할 수 있는 방법이 있습니다. 《Grammar in Use》는 외국 교재이지만 한국어판이 있어 우리말 교재로 배울 수 있어요. 일부 외국 교재는 답지가 없어요. 일부 블로그나 카페에서 외국 교재의 정답을 공유하기도 하는데, 정답이 맞는지는 100% 확신할 수 없습니다.

저는 학습법과 교습법을 연구하기 위해 파닉스 단계의 교재를 제외하고 우리말 답지가 있는 우리나라 출판사 교재를 사용하게 했어요. 아이가 스스로 학습할 수 있고, 제가 코치하기도 수월하거든요. 요즘 우리나라 출판사 교재도 외국 출판사 교재 못지않게 잘 나옵니다.

우리나라 출판사 교재		외국 출판사 교재
원서형 교재	일반 교재	
영어로 문제가 구성된 교재 중 내용을 고려해 원서형 교재로 분류 • 〈Bricks Reading〉, 〈Bricks Listening〉 시리즈(Bricks) • 〈(Advanced) Reading Expert〉 시리즈(NE 능률) • 〈Easy/Insight/Subject Link〉 시리즈(NE 능률) • 〈미국 교과서 Reading〉 시리즈(길벗스쿨)	한국식 시험도 고려해 만들어진 책으로 일반적으로 접할 수 있는 교재 • 〈(주니어) 리딩튜터〉, 〈(주니어) 리스닝 튜터〉 시리즈(NE 능률) • 《리더스뱅크 Reader's Bank》 (비상교육) • 〈기적의 영어 리딩〉 시리즈(길벗스쿨) • 《Junior Time for Grammar》(YBM) • 《중학영문법 3800제》 (마더텅)	• 〈Oxford Phonics World〉 시리즈(Oxford University Press) • 〈Let's go〉 시리즈(Oxford University Press) • 〈Storytown〉 시리즈 (HARCOURT) • 〈HMH into Reading〉 시리즈(HMH) • 〈Grammar in Use〉 시리즈(Cambridge University Press) • 〈Wordly Wise〉 시리즈 (Educators Pub Service) • 〈Vocabulary Workshop〉 시리즈(SADLIER)

교재 선정 시 전반적으로 고려할 팁

교재 선정과 관련해 몇 가지 팁을 덧붙일게요.

첫째, 수능이 목표인 교재만으로는 영어 실력을 높이는 데 한계가 있어요. 원서형 교재도 사용하고, 영어 원서 읽기도 병행해야 합니다.

둘째, 외국에서 나온 문법 교재를 사용했더라도 우리나라식 문법 교재로 우리나라식 용어를 반드시 익혀 내신과 수능을 준비해야 합니다.

셋째, 3시간 몰입 영어 방식만으로도 영어의 절대 능력이 생겼다면 수능과 내신 모두 걱정할 필요가 없겠지만, 그게 아니라면 문법, 라이팅 등에 구멍이 생길 수 있습니다. 이럴 경우 교재를 사용해 취약점을 찾아 분석하고 실력을 메우길 바랍니다.

이번 단계에서 아이의 수준은 파닉스를 막 뗀 정도이기에 교재 선정 방법에 대해 다루지 않습니다(교재 출판사의 초등 저학년 수준 리딩과 리스닝, 문법 교재를 사용하면 됩니다). 만약 아이의 수준을 측정해 교재를 선정해야 한다면 엄마표 영어 3단계의 '3. 교재 선정 방법과 팁'을 활용하세요.

아이 수준에 맞는
초등 리딩 교재, 똑똑하게 읽자

학습법과 코칭법

엄마표 영어 2단계부터는 영역별로 공부를 시작하는 단계라 리딩, 리스닝, 문법 교재의 학습법과 코칭법에 대해 각각 설명합니다. 내용이 다소 많지만 내 아이의 영어 공부를 위해 끝까지 읽어주시길 바랍니다.

우선, 리딩 교재의 학습법과 코칭법을 살펴봅니다.

엄마표 영어 2단계 리딩의 목표

스스로 잘 읽기

읽기reading는 문자를 통해 필자가 전하는 의미를 이해하고 반응하는 활동입니다.* 언어학자 리버스^{Rivers}는 읽기의 발달 단계를 여섯 단계로 나누었는데, 이 단계에서는 그중 3단계까지를 목표로 진행합니다.

리버스의 읽기 발달 단계 ** ***

1단계	도입 단계	학습자는 문자와 소리의 관계를 이해하며 소리 내어 읽습니다. 파닉스가 이 단계에 속합니다.
2단계	익숙화 단계	학습자에게 몇 개의 새로운 어휘나 구문(단어 모임과 문장) 변형이 연습용으로 제시되기도 합니다.
3단계	읽기 기술 습득 단계	교사의 도움 없이 더 긴 글을 읽으면서 독서의 즐거움을 느끼는 단계입니다. 이를 위해 학습자는 시제, 부정, 의문문, 감탄문 등을 빠르게 식별할 수 있어야 합니다.

이 단계의 영어 리딩 학습을 통해 아이는 파닉스를 확실히 익히고 다양한 단어를 친숙하게 읽습니다. 나아가 부모님의 도움 없이도 스스로 읽게 됩니다.

첫 리딩 교재는 내 아이의 수준에 맞아야 Best!

행복이는 엄마표 영어 0단계와 1단계 학습을 통해 영어거부감이 많이

---

* 신진희. 초등영어 학습자의 언어기능 신장과 영어 불안 해소를 위한 드라마 활동 적용 프로그램 개발. 이화여자대학교 석사학위 논문. 2007.

** Rivers, W.. *Teaching Foreign Language Skills*. Chicago: The University of Chicago Press. 1968.

*** 오윤경. 파닉스 학습법 적용을 통한 읽기 능력 활성 방안. 공주대학교 석사학위 논문. 2010.

줄었지만, 잠재워진 영어거부감이 다시 발현될 수 있어서 첫 리딩 교재로 우리나라 출판사에서 나온 쉬운 교재를 선택했어요.

행복이가 이 단계에서 사용한 영어 교재는 《리딩 버디 1~3》(NE능률)입니다. 이 교재는 파닉스 교재 말고는 영어를 거의 접하지 않았던 행복이의 수준에 맞게 음원의 길이가 짧고 속도가 느려서 좋았어요. 행복이는 이 교재로 공부하는 내내 영어를 정복해야 한다는 부담은 줄이고 만만함을 느끼며 자신감을 키웠습니다.

게다가 이 교재에는 행복이의 취향에 맞는 예쁜 삽화가 곳곳에 있어요. 저학년 아이들은 교재의 캐릭터나 디자인에 관심이 많답니다. 그점을 고려해서 첫 리딩은 예쁜 책으로 만만하게 시작하세요.

우리나라 교재의 장점
부모가 편해야 엄마표 영어가 오래 간다

우리나라 출판사에서 나온 교재를 선택하면 좋은 이유가 두 가지 있습니다.

첫째는, 아이가 제대로 영어의 의미를 파악했는지 확인할 수 있습니다. 원어민이라면 영어를 보고 읽으면서 그 의미를 알겠지만, 영어가 모국어가 아닌 우리는 영어를 보고 읽는 것만으로는 그 의미를 정확히 파악하지 못할 때가 많습니다. 그래서 우리말 답지로 아이가 영어의 의미를 제대로 파악했는지 점검할 필요가 있습니다.

둘째, 수능시험에 필요한 영어 실력을 쌓을 수 있습니다. 영어 원서나 외국 교재를 사용할 경우에는 부모님이 일일이 수능시험용 단어나 표현을 선별해 알려줘야 합니다. 행복이는 우리나라 출판사 교재에 있는 단어는 다 암기하지만, 영어 원서나 외국 교재에 있는 단어나 표현은 암기하지 않고 반복을 통해 습득합니다. 우리나라 출판사 교재 중에서 답지를 제외한 모든 구성이 영어로만 이루어진 교재도 많습니다. 이런 교재는 영어 몰입적 사고의 흐름을 깨지 않으면서 우리말 답지도 있어 부모님이 코치하시기에 무리가 없습니다.

《리딩 버디 1》의 목표
읽기만 하면 OK!

이 단계 리딩의 큰 목표는 '글을 잘 따라 읽으며 단어와 문장의 마일리지를 차곡차곡 쌓기'입니다. 행복이가 이 시기에 사용한 교재 《리딩 버디 1~3》은 각 권마다 목표가 다릅니다.

리딩 초기 교재인 《리딩 버디 1》의 목표는 '적응하기'입니다. 이 교재에는 파닉스대로 발음되지 않는 단어가 나오기 시작하니 파닉스만 뗀 아이에게 무리하게 읽히지 마세요. 음원을 듣고 읽게 해서 읽기 지문에 적응하게 해주세요. 아이가 파닉스를 배울 때 교재의 스토리 부분을 통해 문장과 글을 학습했지만, 대부분 해당 파닉스 단어를 억지로 넣은 문장과 글이라 의미 파악이 별 의미가 없었습니다. 'The ham is in the bag.(그 햄은 가방 안에 있다.)' 식이었죠.

그러나 이제는 의미까지 파악하며 리딩 문제를 풀어야 합니다. 아이가 느끼는 부담이 커졌으므로 우선 적응을 목표로 학습을 진행하세요. 아이가 열심히 따라 읽고 문장의 의미를 파악하면서 단어와 문장을 익히게 될 거예요(그 방법은 뒤에 나옵니다).

《리딩 버디 2》의 목표
속도 맞춰 읽기만 하면 OK!

리딩 중기 교재인 《리딩 버디 2》의 목표는 '잘 따라 읽기'입니다. 연음이 거의 없는 음원을 듣고 속도를 맞춰서 읽는 것을 목표로 합니다.

'연음'은 소리가 한 덩어리로 뭉쳐 흘러가는 발음 현상으로, 'make it'을 '메이크 잇'이 아니라 '메이킷'으로 발음하는 것이 그 예입니다. 우선 아이가 연음 없이 또박또박 잘 읽을 수 있는 기본기를 갖춰야 연음을 잘 읽고 잘 들을 수 있어요. 그러니 음원과 비슷한 속도로 읽고, 최대한 비슷하게 발음하게 합니다. 잘 소리 내 읽어야 의미를 파악하며 읽을 수 있어요. 아이가 읽는 속도가 느리면 의미를 파악하는 속도도 더뎌지고, 결국 리딩 실력의 진전 속도도 느려집니다. 《리딩 버디 2》의 음원은 연음이 거의 없고 최대한 또박또박 적당한 속도로 읽어주는 데다 아이가 읽기에 분량이 적당해서 반복해 읽기에 괜찮았습니다. 아이의 수준에 맞는 교재로 리딩 연습을 하고, 새로운 어휘나 문장 변형을 읽고 이해하게 하는 게 중요합니다. 그리고 단어와 문장을 반복적으로 말하며 흡수시켜야 합니다.

행복이는 《리딩 버디 2》를 학습할 때 그동안 익힌 문장들을 단어만 바꿔 새로이 만들었어요. 예를 들어 'He wants to become a teacher.(그는 선생님이 되는 걸 원한다.)'를 'He wants to read a book.(그는 책을 읽는 걸 원한다.)'으로 만들었죠. 소소하지만 문장의 아웃풋이 이렇게 시작되었습니다.

《리딩 버디 3》의 목표
글의 의미를 이해하며 읽으면 OK!

리딩 후기 교재인 《리딩 버디 3》의 목표는 '글의 의미를 이해하는 연습하기'입니다. 《리딩 버디 1》과 《리딩 버디 2》에서 잘 따라 읽기에 집중했다면 《리딩 버디 3》부터는 의미 파악이 중심입니다. 엄마표 영어 3단계 리딩을 위한 준비 단계로, 아이는 제시된 다양한 단어와 문장의 형태를 이해하며 읽습니다. 이 단계에서 큰 도움이 된 것이 독서 활동입니다.

행복이는 1년 동안 400권이 넘는 책으로 한 시간 독서 활동을 했는데, 글의 의미를 파악하는 능력이 길러져서 영어 지문의 의미 파악이 쉬웠습니다.

아이가 음원을 잘 따라 읽는다면 음원보다 조금 **빠르게** 읽게 하세요. 행복이는 이 시기부터 리스닝에서 익힌 스킬을 이용해 음원보다 조금 더 **빠르게** 읽었어요(리스닝 스킬은 부록에 있습니다).

초등 리딩 교재,
완벽히 내 것으로 만들기

이왕 공부하는 거, 아이가 교재를 완벽히 자기 것으로 만들기를 바라실 텐데, 불가능한 일은 아닙니다. 그래서 이번에는 그 방법에 대해 알아보겠습니다.

핵심은, 여러 번 따라 읽은 단어와 문장을 복습을 통해 제대로 익히는 것입니다. 다만, 이 단계에서는 아이의 영어 실력 변화가 뚜렷이 나타나지 않으니 조금씩 성장해가는 아이의 모습을 응원해주세요. 꾸준함이 답이라는 걸 명심하며 진행하시길 바랍니다.

2단계 리딩 학습 방식

듣고 읽기 → 의미 파악 → 노트 정리 → Test 순으로

행복이는 일주일에 1회, 영어 교재의 지문 하나로 40~50분 정도 읽기 학습을 했어요. 지문이 쉬우면 지문 2개를 학습했는데 쉬운 지문은 빠르게 의미 파악만 하고 넘어갔어요. 자세한 코칭법은 아래에 설명되어 있습니다. 참고로, 설명에서 말하는 단어장과 단어카드는 해당 지문의 단어를 정리해놓은 것을 의미합니다.

학습 전

① 아이가 미리 지문을 읽고 모르는 단어에 밑줄을 긋습니다.

② 부모님은 아이가 밑줄을 그어놓은 단어를 다음사전 앱이나 네이버 사전 앱 등의 영어단어장에 정리합니다. 아이가 영어 공부를 할 때 단어장으로 발음을 들려줄 수 있습니다. 이때 부모님도 교재를 읽는데, 모르는 단어가 있다면 그 의미를 찾아보고 답지를 읽어 지문의 내용을 파악합니다.

학습 시

③ 지난주에 학습한 지문의 음원을 들으며 복습합니다.

④ 이번에 학습할 지문의 단어장이나 단어카드를 읽히고 → 지문 전체를 들려줍니다. → 한 문장씩 끊어가며 지문을 들려주면서 아이가 따라 읽게 합니다. → 한 문장씩 끊어가며 지문을 들려주면서 아이와 부모님이 함께 따라 읽습니다. → 한 문장씩 끊어가며 지문을 들려주면서 아

이가 그 의미를 말하게 합니다. → 따져볼 만한 문장을 다시 해석한 뒤에 → 지문 전체를 다시 듣고 → 아이 혼자 지문 전체를 읽는 것으로 지문 학습을 마무리합니다. 음원을 듣고 따라 읽는 횟수는 가감할 수 있습니다.

⑤ 아이에게 리딩 문제를 풀게 합니다. 아이가 푼 문제를 아이 또는 부모님이 채점합니다. 필요하다면 아이가 틀린 문제를 부모님이 답지를 참고해 설명해줍니다. 문제는 영어 학습 전에 풀어도 됩니다.

학습 후

⑥ 부모님은 아이가 공부를 하며 찾은 모르는 단어, 외울 만한 문장, 단어장이나 단어카드에 있는 단어 등을 영어 노트에 정리합니다.

⑦ 아이는 영어 노트에 적힌 내용을 암기한 뒤에 테스트를 보고, 워크북이 있다면 풉니다.

⑧ 시간이 될 때 수시로 음원을 들으면 좋습니다.

코칭법 1

여러 번 듣고 읽게 해 단어와 문장 흡수시키기 ★★

아이가 제대로 발음된 음원을 듣고 속도와 발음에 신경 쓰면서 발화하게 만들어야 합니다.

　제 학습 방식은 영어 지문을 5회 듣고 3회 읽는 것(따라 읽기 2회, 혼자 읽기 1회)입니다. 즉 총 8회 반복해서 듣고 말하게 됩니다. 8회라는 횟수는 고정된 것이 아닙니다. 아이의 능력이나 상황에 따라 듣고 말하는 횟수를 가감하세요. 아이는 같은 지문을 반복해 듣고 말하면서 자연스럽게 지문을 익히게 되는데, 이 단계의 지문은 길이가 짧고 어렵지 않아 많은 부분을 흡수할 겁니다. 이렇게 쌓인 인풋(input)은 리스닝, 라이팅, 스피킹 등의 영역에서 밑거름으로 유용하게 쓰입니다.

지문의 일부 문장과 모르는 단어들은 정리해서 암기시킵니다. 아이가 이미 익혔던 문장과 단어인 데다 문맥 속에서 접했으니 어떻게 쓰이는지 감을 잡고 암기를 통해 내 것으로 만들게 됩니다.

흡수한 문장과 단어를 단단히 내 것으로 만드는 방법이 하나 더 있습니다. 앞에서 등장했던 외고 전교 1등이면서 2014년 수능 만점자의 비법인데, 교재의 음원을 계속 반복해서 듣는 것입니다. 리딩과 리스닝 음원 둘 다 반복해서 듣게 하면 됩니다.

제 엄마표 영어의 특징 중 하나가 지문을 여러 번 듣고 읽게 해 아이 것으로 만드는 것입니다. 그런데 아이에 따라 지문을 듣고 따라 읽는 걸 지루해하거나 하기 싫어하는 경우가 있습니다. 그런 일을 미리 막으려면 영어 지문을 읽기 전부터 지문 내용에 대해 호기심과 기대감을 심어주어야 합니다. 예를 들어, 아이가 지문을 읽기 전에 부모님이 옆에서 "얼핏 보니 요리 과학에 대한 내용이더라. 전부터 궁금했었는데 기대돼. 너는 어떠니?" 이런 식으로 기대감을 심어주는 겁니다. 지문을 읽고 난 후에도 "내용이 흥미로웠어"라고 말하면서 아이와 지문 내용에 대해 얘기하면 더 좋습니다.

만약 아이가 지문을 집중해서 읽지 않는다면 손으로 밑줄을 그으며 읽게 하는 방법도 있습니다. 다만, 손으로 밑줄을 그으며 읽는 버릇이 생길 우려가 있어요. 모의고사 시험지를 보면 밑줄을 그으며 문제를 푸는 학생들이 있는데, 영어를 영어로 받아들이려면 밑줄 치며 신경을 분산시키는 것보다 오로지 영어에만 집중하는 게 좋습니다.

코칭법 2
밝은 학습 분위기 조성하기 ★

영어 지문을 듣고 반복해서 따라하는 것을 아이들은 지루해합니다. 행복이도 몸이 피곤한 날에는 가끔 리딩하기를 싫어했어요. 그럴 땐 한 번 정도 부모님이 함께 읽어주면 아이에게 위안이 됩니다. 만약 직접 읽는 게 꺼려지신다면 입만 뻥긋하거나 아주 작게 말합니다. 아이가 '엄마가 함께한다'는 느낌이라도 받게요.

또 몇 번은 음원처럼 읽게 하지만 그다음부터는 재미있게 읽는 걸 허용하세요. 이때 부모님이 "크게/작게/귀엽게/느리게/빠르게/느끼하게" 등 다양하게 분위기를 바꿔가며 함께 재미있게 읽으면 아이는 더 신나게 학습합니다.

이 시기에는 아이가 부모님과 함께하는 학습 자체를 즐기도록 분위기를 만들어야 합니다. 그러려면 영어 공부에 대한 부모님의 관점을 '아이를 위한'에서 '나를 위한'으로 바꾸셔야 합니다. 즉 '예쁜 내 아이와 시간을 보내며 좋은 추억을 쌓는다'고 생각하세요.

코칭법 3

아이를 웃게 만들기 ★

하이파이브도 꽤 유용합니다. 아이가 공부하는 시간을 지루해하면 아이의 행동에 대해 칭찬 혹은 응원의 메시지와 함께 하이파이브를 하세요. 행복이는 하이파이브를 하고 나면 다시 힘이 난다고 했습니다. 이처럼 부모님이 아이의 기분을 맞춰주는 것도 중요해요.

이 시기에는 영어 실력을 높이는 것보다 아이를 웃게 만드는 데 신경을 더 쓰셔야 합니다. 아이가 즐거워하면 엄마표 영어는 더 쉬워지고 효과도 더 커집니다. 저는 교재 본문에 나온 등장인물에 감정을 이입해 표정과 말투를 바꾸거나 놀람, 화남, 행복 등의 감정을 얼굴 표정과 제스처에 가득 담아 표현했어요. 이 방법은 특히 리스닝에서 더 효과적입니다. 행복이는 그런 제 표정 하나에도 깔깔대며 웃었어요. 음원의 성우 목소리와 비슷하게 흉내를 내는 방법도 있습니다. 사실 영어 연구보다 개그 연구(?)가 더 필요한 시기입니다.

코칭법 4

글의 의미 파악은 필수

한 영어학자가 우리말 해석에 대해 이런 말을 했습니다. 우리말 해석을 지양하는 부모님이라면 잘 생각해보세요.

"목표어(영어)로만 장황하게 사용(공부)하는 것보다 모국어(우리말)로 번역(해석)하는 것이 효과적이라고 판단되는 경우에는 번역(해석)도 효용성이 있다."*

아이의 영어 이해도를 측정하는 방법으로 우리말 해석만큼 유용한 것이 없습니다. 아이는 이미 영어 지문을 여러 번 읽으며 영어를 영어로 받아들이는 연습을 했습니다. 그런 후에 우리말 해석을 하는 건 아이의 영어식 사고나 영어 몰입적 사고를 최대한 고려한 좋은 방법이라고 생각합니다. 우리말 해석을 보고 아이의 영어 실력을 점검해 고칠 부분은 고쳐야 실력이 늘어납니다.

여기서 잠깐, 영어를 영어로 받아들이는 방법의 원리와 문해력에 대해 설명을 할게요.

저는 영어를 영어로 받아들이는 방법을 크게 두 가지로 나눕니다. 첫 번째는, 일단 영어를 영어로 받아들이며 의미를 파악하는 거예요. 머릿속에서 상상하고 추상적인 것을 시각화하며 받아들이는 과정을 말합니다. 두 번째는, 그렇게 파악한 내용을 지문이 끝날 때까지 이해하고 추론하고 정리하며 요약하는 것입니다. 파악한 의미를 재료 삼아 머릿속에서 잘 요리를 해서 나에게 맞는 요리로 재탄생시킵니다. 이 과정에서 필요한 게 우리말 문해력입니다.

---

* 한학성. 덴마크 영어 교육 개혁과 예스퍼슨. 어학연구 38(1): 365-384. 2002.

영어를 영어로 받아들이는 것과 문해력이 어떤 관계가 있냐고요? 우리말 독서는 상상력과 추상적인 것을 구체화하는 힘, 생각하는 힘을 키우면서 시각화 능력을 키웁니다. 이런 시각화 능력으로 인해 영어를 영어로 받아들이는 과정이 빠르게 진행됩니다. 시각화하며 내용을 받아들이는 거죠. 이때 의미 처리를 돕는 건 우리말 독서로 키워진 논리력과 추론력, 이해력입니다. 여기에 지식책을 통해 얻은 지식은 지문 이해도를 높여 영어를 영어로 받아들이게 합니다. 이렇듯 영어를 영어로 받아들이고 그걸 처리하는 과정에서 문해력이 큰 도움이 됩니다. 우리 아이에게 독서를 통해 문해력을 꼭 키워주세요.

코칭법 5

글의 의미를 파악하는 방법

아이가 한 문장씩 음원을 들으면서 의미를 말할 때 문장의 전체적인 의미를 맞혔다면 넘어가도 됩니다. 이때 아이의 해석이 맞는지는 부모님이 답지를 보며 봐줄 수 있고, 아이가 답지를 보며 스스로 체크해도 됩니다. 부모님은 선생님이 아니라 코치이니 당당히 답지를 보실 수 있습니다. 정확한 판단을 위해서 보는 거니까요.

지문의 의미 말하기가 끝나면 따져볼 만한 문장을 다시 우리말로 꼼꼼하게 해석합니다. 리딩 후기 교재인 《리딩 버디 3》에는 까다로운 문장이 등장하기 때문에 의미 파악이 쉽지 않을 수 있는데, 이때는 부모님이 도와주시거나 아이가 답지를 보며 해석하게 해주세요. 직독직해

(예: It used / a knife. 그것은 사용했다 / 칼을) 답지가 있으면 이해하기가 더 쉽습니다. 그래도 정 이해가 안 되는 문장이 있으면 해당 문장을 여러 번 쓰며 이해하게 합니다.

코칭법 6
필요하다면 문법 교재의 도움 받기

이 단계에서는 엄마표 영어 1단계에서 사용하던 코스북(예:《Let's go》)을 학습한 뒤 문법을 익힙니다. 리딩에 감이 있는 아이라면 굳이 처음부터 문법의 도움을 받을 필요가 없겠지만, 아이가 문장의 의미 파악을 힘들어하면 '주어'와 '동사'를 알려주세요. 저는 행복이에게 주어와 동사를 알려주었답니다. 코스북 학습 시간에 아이가 문법 교재의 주어와 동사 부분만 공부하면 됩니다(부록 3 '2단계 리딩의 독해 실력을 높이는 엄선된 문장'을 참고해도 됩니다).

사실 이 단계의 리딩에서는 기본적인 문법과 문장 형식을 알면 의미 파악이 훨씬 수월합니다. 하지만 저는 되도록 리딩에서 이런 요소들을 미리 접한 뒤 문법에서 배우게 합니다. 그렇기 때문에 때론 독해에 어려움이 생길 수 있어요. 이런 어려움은 문법이 반영된 문장을 의미와 함께 익힘으로써 해결할 수 있습니다. 아이는 영어 지문을 읽을 때 암기한 문장들을 활용해 의미를 파악하게 될 겁니다.

아이가 의미 파악에 어려움이 생길까 걱정된다면 부록 3에 있는 문장을 일주일에 1~3문장씩 정리해 암기시키세요.

코칭법 7

이 단계에서 문제 푸는 순서는 선택

이 단계에서는 아이가 미리 문제를 풀 수도 있지만 지문을 우리말로 해석한 뒤 문제를 풀어도 됩니다. 행복이는 영어로 쓰인 문제를 읽기 힘들어해서 후자를 선택했어요. 이제 막 리딩을 시작한 아이에게 리딩 문제에 쓰인 영어단어는 어려울 수 있어요. 이런 경우에는 행복이처럼 지문을 해석한 뒤 문제에 쓰인 단어를 알아보며 문제를 풀게 하세요. 그러면 우리말 능력을 바탕으로 아이가 글을 이해하고 추론하는 능력이 얼마나 되는지를 점검할 수 있습니다.

리스닝 교재와 다르게 리딩 교재는 지문이 딸린 리뷰 테스트(몇 유닛마다 한 번씩 나오는 실력 점검 테스트)가 거의 없어요. 저는 《리딩 버디 3》부터 행복이의 영어 실력을 가늠하기 위해 4~5주에 한 번꼴로 학습 전에 문제를 풀게 했습니다.

교재를 사용하는 학습법은 이처럼 아이의 실력 점검이 쉽습니다. 그러니 아이의 실력을 수시로 체크하세요.

코칭법 8

노트 정리를 하는 법 ★

번거롭더라도 아이가 모르는 단어와 외울 만한 좋은 문장, 단어장이나 단어카드에 있는 단어를 노트에 정리하세요. 노트 정리를 할 때 날짜와 영역명을 적으면 아이가 복습할 때 찾기 쉽습니다.

문장도 인풋이 쌓여야 문장 아웃풋이 나온다는 사실을 명심하고 문장을 꼭 암기시키세요. 아이가 문장 암기를 크게 힘들어하지 않는다면 의미를 파악하기 어려워했던 문장도 노트에 적으세요. 이때 우리말 해석은 의역보다는 직역을 하는 것이 아이가 이해하기 쉽습니다.

지문에 딸린 문제에 있는 어려운 단어를 정리해도 좋습니다. 문제를 푸는데 반복적으로 나오는 단어로 선별하면 됩니다(예: dialogue(대화), correct(정확한) 등). 어려운 단어가 한두 개 정도라면 아이는 암기할 수 있어요. 어려운 단어는 아이의 단어 암기 실력을 높이는 한 방법이 됩니다.

노트 정리를 할 때는 단어, 문장 테스트를 고려해서 정리하면 편리합니다. 테스트에 대해 바로 뒤이어 이야기하겠지만, 노트를 정리할 때 하루에 테스트하기로 한 단어나 문장 수를 넘어간다면 노트에 정리는 해두되 오늘 외울 범위와 다음에 외울 범위를 구분해주세요.

코칭법 9

테스트까지 해야 제대로다 ★★

저는 테스트를 위해 노트 두 권을 준비합니다. 한 권은 연습용 노트이고, 다른 한 권은 테스트용 노트입니다.

행복이는 테스트를 준비할 때 단어는 4회, 문장은 2~4회 연습용 노트에 씁니다. 스펠링은 횟수에 맞게 쓰지만 우리말 뜻은 쓰고 싶은 만큼만 쓰도록 배려합니다. 더 쓰면 좋겠지만 행복이는 쓰는 걸 싫어해서 그 정도로 타협점을 잡았습니다.

영어는 쓰면서 손의 감각으로도 익혀야 장기기억에 유리합니다. 눈으로 보면서 입으로 말하면서 손으로 쓰는 게 가장 이상적인 방법입니다(하지만 행복이도 말하는 것까지 철저하게 해내지는 못했어요). 이미 지문을 8회 정도 듣고 읽으며 단어와 문장을 많이 흡수했다면 장기기억에 유리하며, 테스트를 위한 암기를 하는 데 오래 걸리거나 어려워하지 않을 겁니다.

이 단계에서 테스트하기 적합한 단어와 문장의 수는 리딩 학습 초기에는 단어와 문장을 합쳐 12개 이상, 리딩 학습 후기에는 17개 이상도 가능합니다. 문장은 초기에는 2개, 후기에는 4개를 넘지 않는 게 좋습니다. 아이가 전에 암기했으나 잊어버리거나 헷갈려하는 단어나 문장이 있다면 노트에 이것들도 추가로 정리해서 테스트를 보게 합니다(이는 모든 영역의 테스트에서 공통 사항입니다). 노트에 정리한 내용 중에 이

구분	월	화	수	목	금
학습 영역 테스트	-	리딩	-	리스닝	문법
테스트 1	문법 노트 정리 암기	단어집 암기	리딩 노트 정리 암기	단어집 암기	리스닝 노트 정리 암기
테스트 2: 정리 내용이 남으면	남은 리스닝 노트 정리 + 문법 노트 정리 암기	단어집 암기 or 남은 문법 노트 정리 + 단어집 암기	리딩 노트 정리 암기	단어집 암기 or 남은 리딩 노트 정리 + 단어집 암기	리스닝 노트 정리 암기

와 같이 전에 이미 암기한 것이 많다면 테스트 분량을 살짝 늘려도 됩니다. 이미 암기한 것들은 빨리 외울 테니까요.

테스트를 볼 때는 부모님이 단어의 발음이나 문장의 해석을 불러줍니다. 발음은 사람마다 다를 수 있고, 부모님의 발음이 꼭 좋아야 하는 것도 아니니 자신감을 갖고 당당하게 문제를 말하세요. 그래도 영어로 말하기가 꺼려진다면 문장은 해석을, 단어는 스펠링이나 의미를 적는 식으로 테스트지를 만들면 됩니다. 철저하게 하려면 스펠링 테스트와 의미 테스트를 둘 다 보는 것이 좋습니다.

코칭법 10

테스트 준비를 위한 '10분만 더 법칙' ★★

이 단계의 지문은 길이가 짧고 문장의 길이도 짧습니다. 단어도 어렵지 않고요. 그래서 음원을 여러 번 듣고 말하다 보면 테스트 준비가 대부분 끝납니다. 그래도 연습용 노트에 써야 하니 앉아서 준비하겠지요? 이때를 기회 삼아 아이의 공부 습관을 잡아주세요. 저는 '10분만 더 법칙'을 사용해 행복이의 테스트 준비 습관을 들였어요.

'10분만 더 법칙'은 부모님이 아이보다 최소 10분 더 앉아 있는 겁니다. 부모님은 아이에게 같이 공부하자고 하고 주변에 앉아 하고 싶은 공부를 하거나 아이의 교재를 읽습니다. 저는 책을 읽으며 색깔 볼펜과 형광펜으로 밑줄을 치며 노트 정리를 했습니다. 비장한 각오가 있는 것처럼요(내 아이를 위해 연기라도 하세요). 부모님이 훌륭한 롤모델로서 공부하는 자세를 보여주면 아이는 어느 새 따라할 겁니다.

부모님이 아이보다 늘 10분 더 공부하는 모습을 보여주면 아이의 머릿속엔 부모님이 열심히 공부한다는 생각이 콕 박혀서 테스트 준비를 하자는 말에 수긍하게 됩니다. 그리고 부모가 다른 일을 하는 모습을 봐도 아이는 '중요한 일을 한다'고 생각할 겁니다.

다음 단계부터 테스트 분량이 늘어나고 내용도 어려워지니 이 단계에서 시험 준비를 위한 공부 습관을 실천해보세요.

코칭법 11

테스트를 잘 보기 위해서 ★

저는 외적 보상을 선호하지는 않지만 영어 테스트를 위해서는 보상을 하라고 권하고 싶어요. 행복이는 지금까지도 틀린 문제가 일정 개수 이하면 동그라미 표시를 받습니다. 그리고 약속한 동그라미 개수를 채우면 용돈을 받습니다. 저는 평소에 이유 없이 행복이에게 용돈을 주지 않기 때문에 이 방법이 잘 통해요. 아이를 한동안 관찰한 후 보상 기준을 정해 실천해보세요.

저는 이 단계 학습에서 2주에 한 번은 테스트를 걸렀습니다. 아이가 숨통을 틀 수 있게 행복이가 원하는 날에 테스트에서 해방시켜주었지요. 테스트할 내용이 노트에 정리된 내용이라면 다음에 단어 시험을 보지 않고 노트에 정리된 내용으로 테스트를 보면 됩니다.

쉬운 초등 리스닝
만만하게 듣기

듣기에는 단순히 소리를 듣는 것hearing 외에, 소리를 듣고 의미를 이해해서 기대되는 행동을 하는 의미 듣기listening 활동도 있습니다. 의미 듣기 활동은 의사소통이 목적인 듣기입니다.* 어떻게 생각하면 리스닝 교재를 푸는 것도 의미 듣기 활동에 해당됩니다. 지문을 듣고 뜻을 이해해 출제자가 원하는 답을 찾는 행동을 하니까요.

---

* 신진희. 초등영어 학습자의 언어 기능 신장과 영어 불안 해소를 위한 드라마 활동 적용 프로그램 개발. 이화여자대학교 석사학위 논문. 2007.

쉬운 초등 리스닝 교재, 실생활에 적용해 장기기억 효과 보기

'우리가 공부한 것 중 끝까지 기억에 남는 것은 결국 실용적 용도를 발견한 것뿐이다'라는 괴테의 말은 실용적인 지식이 장기기억으로 남는다는 뜻입니다. 이 말을 이 단계 리스닝에 대입하면 '아이가 리스닝 교재에서 배운 내용을 최대한 실생활에 적용해 장기기억의 효과를 보자'는 원칙을 세울 수 있습니다.

엄마표 영어 2단계에서 행복이의 리스닝 교재는 《리스닝 버디 1~3》 (NE능률)이었어요. 이 교재가 이 단계 리스닝 목표에 부합하는 이유가 있습니다. 첫째, 인사, 가족, 음식, 생일 파티, 야외활동, 날씨, 요리, 쇼핑 등의 주제를 다뤄 실생활에 적용하기 적합합니다. 둘째, 문장이 쉬워 영어 입문자가 실생활에 적용하기에 어렵지 않습니다. 게다가 책의 난도가 많이 낮아서 영어거부감이 있던 행복이도 리스닝을 시작하기에 무리가 없었어요.

아이가 영어 인풋이 거의 없다면 쉽고 음원 속도가 느린 교재를 선택하세요. 교재의 난도는 출판사 홈페이지에서 제공하는 음원과 답지 내용으로 확인할 수 있습니다.

리스닝에 감이 없는 아이라면 10개월 동안
딱 3가지 스킬만 습득하자

행복이가 사용한 리스닝 교재 《리스닝 버디 1~3》의 공통 목표는 '학습한 내용을 실생활에 적용하기'이지만 《리스닝 버디 1》에서 《리스닝 버디 3》으로 갈수록 목표가 상향됩니다. 즉 《리스닝 버디 1》의 목표는 리딩 학습 때처럼 '적응하기'로, 지문을 듣는 것과 문제를 푸는 것에 익숙해지면 됩니다. 《리스닝 버디 2》의 목표는 플랩 현상(예: water 워터→워러)이 있는 문장을 듣는 것이고, 《리스닝 버디 3》의 목표는 연음(예: give a 기브 어→기버)과 부정축약(예: isn't 이즌트→이즌)을 듣는 겁니다. 플랩 현상과 연음, 부정축약은 부록 7(리스닝 실력을 높이는 15가지 스킬)의 1~3번에 정리했어요.

아이가 리스닝을 잘한다면 군이 리스닝 스킬을 가르칠 필요가 없지만, 행복이는 리스닝에 대한 감이 부족해 리스닝 스킬을 알려줬어요. 아이가 읽기는 잘하는데 리스닝만 유독 어려워한다면 리스닝 스킬을 별도로 코치해주는 것이 좋습니다. 이 단계의 리스닝을 하는 10개월 동안 고작 3개의 스킬만 익히면 됩니다.

엄마표 영어 2단계의 리스닝 학습 방식

듣고 풀기 → 의미 파악 → 노트 정리 → Test + 문장 발화

행복이는 일주일에 1회, 리스닝 교재를 사용해 한 유닛을 대략 50~60분 정도 공부했습니다. 이 단계에서는 리스닝 학습으로 익힌 것을 실생활에 적용하는 것이 중요합니다. 즉 들은 걸 입 밖으로 꺼내는 경험을 할 수 있도록 유도하면 좋아요. 저는 행복이가 영어로 말할 수 있는 상황을 엿보거나 상황 카드를 만들어 행복이와 문장을 주고받는 연습을 했습니다. 자세한 방법은 다음과 같습니다.

학습 전

① 부모님은 답지를 보고 코치할 거라 답지를 읽어보지 않아도 되지만, 걱정이 되고 공부할 내용이 궁금하다면 답지를 미리 읽어봐도 됩니다. 이때 모르는 단어를 다음사전 앱이나 네이버사전 앱 등의 영어단어장에 정리하면 아이가 공부할 때 지체 없이 발음을 들려주고 뜻을 찾아볼 수 있습니다.

학습 시

② 지난주에 학습한 유닛의 음원 중 들어볼 만한 음원만 선별해 들으며 복습합니다.

③ 수업은 '노트에 정리한 이번 유닛의 단어와 문장 읽기 → 문제 읽기 → 음원 들려주기 → 채점하기 → 받아쓰기를 하며 의미 파악하기 / 음원 듣고 의미 파악하기 → 답지를 보며 틀린 문제의 이유 알아보기 → 들어볼 만한 음원만 선별해 다시 듣기 → 다음 유닛의 단어와 핵심 문장 읽어보기' 순서로 진행합니다. 문제를 풀고 받아쓰기를 할 때는 모든 문제를 한꺼번에 풀고 받아쓰기를 하는 것이 아니라, 구성별로 ('Listen up', 'Unit test' 등) 문제를 풀고 받아쓰기를 합니다.

학습 후

④ 아이가 공부를 하다 발견한 모르는 단어, 외울 만한 문장, 다음 유닛의 단어와 핵심 문장을 영어 노트에 정리해줍니다.

⑤ 아이는 영어 노트에 적힌 내용을 암기해 테스트를 봅니다.

⑥ 시간이 될 때 수시로 음원을 들으면 좋습니다.

⑦ 암기한 문장을 실생활에 적용해 수시로 말해봅니다.

코칭법 1

미리 다음 유닛의 단어와 핵심 문장 암기하기 ★

행복이는 《리스닝 버디 1》의 첫 유닛을 학습하다 안 하겠다며 펑펑 울었습니다. 교재가 늦게 배송되는 바람에 미리 단어와 문장을 암기하지 않은 채 공부를 했거든요. 수업을 시작하면서 단어와 핵심 문장을 읽게 했지만 하필 첫 유닛의 주제가 '인사'여서 핵심 문장이 많았습니다.

행복이처럼 영어 인풋이 없는 아이라면 'Good morning'은 알아도 'Good evening'은 어려울 수 있어요. 그러니 아이가 교재에 잘 적응하고 흥미를 잃지 않도록 단어와 핵심 문장을 미리 암기시키세요. 교재에 정리되어 있는 단어와 핵심 문장을 영어 노트에 정리해 암기시키면 됩니다. 핵심 문장이 정리되어 있지 않은 교재라면 답지를 보고 반복되는 문장을 노트에 정리합니다. 리스닝에서 암기한 핵심 문장들은 아이의 스피킹 실력 향상에 도움을 줄 겁니다.

코칭법 2

듣고 의미를 파악하는 두 가지 방법

리스닝 교재 속 문제 중에는 받아쓰기가 제공되는 문제가 있고 아닌 문제가 있어 두 경우로 나눠 설명할게요.

받아쓰기 문제가 있는 경우에는 받아쓰기를 하며 의미를 파악합니다. 받아쓰기를 할 때 아이가 빈칸의 단어를 맞힐 때까지 여러 번 반복해서 들려줍니다. 아이가 못 알아들으면 살짝 힌트를 주세요. 그래도 못 알아들으면 단어를 알려준 뒤 반복해서 여러 번 들려줍니다. 발음은 맞혔지만 스펠링이나 뜻을 모른다면 영어 노트에 적어놓으세요(영어 노트에 적은 단어는 테스트의 대상이 됩니다). 받아쓰기는 한 문장씩 진행합니다. 한 문장의 빈칸을 다 맞히고 나면 해당 문장을 통으로 다시 들려주고 아이에게 어떤 뜻이냐고 물어보세요. 단, 쉬운 문장의 경우 통으로 다시 듣지 않고 뜻을 바로 말하게 합니다.

받아쓰기가 없다면 음원을 듣고 의미를 파악하게 하세요. 아이가 잘한다면 부모님은 한 문장씩 들려준 뒤 아이가 그 뜻을 말하게 합니다. 아이가 틀리면 통문장을 다시 들려주고 그 뜻을 말해줍니다. 아이의 실력이 부족하다면 부모님은 한 문장씩 들려준 뒤 그 뜻을 말해줍니다(이때 답지로 정확한 뜻을 확인한 뒤에 말해줍니다). 예를 들어, 'It's dangerous!'를 음원으로 들려준 뒤에 부모님이 답지를 보고 "위험해!"라고 말해주는 겁니다.

두 경우 모두 지문 하나가 끝나면 아이는 답지의 지문을 보며 다시 듣는 게 원칙입니다. 하지만 받아쓰기가 있는 문제의 경우 지문이 쉽다면 다시 듣기를 하지 않기도 합니다. 이미 받아쓰기를 하며 지문을 읽었으니까요.

받아쓰기를 하는데 아이가 발음을 모른다면

아이가 발음을 모르는 단어가 있다면 스마트폰 등으로 발음을 들려준 뒤 여러 번 말하게 하면 좋습니다. 저는 행복이와 함께 한 단어를 열 번 정도 말하면서 발음을 거의 암기할 수 있게 했습니다. 이때 일곱 번째 정도부터는 리딩 학습 때 했던 것처럼 다양한 방식으로 재미있게 말하게 해도 좋습니다. 예를 들면 "행복아, crocodile(크라커다일)을 모르니 열 번 말해보자. (손가락을 하나씩 접으며) 크라커다일! 크라커다일! 크라커다일! 크라커다일! 크라커다일! 크라커다일! 크라커다일! 행복아, 크라커다일처럼 무섭게! 크라커다일! 크라커다일! 크라커다일!"처럼요. 모든 단어를 이렇게 할 필요는 없고, 아이가 특히 어려워하는 단어가 있거나 지루해하면 이 방법으로 분위기를 환기시키세요(리딩이나 문법을 공부할 때도 모르는 단어는 반복해서 읽기를 했어요).

리스닝 문장을 실생활에 적용하기 ★★

아이가 공부하며 정리한 문장과 핵심 문장을 암기하면 실생활에서 최대한 말할 수 있게 하세요. 배운 것을 실용적으로 사용하면 장기기억 효과를 볼 수 있습니다. 실생활에 적용되지 않는 문장은 일부러 여러 차례 반복해 말하게 합니다.

　이때 부모님은 아이가 영어 문장을 말할 수 있도록 유도하고, 즐겁게 말할 수 있는 분위기를 조성합니다. 저는 그 주에 배운 리스닝 주제나 전에 학습했던 내용을 기억했다가 대충 그 내용과 맞아 떨어지는 상황이 오면 그 내용을 말하도록 유도했어요. 가끔은 일부러 상황을 재밌게 연출하기도 했습니다. 아이는 부모의 연기에 재미있어하며 대답을 할 겁니다.

여기, 예시가 있으니 응용해보세요.

• 배운 영어 문장을 실생활에 적용하기

눈앞에 트라이앵글이 있다면 트라이앵글을 치거나 치는 연기를 하며

엄마 : Can you play the triangle? / (영어가 서툰 부모님이라면 우리말로) 너는 트라이앵글을 칠 수 있니? 영어로 대답해보자.

아이 : Yes, I can.

엄마 : Wow! Good Job! (하이파이브를 유도하거나 엄지 척을 합니다. 할 수 있다면 다른 질문을 하고, 아니면 아이에게 그 질문을 하라고 합니다.)

코칭법 5

상황카드 활용하기 ★★

복습 효과를 높이는 방법으로 상황카드 만들기가 있어요. 암기한 핵심 문장을 포스트잇에 적으면 그 자체로 상황카드가 됩니다. 복습할 겸 아이가 직접 포스트잇에 문장을 써도 좋습니다. 아이와 함께 해당 문장이 적용될 곳에 이 상황카드를 붙이세요. 이를테면 냉장고에는 'Will you wash the potatoes?(너는 감자를 닦을 거니?)', 'It's too salty. (그건 너무 짜.) ' 같은 요리 관련 상황카드를 붙이고, 신발장에는 'How are you today?(너는 오늘 기분이 어땠니?)'와 'See you again. (나중에 또 보자.)'와 같은 인사 관련 상황카드를 붙입니다. 그리고 그 상황카드를 볼 때마다 아이와 함께 한 번씩 말해봅니다.

행복이는 이렇게 리스닝을 통해 기본 문장 인풋을 성실히 쌓았고, 《리스닝 버디 3》을 사용할 때쯤엔 회화형 화상영어를 할 준비가 되었어요. 즉 기본적인 의사소통이 가능할 정도의 기초회화 실력을 갖추게 되었습니다. 이 단계에는 암기한 문장에서 한두 단어 정도만 바꾸는 변형 문장 만들기만 해도 충분합니다.

노트 정리와 테스트는 필수 ★★

공부하며 발견한 모르는 단어와 문장, 그리고 다음 유닛의 단어와 핵심 문장은 영어 노트에 정리합니다. 아이가 아직 어리니 부모님이 대신 해주지만, 할 수 있다면 아이가 직접 해도 됩니다.

리스닝은 학습에 필요한 핵심 문장이나 학습 후 복습할 문장이 리딩에 비해서 많습니다. 아이가 문장을 외우기 힘들어한다면 암기할 단어 개수를 조금 줄여 부담감을 줄여주세요. 암기할 문장은 이 단계 리스닝 학습 초기에는 4개, 학습 후기에는 6개를 넘지 않는 게 좋습니다. 초기에는 단어와 문장을 합쳐 10개 이상을, 후기에는 15개 이상을 외우도록 합니다. 초반에 아이가 문장을 암기하기 힘들어하면 말하는 테스트로 대체하고, 그 대신 암기할 문장을 2~3개 추가하세요. 테스트 볼 개수 이상이 되면 정리는 해놓되 다음에 외우게 합니다(테스트에 관한 자세한 내용은 '05. 초등 리딩 교재, 완벽히 내 것으로 만들기' 중에서 코칭법 8부터 코 칭법 11까지의 내용을 참고하세요).

많은 사람이 교재를 사용해서 실력이 향상된다고 생각합니다. 그렇 기는 해요. 하지만 더 많은 차이를 만드는 건 교재를 사용한 이후입니 다. 아이가 음원을 여러 번 듣고 읽으며 이해했던 문장들과 단어들을 암기하며 익혀야 합니다. 단어는 맥락 안에서 접하고, 문장은 암기를 통해 자기 것으로 만들어야 합니다. 그러면 그 문장과 단어는 가치 있 는 대상이 되고, 아이의 영어 실력은 부쩍 향상됩니다. 부모님이야말로 이 중요한 걸 해줄 수 있는 최적화된 코치입니다.

코칭법 7
음원 복습과 상태 점검

복습용 음원은 아이가 테스트에서 틀린 문제와 긴 지문을 이용합니다. 시간이 될 때 쉬운 지문을 제외하고 다 들으면 됩니다. 부모님의 휴대 폰에 음원을 저장한 다음에 아이가 시간이 될 때 틈틈이 듣게 하면 좋 습니다.

대부분의 리스닝 교재에는 리뷰 테스트Review Test나 파이널 테스트Final Test가 있어요. 이를 이용하면 아이의 교재 이해와 복습 상태를 점검할 수 있습니다. 다만, 리뷰 테스트나 파이널 테스트는 학습 후 바로 하지 말고 시간차를 두세요. 저는 학습하고 한 달 정도 지나서 리뷰 테스트와 파이널 테스트를 하게 했습니다. 테스트를 통해 부족한 점이 발견되면 다시 문장이나 단어를 정리해 암기시킵니다.

문법 학습이
너무 빠른 거 아니야?

행복이는 2학년이던 해 9월에 문법 학습을 시작했어요. 제가 학원에서 가르친 대부분의 아이들이 3학년인 해 1월에 문법 학습을 시작한 것에 비하면 4개월 정도 빠른 겁니다(일부 아이들은 행복이처럼 2학년 2학기에 문법을 시작했어요). 제가 다른 아이들보다 4개월 일찍 문법 학습을 시킨 이유는 행복이의 호기심과 영어거부감 때문이었습니다.

엄마표 영어 2단계 문법 학습으로 여러 이점을 얻자

엄마표 영어 2단계에서 문법을 시작하면 좋은 이유는 영어 실력이 빨리 향상되는 계기를 만들고, 단시간에 다양한 문장 형태를 접해서 아이가 영어를 더 수월하게 이해할 수 있기 때문입니다. 행복이가 이 단계에서 사용한 리딩 교재에는 다양한 문법이 적용된 문장 형태가 나옵니다. 문법 학습으로 기본기가 갖춰지면 의미 파악이 훨씬 수월합니다.

문법 학습이 어떤 아이에게는 영어를 알아가며 재미와 호기심이 생기는 기회가 될 수도 있습니다. 행복이는 리딩과 리스닝 학습을 시작하면서 문장의 형태에 대해 자주 궁금해했어요. 리딩과 리스닝에 집중해야 하는데 자꾸 문법에 관심을 갖는 행복이를 보며 저는 영어 실력이 아닌 호기심을 기준으로 문법 학습 시기를 조금 앞당겼습니다. 행복이는 문법을 배우면서 문장 형태에 대한 궁금증과 호기심이 풀리자 영어를 더 좋아하게 되었습니다. 게다가 영어의 베일을 벗기니 영어가 공포의 대상이 아닌 만만한 존재로 인식되기 시작했어요.

초등 3학년에게 문법은 도전이 아니다

행복이는 수학이 늦은 아이였습니다. 4학년 때까지 수학 문제집 단 한 권을 끙끙대며 풀었거든요. 당연히 반에서 여러 명이 받는 수학경시대회 상도 못 받았고요. 그래도 저는 조급해하지 않았습니다. 남의 아이가 아니라 내 아이의 속도에 맞추자고 마음먹었거든요. 영어도 마찬가지입니다. 그래서 엄마표 영어를 하는 것입니다.

아이마다 과목에 따라 학습 속도가 다를 수 있습니다. 영어의 경우 행복이의 진도는 빠른 속도의 한 예로 참고하고, 내 아이의 속도를 고려하세요. 아이가 문법을 어려워한다면 문법은 조금 천천히 진도를 나가거나 몇 달 더 늦게 시작해도 됩니다. 후자를 선택했다면 코스북을 한 권 더 진행한 뒤 3학년 초에 문법 교재를 시작하면 됩니다(영역별로 학습하면서 아이의 영어 실력이 꽤 성장합니다. 그러니 코스북의 단계를 최소한 단계는 건너뛰세요. 그렇지 않으면 아이는 코스북을 너무 쉬워할 겁니다).

수학의 경우 많은 아이가 1~2년 선행학습을 합니다. 3학년 아이가 4~5학년 수학을 푼다면 문법은 오히려 쉬울 겁니다. 3학년이 초등 문법 교재를 푸는 건 도전이 아닙니다.

부모가 모든 걸 봐주는 게 최선은 아니다

엄마표 영어 2단계 문법 학습의 목표는 배운 모든 문법을 이용해 문장을 완벽히 쓰는 것이 아닙니다. 그럴 수 있다면 좋겠지만, 아이가 문장 형태를 대강 이해해 문법이 적용된 문장을 해석하면서 그 문장을 습득해 문장에 대한 감이 생길 정도면 충분합니다. 어차피 3단계에서 2단계의 문법을 다시 배우고 아이의 학습력은 갈수록 좋아져 문장을 쓰는 것이 어렵지 않아지거든요.

이 단계의 문법 학습에서 행복이는 깊이 배울 게 없어서 저는 아이를 거들었을 뿐 코치해준 게 별로 없어요. 그래도 부담스럽다면 문법 동영상 강의를 활용하세요(동영상 강의로 문법 학습을 대체할 경우 아이의 이해력이 좀 더 나아진 3학년 때 시작하길 추천합니다).

엄마표 영어를 지속하려면 부모님이 부담을 느끼면 안 됩니다. 부모님이 모든 영역을 코치해야 성과가 나오는 것도 아니니. 적극적 엄마도 움표 영어로 짐을 일부 내려놓고 아이와 함께 문법 동영상 강의를 들어주세요. 아이와 함께 동영상을 보며 코치로서의 자질을 키울 수도 있습니다.

학습 후 관리가 차이를 만든다

적극적 엄마도움표 영어는 엄마표 영어로 진행하기 힘든 일부 영역에서 외부의 도움을 받는 것입니다. 엄마표 영어나 다름없어요. 문법 동영상 강의는 아이의 적응 기간에만 같이 보면 됩니다. 아이가 낯선 상황에서 느끼는 차가움을 떨쳐내려면 부모의 온기가 필요하거든요. 부모는 아이가 동영상 학습을 한 후 문법 내용과 예문을 정리해주고, 테스트를 봐주면 됩니다. 앞에서 말했듯이 아이의 영어 실력은 학습 후 활동이 좌우합니다.

아주 가볍게
초등 문법 접하기

학습법과 코칭법

문법 학습으로 영어를 정확하고 풍부하게!

학원에서 아이들을 가르치면서 단순하고 비슷한 패턴의 문장만 구사하는 학생들을 몇몇 만났습니다. 그 학생들은 이전의 학원에서 문법을 거의 배우지 않았거나, 연결성 없이 부분에만 집중하는 방식으로 문법을 배웠어요. 그로 인해 화석화fossilization 현상이나 피진화pidginization 현상이 생겼던 겁니다.

　화석화 현상은 문법을 정확하게 배우지 않아 부정확한 언어 형태가 아이의 제2언어(영어) 체계에 남아 있는 현상입니다.* 피진화 현상은 언어가 간소화되고 감소되는 것입니다. 학습자가 문법 교육을 충분히 받지 않아서 화석화 현상이나 피진화 현상과 같은 부정적인 영향이 나타나는 것을 입증한 연구도 있습니다.[**] 저는 행복이에게 화석화 현상이나 피진화 현상이 생길까 봐 걱정돼 문법을 배우게 했어요.

문법 학습으로 영어 습득 촉진!

제가 행복이에게 문법 학습을 시킨 또 다른 이유가 있습니다. 문법 학습은 자기주도 영어 학습의 토대를 만들고, 영어의 전 영역 발달에 도움을 주기 때문이에요. 《초등영어 교육론》에서는 듣기, 말하기, 읽기, 쓰기는 의사소통의 모습이자 언어의 네 가지 기능이고, 이 기능들의 근저에는 문법이 공통적으로 관여한다고 했습니다.[***] 언어학자 롱(Long)은 문법 학습이 제2언어(영어) 습득을 촉진하고 더 높은 수준의 성취에 기여하도록 돕는다고 했고요.[****] 이러한 문법의 효과와 장점을 생각하니 문법은 영어 학습에서 불필요한 요소가 아니라 오히려 득이 되는 필수 조건임을 확신하게 되었습니다.

---

[*] 박혜정. SVOC 문형에 대한 문제점과 효과적인 지도 방안: 고등학생들의 문형 인지도 분석을 바탕으로. 충북대학교 석사학위 논문. 2009.

[**] Schmidt, R.. Interaction, acculturation, and the acquisition of communicative competence- A case study of an adult. In Wolfson, N. and Judd, E. (Eds.). Sociolinguistics and Language Acquisition. Rowley, MA: Newbury House. 137-174. 1983.

[***] 이완기. 《초등영어 교육론》. 문진미디어. 2007.

[****] Long, M.H.. Instructed second language acquisition. In Beebe, L. (Ed.). Issues in Second Language Acquisition- Multiple Perspectives. New York: Newbury House. 113-142. 1988.

첫 문법 교재는 쉬운 교재로

행복이는 파닉스를 학습할 때 사용하던 코스북 《Let's go 1》을 끝낸 뒤 2권짜리 문법 교재 《Junior Time for Grammar 1, 2》(YBM)를 사용했어요. 제가 이 교재를 선택한 이유는 시중에 있는 교재 중 가장 쉬워 보였기 때문입니다. 아직 영어거부감이 남아 있는 행복이가 배우기에 부담이 없어 보였고, 제가 원하는 방식인 '가볍게 배우기'에 딱 맞았거든요.

이 교재는 다른 교재에 비해 문제 푸는 방식이 훨씬 쉽습니다. 주어진 우리말 단어들을 알맞은 곳에 넣기, O/X 하기, 동그라미 치기, 번호 고르기 등의 문제가 있어요. 문장을 쓰는 문제도 있지만, 많은 변형이나 생각을 필요로 하지 않아 부담이 적습니다.

연결성 없이 부분에 집중해 가볍게 문법 배우기

이 단계 문법 학습의 목표는 '최대한 힘을 빼고 가볍게 배우기'입니다. 숲을 보는 게 아니라 나무 한 그루 한 그루에 집중한 학습법이지요. 즉 문법의 연결성 없이 부분에만 집중해 학습을 합니다. 아이가 영어로 쓰인 글을 영어로 받아들이는 훈련이 완벽히 되어 있지 않은 상태에서 문법과 구조를 깊게 배우면 아이는 영어를 우리말로 해석하려고 합니다. 솔직히 영어를 영어로 받아들이는 것보다 우리말로 해석하는 것이 더 쉽고 편하거든요.

그런데 아이가 주어와 동사를 찾아 우리말로 해석하다 보면 리딩과 리스닝 실력이 더디게 향상되거나 저해될 수 있습니다. 그러니 우선 문법을 가볍게 배우면서 리딩과 리스닝 훈련을 더 하고, 영어에 적용하면 그때 문법을 제대로 배웁니다. 구조 분석까지요. 어차피 초등용 교재에서 다루는 문법은 중등용 문법 교재에서 다시 배우니 걱정하지 마세요.

우리말 설명 vs 영어 설명
엄마표 영어의 지속성을 고려해 결정!

문법 교재는 우리말로 설명이 되어 있는 것과 영어로 설명이 되어 있는 것이 있습니다. 제가 학원을 운영했을 당시 두 유형의 교재를 모두 사용하다가 나중에는 우리말 설명 교재만 사용했습니다. 분석적인 아이는 영어 설명을 해석하지는 못해도 예문을 보며 추론해 문법을 이해했지만 영어 설명에 흥미를 잃고 심지어 거부감까지 보이는 아이들은 영어로 쓰인 문법 설명을 우리말로 해석해서 알려줘도 집중력이 떨어졌거든요. 어차피 선생님이 설명할 때 우리말과 비교하며 우리말로 설명하니 아이의 흥미와 이해를 고려한다면 우리말로 설명된 문법 교재를 선택하는 것이 낫습니다.

또한 우리말 설명 교재는 아이가 혼자서도 풀 수 있지만 영어 설명 교재는 부모님이 옆에서 신경을 더 써야 해요. 부모님이 힘들면 엄마표 영어는 오래 유지될 수 없습니다.

설명뿐만 아니라 답지도 확인하세요. 행복이가 사용했던 문법 교재의 답지는 설명이 자세하지 않았어요. 교재가 어렵지 않아 답지의 설명이 필요 없을 정도였고, 만약 설명이 필요하다면 제가 보충해줄 수 있었습니다. 하지만 그렇게 해줄 수 없는 부모님일수록 답지의 해설 부분을 확인한 뒤 교재를 선정하기를 추천합니다.

엄마표 영어 2단계 문법의 학습 방식
문제 풀기 → 채점 후 고치기 → 노트 정리 → Test

행복이는 일주일에 1회, 문법 교재를 사용해 30~50분 정도 학습했습니다. 행복이가 사용한 교재 《Junior Time for Grammar 1, 2》는 24유닛, 8개의 리딩과 리뷰 테스트로 구성되어 있어요. 한 번 학습할 때 두 개의 유닛 또는 '한 개의 유닛+리딩, 리뷰 테스트'를 해 권당 16주가 걸립니다. 하지만 행복이는 두 권을 끝내는 데 석 달이 더 걸렸습니다. 아이가 어려워하는 부분이 있다면 진도를 반만 나가주세요.

학습 전

① 지난주 영어 노트에 정리한 공식과 문장을 읽으며 복습합니다.

학습 시

② 수업은 '교재의 문법 설명을 읽으며 중요하거나 새로 알게 된 부분에 밑줄 긋기 → 난도가 낮은 문제 풀기 → 채점한 뒤 고치기 → 남은 문제 풀기 → 채점한 뒤 고치기' 순서로 진행합니다.

학습 후

③ 부모님은 영어 교재를 보며 문법 설명과 한 문장 이상의 해당 문법 예문, 공부를 하면서 생긴 모르는 단어와 정리할 만한 단어를 영어 노트에 정리하고 테스트지를 만듭니다.

④ 아이는 영어 노트에 적힌 내용을 암기한 뒤 테스트를 봅니다.

⑤ 시간이 될 때 수시로 노트 정리를 보면 좋습니다.

코칭법 1

문법 학습하는 날 = 부모가 편한 날

집안일이나 회사일에 엄마표 영어까지 하려면 힘이 너무 듭니다. 그러니 문법 학습하는 날을 부담이 덜한 날로 생각하세요. 리딩, 리스닝, 문법 코치 중 하나 정도는 쉬엄쉬엄할 수 있다면 체력이 보충되고 부담감이 줄어 엄마표 영어의 지속성과 행동력이 훨씬 나아질 겁니다.

문법 학습은, 아이가 교재의 문법 설명을 읽은 뒤 난도가 낮은 문제를 풀면 부모님이나 아이가 채점을 합니다. 아이가 문제를 잘 풀었다면 남은 문제를 풀게 하고 노트 정리를 합니다. 그러면 20분 정도 걸릴 거예요. 아이가 남은 문제를 풀면 부모님이나 아이가 채점을 합니다.

아이에게도 문법 학습하는 날은 부담이 덜한 날이어야 합니다. 행복이는 체력이 약해서 학기 중에 금요일 정도 되면 많이 피곤했어요. 그래서 저는 행복이가 컨디션이 좋지 않은 금요일을 문법을 공부하는 날로 잡았어요. 리스닝이나 리딩은 아이가 말을 해야 하지만, 문법은 읽고 풀기만 하면 되거든요. 행복이가 많이 피곤해하면 낮은 단계의 문제만 풀고 남은 문제는 다음 날에 풀도록 배려도 했답니다.

코칭법 2
노트 정리와 테스트는 당연히 할 일 ★★

부모님은 교재를 보고 문법 설명의 주요 내용을 노트에 간략하게 적어줍니다. 가능하면 아이가 암기하기 편하게 공식처럼 정리해주세요.

만약 문법 내용이 복잡해 아이가 어려워한다면 공식이 아니라 단어나 예문을 이용하세요. 예컨대, 동사에 '-ing'를 붙이는 방법이 네 가지가 있는데, 이 네 가지 규칙을 암기하는 대신 각각의 규칙에 해당하는 단어 형태를 2개씩 암기시킵니다. go-going과 walk-walking, run-running과 cut-cutting, come-coming과 make-making, lie-lying과 tie-tying처럼요.

또한 중요하거나 새로 알게 되어 밑줄 그은 부분, 모르는 단어, 정리할 만한 단어, 해당 문법이 쓰인 1개 이상의 예문을 정리해주세요. 예문은 교재 설명에 있는 문장이나 아이가 틀린 문제에 있는 문장을 씁니다. 정리할 만한 단어는 대개 교재의 표 안에 있는 단어들로, 양이 많다면 몇 번에 걸쳐서 정리해 암기시키세요. 이 단계의 문법 학습 초기에는 단어와 문장을 합쳐 12개 이상을, 학습 후기에는 17개 이상도 가능합니다(테스트에 관한 자세한 내용은 '05. 초등 리딩 교재, 완벽히 내 것으로 만들기' 중에서 코칭법 8부터 코칭법 11까지의 내용을 참고하세요).

코칭법 3

문법 테스트지 만드는 법

문법 내용을 테스트할 때는 말로 불러주는 테스트보다 지필시험이 더 낮습니다. 테스트지를 만드는 방법은 문법 공식 적기, 빈칸 만들기, O/X 표시하기, 선택형 등 다양해요. 단어나 문장은 다른 영역의 테스트처럼 말로 불러주어도 됩니다.

엄마표 영어 2단계 문법 테스트지의 예 (힌트를 살짝 줘도 됩니다.)

노트 정리	테스트지
1. 문장의 첫 글자는 항상 대문자로 시작. **ex)** She is pretty. 그녀는 예쁘다.	1. 문장의 ___ 글자는 항상 ___ 문자로 시작. **ex)** _____. 그녀는 예쁘다.
2. 달, 요일, 이름, 지명을 나타내는 말은 어디에 위치해도 항상 첫 글자는 대문자. **ex)** Tom will go to Korea on Friday. 톰은 금요일에 한국에 갈 것이다.	2. ㄷ, ㅇㅇ, ㅇㄹ, ㅈㅁ을 나타내는 말은 어디에 위치해도 항상 ___ 글자는 ___ 문자. **ex)** _____ Korea _____. 톰은 금요일에 한국에 갈 것이다.

엄마표 영어 3단계 이상 문법 테스트지의 예

노트 정리	테스트지
1. 긍정 명령문: ~해라, '동사원형'으로 시작. **ex)** Be quiet. 조용히 해라. **ex)** Sit down. 앉아라.	1. 긍정 명령문: ~_____, '_____'으로 (시작/끝남). **ex)** _____. 조용히 ____. **ex)** _____. 앉아 ____.
2. 부정명령문: ~하지 마라, "Don't(Never)+동사원형"으로 시작. **ex)** Do not be late. 늦지 마라. **ex)** Don't open the door. 문을 열지 마라.	2. 부정명령문: ~_____, 형태는 '____+동사원형'으로 (시작/끝남) **ex)** _____. 늦지 ____. **ex)** _____. 문을 열지 ____.

문법 내용도 중요하지만 핵심은 예문 암기 ★★

문법 문제를 풀기만 하고 끝내면 아이는 문법을 금방 잊어버려요. 문법 내용만 암기하는 것보다 예문까지 암기해야 기억이 오래가고, 문장에 적용하거나 응용하는 능력도 커집니다. 이렇게 쌓인 문장 인풋은 리딩 과 리스닝 지문의 의미를 파악하고 라이팅과 스피킹의 문장 형성을 위해 쓰입니다.

아이가 비슷한 형태의 영어 문장만 쓴다면 그건 다양한 형태의 문장 인풋이 없기 때문입니다. 아이가 스쳐지나가듯 듣고 읽는 건 아웃풋으로 나올 인풋이 되지 않아요(인풋이 아웃풋으로 나오려면 오랜 시간 수없이 반복돼야 해서 우리말 독서 등은 포기하게 됩니다).

문법 학습에서 문법의 내용을 학습하는 것도 중요하지만, 그보다 더 중요한 건 문법이 들어간 다양한 예문을 습득하는 것입니다. 행복이는 문법 예문을 꾸준히 익혀 이 단계의 후반부에는 문법이 들어간 여러 형태의 문장(She is going to study. / There are four pens in the box.)을 제법 만들 수 있었어요. 그리고 기초문법이 쓰인 간단한 문장(Is he hungry? / Ann can't swim.) 정도는 잘 만들었습니다. 문장을 이해하며 문법의 내용을 암기했기 때문에 이런 성과를 얻을 수 있었습니다. 문법 학습의 도움으로 행복이는 라이팅과 스피킹을 어렵지 않게 시작했습니다.

화상영어
확실히 준비하기

학습법과 코칭법

정의적 요소에 영향을 많이 받는 영어 말하기

제2언어로서 영어를 말할 때 작용하는 중요한 요인 중 하나는 마음 상태와 연관된 '정의적 요소'예요(0단계 중에서 '01. 성공하는 엄마표 교육의 비결, 아이와 우선 친해지자'를 참고하세요). 말하기는 감정이나 느낌과 관련된 정의적 요소의 영향을 많이 받습니다. '초등영어 교육과 말하기 지도'라는 논문에 의하면, 의사소통을 위해 생각을 말로 나타낼 때는 대화 상대와 주위 환경 등 여러 제약을 받는다고 합니다. 이런 현상은 외국어인 경우에 더욱 강하게 나타나는데, 말할 때 심리적으로 위축되고 자신감을 갖지 못하면 실수에 대한 부담감이 커져서 마침내는 말하기를 포기하게 된다고 하네요.* 머릿속에 있는 생각을 언어로 바꾸어 말로 끄집어내려면 편안한 환경에서 말을 해보는 경험이 쌓여야 할 것 같았습니다.

화상영어에 대한 연구 결과

저는 이러한 근거들을 고려해 엄마표 영어 2단계 후반부에 스피킹과 라이팅 학습을 목적으로 행복이에게 주 5회 30분씩 화상영어를 시켰습니다(화상영어 학습법에 대한 추가 정보가 필요하다면 3단계 중에서 '07. 돈 아깝지 않게 화상영어 제대로 활용하기'를 참고하세요). 원격 화상영어 교육은 통신 프로그램을 이용해 학습자와 원어민 교사의 실시간 양방향 대화로 이루어지는데, 그 과정에서 영어 의사소통에 대한 지식과 기술을 습득하게 됩니다.**

　화상영어 수업이 얼마나 효과적일지 의아하실 거예요. 한 대학에서 초등학생 의사소통 능력과 정의적 영역에 대한 화상영어 수업의 영향을 연구했는데, 결과는 긍정적이었다고 해요. 연구는 4학년 아이들을 대상으로 이루어졌습니다. 아이들을 A집단과 B집단으로 나눈 뒤, 12주에 걸쳐서 A집단은 주 2회 중 한 시간을 화상영어로 수업했고, B집

---

* 양호선. 초등영어 교육과 말하기 지도: 학습자 중심의 독자-반응 비평이론을 중심으로. 제주대학교 석사학위 논문. 2002.

** 정민수, 부재율. 원어민 화상수업 유형과 학습자 인지 양식이 자기효능감에 미치는 효과. 디지털융복합연구 9(4): 291-303. 2011.

단은 정규수업 그대로 시행했습니다. 그 결과 원격 화상영어 수업을 실시한 A집단의 리스닝과 스피킹 능력이 유의미하게 향상됐고 영어에 대한 흥미가 더 높아진 것으로 나타났습니다.*

이처럼 화상영어를 잘 이용하면 영어를 보다 효율적으로 학습할 수 있고, 정의적 요인에서도 긍정적인 효과를 얻을 수 있습니다.

내 아이에게 맞는 화상영어 형태는? 회화형 VS 수업형

화상영어는 회화형과 수업형으로 구분할 수 있습니다.

회화형 화상영어	
형태	회화 교재를 사용해 질문과 대답이 오가는 형태의 수업입니다. 숙제는 짧은 에세이 쓰기입니다. 저학년에게 추천하고 싶은 학습 형태입니다.
장점	• 대답을 하지 않으면 수업이 진행되지 않으므로 적극적으로 참여할 수밖에 없습니다. • 리딩 지문으로 배울 수 없는 실생활 영어를 배웁니다. • 선생님과 일상생활에 대한 잡다한 대화를 하는 과정에서 외국인에 대한 거부감이 없어지고 친숙함이 생깁니다.
단점	아이가 적극적으로 참여하지 않거나 미리 예습과 복습을 하지 않으면 시간 때우기 수업으로 변질될 수 있습니다.

* 한수민. 초등학교 원격화상 영어 수업을 위한 효과적인 지도 방안 연구. 인천대학교 석사 학위 논문. 2010.

	수업형 화상영어
형태	《미국 교과서 읽는 리딩》 같은 교재나 영자 신문 등으로 수업을 받습니다. 영어 수업과 회화가 결합된 형태로, 어느 정도 실력이 있는 학생들에게 알맞습니다.
장점	문학, 수학, 사회, 과학 등 다양한 영역을 영어로 학습할 수 있습니다.
단점	• 실력이 없거나 소극적인 아이의 경우 단순히 수업을 듣기만 한다면 회화의 효과를 얻을 수 없습니다. 즉 양방향이 아닌 단방향 수업이 될 수 있습니다. 이런 아이들은 질문이 오가는 회화형 수업이 더 적당합니다. • 수업에서 배운 내용과 단어 점검이 미흡할 수 있습니다. 시험이 없다면 부모님이 단어 시험이라도 보게 하면 좋습니다. • 아이가 계속 어렵다고 느끼면 영어와 외국인에 대한 거부감을 없애는 효과를 기대하기 힘듭니다.

아이의 연령과 수준별 추천 수업 형태와 선생님

화상영어 업체에서 선생님을 추천해주지만 업체의 홈페이지에 있는 선생님 소개 영상은 꼭 확인하세요. 영어를 잘 모르는 부모님도 영상을 보고 발음이 좋은지 나쁜지, 말의 속도가 빠른지 느린지 정도는 대충 알 수 있습니다. 또한 선생님의 성격도 엿볼 수 있어 아이와 맞는 분인지 아닌지 짐작할 수 있습니다.

하지만 학벌도 발음도 믿을 만한 부분이 아님을 고려하세요. 행복이와 수업한 선생님은 발음에 필리핀 억양이 조금 있었지만 엄마처럼 다정하고 인내심이 있으며 피드백지를 꼼꼼하게 써주셨어요. 잠시 화상영어를 쉬었다가 다시 시작했을 땐 선생님이 바뀌었는데, 바뀐 선생님은 좋은 대학교 출신으로 거의 완벽한 미국식 발음을 구사했지만 피드

	영어 수준이 낮은 경우	영어 수준이 높은 경우
저학년	이 경우 수업형 화상영어를 한다면, 외국인 선생님이라 낯선 데다 수업까지 따라가야 해서 영어를 싫어하게 될 수 있습니다. 그러니 회화형 화상영어로 시작하기를 추천합니다. 엄마 같은 선생님이 차근차근 설명해주고, 아이가 하는 말을 기다려주며 말할 수 있게 적극 유도한다면 수업형도 가능하지만, 그런 선생님이 별로 없습니다. 선생님의 능력보다는 인내심 있고 엄마처럼 푸근한 스타일의 선생님을 추천하고 싶습니다. 발음이 약간 좋지 않아도 말이죠.	회화형과 수업형 둘 다 가능합니다. 아직은 어려서 엄마처럼 푸근한 스타일의 선생님을 추천하고 싶지만, 선생님의 말 속도는 느리면 안 됩니다. 아이가 답답해하거나 실력 향상 속도가 더뎌질 수 있습니다. 선생님이 아이를 배려해 느리게 말한다면 화상영어 업체에 연락해 선생님 말 속도를 좀 더 빠르게 해달라고 요청하세요.
고학년	회화형으로 일단 영어 말문을 연 후 수업형으로 전환하거나 회화형을 지속할 수 있습니다. 아이의 교육 방향에 맞게 선택하면 됩니다. 고학년 아이가 영어 말문이 안 뚫린 상태에서 수업형 화상영어를 한다면 수업을 듣고 질문은 하지 않는 단방향 수업이 될 수 있습니다. 이런 아이는 성격이 잘 맞는 선생님이라면 공통된 관심사로 말을 더 많이 할 수 있습니다. 또한 아이의 말을 잘 들어주고 유도해줄 수 있는 푸근한 스타일의 선생님도 좋습니다. 영어를 못해서 부담이 있는데 선생님이 기다려주고 할 수 있게 도와주면 아이는 마음 편히 수업할 수 있습니다.	아이의 교육 방향과 목적에 맞게 수업형 또는 회화형을 선택하면 됩니다. 선생님의 능력을 1순위로, 아이와의 케미를 2순위로 하면 좋습니다. 일단 아이가 재미를 느껴야 수업에 적극적으로 임하고 양방향 의사소통이 잘됩니다.

백지에서 틀린 문장을 몇 번 발견했습니다(피드백지를 꼼꼼하게 점검하지 않으셨어요). 게다가 예전 선생님처럼 인내심을 가지고 행복이가 발

화하는 것을 기다려주지 않으셨어요. 행복이는 생각을 한 뒤 말하는 데다 말 속도까지 조금 느려 선생님의 인내심이 절대적으로 필요하거든요. 선생님이 행복이의 말 습관을 고려하지 않고 수업을 해 실망스러웠습니다. 행복이처럼 말의 속도에 기복이 있거나 느리다면 선생님의 인내심을 꼭 고려하세요.

회화형 화상영어 학습 코칭법 1
시작 전 준비 ★

화상영어를 시작하기 전에 갖출 것이 있습니다.

행복이는 문법을 공부해 문장 형태에 대한 감을 익혔고, 리스닝에서 배운 여러 구어체 문장들을 외운 후 실생활에 적용하며 회화의 기초를 쌓았어요. 리스닝과 문법, 리딩에서 익혔던 문장과 단어들로 미약하지만 아웃풋이 나왔기에 회화형 화상영어를 하기에는 안성맞춤이었죠.

아이가 음식, 가족, 감정, 인사, 날씨 등과 같은 일상 주제에 대해 기초적인 묻고 답하기를 할 수 있다면 화상영어를 시작해도 됩니다. 문장을 제대로 형성하지는 못해도 암기했던 문장들로 대화를 대충 끌고 갈 수 있을 정도의 실력은 갖춰야 합니다.

회화형 화상영어 학습 코칭법 2

시작 시기 ★

화상영어는 준비도 중요하지만 시작 시기도 중요합니다. 화상영어 초반에 많은 문장을 암기해야 약 두 달 후에 만족할 만한 수업 형태가 나옵니다. 그래서 새로운 학습을 시작하기에 적기인 방학, 특히 긴 겨울 방학에 화상영어를 시작하기를 추천합니다. 이때 아이와 방학의 목표를 '화상영어 열심히 하기'로 잡고 영어 학습량을 늘려야 합니다.

화상영어를 시작하기 전에 아이와 수업에 대해 의논합니다. "초반에는 잘 못 할 거야. 틀리면서 배우는 것이니 틀려도 창피해하지 말고 많이 말해. 외국인과 말한다는 것 자체가 대단한 일이야"라고 말해주세요.

회화형 화상영어 학습 코칭법 3

예습과 수업

행복이는 화상영어를 시작한 초반에는 잘하지 못했어요. 그러나 두 달 정도 예습과 복습을 철저하게 하니 만족할 만한 수업을 할 수 있었습니다. 초반에는 적응 기간을 고려해 예습과 복습을 철저히 시켜야 합니다. 행복이는 항상 예습을 했어요. 교재를 미리 읽어봐서 모르는 단어의 의미와 발음을 사전에서 확인했습니다. 선생님에게 질문할 내용과 나눌 얘기 역시 미리 생각해 준비했어요.

화상영어 학습 초반에는 부모님이 아이 옆에 있는 게 좋습니다. 행복이가 화상영어를 할 때 전 늘 옆에서 책을 읽었어요. 제가 옆에 있어 행복이는 안정감을 느꼈고, 이 안정감은 낯선 외국인에 대한 부담감을 이겨낼 힘이 되었습니다. 부모님이 아이 곁에 있으면 좋은 점이 또 있어요. 선생님의 말소리는 안 들리지만 아이의 말을 들을 수 있고, 화면을 보면서 선생님이 수업을 어떻게 하시는지 대충 파악할 수 있습니다.

조급해지지 말자 ★

화상영어를 시작한 후 한 달 동안 돈이 아깝다고 느껴질 정도로 행복이의 실력이 늘지 않았어요. 설사 여러분의 자녀가 그런다면 왜 못하냐고 질책하지 말고 잘할 수 있다고 무조건 응원하세요. 적어도 한 달은 낯선 외국인과의 대화에 적응하고, 영어 대화가 터지기 위한 마음의 준비 기간이자 연습 기간이거든요.

그럴 수밖에 없는 게, 아이는 1년 남짓 영어 공부를 하며 이제 막 도화지에 점을 몇 개 찍은 셈입니다. 점과 점 사이를 이어 선을 긋고 선을 이어 면을 만들기에는 아직 이릅니다. 그런 아이에게 당장 선을 그어 면을 만들라고 재촉하지 마세요. 아이는 점과 점 사이를 잇지만 아직은 직선으로 이을지 곡선으로 이을지, 이으면 안 될지조차 잘 모릅니다. 지금은 점을 찍고 정직하게 직선을 그을 줄 알면 됩니다. 즉 복습을 통해 익힌 문장과 예습을 통해 생각한 것만 잘 말한다면 그걸로 충분합니다. 변화를 이용하는 곡선은 이 뒤의 단계에서 기대하세요.

회화형 화상영어 학습 코칭법 5

피드백 ★

이 단계에서는 틀린 것을 나무랄 게 아니라 아이가 영어로 말을 했다는 것에 긍정의 피드백을 아낌없이 주세요. 저는 "행복이가 말을 많이 했구나. 많이 틀렸다는 건 그만큼 많이 말했다는 뜻이니깐 잘한 거야. 많이 틀린 만큼 선생님이 고쳐주신 많은 문장을 공부하게 되니 많이 배우겠는걸. 잘했어"라고 피드백을 하며 아이가 실수에 대해 갖는 부담감을 줄여주려 노력했습니다. 선생님과의 연습이 계속될수록 심리적인 위축감이 점점 줄고 외국인과의 대화에도 친숙해져 결국 영어 대화에 대한 두려움을 털어내게 됩니다.

회화형 화상영어 학습 코칭법 6

복습 ★★

화상영어는 복습이 정말 중요합니다. 선생님은 피드백지에 아이의 틀린 발음과 문장을 고쳐서 정리해주는데, 행복이는 피드백지에 적힌 발음과 문장을 암기했어요. 이때 필요한 문장과 발음만 암기하고 필기가 아닌 구두시험을 보았어요. 행복이는 두 달 동안 일주일에 5회씩 8문장 이상을 암기했어요. 방학이라 여유가 많았기에 가능했습니다.

화상영어가 늘지 않는다고 해서 아이에게 실망하는 대신 이 시기를 역전의 기회로 삼고 문장을 습득하게 도우며 기다리세요. 행복이는 화상영어 석 달째에 영어 대화가 터졌습니다. 만약 아이의 영어 대화가 좀처럼 터지지 않는다면 문장 인풋이 충분한지 점검해보세요. 행복이는 그동안 리딩과 리스닝, 문법에서 문장과 단어를 착실히 습득했고, 특히 겨울방학 동안에는 집중적으로 화상영어의 문장과 단어를 열심히 익히며 갈고 닦았습니다.

어휘 학습과 영어 원서 읽기

행복이는 일주일에 5회 테스트(리딩, 리스닝, 문법+단어집 2회)를 보기 때문에 저는 노트 정리(리딩, 리스닝, 문법)가 없는 날에 단어집을 암기시킵니다. 행복이는 단어집을 일별로 암기하는 것이 아니라 외워야 하는 개수만큼만 암기합니다. 행복이는 엄마표 영어 2단계 학습 초기에 12개 이상의 단어를, 후기에는 17개 이상의 단어를 암기했습니다. 단어를 암기할 때 아이는 음원을 듣고 예문을 읽습니다.

행복이는 이 단계에서 가장 낮은 수준의 중등 생기초 영어단어집인 《Time For Voca - Basic》(YBM)을 사용했어요(다른 단어집을 사용해도 됩니다). 이 단어집의 초반 단어는 time, uncle, friend, bug, long입니다. 영어 인풋이 거의 없는 행복이가 기본적이고 쉬운 단어를 학습하기에 좋았습니다. 행복이는 단어집을 끝까지 다 암기한 후 모르는 단어만 다시 처음부터 암기했어요. 단어집은 최소 1~2회 반복해서 암기해야 합니다.

이 단계에서 행복이는 영어거부감이 아직 남아 있어서인지 영어 원서 읽기를 거부했어요. 아이가 영어 원서 읽기를 거부하지 않는다면 읽게 하세요. 아이의 수준이 낮으니 쉬운 영어 그림책이나 AR 지수의 BL 0~2 정도 되는 영어 원서를 읽게 하면 됩니다. 그림책 중에는 BL 지수가 높은 책도 꽤 있습니다. 엄마표 영어 1단계에서 다룬 렉사일 지수와 AR 지수를 참고해 아이에게 권하세요.

한눈에 보이는 진도표와 학습법

엄마표 영어 2단계 코칭의 핵심은 '노트 정리와 테스트 봐주기, 음원 틀어주기'입니다. 정보가 넘쳐나 이것저것 좋은 것을 다 하면 이도저도 안 됩니다. 남의 아이의 교습법이 내 아이에게도 맞는 건 아니니, 부모님이 중심을 잡고 내 아이에게 맞게 조절해서 꾸준히 밀고 나가주세요.

← 10개월 →		
우리말 독서(다독! 그림책 읽기 + 확장독서를 위한 기반 만들기)***		
꿈과 목표 그리고 영어(영어의 인문학적 접근과 직업에 대해 알아보기)		
초등 리딩 1 《리딩 버디 1》	초등 리딩 2 《리딩 버디 2》	초등 리딩 3 《리딩 버디 3》
초등 기본 리스닝 1 《리스닝 버디 1》	초등 기본 리스닝 2 《리스닝 버디 2》	초등 기본 리스닝 3 《리스닝 버디 3》
코스북 《Let's go 1》	초등 문법 1 《Junior Time For Grammar 1》	초등 문법 2 《Junior Time For Grammar 2》
중등 생기초 영어단어집 《Time For Voca - Basic》		
		화상영어

+

영어 원서(선택)

268

✦ 공통

1. 우리말 독서***와 영어의 필요성 알기

우리말 능력이 곧 영어 실력이 되니, 우리말 독서를 한 뒤 다른 일과를 하게 하세요. 행복이는 1단계 때와 같은 나이라 우리말 독서 시간이 같습니다. 주중에는 1시간 30분 이상, 주말에는 4시간 이상 독서를 하며 한 달에 최소 70권의 책을 읽었습니다. 이 단계에서 부모님은 양질의 그림책을 아이에게 읽어주고, 아이는 학습만화를 통해 확장독서를 준비합니다. 부모님은 아이가 영어를 인문학적으로 접근할 수 있도록 돕고, 직업에 대해 같이 알아보세요.

✦ 엄마표 영어

2. 공부 습관의 틀을 만들고 아이와의 좋은 관계 유지하기

아이가 지킬 수 있는 공부 시간표를 짜서 영어 공부를 하게 만드세요. 이 시기엔 아이가 스스로 공부 시간표를 짜서 실행하는 게 불가능하니 부모님과 함께 짠 공부 시간표를 아이가 잘 실천하는지 관심을 갖고 지켜봐야 합니다. 엄마표 영어의 효과와 지속성을 위해 아이와 좋은 관계도 유지하세요.

3. 학습 횟수와 시간

① 행복이는 일주일에 3회(화, 목, 금) 교재 학습을 했습니다.
② 학습 시간은 리딩 40~50분, 리스닝 50~60분, 문법 30~50분 정도입니다.
③ 일하는 부모님이라면 주말을 이용하세요. 주중에 시간이 적게 걸리는 문법을 공부 시키고, 나머지 영역은 주말에 공부시키세요.

4. 간략한 수업 방식

아이가 영어에 흥미와 재미를 느끼게 하는 것이 중요하므로 밝은 학습 분위기를 만들도록 노력해야 합니다. 영역별로 부모님의 역할은 아래에 정리했습니다.

① 리딩: 아이가 모르는 단어를 미리 찾고
↓
음원을 틀어 아이가 따라 읽게 하고
↓
문제 푼 걸 채점해주고
↓
노트 정리를 하고
↓
노트에 적힌 내용을 테스트 봐줍니다.

② 리스닝: 음원 틀어주고
↓
문제 푼 걸 채점해주고
↓
받아쓰기할 때 맞혔는지 틀린지 알려주고
↓
노트 정리를 하고
↓
노트에 정리된 내용으로 테스트를 합니다.

③ 문법: 아이에게 문법 내용을 읽게 하고
↓
문제 푼 걸 채점해주고
↓
노트 정리를 하고
↓
노트에 적힌 내용으로 테스트를 합니다.

④ 행복이는 추가 학습으로 화상영어를 하고 단어집을 공부했습니다.

5. 테스트

행복이는 테스트를 주 5회 봤습니다. 초기에는 단어와 문장을 합쳐 12개 이상을, 후기에는 17개 이상을 테스트 봤습니다. 2주에 한 번꼴로 테스트를 걸었습니다.

◆ 적극적 엄마도움표 영어

6. 엄마표 영어 + 외부 도움

부모님이 리드할 수 있는 영역은 엄마표 영어로 진행하고, 리드하기 힘든 영역은 동영상 강의나 과외, 학원 수업으로 갈음합니다. 아이가 동영상 강의를 듣는다면 아이 옆에서 도와주며 리딩, 리스닝에서 다룬 엄선된 리딩 문장, 리스닝 스킬을 아이에게 알려주세요. 리딩의 경우 엄마표 영어로 진행하고 동영상 강의로 리딩 지문 해석만 들을 수도 있습니다. 바쁜 부모님의 경우 아이 혼자 음원을 듣고 따라 읽은 뒤 해석해보게 한 뒤, 부모님과 동영상 강의로 지문 해석을 함께 들을 수도 있습니다.

동영상 강의를 듣고 난 후에는 교재를 참고해 단어, 예문, 문법 내용 등을 노트에 정리하고 테스트를 보게 합니다. 또한 수시로 리딩과 리스닝 음원을 듣고, 노트 정리 내용을 읽게 하세요. 일부 영역을 과외나 학원 수업으로 대체한다면 단어, 예문, 문법 내용 등에서 부족한 부분만 정리해 암기시키고 음원을 듣게 하세요. 추가로 어휘나 스피킹 학습이 필요하면 단어집을 암기시키고 화상영어를 고려하세요.

✦ 소극적 엄마도움표 영어

7. 학원표 영어 + 엄마표 영어

아이가 학원이나 과외 등으로 영어 공부를 하지만 부족한 영역이 있다면 그 영역만 엄마표 영어로 추가 학습을 진행합니다. 엄마표 추가 학습을 하지 않는 영역도 단어, 예문, 문법 내용 등에서 부족한 부분이 있다면 정리해 암기시키고 음원을 듣게 하세요.

또한 부록 3~5, 7에 있는 엄선된 리딩 문장, 리스닝 스킬이 아이에게 필요하다면 알려주세요. 한 영역이라도 엄마표 영어로 보충한다면 아이의 영어 실력은 더 커질 겁니다.

✦ 변형된 엄마도움표 영어

8. 2~3시간 몰입 영어 + 엄마표 영어

3시간 동안 영어 원서와 영어 영상을 보는 3시간 영어 몰입 방식의 경우 시간을 조정해 아이가 부족한 영역을 엄마표 영어로 학습시키세요. 3시간 영어 몰입 방식은 우리말 독서 시간을 충분히 확보하기가 어렵고 아이가 영상매체에 지속적으로 노출된다는 단점이 있어 우리말 독서를 우선시하는 제 엄마표 영어와는 차이가 납니다.

3단계: 1년 5개월~2년 2개월 차

주 3회 중등 수준 영어 배우기

기간: 10개월 (행복이 초3 ~)

◆ **아이의 목표**

영어 몰입감이 높은 단계로, 영어에 올인하기

◆ **엄마의 미션!**

1. 필요하다면 공부 시간 알람 맞추기

2. 튼튼한 손가락을 이용해 10분 정도 단어 검색해 정리하기

3. 필요하다면 답지를 휘릭 들여다보기

4. 유머나 미소로 밝은 학습 분위기 만들기

5. 졸지 않고 음원 틀어주고, 학습 후에도 음원 듣게 하기

6. 학습 후 10분 정도 단어와 문장, 내용을 노트에 정리해준 뒤 잊지 않고 테스트하기

7. 좀 더 할 수 있다면 이 책 부록을 활용하기

8. 전보다 많아진 영어 학습량을 잘 소화하도록 아이 응원하기

확장독서를 통해
본격적으로 분야별 두툼한 책 읽기

필수 조건

아이의 인격 형성과 영어 실력을 위해 독서에 신경 쓰자

'독서란 아동의 성장 과정에서 경험을 확대하고 미지의 세계를 가르쳐
주며 인간 형성에 있어 내면에 큰 역할을 한다'*는 말처럼 독서는 아이
의 인격 형성에 중요하고 영어를 포함한 전반적인 학습에도 꼭 필요한
활동입니다. 엄마표 영어 1단계와 2단계에서 아이에게 책을 읽어주는
것에 역점을 두었다면 이제는 특별한 경우를 제외하고는 아이 혼자서
책을 읽게 합니다.

---

* 김경일. 《독서교육론》. 일조각. 1990.

이 단계에서 아이의 독서는 한 단계 수준을 높여야 합니다. 200~300쪽이 넘는 책도 많이 읽고, 지식책으로 단단한 배경지식도 쌓아야 합니다. 행복이는 전 단계에서 한 달에 70권 이상의 책을 읽었지만, 두툼한 책을 읽기 시작하면서 30~40권 정도로 줄었어요. 이 시기야말로 제대로 독서 습관을 잡아야 하는 중요한 시기이니 신경을 써주세요. 아이의 독서 지도를 위한 몇 가지 팁을 알려드릴게요.

독서 지도 팁 1

좋은 롤모델이 되자

부모님이 직접 아이의 독서 롤모델이 되어 책을 읽고 싶은 분위기를 마련해주어야 합니다. 아이의 독서 습관이 잡힐 때까지 아이가 책 읽는 시간만큼은 부모님도 책을 접해보세요. 저는 행복이가 책을 읽을 때 같이 책을 읽거나 공부를 했어요. 그렇게 1년 정도 공을 들이니 행복이의 독서 습관이 웬만큼 잡혔습니다. 어쩌면 책 읽는 부모의 모습이 가장 강력하면서도 귀여운 무언의 압박일 수 있습니다.

독서 지도 팁 2

독서가 일상이 되게 하자

우리가 아는 유명한 사람들 중에는 부모의 영향으로 독서 습관이 잡히고, 독서 습관으로 인해 위대한 업적을 남긴 사람들이 많습니다. 존 스튜어트 밀과 무라카미 하루키가 대표적입니다.

19세기 영국 사상가인 존 스튜어트 밀은 고전 독서와 토론 교육, 조기영재교육으로 세계적인 사상가가 되었습니다. 그의 큰 족적 뒤에는 아버지가 있었어요. 그의 아버지는 밀이 세 살 때부터 하루도 빠짐없이 외국어로 된 책을 읽혔고, 여러 분야의 고전을 읽혔다고 합니다.* 세계적인 소설가 무라카미 하루키 역시 매일 성실하게 책을 읽는 습관이 있는데, 국어교사이자 다독가였던 양친의 영향을 받았다고 합니다.

저는 아이의 독서 습관을 만드는 데 부모의 영향이 크다고 생각합니다. 그래서 밀의 아버지처럼 매일 꾸준히 하는 독서를 강조해 공부 시간표의 첫 일과를 무조건 독서로 정했어요. '매일 꾸준히'는 어느 순간 아이의 몸에 배어 강력한 힘을 발휘할 겁니다.

독서 지도 팁 3

완독의 맛을 알게 하자

완독 습관도 들여주세요. 완독은 '글의 뜻을 깊이 생각하면서 읽는다'는 뜻도 있지만 '글이나 책 따위를 끝까지 읽는다'는 뜻도 있습니다.

저학년 아이들 중에는 책을 꼼꼼하게 읽는 아이도 있지만, 그림 위주로 읽거나 그림과 글을 반 정도 읽거나 앞과 뒤만 읽는 아이들도 있습니다. 이처럼 책을 완독하지 못하면 책을 꼼꼼하게 읽었을 때 느끼는 기쁨

---

* 박주일. 동서고금 성공한 위인들의 독서 습관에 관한 연구. 인천대학교 석사학위 논문. 2014.

을 알지 못합니다. 그러니 아이가 책을 끝까지 읽도록 도와주세요.

다만, 아이가 어려워하거나 수준 높은 책은 부모님이 읽어주면 좋습니다. 소아신경학 전문의 김영훈 박사에 의하면, 초등학교 6학년까지는 부모님이 정기적으로 책을 읽어주는 것이 좋다고 합니다. 부모님은 배경지식이 아이보다 풍부하고, 부모님이 책을 읽어주면 아이가 의미를 파악하기가 훨씬 수월하기 때문입니다.[*]

이 단계에서는 확장독서를 하며 두툼한 책을 읽기 시작하는 만큼 내용이 어려운 책이라면 20~30%라도 부모님이 같이 읽어주세요. 그러면 아이는 혼자 읽을 때보다 훨씬 수월하게 책의 의미를 파악할 겁니다. 아이와 함께 끝까지 읽어서 완독의 맛을 느끼게 해주면 더욱 좋습니다.

독서 지도 팁 4

아침독서 활동을 하자

아침독서 활동을 고려해보세요. 일본에서는 아침독서운동을 시행해 큰 성과를 거두었다고 합니다. 일본의 아침독서운동은 학교 구성원 모두가 즐겁게 아침식사를 하는 기분으로 10분 동안 책을 읽는 겁니다. 만화와 잡지를 제외하고 어떤 책이든 자기가 좋아하는 책을 골라서 읽으면 됩니다.

아침독서 활동은 날마다 꾸준히 책을 읽도록 해 독서 습관을 길러줍

---

[*] 김영훈, 《압도적인 결과를 내는 공부두뇌》, 베가북스, 2018.

니다. 우리나라에선 2005년에 대구시교육청에서 '아침독서 10분 운동'을 시행했는데, 산만했던 아이들의 집중력이 향상되었다고 합니다. 아침독서 활동은 집에서도 할 수 있습니다. 한 신문기자가 제안한 방법인데, 아침에 조금 일찍 일어나서 밥을 먹고 학교에 가기 전에 온 식구가 함께 책을 읽는 것입니다. 아침에 읽을 책은 전날 밤에 미리 정해서 책상에 올려둡니다. 독서 시간은 10분 이상이면 되는데, 이 짧은 시간에 의외로 꽤 많은 책을 볼 수 있습니다.*

독서 지도 팁 5

책 읽는 즐거움 자체가 목적이다

독후 활동을 강요하지 마세요. 아침독서는 '매일, 꾸준히, 그냥' 책을 읽는 것입니다. 책 읽기가 강제적인 독후 활동으로 이어지면 책에 대한 흥미를 잃을 수 있으니 아침독서만큼은 책 읽는 즐거움에 목적을 두어야 합니다.**

일부 책은 뒤쪽에 독후 문제가 있는데, 그 문제들을 풀게 하면 아이는 책을 읽고 답을 도출해야 한다는 압박감 때문에 책 읽기에 부담을 가질 수 있습니다. 저는 행복이가 책 자체를 좋아하고 책 읽는 순간을 즐기기를 바랐기에 독후 문제들을 풀게 하거나 다른 독후 활동을 강요

---

* 박창섭. 일본 아침독서운동 4가지 원칙. 한겨레신문. 2005. 03. 06.
** 김청연. 꼭꼭 챙겨먹는 '아침독서'…아이들에 영양만점. 한겨레신문. 2007. 06. 12.

하지 않았어요. 독후 활동이 책을 읽으며 느낀 좋은 감정을 상쇄시켜 해악이 되게 하지 마세요.

단순 확장독서

아이의 독서 습관의 방향을 잡았으니 이제 독서의 목표를 세울 차례입니다. 행복이는 엄마표 영어 3단계를 학습할 때 3학년이었는데, 확장독서를 통해 분야별로 두툼한 책을 본격적으로 읽었습니다. 확장독서는 크게 두 가지 방법으로 했어요.

첫째, '단순 확장독서'입니다. 전에 읽었던 책과 주제나 내용이 비슷한 두툼한 책을 읽는 것입니다. 엄마표 영어 1단계와 2단계에서 100쪽이 넘는 책을 읽었다면 이 단계에서는 200~300쪽이 넘는 책도 읽습니다. 예를 들어 아이가 전에 학습만화《Why? 빛과 소리》를 읽었다면 글로 풀어진 과학 시리즈《선생님도 놀란 초등 과학 뒤집기-빛》과《선생님도 놀란 초등 과학 뒤집기-소리》를 읽게 합니다. 이 두 시리즈의 책분량은 비슷하지만 학습만화에서 글 중심의 책으로 바뀌었기 때문에 글의 양은 상당히 차이가 납니다.

학습만화를 글 중심의 책으로 확장시키는 것 외에, 이야기 그림책을 소설로, 위인 그림책을 위인전으로, 100쪽 정도의 짧은 이야기책을 200~300쪽이 넘는 긴 이야기책으로 확장독서를 할 수 있습니다.

집요한 확장독서

둘째, 꼬리에 꼬리를 무는 '집요한 확장독서'입니다. 이를 테면 아이가 《Who? 인물 사이언스-마리 퀴리》나 《디어 피플-마리 퀴리》를 읽었다면 그다음에는 250쪽 정도의 위인전 《마리 퀴리》를 읽습니다. 아이가 위인전을 읽고 라듐과 방사능에 관심이 생겼다면 220쪽 정도의 《원자력과 방사능 이야기》 같은 책을 읽게 지도합니다. 부모님은 아이가 흥미로워했던 부분을 메모한 뒤 다음에 읽을 책을 추천하세요.

이때 아이가 책을 읽고 인터넷을 뒤진다고 해서 혼내거나 아이의 궁금증을 무시하지 마세요. 아이는 당장 알고 싶은 것을 인터넷으로 찾아보고 관심이 더 생기면 책을 찾아 읽고 싶은 마음이 커질 수 있습니다. 그러니 아이의 독서 불씨를 꺼트리지 말고, 궁금증으로 불타오르는 마음에 부채질을 해주세요.

다시 한 번 강조하지만 우리말 능력이 영어 실력입니다. 나중에 아이의 영어 실력이 주춤세를 보인다면 그 원인은 우리말 독서가 부족해서일 수 있습니다. 그러니 아이가 우리말 독서를 꾸준히 하도록 코치해주세요.

[꿈과 목표 그리고 영어]
일단 꿈과 목표를 정해
노력하기

필수 조건

이 단계에서는 아이가 원하는 '꿈과 목표', 더 알면 좋을 '영어'에 대한 이야기를 합니다. 아이가 자신의 꿈과 목표에 대해 잘 모른다면 엄마표 영어 2단계(02. 영어의 인문학적 접근과 직업에 대해 알아보기)에서 소개한 '주니어 커리어넷' 사이트나 책을 참고해서 함께 알아보세요.

직업 탐색을 위한 작은 팁

이 단계에서의 꿈과 목표 활동은 '직업 탐색 후 꿈과 목표를 정해 노력하기'입니다.

직업을 탐색할 때는 이렇게 해보세요. 우선 종이 네 장을 꺼내 아이에게 자기가 잘하는 것과 못하는 것, 좋아하는 것, 싫어하는 것을 각각 20개 이상씩 적게 합니다. 그러고 나서 부모님과 함께 직업 리스트를 작성합니다. 아이가 잘하면서 좋아하는 것을 중심으로, 아이가 못하면서 싫어하는 요소를 되도록 배제하며 직업을 탐색해보세요. 아이가 직업 탐색을 통해 꿈이 커지면 영어에 대한 배움의 욕구가 커지고 영어 자체에 관심과 흥미가 생겨 통합적인 동기가 생길 거예요.

영어 공부에 대한 당위성을 알게 하자

꿈이 정해졌다면 꿈과 영어에 대한 포부를 키워야겠죠?

그러려면 우선 꿈과 영어를 연결시키세요. 아이가 관심 있어 하는 직업에서 영어가 어떻게 쓰이는지를 체험하게 해주는 겁니다. 가장 간단한 방법은 그 직업과 관련된 분야의 영어책을 보여주는 거예요. 가령 요리사가 꿈인 아이를 서점에 데려가 영어로 된 요리책과 전공서적을 보여주는 겁니다. 저는 과학자가 꿈인 행복이에게 대학교에서 쓰는 과학 전공서적을 여러 권 보여주면서 한마디 덧붙였어요.

"엄마가 대학생 때 사용한 전공서적과 유인물은 전부 다 영어로 쓰여 있었어. 강의의 30% 이상이 영어 강의였고 외국인 교수님도 계셨어. 네 꿈을 위한 공부를 하려면 영어 실력이 기초가 되어야 해."

영어 공부를 해야만 하는 당위성을 확인시켜주는 거죠.

꿈 포트폴리오를 작성하자

아이의 꿈만 확고해지면 영어 공부는 자연스럽게 뒤따르게 됩니다. 행복이는 3학년 때 과학자라는 꿈에 다가가기 위해 교육청 영재교육원 입학을 준비했어요. 그 당시 영재교육원에 입학하려면 영재성 검사와 면접을 보고 포트폴리오를 제출해야 했습니다. 행복이는 영재성 검사와 면접을 위한 공부를 하며 과학 실력이 크게 향상되었고, 5개월 넘게 포트폴리오를 준비하며 꿈이 더 확고해졌습니다.

포트폴리오는 아이의 영재성을 보여주기보다 해당 분야에 대한 꾸준한 관심과 노력을 보여주는 자료입니다. 행복이는 40쪽의 포트폴리오를 완성하려고 매주 다양한 활동을 했어요. 여러 가지 실험 보고서를 쓰고, 박물관과 과학관, 축전 등을 견학한 뒤 견학 보고서를 작성했습니다. 또한 발명 노트와 관찰 일기, 과학 독후감, 과학 관련 신문기사를 작성했어요. 이 포트폴리오를 만들며 행복이의 과학에 대한 애정은 더 커졌습니다.

꿈과 관련된 포트폴리오를 한 달에 한두 번이라도 작성하게 하세요. 꿈이 있는 아이와 꿈이 없는 아이의 차이는 공부와 독서를 하는 데 목적이 있는 것과 없는 것의 차이와 같습니다. 꿈이 있어야 스스로 공부하고 영어도 공부합니다.

영국식 영어 vs 미국식 영어

'영국식 영어와 미국식 영어의 차이점'에 대해 얘기해주면 아이의 영어에 대한 관심을 높일 수 있습니다.

저는 행복이가 영어에 흥미를 갖고 영어 자체를 친근하게 느끼길 바라서 영국과 영국식 영어에 대해 알려주었어요. 그리고 이후 엄마표 영어 4단계 리스닝 교재로 공부하면서부터 영국식 영어 발음을 접하게 했습니다. 이처럼 미리 알아보고, 단어를 검색할 때마다 영국식 발음까지 들으면 리스닝 공부에도 도움이 됩니다.

• 영국에 대해서

영국의 공식 명칭은 The United Kingdom of Great Britain and Northern Ireland로 너무 길어서 United Kingdom, UK, Britain이라고 줄여서 불립니다.

영국은 네 개의 국가, 즉 잉글랜드England, 북아일랜드Northern Ireland, 스코틀랜드Scotland, 웨일즈Wales로 구성되어 있어요.

• 영국식 영어를 사용하는 나라, 미국식 영어를 사용하는 나라*

영국식 영어 사용 국가	미국식 영어 사용 국가
영국, 아일랜드, 캐나다, 오스트레일리아, 뉴질랜드, 인도, 파키스탄, 홍콩, 싱가포르, 케냐, 남아공화국	미국, 필리핀

---

* 앤드류 핀치, 박희본, 《영국 영어 산뜻한 첫걸음》. 종합출판ENG. 2011

리스닝에서는 발음의 차이가 가장 중요하지만 아이에게 철자의 차이, 어휘의 차이를 알려주면 영어에 대해 더 흥미로워할 겁니다. 아이가 영국식 영어를 더 알고 싶어 한다면 영국의 BBC에서 만든 무료 영어 학습 사이트 'BBC Learning English'*와 '주한영국문화원 공식 블로그'**를 이용할 것을 추천합니다. 'BBC Learning English'에서는 어휘, 발음, 문법 등에 관한 방대한 양의 강좌가 있습니다. 휴대폰에서 앱을 다운받아 들을 수 있고, 언어를 한국어로 선택할 수 있어 좋습니다.

* www.bbc.co.uk/learningenglish/

** blog.naver.com/britishcouncilkorea

영국식 영어와 미국식 영어의 차이

발음상의 차이*

아래 표를 알면 리스닝할 때 도움이 됩니다.

구분	영국식 영어	미국식 영어
여린 t 소리 (letter, writer…)	[t] 음가 그대로 발음 (water 워터)	여리게 [d]나 [r]처럼 발음 (water 워러)
a (grass, demand…)	[aː/ㅏ] (bath 바ㅆ)	[ae/ㅐ] (bath 배ㅆ)
r (r이 단어 끝이나 자음 앞에 위치)	[r]을 발음하지 않음 (park 파크)	[r]을 발음함 (park 파알크)
o (hop, hot, pot)	[ㅗ]에 가까움 (mop 몹)	[ㅏ] (mop 맙)

철자상의 차이**

《영국 영어 산뜻한 첫걸음》에서 소개한 영국식 영어와 미국식 영어의 차이점 12가지 중 대표적인 4가지만 소개할게요. 철자상의 차이를 알면 영어 원서를 볼 때 영국 출판사 책이라는 걸 알아볼 수 있어요.

미국식 영어	영국식 영어	예
-er	-re	center / centre
-or	-our	color / colour
-ize	-ise	realize / realise
-se	-ce	license / licence

어휘상의 차이[**]

《영국 영어 산뜻한 첫걸음》에는 의미는 같지만 형태가 다른 190개의
단어가 나옵니다. 몇 가지만 알려줘도 아이는 신기해할 겁니다.

미국식 영어	영국식 영어	의미
apartment	flat	아파트
auto, automobile	car	자동차
bathroom	toilet	화장실
bill	note	지폐
candy	sweet	사탕
cell phone / cellular phone	mobile phone	휴대폰
cookie	biscuit	쿠키
dessert	afters / pudding	디저트, 후식
elementary school	primary school	초등학교
elevator	lift	엘리베이터
eraser	rubber	지우개
fall	autumn	가을
garbage / trash	rubbish/ refuse	쓰레기
kindergarten	nursery	유치원
last name	surname	(이름의) 성
movie	film	영화
pants	trousers	양복바지
soccer	football	축구
soda	soft drink	청량음료
vacation	holiday	휴가

---

* 한학성. 《영어 그 안과 밖》. 채륜. 2016.

** 앤드류 핀치, 박희본. 《영국 영어 산뜻한 첫걸음》. 종합출판ENG. 2011.

교재 선정 방법과 팁

파닉스 학습 직후에는 가장 낮은 단계의 교재를 사용하지만, 이 단계부터는 아이의 실력에 맞는 교재를 선정해야 합니다. 교재 선정 방법과 관련 팁에 대해 알아보겠습니다.

전략적 사고에 부합하는 영어 학습의 핵심 도구, 영어 교재

영어 교재는 영어 전문가들이 영어 실력 향상이라는 목적을 위해 아이들의 성향과 능력을 분석하고, 영어 습득에 미치는 요인과 그 영향력을 다각도로 분석해 만든 최적의 산출물입니다.

영어 교재는 전략적 사고의 효율적 측면에도 부합합니다. 전략적 사고는 적은 비용이나 노력을 투입해 더 많은 성과를 낼 수 있도록 차별화를 이루어내는 사고 능력입니다. 아이들은 자신의 특성에 맞는 영어 교재를 사용함으로써 비교적 적은 시간과 노력을 들여 영어 실력 상승이라는 성과를 얻을 수 있습니다. 제 엄마표 영어도 영어 학습의 전략적 수단인 영어 교재를 사용합니다.

부모님이 직접 교재 선정을 할 수 있는 몇 가지 방법을 제시할 테니 아이에게 맞는 영어 학습의 핵심 도구를 찾길 바랍니다.

레벨에 맞는 영어 교재 선정 방법 1

출판사 홈페이지의 서비스를 활용하기

아이의 레벨에 맞는 교재를 선정하는 것이 중요합니다. 처음 교재 선정은 어렵지만 일단 아이의 영어 레벨을 알고 나면 다음 교재 선정부터는 어렵지 않을 겁니다.

아이의 영어 레벨을 알 수 있는 방법은 6가지입니다.

첫째, 영어 교재 출판사 홈페이지에서 도움을 받으세요. 일부 우리나라 출판사 홈페이지에는 '레벨 테스트'가 있어 아이의 실력에 맞는 책을 추천해주는 것은 물론, 도서를 수준별·연령별로 분류한 '교재 맵'이 있어 영어 교재를 고를 때 도움을 받을 수 있습니다. 대표적인 영어 교재 출판사의 레벨 테스트와 교재 맵 찾는 방법은 다음과 같습니다.

· Bricks: [레벨 테스트] LEVEL TEST

　　　　[교재 맵] BOOK MAP

· 이퓨처: [레벨 테스트] 교재 찾기 → 우리 아이 교재 찾기

　　　　[교재 맵] 고객센터 → 이퓨처 교재 맵

· 길벗스쿨: [교재 맵] 선택 가이드 → 외국어

· 능률교육: [교재 맵] 초중고 → 학습서*

둘째, 영어 교재 출판사 홈페이지에서 '미리보기'를 출력해 테스트지로 활용하세요. 많은 영어 교재 출판사 홈페이지에서는 미리보기 서비스를 제공합니다. 일부 출판사의 미리보기는 출력이 가능해 이를 테스트지로 활용할 수 있어요. 출판사 홈페이지에서 무료로 제공하는 음원으로는 리스닝 테스트지도 만들 수 있습니다. 아이가 테스트지를 푼 뒤 무료로 제공하는 답지로 채점해 아이에게 적합한 책을 선정합니다.

셋째, 미리보기 출력 서비스를 제공하지 않는 교재는 미리보기 화면을 캡처해 테스트지를 만드세요. 출판사의 미리보기 화면을 캡처하거나 인터넷 서점에서 책을 검색한 뒤 미리보기 화면을 캡처해 출력합니다. 출력한 교재 사진과 출판사 홈페이지에서 제공하는 답지, 음원으로 테스트하면 됩니다.

---

* 부록 2. 리딩&리스닝 교재 레벨표에 출판사의 '레벨 테스트, 북맵, 카탈로그' 등의 url이 있으니 참고하시기 바랍니다.

그 밖의 방법

넷째, 인터넷 커뮤니티의 도움을 받으세요. 네이버카페 '상위1% 카페 (대한민국 상위1% 교육정보 커뮤니티)'에는 교재 상담에 관한 글이 심심 찮게 올라옵니다. 일정 개수의 댓글을 달면 승급이 되는 체계라 카페에 상담글을 남기면 회원들이 호의적으로 댓글을 달아줘요. 카페 이외에 도 영어와 관련된 블로그를 통해 도움을 받을 수도 있습니다.

다섯째, 영어학원에서 유료 레벨 테스트를 받게 하세요. 비용은 대략 1만~2만 원 선입니다. 다만, 영어학원에서는 학원 입학을 권유하는 상담을 받을 수 있다는 점을 염두에 두길 바랍니다. 레벨 테스트 결과가 나오면 인터넷 커뮤니티에 교재나 실력에 대한 조언을 구하는 것도 좋은 방법입니다.

여섯째, 직수입 도서나 영어 교재 전문 인터넷 서점의 상세정보 란을 참고하세요. 인터넷 서점 홈페이지의 상세정보 란에는 일부 직수입 영어 교재의 단계가 설명되어 있어 이를 참고할 수 있습니다. 직수입 도서의 상세정보 란에 단계 설명이 없는 경우, 인터넷 커뮤니티에 물어보거나 인터넷 검색으로 찾아볼 수 있습니다. 우리나라 출판사의 영어 교재는 해당 출판사 홈페이지에 정보가 더 자세히 실려 있기도 합니다.

리딩 테스트지 만드는 방법

교재 선정을 위해 리딩 테스트지를 만드는 2가지 방법을 알아볼게요.

하나는 '독해 추론 테스트지'입니다. 독해 추론 테스트지는 리딩 지문과 이에 대한 문제, 한 줄 요약 쓰기로 구성됩니다. 리딩 지문과 문제는 출판사 홈페이지나 인터넷 서점에서 교재의 미리보기 페이지를 출력하거나 캡처해서 만듭니다. 자신이 알고 있는 단어를 이용해 영어 지문을 해석하고 문제를 풀기 때문에 추론력을 측정할 수 있습니다(추론력은 우리말 독서로 키울 수 있어요).

독해 추론 테스트를 할 때는 아이에게 모르는 단어에 밑줄을 치라고 합니다. 만약 모르는 단어가 거의 없다면 테스트는 불가능하고, 이 단계 교재가 아이에겐 너무 쉬운 교재일 가능성이 큽니다.

부모님은 출판사에서 무료로 제공하는 답지를 이용해 테스트지의 해석과 문제의 답, 한 줄 요약 쓰기를 채점합니다. 해석과 문제의 정답률이 65% 이상이면 다음 단계의 교재를 고려해보세요. 해석은 미흡하지만 한 줄 요약을 잘했다면 추론력이 좋은 것이니 다음 단계의 교재를 긍정적으로 생각해봐도 됩니다.

독해 추론 테스트를 보는 방법

① 테스트지의 리딩 지문을 읽고 해석을 씁니다.

② 리딩 지문을 읽으며 모르는 단어에 밑줄을 칩니다.

③ 리딩 지문에 대한 문제를 풉니다.

④ 리딩 지문을 한두 줄로 요약해서 씁니다.

나머지 하나는 '독해 능력 테스트지'입니다. 독해 능력 테스트지는 독해 추론 테스트지와 똑같은 테스트지에 영어단어카드만 추가하면 됩니다. 독해 추론 테스트에 비해 독해 능력과 지문 이해력을 파악하는 데 중점을 둡니다. 해석과 문제의 정답률이 75% 이상이면 다음 단계의 교재를 고려하면 됩니다.

독해 능력 테스트를 보는 방법

⑤ 새로운 테스트지의 리딩 지문을 읽고 해석을 씁니다. 독해 추론 테스트와 해석이 같은 지문엔 표시를 하고 중복해서 쓰지 않아도 됩니다. 아이는 같은 해석을 또 쓰는 걸 싫어합니다.

⑥ 리딩 지문에 대한 문제를 풉니다.

⑦ 리딩 지문을 한두 줄로 요약해서 씁니다.

리스닝 테스트지 만드는 방법

일반적인 리스닝 테스트지는 8문제 이상으로 구성된 교재의 리뷰 테스트를 이용해 만드는 것이 가장 좋습니다. 리뷰 테스트의 미리보기를 출력하거나 캡처해서 문제를 만들고, 음원은 출판사 홈페이지에서 다운받아 사용합니다. 리뷰 테스트가 없다면 미리보기에 있는 문제를 이용해 만드세요.

일반적으로 리스닝 교재는 주제별로 유닛이 구성됩니다. 만약 아이가 테스트지의 주제와 관련된 단어나 숙어, 핵심 문장 등에 취약하다면 정답률이 낮을 겁니다. 이러한 가능성 때문에 여러 유닛을 점검하는 리뷰 테스트로 테스트지를 만드는 것이 좋습니다.

미리보기가 없어도 테스트지를 만들 수는 있습니다. 답지에 문제가 한글이나 영어로 쓰여 있는데, 수기나 타이핑으로 리뷰 테스트의 문제를 적어 테스트지를 만드세요.

토플형 리스닝 테스트는 1세트에 1분 30초에서 3분 정도의 음원을 듣고 4~5문제를 푸는 겁니다. 일반적인 리스닝 테스트지를 만드는 것처럼 미리보기와 답지를 이용해 만듭니다. 이 경우, 2세트의 리스닝 문제와 한두 줄 내용 요약하기로 테스트지를 만듭니다. 아이가 한두 줄 요약을 잘했다면 다음 단계의 교재를 긍정적으로 생각할 수 있습니다.

아이의 리스닝 실력을 판단하기 어렵다면

리스닝 교재는 단계별로 진행되기 때문에 이미 교재 시리즈가 정해졌거나 한 단계를 끝내는 데 몇 달 정도 걸린다면 짧으면 몇 달, 길면 1년에 한 번 정도만 테스트지를 만들면 됩니다.

아이의 영어 실력이 괜찮다면 통문장을 들려주고 그 뜻을 말하게 해서 의미를 얼마나 잘 파악했는지 알아봅니다. 반대로, 아이의 영어 실력이 좋지 못하다면 단지 영어 어휘력이 부족해서인지를 알아보기 위해 리스닝 문제에 쓰인 단어를 미리 읽게 한 뒤 문제를 풀게 할 수도 있습니다. 정답률이 70% 이상이면 다음 단계 교재를 고려합니다.

영역별 공통 팁

이렇게 해도 어떤 교재를 선택해야 할지 모르겠다면 아래의 다섯 가지 조언을 참고하세요.

첫째, 교재 출판사와 교재 수준을 다르게 해 테스트하세요. 특히 교재 선정이 어려운 초반에는 몇몇 출판사의 교재 시리즈에서 난도가 다른 두 교재를 선택해 각각의 테스트지를 만들고 아이에게 풀게 하세요. 아이가 둘 다 쉽게 풀었다면 그다음 단계의 교재로 테스트지를 만들어 풀게 합니다. 처음 테스트는 시간이 좀 걸리겠지만 기준이 정해지면 다음 교재 선정은 어렵지 않게 할 수 있습니다.

둘째, 교재의 단계가 헷갈리거나 애매하면 더 높은 단계의 교재를 사세요. 아이가 그 교재를 어려워하면 그보다 낮은 수준의 교재를 더 사서 풀린 뒤 이미 사둔 높은 수준의 교재를 사용하면 됩니다. 행복이는 리스닝 3단계 교재가 어려워 3단원까지만 사용하고 2단계 교재를 사서 풀었어요. 2단계 교재를 사용한 후에 3단계의 1~3단원을 복습하고 4단원부터 진도를 나갔습니다.

셋째, 아이가 고학년이라면 아이와 함께 서점에 가서 책을 골라도 좋습니다. 인터넷 서점에서는 책의 일부만 볼 수 있지만 서점에서는 책 전체를 다 볼 수 있어요. 리딩과 리스닝 교재의 경우 아이가 그 교재의 단어카드 중 절반 정도만 알아도 적당합니다. 내용도 꼭 검토해서 아이의 수준에 맞는 교재인지를 상의하고 판단하세요.

리딩과 문법

넷째, 수능을 고려한다면 수능용 영어단어가 많이 수록된 교재가 필요합니다. 행복이는 외국 출판사의 미국 교과서를 사용할 수도 있었지만 수능용 영어단어가 많이 쓰인 우리나라 출판사의 리딩 교재를 사용했습니다(행복이는 사립초에서 미국 교과서를 사용하긴 했습니다). 수능 준비를 할 때 영어에만 많은 시간을 할애할 수 없기 때문에 외울 단어와 자연스럽게 익힐 단어를 구분하는 겁니다. 즉 수능용 영어단어가 많이 쓰인 우리나라 출판사 교재의 단어는 다 암기하고, 영어 원서의 경우 여러 책에서 반복해 접하면서 자연스럽게 단어를 체득시킵니다.

다섯째, 문법 교재는 단계별로 사세요. 우리나라 출판사의 문법 교재는 초등용, 중등용, 고등용으로 구성되어 있으니 단계별로 사면 됩니다. 초등용 문법 교재는 기초적인 영문법을 다루고, 중등용 문법 교재는 영문법의 거의 대부분을 다룹니다. 고등용 문법 교재는 중등용 문법에 몇 가지 문법이 추가되어 반복학습으로 실력을 다져주면서 중등용 문법 교재에서 다루지 않았던 문법까지 배웁니다.*

---

* '부록 2. 리딩&리스닝 교재 레벨표'를 참고하세요.

핵심 문장을 체득해
중등 리딩 훌쩍 뛰어넘기

이 단계의 리딩은 리버스Rivers가 구분한 여섯 단계의 읽기 발달 단계 중
4단계를 목표로 진행합니다. 4단계는 연습 단계로, 정독intensive reading과
다독extensive reading으로 분류됩니다. 아이는 정독으로 구문과 어휘, 관용
어에 대해 배우고 영어 실력을 향상시킵니다. 다독은 아이의 능력에 맞
춰 알맞은 속도로 읽는데, 즐거움을 위해 읽기 때문에 자료의 난도가
정독보다는 낮습니다. 이 단계부터 행복이는 영어동화를 읽으며 다독
의 틀을 만들었습니다.* **

중등 문법이 적용된 문장을 습득하자

행복이가 이 단계에서 사용한 영어 교재는 《I can Reading 1~3》(아이엠 북스)입니다. 이 교재는 2009년에 출판되었지만 여러 강점이 있어서 선택했습니다.

첫째, 'Structure(구조)' 부분에서는 지문에 쓰인 중등 수준의 핵심 문법 한두 가지를 간략히 알려줍니다. 이렇게 문법과 문법이 적용된 문장의 구조를 익히면 의미를 파악하는 데 확실히 도움이 되어 단기간 내에 리딩 실력을 빠르게 향상시킬 수 있습니다.

둘째, 문법이 적용된 문장을 반복해 쓰면서 자연스럽게 문장을 체득할 수 있습니다.

셋째, 까다로운 문장 구조를 비교적 쉬운 단어로 구성된 짧은 문장으로 배우게 해 아이의 체감 난도를 낮출 수 있습니다. 다시 말해, 문법이나 문장의 구조가 어려워도 문장에 쓰인 단어가 어렵지 않고 문장의 길이가 짧은 편이라 아이는 어렵지 않게 학습할 수 있어요.

중등 문법이 적용된 다양한 형태의 문장을 반복적으로 쓰고 말하며 습득해야 중등 리딩을 단기간에 뛰어넘을 수 있습니다. 제가 제시하는 방법이라면 어렵지 않게 따라할 수 있을 겁니다.

---

* Rivers, W., *Teaching Foreign Language Skills*. Chicago: The University of Chicago Press, 1968.

** 오윤경. 파닉스 학습법 적용을 통한 읽기 능력 활성 방안. 공주대학교 석사학위 논문. 2010.

문법이 적용된 문장을 체득하는 반복학습법

행복이가 사용한《I can Reading 1~3》을 사용하지 않을 경우 부모님이 노트를 준비해 정리해주세요. 이 교재를 사용하더라도 관계대명사가 뭔지 알아보게 하세요('부록 6. 관계대명사 특강'을 참고하세요). 중등용 리딩 교재 초반에 관계대명사가 등장합니다.

① 문법 정리하기

한 유닛에 문법 하나씩만 정리해도 됩니다. 교재의 답지에 적힌 구문 해석을 보고 핵심 문법을 정리할 수도 있지만, 그게 어렵다면 부록 4(3단계 리딩의 독해 실력을 높이는 엄선된 문장)를 보고 문법을 정리해주세요. 이 문장들에는 엄마표 영어 3단계에서 알아야 할 핵심 문법이 적용되어 있습니다. 문장마다 적용된 문법을 적어놓았기 때문에 문법 교재에서 그 문법 내용을 찾을 수 있습니다. 중등용 문법 교재를 보고 문법 내용을 간략하게 정리하든지, 아니면 아이와 함께 문법 내용을 읽으며 문장의 의미를 파악해봅니다. 아직 중등용 문법 교재를 사지 않았다면 미리 준비해 반복학습에 활용해주세요.

② 문법이 적용된 문장의 의미를 파악하기

문법 교재에서 해당 문법이 적용된 영어 문장 2~4개를 찾아 노트에 적습니다. 이때 아이가 한글로 해석을 쓰고 영어 문장을 따라 쓸 수 있도록 칸을 비워놓습니다.

1. They will buy me a backpack. (수여동사) (← '3단계 리딩의 독해 실력을 높이는 엄선된 문장' 이용)

> **해석** 그들은 나에게 배낭을 사줄 것이다.
>
> **문장 따라 쓰기** They will buy me a backpack.

2. She read them a book. (← 2~5번은 문법 교재에 있는 '수여동사' 문장을 이용)

> **해석** 그녀는 그들에게 책을 읽어주었다.
>
> **문장 따라 쓰기** She read them a book.

3. Did she ask you three questions?

> **해석** 그녀가 너에게 세 가지 질문을 했었니?
>
> **문장 따라 쓰기** Did she ask you three questions?

4. Tim will cook her vegetable soup.

> **해석** 팀은 그녀에게 채소수프를 만들어줄 것이다.
>
> **문장 따라 쓰기** Tim will cook her vegetable soup.

5. He started to give them bread.

> **해석** 그는 그들에게 빵을 주기 시작했다.
>
> **문장 따라 쓰기** He started to give them bread.

③ 영작하기

②에서 해석하고 따라 쓴 문장들의 우리말 해석을 영어식 순서로 노트에 적습니다. 아이는 이 한글 해석을 보고 영작을 합니다. 영어식 순서로 우리말 해석을 적는 것이 힘들다면 우리말 식으로 해석을 쓰면 됩니다.

2. 그녀는 / 읽어주었다 / 그들에게 / 책을

: She read them a book.

④ 한글 문장을 보고 영어로 문장을 말하고 쓰기

②에서 해석하고 따라 쓴 문장들의 우리말 해석을 노트에 적습니다. 아이는 한글 해석을 보고 즉각 영작해서 말한 뒤에 씁니다. 이를 통해 스피킹과 라이팅 학습 효과를 동시에 얻을 수 있습니다.

---

2. 그녀는 그들에게 책을 읽어주었다.

....

 : She read them a book.

3단계 리딩 학습 방식

듣고 읽기 → 의미 파악 → 노트 정리 → test + 문장 체득 반복학습

행복이는 일주일에 1회, 영어 교재에서 한 개의 지문으로 50분 정도 리딩 학습을 했습니다. 지문이 쉬우면 두 개의 지문을 학습했는데, 쉬운 지문은 빠르게 의미 파악만 하고 넘어갔어요.

학습 전

① 아이는 미리 지문을 읽고 모르는 단어에 밑줄을 칩니다.

② 부모님은 아이가 밑줄 친 단어를 다음사전 앱이나 네이버사전 앱 등의 영어단어장에 정리합니다. 영어 공부를 할 때 이 단어장으로 아이에게 지체 없이 발음을 들려줄 수 있습니다. 이때 부모님도 교재를 읽어 모르는 단어가 있다면 찾아보고, 답지를 읽어 지문의 내용을 알아보세요.

③ 아이는 이번에 공부할 리딩 문제를 풉니다. 아이가 영어 공부 전에

문제를 풀지 않는다면 ④로 넘어가세요.

학습 시

④ 지난주에 학습한 지문의 음원을 들으며 복습합니다.

⑤ '이번에 학습할 지문의 단어장이나 단어카드 읽기 → 지문 전체 듣기 → 한 문장씩 들으며 아이가 따라 읽기 → 한 문장씩 들으며 아이와 부모님이 함께 따라 읽기 → 한 문장씩 들으며 아이가 의미를 말하기 → 따져볼 만한 문장을 다시 해석하기 → 지문 전체 듣기 → 지문 전체 읽기' 순서로 수업을 진행합니다. 음원을 듣고 따라 읽는 횟수는 가감할 수 있습니다.

⑥ 아이가 미리 문제를 풀지 않았다면 리딩 문제를 풉니다. 아이가 푼 문제를 아이 또는 부모님이 채점합니다. 필요하다면 아이가 틀린 문제를 부모님이 답지를 참고해 설명해줍니다. 성인 정도의 우리말 능력이면 답지를 보고 충분히 설명할 수 있습니다.

학습 후

⑦ 부모님은 아이가 공부를 하며 발견한 모르는 단어, 외울 만한 문장 등을 노트에 정리합니다.

⑧ 아이는 노트에 적힌 내용을 암기해 테스트를 봅니다.

⑨ 아이가 《I can Reading 1~3》을 사용하지 않을 경우 298쪽의 '문법이 적용된 문장을 체득하는 반복학습법'을 참고해 노트에 문장을 정리합니다.

⑩ 《I can Reading 1~3》을 사용하면 공부한 유닛의 남은 문제를 풀고, 아니라면 부모님이 노트에 정리한 문장을 쓰고 말합니다.

⑪ 워크북이 있다면 풀고, 시간이 될 때 수시로 음원을 듣습니다.

코칭법 1

2단계 코칭법과 같은 점

아이가 엄마표 영어 3단계부터 시작했다면 영역별 2단계 코칭법을 꼭 읽어보고 2단계 때 한 것처럼 여러 번 음원을 듣고 따라 읽으며 단어와 문장을 흡수시키길 바랍니다. 처음 본 문장·단어를 외우는 것과, 8회 듣고 읽은 문장·단어를 외우는 것은 다릅니다.

아이가 즐겁고 밝은 분위기에서 공부하도록 해주세요. 2단계 때처럼 2주에 한 번은 테스트를 건너뛰어서 아이의 부담감을 덜어줍니다.

행복이는 문제를 미리 푸는 것을 원하지 않아 《I can Reading 1》과 《I can Reading 2》를 사용할 때는 2단계 리딩 학습 때처럼 공부를 할 때 문제를 풀었습니다. 《I can Reading 3》부터는 공부 전에 영어 지문을 읽고 문제를 풀게 했습니다.

코칭법 2

직독직해가 필요할까?

전보다 문장의 길이가 길어져서 직독직해를 해야 하는지 고민이 생길 겁니다. 직독직해란 영어 문장을 읽는 즉시 의미 단위(단어가 몇 개 합쳐진 형태)로 끊어서 해석하는 것을 말합니다. 'I want / to make a doll.'을 '나는 원한다 / 인형 만드는 것을'처럼 해석하는 것입니다. 직독직해가 리딩 학습에 도움이 되지만 주의해서 잘 활용해야 합니다.

　행복이는 영어를 영어로 받아들이면서 읽습니다. 제가 그렇게 하게 했습니다. 그래서인지 영어 원서를 거부감 없이 잘 읽었던 것 같아요. 행복이는 우선 여러 번 듣고 따라 읽은 뒤에 해석을 합니다. 듣고 따라 읽으면서 영어를 영어로 최대한 받아들입니다. 문법이나 구조를 제대로 따져가며 해석해야 하는 부분은 마지막에 따로 합니다. 그때 직독직해도 하고, 문법과 구조를 파악해보기도 합니다.

　제가 학원에서 만난 학생들 중에는 직독직해를 하며 우리말로 변환시켜야 문장의 의미를 파악하는 학생들이 있었습니다. 그중 고3이었던 한 학생은 모의고사에서 1등급이 되지 못했습니다. 저는 그 이유 중 하나가 직독직해라고 생각했습니다. 영어를 영어로 받아들이고 필요할 때 우리말로 끊어 읽기를 해야 하는데, 그 학생은 대부분의 문제에서 일일이 의미 단위를 연필로 표시해가며 직독직해를 했습니다. 그러다 보니 읽기가 더뎌져 시간이 항상 촉박했습니다.

　영어를 영어로 받아들이는 것도 어떻게 생각하면 직독직해로 볼 수 있습니다. 하지만 한 단위씩 끊어서 우리말로 이해하는 정석의 직독직해가 아니라, 끊지 않고 우리말 변환 없이 의미를 파악하는 변주도 할 수 있어야 합니다.

코칭법 3

테스트하기 & 문장 반복학습시키기 ★★

엄마표 영어 3단계는 영어에 올인한다고 해도 될 정도로 영어의 몰입도와 중요도가 가장 높은 시기입니다. 아이의 입장에서는 공부할 것이 많은 힘든 시기라, 다른 주요 과목의 공부 시간을 좀 줄여서라도 아이가 중등 영어를 뛰어넘어 안정적인 영어 실력을 갖추게 해주셔야 합니다. 아이의 꿈과 관련지어 동기 부여를 충분히 해주면 이 시기의 어려움을 이겨내는 데 큰 도움이 될 겁니다.

이 단계에서는 반복학습이 추가되고 학기 중에 화상영어도 합니다. 그런데 갑자기 테스트 분량까지 많아지면 아이가 더 힘들어할 테니 이 단계 초기에는 아이가 감당할 수 있는 분량으로 시작해서 점점 테스트 분량을 늘려주세요. 암기 속도와 암기력은 갈수록 향상되니 조금씩 분량을 늘려간다면 덜 힘들어할 겁니다. 행복이는 초기에는 단어와 문장을 합쳐 20개 이상을, 후기에는 24개 이상을 테스트 볼 수 있었습니다.

이 단계 리딩 학습의 핵심은 문법이 들어간 문장을 반복학습으로 체득하는 겁니다. 그러니 아이가 빠트리지 않고 문장을 반복학습할 수 있도록 시간표를 짜주세요. 행복이는 이 방법을 통해 중등 문법이 적용된 문장을 잘 해석할 수 있게 되었고, 중등 문법이 적용된 문장을 쓰는 것도 꽤 하게 되었습니다.

2단계에서 확장된
리스닝으로 반복효과 보기

학습법과 코칭법

리스닝 음원과 원어민의 말은 다르다

《어린이 영어 교육 1-듣기·말하기·읽기·쓰기》중 '7장. 초등영어 듣기
지도'에 이런 말이 있습니다.

듣기는 언어 습득과 학습의 기본 단계이고 듣기 입력에 의해서 어
린이는 말을 배우게 된다. 따라서 듣기는 어린이의 언어 습득과 학
습에서 제일 중요한 요소이다.*

이 말은 영어 학습에도 그대로 적용됩니다. 그래서 중요한 기본 단계인 영어 듣기를 하기 위해 리스닝 교재를 사용하는 대신 원어민과의 대화로 갈음하는 경우도 있습니다. 원어민은 학습자를 고려해 말의 빠르기나 연음, 플랩 현상과 같은 말하기 현상들을 조절합니다. 그러다 보니 일정한 기준으로 녹음된 리스닝 음원보다 오히려 듣기 쉽습니다. 게다가 리스닝도 단계적으로 난도를 올려가며 실력을 쌓아야 하니 교재 사용을 적극 추천합니다.

2단계 리스닝과 비슷한 주제이지만 더 어렵고 길다

이 단계에서 행복이가 사용한 리스닝 교재는 원서형 교재인《Listening Pop Level 1~3》(ETOPIA)입니다. 이 교재는 엄마표 영어 2단계에서 사용한 교재와 거의 비슷한 주제를 다뤄서 어렵지 않고, 주제가 비슷하기에 반복학습을 통해 확실히 내재화시킬 수 있습니다.

하지만 차이점도 있습니다. 첫째, 엄마표 영어 2단계 교재보다 말의 속도가 빠릅니다. 둘째, 오고가는 대화의 횟수가 많아지고 대화의 길이가 길어집니다. 셋째, 관계대명사나 분사구 수식 같은 중등 수준의 문법이 적용된 문장이 등장합니다('코칭법'에서 이 문장들에 대한 대처 방법을 제시하겠습니다). 넷째, 다양한 형식의 문제가 등장합니다. 두 사람

---

* 안수웅. 초등영어 듣기 지도. 임병빈, 정동빈 편저. 《어린이 영어교육 1-듣기·말하기·읽기·쓰기》. 한국문화사. 2009.

간의 대화 외에 편지글, 모놀로그^{monologue}(독백) 등의 지문을 듣고 2~3 문제를 연달아 풀기도 합니다.

행복이가 사용한 2단계 교재와, 3단계 교재의 공통점과 차이점을 고려해 교재를 선정하시기 바랍니다. 답지를 보며 교재를 파악하고 비교하면 됩니다.

3단계 리스닝 학습 방식

듣고 풀기 → 의미 파악 → 노트 정리 → Test

행복이는 일주일에 1회, 듣기 교재를 사용해 대략 한 유닛을 60~70분 정도 학습했습니다. 리스닝 학습 시간이 전보다 길어지고, 영재교육원에 입학하기 위해 전체적인 학습량을 늘려야만 했어요. 그래서 이 단계부터 주말에 리스닝 학습을 했습니다.

학습 전

① 부모님은 답지를 보고 코치할 거라 답지를 읽어보지 않아도 되지만 영어 실력이 부족해 걱정이 된다면 답지를 미리 읽어봐도 됩니다. 이때 부모님이 모르는 단어가 있을 경우 다음사전 앱이나 네이버사전 앱 등의 영어단어장에 정리해두면 아이가 질문할 때 지체 없이 발음을 들려주고 뜻을 찾아볼 수 있습니다.

학습 시

② 복습 겸 귀를 열어주기 위해 지난주에 학습한 유닛의 음원 중 다시 들어볼 만한 음원을 선별해 듣습니다.

③ 본격 수업은 '지난 수업 마무리 때 노트에 정리한 이번 유닛의 단어와 문장 읽기 → 문제 읽기 → 음원 들려주기 → 채점하기 → 받아쓰기를 하며 의미 파악하기 / 음원 듣고 의미 말하기 → 답지를 보며 틀린 문제의 이유 알아보기 → 들어볼 만한 음원 선별해 다시 듣기 → 다음 유닛의 단어와 핵심 문장 읽어보기' 순서로 진행합니다. 모든 문제를 한꺼번에 풀고 받아쓰기를 하는 것이 아니라 'Listen up', 'Unit test'와 같은 교재의 구성에 따라 문제를 풉니다.

학습 후

④ 부모님은 아이가 공부하며 발견한 모르는 단어, 외울 만한 문장, 다음에 공부할 유닛의 주요 단어와 핵심 문장을 노트에 정리합니다.

⑤ 아이는 노트에 적힌 내용을 암기해 테스트를 봅니다.

⑥ 시간이 될 때 수시로 음원을 들으면 좋습니다.

코칭법 1

2단계 코칭법과 같은 점

엄마표 영어를 3단계부터 시작했다면 영역별 2단계 코칭법을 꼭 읽어보고, 2단계의 리스닝 학습 때처럼 미리 다음 유닛의 단어와 핵심 문장을 암기시킵니다.

공부하는 동안에는 받아쓰기를 하며 의미를 파악하게 합니다. 받아쓰기가 없는 문제의 경우 한 문장씩 들려주고 해석하게 합니다. 아이의 해석이 틀리면 통문장을 다시 들려주고 문장의 의미를 말해줍니다.

지문 학습이 끝나면 답지의 지문을 보며 다시 듣게 합니다. 복습으로 음원을 선별해 듣습니다. 아이가 틀렸던 문제와 의미 파악을 어려워했던 문제의 지문을 다시 듣습니다. 시간이 된다면 다른 지문도 들어도 됩니다.

아이가 리스닝을 어려워한다면 부록 7(리스닝 실력을 높이는 15가지 스킬) 중 7번까지를 목표로 알려주세요. 행복이는 이 스킬을 알고 난 뒤 확실히 받아쓰기의 정답률이 높아졌습니다.

코칭법 2
한 문장을 여러 부분으로 나눠서 받아쓰기하기

《어린이 영어교육 1-듣기·말하기·읽기·쓰기》에는 통상적인 받아쓰기 절차에 대해 '의미 그룹으로 끊어주면서 천천히 받아쓰게 한 후 한 번 더 반복한다'*라고 적혀 있습니다. 이 단계 리스닝부터는 문장의 길이가 길어지므로 이 말대로 합니다.

---

* 이혜경. 초등영어 듣기 지도. 임병빈, 정동빈 편저. 《어린이 영어교육 1-듣기·말하기·읽기·쓰기》. 한국문화사. 2009.

자세히 말하면, 받아쓰기를 할 때 짧은 문장은 한 문장씩 들려주지만 긴 문장은 빈칸을 기준으로 여러 부분으로 끊어서 들려줍니다. 예를 들면 'I will eat a healthy breakfast at 7, / and then I will study English / from 9 to 12.'처럼 세 부분으로 끊어서 들려줍니다. 전체 지문을 여러 번 들으며 받아쓰기를 하기도 합니다. 이 방법에서 아이는 빈칸 채우기에만 몰두해 단어가 어떻게 들리는지는 주의하지 않을 수도 있습니다.

리스닝 실력이 향상되려면 플랩 현상, 연음 같은 리스닝 스킬을 익혀야 합니다. 플랩 현상 같은 용어는 몰라도 되지만, 단어가 문장 속에서 말해질 때 다르게 발음된다는 것은 터득해야 해요. 짧은 문장을 들려주거나 긴 문장을 끊어서 들려주면 이런 걸 깨닫는 여유가 생깁니다.

코칭법 3

까다로운 문장의 의미 파악하기

이 단계 리스닝 후반부에서는 관계대명사(We were just talking about people that we admire. 우리는 우리가 존경하는 사람에 대해 이야기하고 있었어.)나 분사구 수식(There were lots of people walking even until late at night. 심지어 밤늦게까지도 걸어다니는 많은 사람들이 있었다.) 같은 중학교 수준의 어려운 문법이 적용된 문장이 등장합니다. 행복이는 화상영어와 리딩 교재를 통해 관계대명사가 들어간 문장을 접했기 때문에 의미를 파악할 수 있었어요.

아이는 리스닝 지문에 쓰인 문법이 무엇인지 몰라도 되지만 의미를 파악할 줄은 알아야 합니다(부록 6에 있는 관계대명사 특강을 학습하면 도움이 될 거예요). 아이가 해석할 줄 모른다면 답지를 이용해 의미를 파악하게 하세요. 어려워하는 문장을 여러 번 접하다 보면 의미 파악 정도는 자연스럽게 할 수 있게 됩니다.

코칭법 4

노트 정리와 테스트, 반복 말하기는 당연히 해야 한다 ★★

아이가 공부하면서 발견한 모르는 단어와 외울 만한 문장, 다음 유닛의 단어와 핵심 문장을 노트에 적습니다. 이 내용을 아이가 암기한 뒤에 테스트를 봅니다. 테스트 분량은 초기에는 단어와 문장을 합쳐 20개 이상, 후기에는 24개 이상도 가능합니다.

2단계 학습 때처럼 리스닝 학습으로 배운 문장들 중 일부를 최대한 실생활에 적용해봅니다. 문장을 여러 번 들어 몸에 스며들고 이해하며 암기까지 하면 아웃풋으로 나올 수 있습니다. 행복이는 2단계 교재와 주제가 비슷한 교재로 학습했기 때문에 배웠던 주제의 기본 문장들은 말로 잘 표현했습니다. 아이가 배운 문장들을 잘 흡수할 수 있도록 리스닝 음원과 리딩 음원을 반복해서 듣게 하는 것 역시 잊지 마세요.

영리하게 중1 수준 문법
마스터하기

화석화를 방지하기 위해 문법 교육은 필수

초등영어 문법 지도법을 다룬 한 논문에 이런 내용이 나옵니다.

언어에 재능이 있고 학습 동기가 상당히 높은 학습자들은 형식적 학습이 없어도 상당한 언어적 능숙도에 도달할 수 있다. 그러나 이러한 학습자들은 어느 단계나 수준에 이르면 더 이상 진전이 어려운 경우가 있다. 그들의 언어적 능력이 화석화되는 것이다. 문법 교육을 전혀 받지 않은 학습자는 문법 지도를 받은 학습자보다 화석화가

더 빨리 나타난다는 연구 결과가 있다. 따라서 문법 교육은 화석화를 방지해줄 수 있다.[*]

위의 글에서 언급한 '화석화'란 문법을 학습하지 않아 부정확한 언어 형태가 거의 항구적으로 남아 있는 현상을 말합니다. 엄마표 영어 2단계에서 문법은 다른 영역의 발달을 고려해 연결성 없이 부분에 집중해 배웠지만, 이런 방식으로 배우면 문법 간의 연결성과 문장 응용력이 떨어질 수 있습니다. 엄마표 영어 3단계부터는 구조 분석까지 고려해 문법을 제대로 배웁니다.

구조와 문법은 다르다

영어의 구조는 문법과 차이가 있습니다. 문법이 단순한 언어의 규칙이라면, 구조는 그보다 복잡합니다. 즉 구조는 문장에 쓰인 각 단어의 역할과 문장에 사용된 문법, 그 문법들 간의 연결성까지를 말합니다. 문법은 암기력을, 구조는 분석력과 이해력을 더 필요로 합니다. 문법과 구조가 이렇게 차이가 나기 때문에 아이의 성향을 고려해서 문법 학습에 치중할지, 구조 분석까지 할지를 결정해야 합니다. 이와 관련한 사례를 하나 볼게요.

캐나다의 한 어학 프로그램에서 프랑스어를 배우는 성인 학생들을

---

[*] 황주희. 초등영어 문법 지도에 관한 연구. 경희대학교 석사학위 논문. 2010.

대상으로 실험을 했습니다. 학생들의 적성을 고려해 분석력이 뛰어나지만 암기력은 평균 수준인 학생들은 구조 학습에 중점을 둔 반에 배치하고, 암기력은 강하지만 분석력은 보통인 학생들은 언어의 단순한 기능적 사용을 중심으로 강의하는 반에 배치했습니다. 그 결과 학생과 교사 모두 매우 만족했습니다. 또한 자기 적성에 맞는 프로그램에 배치된 학생들이 그렇지 않은 학생들보다 성취도가 상당히 높았습니다.[*]

분석력과 이해력이 좋은 아이라면 구조 분석을 배우는 게 좋다

위의 사례를 문법 교재에 적용해서 생각해볼게요.

시중에 있는 상당수의 문법 교재는 암기력에 더 비중을 둡니다. 문법 규칙을 알아본 뒤 기계적으로 문제를 풀며 문법을 암기하는 식으로 구성되어 있습니다. 그런데 아이들의 성향을 고려했을 때 문법의 규칙을 암기하는 방법을 선호하는 아이도 있겠지만, 깊이 생각해서 이치를 깨닫는 방법을 선호하는 아이도 있습니다. 행복이는 후자에 속합니다.

분석력과 이해력이 좋은 아이들은 단순히 반복학습을 통해 문법의 규칙을 암기하는 것보다 구조 분석을 더한 문법 학습법이 더 맞습니다. 제가 학원에서 가르쳤던 학생들 중 상당수가 구조 분석 학습법으로 효과를 보고 만족한 성과를 올렸습니다.

---

[*] Lightbown, P.M. and Spada, N., 《외국어는 어떻게 배우고 가르치는가》, EPUBLIC, 2019.

구조 분석으로 깊은 원리와 비교 분석을 가능하게 하자

문법 교재를 통해 문법을 학습하는 방법에는 연역법과 귀납법이 있습니다. 《영어 교육 길라잡이》에 따르면, 연역법은 문법 설명이나 규칙을 먼저 접하고 이를 명확히 익히기 위해 연습문제를 풀어 문법 사항을 습득합니다. 귀납법은 예문을 제시하고 유도 과정을 통해 원리나 규칙을 학습자 스스로 발견하게 합니다. 연역법에 비해 귀납법은 문법 사항을 이해하기까지 더 많은 시간이 걸린다는 단점이 있지만, 스스로 생각하는 과정을 거쳐서 원리나 규칙을 발견하기 때문에 배운 것을 더 오래 유지하는 것으로 나타났습니다.* 대부분의 문법 교재는 연역법 방식을 취합니다.

행복이는 이 단계에서 제가 집필한 중학교 1학년 수준의 문법 교재로 학습을 했습니다(그 교재의 가칭은 '제대로 철저한 영문법'입니다. 총 3권이며, 출판되지 않았습니다). 이 교재는 연역법과 귀납법을 모두 사용하면서 귀납법의 단점을 보완하는 방식으로 문법을 학습하게 합니다. 연역적 접근으로 제시된 문법 규칙을 보고 문제를 풀지만, 문법 규칙이 적용된 예문을 구조 분석 설명과 함께 접하게 함으로써 문법의 원리나 규칙을 아이가 발견하게끔 하는 귀납적 방식을 취한 것이죠. 이러한 방식은 아이가 문법의 원리를 이해하는 데 걸리는 시간을 단축시켜줍니다.

---

* 유제명. 《영어 교육 길라잡이》. 인터비전. 2006.

구조 분석으로 리딩 자립 능력을 키우자

이런 구조 분석은 자기주도 영어 학습의 꽃인 리딩 자립 능력을 키웁니다. 구조 분석 설명이 있는 문법 규칙과 예문을 접하면서 아이는 정확하게 영어 문장의 의미를 파악하는 법을 터득하게 됩니다.

구조 분석과 문법을 보느라 문장의 의미 파악이 더뎌질까 봐 걱정이 되실 수도 있겠습니다. 저 역시 같은 고민을 했지만, 리딩 학습 시 전체 지문의 의미를 파악한 뒤 더 알아볼 만한 문장들만 따로 선별해 문장의 구조와 문법을 따져가며 해석을 하게 했어요. 이런 방법은 지문의 의미를 파악할 때 잠재의식 속에 있는 문법과 구조 분석 기술들을 필요 시 꺼내어 사용하게 만듭니다.

행복이가 이 단계에서 사용한 교재(제가 만든 '제대로 철저한 영문법'으로, 출판되지 않았습니다)는 중학교 1학년 수준의 교재라 의미를 파악하는 데 당장 필요한 관계대명사는 포함되지 않았어요. 리딩 학습에서 해석에 필요한 주요 문법을 먼저 접한 뒤 문법 교재에서 해당 문법을 배웠습니다. 이 방법은 해석을 한 뒤 문법을 배우기 때문에 영어 몰입적 학습에 방해가 되지 않습니다.

3단계 문법 학습 방식

문제 풀기 → 채점 후 고치기 → 노트 정리 → Test

행복이는 일주일에 1회, 문법 교재를 사용해 한 유닛의 설명과 기본 문제를 20분 정도 학습했습니다. 남은 문제는 주말에 풀었습니다. 총 소요 시간은 60분 정도였어요. 행복이가 사용한 교재는 36유닛이라 교재 학습을 36주간 하고 복습을 4주 동안 해 총 40주 정도 걸렸습니다.

학습 전

① 지난주에 노트에 정리한 공식과 문장을 읽으며 복습합니다.

학습 시

② 수업은 '교재의 문법 설명을 읽으며 중요하거나 새로 알게 된 부분에 밑줄 치기 → 기본 문제 풀기 → 채점하고 고치기([선택] → 남은 문제 풀기 → 채점하고 고치기)' 순서로 진행합니다.

학습 후

③ 부모님은 영어 교재를 보고 문법 설명, 한 문장 이상의 해당 문법 예문, 공부를 하다 발견한 모르는 단어와 정리할 만한 단어를 노트에 정리하고 테스트지를 만듭니다.

④ 학습 시 모든 문제를 풀지 않았다면 남은 문제를 풀고 채점한 뒤 고치기를 합니다.

⑤ 아이는 노트에 적힌 내용을 암기해 테스트를 봅니다.

⑥ 시간이 될 때 수시로 노트 정리를 보면 좋습니다.

3단계 문법 코칭법

엄마표 영어를 3단계부터 시작했다면 영역별 2단계 코칭법을 꼭 읽어 보세요.

2단계 학습 때처럼, 문법을 공부하는 날을 부담이 덜한 날로 만드세요. 행복이는 컨디션이 처지는 금요일에 문법을 공부했는데, 문법 설명을 읽고 기본 문제만 푼 뒤 학습을 끝냈습니다. 남은 문제는 주말에 풀었습니다. 저는 행복이 옆에서 20분 정도 지켜보다가 노트 정리를 해주었습니다.

제가 집필한 교재의 설명이 자세해서 행복이는 스스로 문법을 공부할 수 있지만, 그게 아니라면 부모님이 설명을 해주시거나 동영상 강의를 이용해 적극적 엄마표 영어를 하면 됩니다.

문법 학습은 문제만 풀고 끝내버리면 장기적인 효과를 기대하기 힘듭니다. 반드시 문법 내용과 예문을 노트에 정리하고 암기시켜야 합니다. 초기에는 단어와 문장을 합쳐 20개 이상을, 후기에는 24개 이상도 암기할 수 있습니다.

행복이는 구조 분석 설명이 있는 교재로 문법을 배워 문법의 원리를 잘 이해했습니다. 그 덕에 문장 응용력이 향상되어 교재에서 배운 중학교 1학년 수준의 문장을 잘 만들고 해석을 정확하게 할 수 있었습니다.

돈 아깝지 않게
화상영어 제대로 활용하기

행복이는 엄마표 영어 2단계 후반부터 주5회 30분씩 화상영어를 했지만, 영재교육원 입학 준비를 위해 중간에 몇 달간 쉬었습니다. 아이가 힘들어한다면 횟수나 시간을 조절하세요(화상영어 학습에 대한 코칭법은 엄마표 영어 2단계 중에서 '09. 화상영어 확실히 준비하기'를 참고 바랍니다).

의사소통 과정에서 말하기, 듣기, 발음, 어휘, 문법 등을 익힌다

행복이는 화상영어를 하며 말하기, 듣기, 발음, 어휘, 문법 등을 자연스럽게 익혔습니다. 어려운 문법인 관계대명사는 리딩과 문법 교재에서 학습하기 전에 화상영어를 통해 먼저 접했고, 이를 이용해 라이팅까지 했습니다.

행복이가 화상영어를 시작한 건 엄마표 영어 2단계 학습이 끝날 무렵이었어요. 이때는 행복이가 영어로 말을 주고받는 능력을 기르는 게 급해서 선생님에게 양해를 구해 라이팅 숙제를 하지 않았습니다. 방학 동안 하루에 8문장 이상을 암기하며 노력한 결과 엄마표 영어 3단계부터는 라이팅 숙제를 할 여유가 생겼습니다.

말과 글의 시도 자체를 인정하고 칭찬하자

행복이는 라이팅 숙제를 할 때 틀린 부분이 나오는 게 싫어서 간단하게만 쓰고 싶어 했습니다. 선생님과 대화할 때도 틀릴까 봐 걱정돼 말하기를 머뭇거렸어요. 많은 아이들이 그럴 겁니다.

'오류에 관해 지나치게 반응하면 동기에 부정적인 영향을 끼칠 수 있으므로 교사는 학생들이 교정에 반응하는 방식에 민감해야 한다[*]'는 말이 있습니다. 아이에게 틀린 부분에 대해 말해야 할 때가 있을 텐데 그럴 땐 "누구든지 외국어를 잘 말하고 싶다면 그 언어를 살해해야만 한다"는 슬라브 속담을 떠올리세요. 이는 '어떤 이유로 외국어를 학대하기를 꺼린 자는 그 외국어를 결코 정복하지 못한다[**]'는 말로, 틀린

---

[*] Lightbown, P.M. and Spada, N., 《외국어는 어떻게 배우고 가르치는가》, EPUBLIC, 2019.

[**] Jespersen, O., 《오토 예스퍼슨의 외국어 교육 개혁론》, 한국문화사, 2004.

외국어라도 닥치는 대로 말하라는 의미입니다. 그러니 아이에게 이렇게 말해주세요. "정확하게 말하고 쓰는 것보다 말하고 쓰는 것 자체가 더 중요하단다." 그리고 아이가 말과 글을 시도한 걸 칭찬하고 용기를 북돋워주세요.

제가 틀린 문제에 집중하지 않고, 꾸준히 말과 글의 시도 자체를 인정하고 칭찬을 했더니 행복이는 자신감과 용기를 얻었습니다. 예를 들어 선생님이 중학교 2학년 수준의 문법인 관계대명사를 적용한 문장으로 물어보면 비록 틀린 문장이지만 선생님의 말을 모방해 문장을 만들기 시작했어요. 그렇게 꾸준히 도전을 했더니 나중에는 관계대명사를 적용한 완벽한 문장을 만들었습니다.

또한 저는 행복이에게 "선생님이 내주신 라이팅 숙제는 틀려도 되니 되도록 많이 쓰라"고 주문했습니다. 자신감과 용기를 얻은 행복이는 그러겠다고 대답을 했어요. 아이가 많이 써야 선생님이 많이 고쳐줍니다. 아이는 고쳐진 많은 문장을 학습하면서 실력이 더 향상됩니다. 행복이는 선생님이 고쳐준 문장 중 필요한 문장을 암기했어요.

아이가 라이팅을 어려워한다면 영어 실력의 문제가 아닐 수 있다

제가 아이들을 가르치며 겪은 황당한 일들 중 하나는 아이가 우리말로 말을 잘하지도 글을 잘 쓰지도 못하는데 그 부모님은 아이가 영어 스피킹과 라이팅을 잘하기를 바라시는 경우였습니다. 라이팅을 할 때 아이들은 쓸 내용을 생각하고 그걸 영어로 바꿔야 하는 이중고에 시달립니다. 행복이도 화상영어의 라이팅 숙제를 하면서 영작만큼이나 글 쓸 내용을 생각해내는 것 역시 어려워했어요. 특히 라이팅은 우리말로 작문할 때처럼 콘텐츠가 있어야 잘합니다.

아이가 영어 스피킹과 라이팅을 잘하길 바라신다면 콘텐츠가 되어줄 독서를 많이 하게 도와주세요. 더불어 라이팅을 위해 우리말로 글 쓰는 연습을 많이 하게 해야 합니다.

가장 효과적인 방법은 우리말로 일기를 꾸준히 쓰며 생각하는 힘과 글 쓰는 능력을 기르는 것입니다. 우리말로 쓰기 연습이 충분히 되어야 영어 쓰기도 가능합니다. 저는 행복이가 저학년 때 독서와 일기 쓰기에 많은 에너지를 썼습니다. 일기 쓰기만 제대로 해도 영어 라이팅에 많은 도움이 됩니다. 영어 라이팅이 안 되는 이유는 실력의 문제도 있지만 콘텐츠 부족과 콘텐츠 표현의 어려움이 큰 원인입니다. 독서로 콘텐츠를 모으고 일기 같은 글쓰기로 꾸준히 콘텐츠를 표현해봐야 영어로도 잘 쓰게 됩니다. 우리말로 글쓰기를 못 하는 아이는 영어로도 글을 쓰지 못합니다.

리딩과 리스닝, 문법 학습의 시너지 효과를 노리자

"엄마, 오늘 원어민 선생님께 음악실이 어디 있는지를 영어로 물어봤어요. 'Do you know where the music room is?' 이렇게요."

행복이가 화상영어를 시작한 지 4~5개월이 지난 3학년 때 한 말입니다. 화상영어 7개월 차에는 담임선생님의 부탁으로 원어민 선생님의 말을 아이들에게 통역해주었다고 합니다.

행복이가 화상영어만 했다면 이런 결과가 나오지 않았을 겁니다. 리딩과 문법 학습을 통해 문법과 구조가 적용된 다양한 문장을 익히고, 리스닝에서 구어체 문장을 이해하며 흡수한 노력 덕분에 이런 결과물이 나왔다고 생각합니다.

영어 스피킹이 안 되는 이유

영어로 스피킹이 안 되는 이유는 네 가지로 정리할 수 있습니다. 스피킹은 여러 영역의 결실이라는 점을 생각하면 쉽게 이해되실 겁니다.

첫째, 스피킹으로 나올 인풋이 충분하지 않아서입니다. 눈으로 보고 귀로 흘려들으며 익힌 언어가 입 밖으로 나오려면 오랜 시간 반복적으로 읽고 들어서 충분히 쌓여야 밖으로 흘러나오게 됩니다(보고 듣고 이해만 하는 것보다 문장이나 구절 암기를 병행하면 동일한 시간을 투입해도 입 열기가 훨씬 수월합니다).

둘째, 문어체 위주로 학습을 해 구어체 인풋이 없어서입니다. 영어 공부를 할 때 주로 리딩과 영어 원서 읽기 등 문어체 위주로 영어를 접했다면 구어체 문장의 틀이 충분하지 않고 자신이 없어 말이 잘 나오지 않습니다.

셋째, 아이가 문법 문제를 잘 풀어도 문장 구조를 몰라 문장 생성 능력이 부족할 수 있습니다. 문장 구조를 안다는 건 문장에 쓰인 각 단어의 쓰임과 형태를 정확하게 안다는 겁니다. 아이가 라이팅을 제대로 하고 있지 않다면 이것이 원인일 가능성이 큽니다.

넷째, 감정과 관련된 정의적 요소 때문입니다. 영어 스피킹에 대한 불편한 마음이 있으면 스피킹이 잘되지 않습니다.

영어 일기와 본격적인 영어 원서
다독 준비하기

영어 일기로 라이팅을 하자

라이팅은 누구에게나 쉽지 않은 영역입니다. 성인인 우리도 우리말로 글 한 편 쓰라고 하면 머리를 싸매야 하잖아요. 하물며 글을 써본 경험이 별로 없는 아이들이 영어로 글을 쓰려니 고충이 이만저만이 아닐 겁니다.

행복이의 경우 우리말 독서를 많이 했고 일기 쓰기와 독서 기록장 쓰기를 습관화한 터라 늘 하던 걸 영어로 바꾸는 식으로 영어 라이팅을 시작했습니다. 그러다 보니 진입은 쉬운 편이었어요. 그런 행복이조차 가끔 뭘 써야 할지 오래 고민하는 경우가 있었습니다. 그래서 소재를 찾는 데 드는 시간을 줄이고 영어에 좀 더 집중할 수 있도록 반복적으로 할 수 있는 라이팅 방법을 제시하겠습니다.

그것은 영어 일기 쓰기입니다(행복이는 영어 일기 쓰기를 엄마표 영어 4단계에서 했어요). 이때 우리말 일기가 필수입니다. 아이가 라이팅의 부담감을 줄이고 영어에만 집중할 수 있도록 내용을 미리 준비하는 겁니다. 행복이는 우리말 일기를 보고 영작하기 어려운 문장은 내용을 변경해서 영어 일기를 작성했습니다.

이때 초등용 영어 일기 표현사전과 문법 교재도 준비해서 영어 일기 표현사전에 있는 문장을 변형해서 쓸 수도 있습니다. 행복이는 가끔 《초등 영어 일기 표현사전》(넥서스)을 사용했습니다. 표현사전의 문장을 꾸준히 암기한다면 라이팅 실력 향상에 큰 도움이 될 겁니다. 이 방법은 제가 학원을 운영할 때 실제로 학생을 지도한 방법 중 하나입니다.

아이가 영어 일기 쓰기에 제법 익숙해지면 배운 문법을 응용해보세요. 아이가 문법 교재에서 배운 것을 일기에 녹여내는 겁니다. 저는 행복이에게 문법을 여러 개 말해주고 그중 한두 개를 영어 일기에 적용하도록 했습니다.

영어 일기는 1~2주에 한 편씩만 꾸준히 써도 영작 실력에 도움이 됩니다. 영어 일기 샘플과 영어 일기 분석 내용이 필요하다면 제 블로그를 참고하세요. 행복이의 4~5학년 영어 일기와 그 일기를 분석한 포스트들이 있습니다.

이 단계부터는 영어 원서를 반드시 접하자

엄마표 영어 4단계부터 영어 원서를 다독하기에 그 준비 과정인 3단계부터는 영어로 된 책을 반드시 읽기 시작해야 합니다.

행복이는 영어거부감이 있어서인지 영어 원서 읽기를 거부했어요. 그래서 우리나라 출판사에서 제작한 영어 동화를 음원과 함께 읽으며 영어 원서 읽기를 준비했습니다. 영어 동화는 아이가 내용을 이미 알고 있는 데다 우리말 해석이 뒤에 있어 부담감이 적었습니다. 행복이에겐 영어 동화가 영어책 읽기에 적응하고 리딩의 자신감을 키우는 데 큰 역할을 했습니다.

이 시기에는 AR 지수에서 BL 지수 2~3 대인 영어 원서를 읽으면 됩니다. 이때 페어북을 이용하면 영어책 읽기의 부담을 덜 수 있을 겁니다. 페어북은 영어 원서와 우리말 번역본이 함께 있는 책을 말합니다. 아이가 우리말로 된 그림책이나 글 책을 읽게 한 뒤 시간차를 두고 그 책의 영어 원서를 읽게 하세요. 제 엄마표 영어는 주로 교재를 사용해 영어를 완전히 습득하면서 영어 원서로 영어를 음미해 학습 효과가 배가됩니다. 교재 학습만으로는 부족하니 영어 원서 읽기에 신경 써주세요.

영어 원서 다독의 기반이 되는 것은 우리말 독서입니다. 행복이는 엄마표 영어 4단계에서 영어 원서를 다독했는데, 800쪽이 넘는 우리말 책을 읽기도 했습니다. 우리말 독서로 키운 독서력의 위력이 영어 원서 다독을 가능하게 한 겁니다. 그러니 이번 단계에서 우리말 독서를 필히 신경 써주세요.

영어 원서 읽기 활동에 도움이 되는 사이트

1단계에서는 렉사일 지수와 AR 지수를 이용해 아이의 수준에 맞는 영어 원서를 찾는 방법에 대해 설명했습니다. 이번에는 영어 원서를 고르는 데 도움이 되는 사이트 몇 곳을 소개합니다.

- **웬디북** www.wendybook.com
- **YES24** www.yes24.com
- **동방북스** www.tongbangbooks.com
- **하프프라이스북** www.halfpricebook.co.kr
- **애플리스** www.eplis.co.kr
- **알라딘** www.aladin.co.kr
- **쑥쑥몰** eshopmall.suksuk.co.kr
- **키즈북세종** www.kidsbooksejong.com

웬디북은 책을 AR 지수와 렉사일 지수로 분류하고 우리말 번역서명을 알려줍니다(우리말 번역서가 없는 책도 있습니다). 저는 행복이가 영어 원서를 제대로 읽었는지 확인하기 위해 웬디북에서 번역서명을 확인한 뒤 인터넷 서점의 책 소개와 서평 등을 찾아서 읽습니다.

애플리스는 칼데콧 수상작과 뉴베리 수상작 코너가 따로 있고, 자체 제작한 책과 DVD를 판매합니다. 행복이는 애플리스가 자체 제작한 〈Garfield〉 시리즈의 영영 주석을 마음에 들어 했어요. 영어 원서이지만 책의 뒷부분에는 읽기에 도움이 되는 단어와 숙어, 관용어 등이 잘 정리되어 있습니다.

추가 학습 – 어휘집

엄마표 영어 3단계 중반에는 2단계에서 사용하던 단어집이 끝나 중등 기본 단계의 단어집《주니어 능률VOCA 기본편》으로 어휘 학습을 했습니다. 어휘 학습 시 단어와 의미만 대충 외우면 스피킹과 라이팅에 대입이 안 됩니다. 예문도 읽어서 대입 능력과 적용 능력을 높여야 합니다.[*]

---

[*] '부록 2. 리딩&리스닝 교재 레벨표'를 참고하세요.

한눈에 보이는 진도표와 학습법

절대적인 학습법과 교육법은 없습니다. 내 아이의 특성에 맞게 조절, 융합, 변형하세요.
이것이 엄마표 영어의 최대 장점입니다.

← 10개월 →		
우리말 독서(확장독서를 통해 본격적으로 분야별로 두툼한 책 읽기)***		
꿈과 목표 그리고 영어(일단 꿈과 목표를 정하고 노력해보기)		
초등 고/중등 리딩 1 《I can Reading 1》	초등 고/중등 리딩 2 《I can Reading 2》	초등 고/중등 리딩 3 《I can Reading 3》
초등 원서형 리스닝 1 《Listening Pop 1》	초등 원서형 리스닝 2 《Listening Pop 2》	초등 원서형 리스닝 3 《Listening Pop 3》
초등 문법 2 《Junior Time For Grammar 2》	중1 수준 문법 '제대로 철저한 영문법 1'(미출간 교재)	
중등 기본 영어단어집 《주니어 능률VOCA 기본편》		
화상영어		

+

영어 원서 읽기

1. 우리말 독서***와 영어의 필요성 알기

공부 시간표나 공부 목록표의 첫 일과를 우리말 독서로 정합니다. 행복이는 이 단계에서 주중에는 1시간 30분 이상, 주말에는 4시간 이상 독서를 했지만 일요일에는 하루 종일 독서를 하기도 했습니다.

확장독서를 통해 본격적으로 분야별 두툼한 책도 읽습니다. 행복이는 이 시기에 매달 30~40권의 책을 읽었습니다. 우리말 능력을 키우지 못하면 영어 실력의 급상승은 기대하기 어렵다는 걸 명심하고 반드시 우리말 독서를 실천해주세요. 또한 아이의 꿈과 목표를 정하고 꿈 포트폴리오 작성 등과 같은 노력을 해봅니다.

2. 공부 습관을 잡고 아이와 좋은 관계 유지하기

제 엄마표 영어는 문장과 단어 등을 흡수시키기 위해 테스트를 보기 때문에 공부 습관이 잘 잡혀야 합니다. 이는 훗날 아이 주도 영어 학습의 틀을 만들 겁니다. 2단계에서 공부 시간표에 잘 적응했다면 공부 목록표를 사용해도 좋습니다. 행복이는 3단계부터 공부 목록표를 사용했어요(공부 목록표에 대해서는 0단계의 '04. 엄마표 영어에 앞서 공부 습관과 독서 습관부터 잡기'와 '05. 엄마표 영어를 위한 7가지 공부 습관과 독서 습관 팁'을 참고하세요). 엄마표 영어를 지속하려면 아이와의 친밀한 관계를 유지해야 합니다.

3. 학습 횟수와 시간

행복이의 진도가 전체적으로 빠른 편이니 참고는 하되 아이의 상태와 속도를 고려해 조절하세요. 아이가 이 단계를 어려워했다면 비슷한 수준의 문제집을 한두 권 더 푼 뒤에 4단계를 진행해주세요.

① 행복이는 일주일에 3회(수, 금, 토) 교재로 학습했습니다.
② 학습 시간은 리딩 50분, 리스닝 60~70분, 문법 60분 정도입니다.
③ 일하는 부모님이라면 주말을 이용해 한두 영역을 학습시키세요. 엄마, 아빠가 영역을 나눠 코치할 수도 있습니다.

4. 간략한 수업 방식

교재의 난도가 올라간 만큼 2단계보다는 좀 더 학구적인 분위기가 조성되지만 부모님이 밝은 학습 분위기를 유지하도록 노력해주세요.

① 리딩:　아이가 모르는 단어를 미리 찾고
　　　　　↓
　　　　　음원을 들어주며 아이가 따라 읽게 하고
　　　　　↓
　　　　　문제 푼 것을 채점해주고
　　　　　↓
　　　　　노트 정리를 하고
　　　　　↓
　　　　　반복학습하는 문법이 들어간 문장을 노트에 정리하고 검사
　　　　　↓
　　　　　노트에 정리된 내용을 테스트합니다.

② 리스닝: 음원을 틀어주고
　　　　　↓
　　　　　문제 푼 것을 채점해주고
　　　　　↓
　　　　　받아쓰기를 할 때 맞혔는지 틀렸는지 알려주고
　　　　　↓
　　　　　노트 정리를 하고
　　　　　↓
　　　　　노트에 정리된 내용을 테스트합니다.

③ 문법:　문법 내용을 읽게 하고
　　　　　↓
　　　　　문제 푼 것을 채점해주고
　　　　　↓
　　　　　노트 정리를 하고
　　　　　↓
　　　　　노트에 정리된 내용을 테스트합니다.

④ 행복이는 추가 학습으로 영어 동화를 읽고, 단어집을 공부하고, 화상영어를 했습니다. 영재교육원 준비로 화상영어는 중간에 몇 달 쉬었습니다.

5. 노트 정리와 테스트

행복이는 테스트를 주 5회 봤습니다. 초기에는 단어와 문장을 합쳐 20개 이상을, 후기에는 24개 이상을 테스트 봤습니다. 테스트용으로 정리할 내용이 부족하면 단어집으로 채우면 됩니다. 전처럼 2주에 한 번은 테스트를 건너뜁니다.

6. 엄마도움표 영어

적극적 엄마도움표 영어(엄마표 영어+외부 도움)와 소극적 엄마도움표 영어(학원표 영어+엄마표 영어), 변형된 엄마도움표 영어(2~3시간 몰입 영어+엄마표 영어)에 대한 내용은 '2단계 한눈에 보이는 진도표와 학습법'을 참고하세요. 부모님이 한 영역이라도 코치한다면 아이의 영어 실력은 달라질 겁니다.

4단계: 2년 3개월~3년 차

주 3회 중고등 수준/
원서형 영어 배우기

기간: 10개월 (행복이 초4 ~)

◆ **아이의 목표**

원서형 리딩 교재, 전자책(e-book), 영어 원서로 영어 읽기에 좀 더 공들이기

◆ **엄마의 미션!**

1. 알람 없이도 시간에 맞춰 학습시키기

2. 튼튼한 손가락을 이용해 10분 정도 단어 검색해 정리하기

3. 필요하다면 답지를 휘릭 들여다보기

4. 엄마의 가벼운 유머와 온기를 느낄 수 있는 학습 분위기 만들기

5. 졸지 않고 음원을 틀어주고, 학습 후에도 음원을 듣게 하기

6. 학습 후 10분 정도 단어와 문장, 내용을 노트에 정리해준 뒤 잊지 않고
   테스트하기

7. 이 책 부록을 활용해 아이에게 좀 더 알려주거나, 직접 아이에게 부록을 보여주기

8. 아이가 학습 분량을 잘 소화하도록 옆에서 응원하기

[문해력 독서법]

여러 시리즈 소설 읽고
좋아하는 작가 만들기

필수 조건

단 5분으로 아이의 우리말 독서 상태를 점검!

우리말 독서가 강조되다 보니 우리 아이의 우리말 독서가 잘 이루어지고 있는지 궁금하시죠? 초등학교 중학년과 고학년 아이들의 우리말 독서 상태를 점검할 수 있는 아주 간단한 방법이 있습니다.

종이와 펜을 준비한 뒤 아이에게 5분 동안 좋아하는 작가와 책 제목을 쓰게 하는 겁니다. 좋아하는 작가와 책 제목을 여럿 썼다면 우리말 독서가 잘되고 있는 겁니다. 그러나 아이가 작가와 책 제목을 몇 개 못 썼다면 이번 단계의 우리말 독서 목표를 반드시 실천해 우리말 능력을 향상시키고 영어 원서 다독의 디딤돌을 만드세요.

행복이가 4학년이 끝날 무렵에 같은 방법으로 우리말 독서 상태를 체크했더니 단숨에 작가 이름과 책 제목을 이렇게 썼어요(2018년 12월 7일에 작성한 '엄마표 초등 독서교육(1)' 포스트에 행복이가 적은 작가와 책 목록 사진이 있어요).

좋아하는 작가 & 그 작가의 책

1. 마이클 버클리 / 〈그림 자매〉 시리즈
2. 르네 고시니 / 〈꼬마 니콜라〉 시리즈
3. 미하엘 엔데 / 《모모》, 〈짐 크노프〉 시리즈
4. 휴 로프팅 / 〈둘리틀 박사의 모험〉 시리즈
5. 켈리 반힐 / 《달빛 마신 소녀》
6. 가도노 에이코 / 〈마녀 배달부 키키〉 시리즈

읽기 쉬운 자료인 소설로 흥미와 재미를 끌어올리기

4단계 우리말 독서의 목표는 '독서에 대한 흥미를 끌어올려 좋아하는 작가 만들기'입니다. 논문 '아동의 독서 습관 형성을 위한 효율적인 독서 교육 방안'에 의하면, 독서 흥미란 독서에 마음이 이끌려 그 속에 빠져들고자 하는 심리 상태입니다. 독서에 흥미를 갖게 되면 책 읽는 도중에 어떠한 곤란이 발생하더라도 그것을 극복하고 독서를 지속하려는 노력을 하게 된다고 합니다.*

그러면 아이들은 어떻게 해야 독서에 흥미를 보일까요? 그 방법으로, 읽기 쉽고 재미있는 소설 읽기를 추천합니다. 행복이가 위에서 적은 책 모두 소설책입니다. 4단계에서 행복이는 지식책도 적절히 읽으면서 소설책을 단행본이든 시리즈든 많이 읽었습니다.

초등 중학년과 고학년에겐 소설이 딱!

중학년이 된 행복이에게 소설 읽기를 유도한 이유가 있습니다.

첫째, 아이의 발달단계상 소설이 적합합니다. 터만Terman과 리마Lima는 독서 흥미 발달 단계를 '옛날이야기기, 동화기, 소설기'로 구분 지었는데, 11~14세가 소설기에 해당됩니다. 일본의 저명한 독서 전문가인 사카모토 이치로도 10~12세를 '소년소설기'로 규정했습니다.

이 시기에는 과학 지식에 대한 흥미가 커지고, 미지의 세계에 대한 정보를 추구하는 등 지적 행동반경이 넓어지기 때문에 모험이나 추리 소설, 영웅 이야기, 스포츠 이야기, 전쟁 이야기, 발명이나 발견 이야기, 공상과학 이야기 등을 좋아한다고 합니다.[**]

소설 읽기의 효과
책이나 영어 원서, 학습 교재의 이해에도 도움

둘째, 소설 읽기의 긍정적인 효과 때문입니다.

---

[*] 유춘자. 아동의 독서 습관 형성을 위한 효율적인 독서 교육 방안. 공주대학교 석사학위 논문. 2003.
[**] 김춘하. 초등학생의 효율적인 독서 지도 개선 방안. 금오공과대학교 석사학위 논문. 2006.

아이는 소설 속 인물들의 가치관이 대립하고 갈등이 벌어지는 상황을 글로 읽으면서 각기 다른 가치관에 대해 이해하고 비판도 하게 됩니다. 그러면서 자신의 가치관을 정립합니다.[*]

또한 소설책을 읽으며 쌓인 데이터베이스에 상상력, 추론력, 논리력, 사고력이 더해져서 예측 능력이 길러집니다. 이 능력을 활용해 소설의 스토리라인을 예측하고, 그 과정에서 상상력, 추론력, 논리력, 사고력이 더 커지는 일이 반복됩니다.

다른 사람들의 가치관을 이해하고 스토리를 예측하는 능력은 책이나 영어 원서, 교재의 내용을 이해하고 다음 내용을 예측하는 데 상당한 도움이 됩니다. 특히 이 단계부터는 필수 능력이 됩니다.

소설 읽기로 책에 대한 거부감을 줄여 영어 원서를 잘 읽게 하자

셋째, 소설 읽기는 영어 원서 다독의 마중물 역할을 합니다.

저는 행복이가 856쪽이나 되는 《꼬마 니콜라》를 읽었을 때 본격적으로 영어 원서 다독에 돌입해야겠다고 생각했습니다. 소설책 시리즈도 여럿 읽었으니 당연히 활자에 대한 거부감이 없다고 판단한 것입니다. 이 시기의 영어 원서는 보통 100쪽 정도이고, 두꺼워봤자 200쪽 내외입니다. 실제로 행복이는 이미 책 두께에 대한 심리적 장벽이 낮아진 덕분에 이 정도 분량의 영어 원서를 대수롭지 않아 하며 잘 읽었어요. 여

---

[*] 김원태. 소설 독서 지도 연구: 초등학교 고학년을 대상으로. 목포대학교 석사학위 논문. 2007.

기에 소설을 읽어 생긴 능력들이 더해져 영어 원서를 다독할 수 있었습니다.

우리말 책 두께를 늘릴 수 있게 만드는 기특한 두 시리즈

행복이가 읽은 소설 시리즈 중에서 얇은 책으로 시작해 두꺼운 책 읽기로 발전하게 만드는 시리즈 두 가지를 추천하겠습니다. 이 시리즈를 읽다 보면 우리말 책 두께를 자연스럽게 늘릴 수 있을 겁니다.

첫 번째 시리즈는 총 12권으로 구성된 휴 로프팅의 〈둘리틀 박사의 모험〉 시리즈입니다. 주인공 존 둘리틀은 동물들과 대화를 할 수 있는 의사예요. 이 시리즈의 첫 번째 책 《둘리틀 박사 이야기》는 160쪽으로 아이가 부담 없이 읽을 수 있는 분량이지만, 책이 워낙 재미있다 보니 나머지 책들이 점점 두꺼워져도 계속 읽게 됩니다. 특히 이 시리즈의 네 번째 책 《둘리틀 박사의 서커스단》은 422쪽이고, 열 번째 책 《둘리틀 박사와 비밀의 호수》는 520쪽인데도 재미있게 끝까지 읽습니다.

두 번째 시리즈는 르네 고시니의 〈꼬마 니콜라〉 시리즈입니다. 이 시리즈는 니콜라와 개구쟁이 친구들의 재미있는 이야기를 담고 있습니다. 그중에서 《꼬마 니콜라의 골칫거리》는 169쪽, 《꼬마 니콜라의 여름방학》은 191쪽이에요. 여러 권이 합쳐진 합본호의 경우 《앙코르 꼬마 니콜라》는 458쪽, 《돌아온 꼬마 니콜라》는 736쪽, 《꼬마 니콜라》는 856쪽입니다. 행복이는 얇은 책을 3~4권 읽다가 너무 재미있다면서 856쪽짜리 합본호를 거뜬히 읽어냈습니다. 그리고 이 시리즈를 기점으로 영어 원서 읽기에 대한 거부감을 완전히 떨쳐냈어요. 한글이든 영어든 어떤 활자라도 읽어낼 자신감이 생겼거든요.

지식책을 등한시하면 Nope! + 좋아하는 작가 만들기

이 단계에서 아이는 시리즈 소설 외에 지식책도 적당량 읽어야 합니다. 지식책을 읽으며 쌓은 힘이 다음 단계의 리딩과 리스닝에 꼭 필요하거든요. 행복이는 일주일에 최소 2권의 지식책을 읽었습니다. 전 단계보다 책의 분량이 많아져서 권수가 줄었는데, 영어 원서를 포함해 소설과 지식책 등을 매달 17~25권씩 읽고, 온라인 독서 프로그램으로 전자책(e-book)을 따로 읽었습니다.

아이가 좋아하는 소설이 생겼다면 그 작가의 다른 책도 추천해주세요. 좋아하는 작가가 생기면 책을 더 사랑하게 됩니다. 행복이는 지금도 좋아하는 작가가 쓴 소설을 일부러 찾아서 읽으며 자신만의 작가 목록을 업데이트해 나가고 있습니다.

[꿈과 목표 그리고 영어]

꿈으로 도구적 동기 만들기

필수 조건

공부의 유용성과 가치를 인식해 학습 동기를 만들자

엄마표 영어 1단계의 '꿈과 목표 그리고 영어'에서는 아이가 영어 자체에 흥미를 느껴 영어 공부를 하게 만들었다면(통합적 동기), 4단계에서는 어떤 목적을 달성하기 위해 영어를 포함한 전 영역을 학습하게 만들어야 합니다.

어떤 목적을 달성하기 위해 학습하는 것, 이를 도구적 동기라고 합니다.* 예를 들어, 영어 공부가 장래의 직업 또는 다른 과목 학습에 도움이 된다는 걸 알고 공부 의욕이 생겨서 영어 공부를 하는 것을 말합니다.** 이러한 도구적 동기는 외국어 학습의 성공과 연관이 있습니다.

실험을 했는데, 인도의 영어 학습자들 중 도구적 동기를 가진 학생들이 영어 능력 시험에서 고득점을 얻었다고 합니다.[***]

도구적 동기를 잘 이용하면 성적이 수직 상승한다

제 주위에는 도구적 동기를 이용해 원하는 학습 결과를 이룬 두 사람이 있습니다.

첫 번째 주인공은 Part 1에서 언급한 수능 만점자의 동생 A양입니다. A양은 공부를 좋아하지도, 성적이 좋은 편도 아니었지만 간호사라는 목표가 생기자 공부를 열심히 해서 반에서 1등을 했습니다. A양을 공부하게 만든 건 '간호사가 되고 싶다'는 도구적 동기였습니다. A양은 결국 간호학과에 입학했고, 장학금을 받는 멋진 대학생이 되었습니다.

아이의 꿈과 연결해 영어를 학습시키자

두 번째 주인공은 행복이입니다. 행복이는 3학년 때 영재교육원을 준비하면서 과학자라는 꿈이 확고해졌습니다.

---

[*] 김희진. 학습자들의 수준별 이동에 따른 영어 학습에 대한 정의적 인식의 차이 조사연구: 중학교 2학년 수준별 집단을 대상으로. 한국외국어대학교 석사학위 논문. 2011.

[**] 박윤주. 수학에 대한 도구적 동기 유발이 정의적 영역에 미치는 영향: 중학교 2학년 1학기 과정을 중심으로. 전남대학교 석사학위 논문. 2010.

[***] Lukmani, Y.M.. Motivation to learn and learning proficiency. Language Learning 22: 261-273. 1972.

행복이는 엄마표 영어 3단계를 학습하면서 대학생이 되면 영어로 쓰인 교재를 사용하고 영어로 강의를 듣는다는 사실과, 과학자는 영어로 논문을 쓴다는 것을 알았어요. 행복이는 그토록 바라는 미래의 직업과 그 직업을 갖는 과정에서 영어가 유용하게 사용된다는 얘기를 듣고 그전보다 더 열심히 영어 공부를 했습니다.

도구적 동기를 영어와 그 외의 학습에도 적용하자

행복이는 미래의 직업과 관련해 영어의 중요성을 인식한 것과는 별도로 사립초에 잘 적응하기 위해 학교 영어 공부에도 신경을 썼습니다. 사립초는 한 학기에 두 번 리딩, 라이팅, 문법 영역의 시험을 봅니다. 학기말에는 디베이트debate와 컨버세이션conversation이 추가된 5가지 영역의 성적표를 줍니다.

엄마표 영어 4단계에서 행복이는 영어 실력을 검증하기 위해 학교 영어 시험을 매개체로 열심히 영어 공부를 했습니다. 행복이는 사립초로 전학을 가자마자 시험유형도 모른 채 영어 시험을 준비하고 영역별로 영어 시험을 보는 게 처음이라 긴장을 많이 했지만, 결과는 평균 99점이었습니다. 다음 시험에서는 전 영역에서 만점을 받았고, 2학기 때도 한 번 더 전 영역 만점을 받았습니다.

행복이가 거둔 성과는 2년 반 정도 쌓은 영어 실력과 도구적 동기가 적절히 어우러진 결과였습니다. 이때의 도구적 동기는 5학년 때 다른 교과목을 공부할 때도 발현됐어요. 그 덕분에 학교 시험에서 전 과목

평균 99.75점을 받았고, 영재교육원에 또다시 입학을 했습니다.

도구적 동기를 만드는 아이의 꿈, 무료 직업 프로그램으로 알아보자

아직 아이가 꿈을 찾지 못했다면 아이의 꿈과 목표를 찾기 위한 대화를 꾸준히 시도해야 합니다.

엄마표 영어 2단계에서 소개한 '주니어 커리어넷(https://www.career. go.kr/jr/)' 기억나시나요? 홈페이지 상단에 있는 메뉴 중 '나를 알아보아요'에는 3가지 하위 메뉴가 있는데, 그중에서 '고학년 진로흥미탐색'을 활용해보세요. 아이의 흥미 유형이 '현실형, 탐구형, 예술형, 사회형, 진취형, 관습형' 중 무엇인지를 점수로 알려줍니다. 또한 그 점수를 바탕으로 '나의 주요 흥미 유형과 관련된 특성 및 추천 직업'과 '나의 흥미와 관련된 학습 방법' 등도 알려줍니다. 주니어 커리어넷에는 '진로 정보를 찾아봐요'와 '진로 고민이 있어요'도 있습니다. '진로 정보를 찾아봐요'에서는 '미래 직업 정보, 미래 사회의 직업' 등에 대해 알려주고, '진로 고민이 있어요'에서는 진로 상담을 신청할 수 있어요.

아이의 꿈은 학습의 목적성과 의지력, 지속성을 높이는 길입니다. 꿈을 이루는 데 있어 공부가 중요하다는 사실을 인식함으로써 도구적 동기가 생기게 만드세요. 그러면 긍정적인 태도로 공부하게 되어 좋은 성과를 기대할 수 있습니다. 학교 영어 시험처럼 목표를 세워 영어 공부를 시키고 싶다면 초등영어 인증 시험인 TOEFL Junior, TOSEL, JET, TOEIC BRIDGE 등을 활용하세요.

진로정보망 커리어넷, 주니어 커리어넷

장문의 원서형 글
두 번 풀며 적응하기

정독과 다독하기

이 단계 리딩은 리버스Rivers의 읽기 발달 단계 중 5단계를 목표로 합니다. 읽기 발달 단계 5단계는 확장 단계로, 학습자가 교사에 대한 의존도를 줄여가며 독립하는 단계입니다. 학습자는 실제 원본 자료를 정독하거나 다독하게 됩니다.*

　이를 위해 행복이는 엄마표 영어 3단계 리딩에서 쉽고 짧게 축약된

---

* Rivers, W., *Teaching Foreign Language Skills*, Chicago: The University of Chicago Press, 1968,

글이 있는 교재를 학습했지만, 4단계에서는 주제가 있는 3~5단락의 장문이 담긴 원서형 교재를 사용했습니다. 또한 영어 원서를 다독하고, 사립초에서 미국 교과서를 공부했어요(미국 교과서의 난도는 행복이의 영어 실력보다 낮아 영어 실력 향상에는 별로 도움이 되지 않았어요).

엄마표 영어 2~4단계는 리딩과 리스닝, 문법에서 학습한 단어와 문장을 익힌다는 점은 같지만 차이점이 있습니다. 2단계와 3단계에서는 화상영어를 하며 많은 회화형 문장을 익히는 데 집중했다면, 이번 4단계에서는 리딩 교재의 학습량을 늘리고 영어 원서 다독에 집중했습니다. 주된 관심 방향이 스피킹에서 리딩으로 바뀐 것입니다. 행복이는 2단계와 3단계에서 많은 문장을 익히다가 4단계에서 읽는 양을 늘리자 오히려 편해 보였어요. 꾸준히 우리말 독서를 해온 행복이에게 읽기는 밥 먹는 것처럼 당연하고 자연스러운 일이었거든요.

우리말 능력으로 영어 실력이 급상승했는지 파악한 뒤 교재 선정

사실 행복이의 4단계 리딩은 성공적이지 못했습니다. 외국어 학습에서 놓치지 말아야 할 것이, 우리말을 통해 이미 학습된 유추력, 추론력, 읽기 방법의 기술, 배경지식을 적절하게 활용하는 것[*]이라는데, 저는 그 당시 행복이의 사립초 적응에 신경 쓰느라 행복이의 영어 실력이 급속

---

[*] 김영미. 조기영어 읽기 지도. 임병빈, 정동빈 편저. 《어린이 영어교육 1-듣기·말하기·읽기·쓰기》. 한국문화사. 2009.

도로 향상되었다는 걸 감지하지 못했어요. 그간 행복이는 우리말 독서를 꾸준히 해서 우리말 능력과 추론력, 배경지식 등이 급성장하고, 영어의 문장 구조까지 익혔는데도 말이죠.

행복이가 이 단계에서 사용한 리딩 교재는 원서형 교재 《Junior Reading Expert 2》, 《Junior Reading Expert 3》, 《Reading Expert 2》(세 권 다 NE능률)입니다. 행복이에겐 이 교재들이 너무 쉬워서 두 권은 3분의 2만 학습했어요. 제가 교재 선정에 실패한 이유는 단순히 한 단계 높인 교재를 선택하고, 사립초에 적응하는 아이를 배려한 탓이었습니다. 행복이처럼 꾸준히 우리말 독서를 하고 전 단계에서 영어의 문장 구조를 제대로 익혔다면 영어 실력이 급상승했을 수 있으니 교재 선정 시 더 신경 쓰세요.

여러 권이 한 시리즈라면 적당히 Skip!

행복이가 사용했던 중등용 교재 《Junior Reading Expert 1~4》는 각 권이 40개의 지문으로 구성되어 있습니다. 고등용 교재 《Reading Expert 1~5》는 각 권이 30개의 지문으로 구성되어 있습니다. 이 교재들처럼 4~5권이 한 세트로 구성되어 있다면 교재의 순서를 건너뛰어 학습해도 좋습니다. 학원이라면 모든 아이들의 수준을 고려해서 전 단계를 차례차례 밟을 겁니다. 하지만 엄마표 영어의 장점이 '내 아이의 실력을 파악해 난도 조절이 가능하다'는 것이니 이를 충분히 활용하세요.

행복이는 일주일에 두 개의 지문을 풀었는데, 그런 식으로 학습하면 두 세트의 교재를 모두 학습하는 데 대략 3년이 소요됩니다. 3년은 매우 긴 시간입니다. 교재의 단계를 건너뛰든지, 일주일에 여섯 개의 지문을 푸는 식으로 학습 속도를 높여주세요. 아이가 일주일에 여섯 개의 지문을 풀 수는 있겠지만 다 소화하지는 못할 겁니다. 저는 행복이의 리딩 정답률이 95~100%를 유지한다면 교재의 3분의 2만 사용했습니다.

4단계 리딩 학습 방식

듣고 읽기 → 의미 파악 → 노트 정리 → Test

행복이는 일주일에 1회, 영어 교재를 사용해 지문 하나로 60분간 리딩 학습을 했어요.

학습 전

① 아이는 리딩 지문의 문제를 두 번씩 풉니다. 처음엔 영어단어카드를 보지 않고 문제를 풀고, 두 번째에는 단어카드를 보고 풉니다. 아이가 지문을 읽을 때 모르는 단어에 밑줄을 치게 하세요. 이 방법으로 지문 두 개를 풉니다.

② 아이가 푼 문제를 아이 또는 부모님이 채점한 뒤 아이와 의논해 지문 두 개 중 수업할 지문 하나를 선택합니다.

③ 부모님은 두 개의 지문에서 아이가 밑줄을 쳐둔 단어를 다음사전 앱이나 네이버사전 앱 등의 영어단어장에 정리합니다. 필요할 때 앱 단어장으로 아이에게 지체 없이 발음을 들려줄 수 있어요. 이때 부모님도

교재를 읽어 모르는 단어가 있다면 찾아보고, 답지를 읽어 지문의 내용을 알아보세요.

학습 시

④ 지난주에 학습한 지문의 음원을 들으며 복습합니다.

⑤ 수업은 '이번에 학습할 지문의 단어장이나 단어카드 읽기 → 지문 전체 듣기 → 한 문장씩 들려주고 아이가 따라 읽기 → 한 문장씩 들려주고 아이와 부모가 함께 따라 읽기 → 한 문장씩 들려주고 아이는 의미를 말하기 → 따져볼 만한 문장을 다시 해석하기 → 지문 전체 듣기 → 지문 전체 읽기' 순서로 진행합니다. 음원을 듣고 따라 읽는 횟수는 가감할 수 있습니다.

⑥ 틀린 문제는 부모님이 답지를 참고해 설명해줍니다.

학습 후

⑦ 부모님은 노트에 아이가 공부를 하며 발견한 모르는 단어, 외울 만한 문장, 단어장이나 단어카드 등을 정리합니다.

⑧ 아이는 노트에 적힌 내용을 암기해 테스트를 봅니다.

⑨ [선택] 엄마표 영어 3단계에 있는 '문법이 적용된 문장을 체득하는 반복학습법'(298쪽)을 참고해 노트에 문법이 적용된 문장을 정리합니다.

⑩ [선택] 아이는 부모님이 노트에 정리한 문법이 적용된 문장을 쓰고 말합니다.

⑪ 시간이 될 때 수시로 음원을 들으면 좋습니다.

두 개의 지문 풀기

이 단계에서는 전 단계와 다르게 두 개의 지문을 풉니다. 행복이가 사용했던 교재처럼 지문이 많은 교재 4~5권이 한 세트라면 일주일에 하나의 지문을 학습하는 것만으로는 진도를 빼기에 역부족이거든요. 4단계 정도 되면 아이의 영어 성장 속도가 빠르니 영어 지문 두 개를 학습하며 문제 해결력을 더 길러주세요.

아이가 지문 두 개를 읽고 문제를 푼 뒤에는 둘 중 더 어려웠거나 더 깊이 공부해볼 만한 지문 하나를 선택해 부모님과 함께 학습합니다. 나머지 지문은 틀린 문제를 확인해서 왜 틀렸는지 알아보고, 어려웠던 문장이 있다면 답지를 보며 다시 해석하게 합니다.

문제를 두 번 반복해서 풀기

이 단계 리딩부터 교재의 문제를 두 번 반복해서 풉니다(행복이는 이를 거부해 후반부가 돼서야 두 번 반복해 풀었지만 초반부터 두 번 풀면 좋습니다).

처음 문제를 풀 땐 영어단어카드를 보지 않고 문제를 풉니다. 이때 아이는 우리말로 키워진 추론력이 사용됩니다. 하지만 모르는 단어가 나왔을 때 그 의미를 파악하면서 추론력이 키워지기도 합니다. 두 번째로 문제를 풀 땐 영어단어카드를 보고 문제를 풉니다. 이 과정에서 부모님은 아이의 독해 능력과 지문 이해력을 가늠할 수 있고, 아이는 단어장에 있는 단어를 이용해 의미를 정확하게 파악하는 연습을 하게 됩니다.

행복이는 발달된 우리말 능력으로 내용 예측을 잘해서 교재의 문제를 거의 다 맞혔습니다. 완벽하게 해석하지 못하는 문장이 아주 가끔 있었지만 대충이나마 의미를 파악했습니다. 교재를 중등용 교재에서 고등용 《Reading Expert 1~5》로 바꾼 뒤에도 정답률이 높아 결국 이 시리즈는 한 권만 사용하고 다른 시리즈로 바꿨어요. 아이의 도전의식을 불러일으키는 한두 문장이 있을 수는 있지만 단어카드 없이 5문제 중 3~4문제를 맞히고, 단어카드를 보고 4문제 정도 맞혔다면 양호한 실력입니다.

코칭법 3

문장이 흡수되게 여러 번 듣고 읽기 ★★

지문의 양이 전 단계보다 두 배 정도 많아지고 음원의 길이도 길어져 아이는 힘이 더 들겠지만, 그렇다고 리딩을 소홀히 하면 안 됩니다. 제 엄마표 영어는 단순히 문장을 암기하는 것에서 만족하지 않습니다. 음원을 여러 번 듣고 따라 읽으며 문장이 내 것이 되게 흡수한 뒤 암기하는 것이 포인트입니다. 문장 습득 외에도 문장을 읽으며 영어로 의미를 이해해 받아들이는 연습도 하게 됩니다.

엄마표 영어 2단계와 3단계에선 "크게/작게/귀엽게" 식으로 재미있게 읽게 했지만 이제부터는 그 횟수를 전보다 줄이세요. 몇 문장만 재미있게 읽어도 분위기가 밝게 전환될 겁니다. 저는 이때부터 행복이에게 공부를 대하는 진지한 자세를 심어주고 싶어서 재미있는 수업 분위기를 차츰 줄여나갔습니다. 대신 정서적 유대나 가벼운 유머, 격려, 응원 등으로 밝은 분위기는 유지했어요.

코칭법 4
따라 읽기 속도를 높이기 ★

이 단계 리딩에서는 음원보다 빠르게 읽히세요. 리딩 음원은 대개 리스닝 음원보다 느립니다. 좀 더 빨리 읽기에 벅찬 속도가 절대 아닙니다. 리스닝에서 습득한 연음, 축약, 플랩 현상 등의 스킬을 이용해 빠르게 읽으며 영어 실력을 향상시키세요. 아이가 리스닝 스킬을 잘 모른다면 부록 7(리스닝 실력을 높이는 15가지 스킬)을 참고해 알려주세요. 음원 속도보다 빠르게 읽다 보면 리스닝 실력도 동시에 향상될 겁니다.

다음 단계 리스닝은 토플형 리스닝으로, 원서형 지문을 리스닝으로 듣고 푸는 겁니다. 빠른 듣기 속도에 적응하려면 리딩 속도도 빠르게 훈련시키세요.

코칭법 5
문법이 적용된 엄선된 문장으로 의미 파악 능력을 향상시키기 ★

글의 의미를 파악할 때 답지에 구문 해설이 있다면 이를 활용하세요.

아이가 해석할 수 있는 문장이라도 구문 해설을 읽어 문장의 구조를 익히게 합니다. 이 단계에서 행복이는 온라인 영어 도서관을 이용하기 시작하고 영어 원서를 다독해 3단계에서 했던 '문법이 적용된 문장을 체득하는 반복학습법'을 하지 않았어요. 하지만 아이의 실력이 아직 부족하다면 3단계처럼 문장의 구조를 체득하는 반복학습을 시키세요. 이때 답지에 있는 구문 해설 문장이나 부록 5(4단계 리딩의 독해 실력을 높이는 엄선된 문장)를 이용해도 좋습니다.

이 단계의 리딩에서는 심화 문법을 알아야 의미를 파악하기 쉽습니다. 하지만 아이가 중2 수준의 문법을 학습하고 있어 다루지 않은 문법도 있을 테니 부록 5를 활용하세요. 아이가 부록 5에 있는 문장을 일주일에 1~2문장씩 정리해 암기한다면 지문의 의미를 파악하는 데 어려움이 덜할 겁니다.

코칭법 6

아이가 직접 노트 정리, 테스트는 전 단계처럼 ★★

아이주도 영어 학습을 위해 4단계 후반부터는 아이에게 노트 정리법을 가르치세요. 5단계부터는 아이가 노트 정리를 직접 할 수 있어야 합니다. 아이는 스스로 노트 정리를 하며 자기주도학습 능력을 키울 거예요.

방법은 이렇습니다. 노트에 아이가 모르는 단어와 외울 만한 문장을 적게 합니다. 단어와 문장을 합쳐 24개 이상도 괜찮습니다. 아이는 여러 번 지문을 읽으며 이해했던 단어와 문장을 암기하니 장기기억 효과는 물론 응용력도 기대해볼 수 있습니다. 이런 문장과 단어를 익혀야 아이의 영어 실력이 향상됩니다.

이 단계 리딩 지문에 쓰인 문장은 전 단계보다 길어졌어요. 아이가 긴 문장을 통째로 외울 수 있다면 외우면 되지만, 아이가 부담스러워한다면 문장의 일부를 외우게 해도 됩니다. 콤마(,)를 기준으로 문장을 나누면 최대한 문장 형태를 살릴 수 있을 겁니다.

테스트는 전 단계에서 했던 것처럼 2주에 한 번은 건너뛰어 아이의 부담을 줄여주고, 테스트 한 번은 주말에 봐도 됩니다. 저는 행복이가 힘들어하면 주말에 한 번 테스트를 보게 했습니다.

원서형 리스닝 준비하기

리스닝 능력 향상을 위해 '반복 듣기+자료 난도 UP'

듣기 이해listening comprehension란 연속되는 소리를 듣고 의미를 구성하는 복잡한 과정입니다.* 영어와 같은 외국어는 우리 귀에 익숙하지 않고 모르는 단어도 많아서 반복해서 듣는 것이 기본입니다. 《어린이 영어교육 1-듣기·말하기·읽기·쓰기》에 반복 듣기의 중요성이 잘 설명되어 있어 여기에 옮겨봅니다.

---

* Lundsteen, S. W., *Listening, Its Impact on Reading and the Other Language Arts (revised edition)*. Urbana, IL: National Council of Teachers of English. 1979.

모국어를 들을 때는 모든 과정이 자동화되어 있기 때문에 단어나 언어 구조에 별로 주의를 기울이지 않아도 쉽게 이해합니다. 반면, 외국어인 영어를 들을 때는 듣기 과정이 자동화되어 있지 않아 이해하는 데 어려움을 겪습니다. 그러므로 영어 듣기 능력을 기르기 위해서는 듣고 의미와 연결시키는 과정이 자동화될 때까지 반복해서 듣는 연습이 많이 필요합니다. 또한 조금씩 어려운 자료의 사용을 늘려야 합니다. 단어와 언어 구조에 대한 친숙도가 증가하면 듣기 능력이 증진됩니다.[*]

이 단계 리스닝에서는 이런 점을 고려해서 반복 효과가 있고 조금 어려운 난도의 지문을 들을 수 있는 교재를 사용합니다. 일부 문제라도 난도를 높여놓아야 다음 단계 리스닝의 수준을 높일 수 있으니까요.

4~5권이 한 세트라면, 첫 교재부터 시작? Skip해도 될까?

행복이가 이 단계에서 사용한 교재는 원서형 리스닝 교재 《Listening Insight 1~5》(ETOPIA)입니다. 총 다섯 권으로 구성된 교재이지만 Level 2부터 시작해서 Level 4까지 세 권만 사용했어요. 네 권 이상으로 구성

---

[*] 이혜경. 초등영어 듣기 지도. 임병빈, 정동빈 편저. 《어린이 영어교육 1-듣기·말하기·읽기·쓰기》. 한국문화사. 2009.

된 교재는 교재별 난도 차이가 크지 않고, Level 1 교재의 경우 대부분 전 단계에서 사용한 교재 시리즈의 마지막 레벨과 난도가 비슷하므로 우선 Level 2와 Level 3 교재를 사서 풀어보고 어려우면 한두 단계 낮은 교재를 사면 됩니다.

또한 교재별로 난도 차이가 크지 않아 시간적 여유가 되면 모든 교재를 풀겠지만 그게 아니라면 세트 중 3권 정도만 풀어도 됩니다. 행복이는 Level 4 교재를 사용할 때 정답률이 98% 이상이어서 다음 단계의 교재를 사용하지 않았어요.

일상적인 주제의 반복 듣기로 스피킹 효과까지

이 교재는 부모님이 아이의 실력을 대충 가늠해볼 수 있는 'Review Test'나 'Final Test'가 없고 받아쓰기의 빈칸이 적어 아쉽습니다. 그럼에도 불구하고 제가 이 교재를 선택한 이유는 두 가지예요.

첫째, 엄마표 영어 2~3단계의 리스닝 교재와 비슷하게 일상생활과 관련된 주제를 담고 있습니다. 이웃, 생활방식, 쇼핑, 여행, 자연, 음식, 건강 등 아이들의 생활과 밀접한 관련이 있는 주제는 교재 선택 시 고려할 사항인 관련성과 응용성을 충족합니다. 관련성은 듣기 내용이 아이들의 일상생활과 관련이 있는 것을 말합니다. 그래야만 아이들의 주의집중을 유도할 수 있고, 진정한 동기 부여를 하게 됩니다. 응용성은 듣기 내용이 다른 교과 및 학교 밖에서도 응용 가치가 있어 대화 소재 등으로 사용되는 겁니다.* 제가 선택한 교재는 이러한 관련성과 응용성이 모두 좋습니다.

또한 일상적인 주제의 영어 리스닝을 반복하다 보면 스피킹으로 연결되는 효과를 볼 수 있습니다. 행복이는 비슷한 주제의 교재 시리즈 세 가지를 학습하며 기초회화 실력을 충분히 키웠기 때문에 사립초에 전학을 가서도 영어 스피킹에 별다른 어려움이 없었습니다.

난도가 높아진 일부 문제로 리스닝 실력 향상 기대

둘째, 이 교재에는 다음 단계의 리스닝을 준비하게 해줄 'Advanced Listening Test'가 있습니다. 이 테스트는 기존의 문제들보다 난도가 높은 문제들로 구성되어 있어요. 특히 일부 사지선다형 문제는 보기에 내용이 없어서 아이가 지문을 기억했다가 보기를 듣고 문제를 풀어야 합니다.

또한 일상과 관련된 주제 외에도 과학, 문학, 문화, 환경 등 다양한 주제를 담고 있고, 다음 단계의 토플형 리스닝 문제와 유사한 한 세트의 문제 형태가 여럿 있습니다. 이 문제들은 난도가 높아지는 다음 단계 리스닝에 대한 적응력을 높여줍니다. 행복이는 초반에 이런 문제들을 어려워해 틀리거나 실수를 했지만 적응한 뒤에는 틀리는 문제가 거의 없었습니다.

---

* 이혜경. 초등영어 듣기 지도. 임병빈, 정동빈 편저. 《어린이 영어교육 1-듣기·말하기·읽기·쓰기》. 한국문화사. 2009.

4단계 리스닝 학습 방식

듣고 풀기 → 의미 파악 → 노트 정리 → Test

행복이는 일주일에 1회 듣기 교재를 사용해 대략 한 유닛을 60~70분 정도 학습했어요. 영어뿐 아니라 전 교과목의 학습량을 늘리는 시점이라 엄마표 영어 3단계 리스닝 때처럼 주말에 리스닝 학습을 했습니다.

학습 전

① 부모님은 답지를 보고 코치할 것이니 답지를 읽어보지 않아도 되지만, 영어 실력이 부족해 걱정이 된다면 답지를 미리 읽어봐도 됩니다. 이때 부모님이 모르는 단어를 다음사전 앱이나 네이버사전 앱 등의 영어단어장에 정리해두면 아이가 공부할 때 지체 없이 발음을 들려주고 뜻을 찾아볼 수 있어 좋습니다.

학습 시

② 지난주에 학습한 유닛의 음원 중 들어볼 만한 음원을 선별해 들으며 복습합니다.

③ 수업은 '노트에 정리한 이번 유닛의 단어와 문장 읽기 → 문제 읽기 → 음원 듣기 → 채점하기 → 받아쓰기를 하며 의미 파악하기 / 음원 듣고 의미 말하기 → 답지를 보며 틀린 문제의 이유 알아보기 → 들어볼 만한 음원을 선별해 다시 듣기 → 다음 유닛의 단어와 핵심 문장 읽어보기' 순서로 진행됩니다. 모든 문제를 한꺼번에 풀고 받아쓰기를 하는 것이 아니라 구성별로('Listen up', 'Unit test' 등) 문제를 풉니다.

학습 후

④ 아이가 공부를 하다가 발견한 모르는 단어, 외울 만한 문장, 다음 유닛의 단어와 핵심 문장을 노트에 정리합니다.

⑤ 아이는 노트에 적힌 내용을 암기해 테스트를 봅니다.

⑥ 시간이 될 때 수시로 음원을 들으면 좋습니다.

코칭법 1

일부를 놓쳐도 의미 파악은 할 줄 알아야지

엄마표 영어 3단계의 코칭법 중 '받아쓰기를 하며 의미 파악하기', '한 문장을 여러 부분으로 끊어서 받아쓰기하기', '받아쓰기가 없는 문제는 음원 듣고 의미 말하기', '다음 유닛의 단어와 핵심 문장 암기하기', '실생활에 적용하기' 등은 4단계에서도 똑같이 합니다(방법이 기억나지 않는다면 2단계, 3단계의 코칭법을 참고하세요).

4단계 정도가 되니 행복이는 그간 여러 문법과 구조를 접하고 어휘의 양도 많이 쌓여 리스닝에서 나온 문장의 의미를 막힘없이 파악할 수 있었어요. 어휘와 구조에 대해 친숙해졌다는 게 확실히 느껴졌습니다.

이 단계에서 아이는 문장의 일부를 못 들을 수는 있어도 전체적인 맥락을 파악할 줄은 알아야 합니다. 또한 들을 때 일부 내용을 놓쳐 의미 파악에 실패했더라도 리스닝 지문을 읽을 때는 의미를 정확하게 파악할 수 있어야 합니다.

리스닝 스킬을 점검한 후 강화하기 ★★

다음 단계는 토플형 리스닝 교재로 학습을 합니다. 전보다 말의 속도가 빨라지고 지문 내용과 문제의 수준이 높아지니 잘 들을 수 있는 귀를 만들어야 합니다. 이전에는 리스닝 스킬을 교재 학습을 통해 자연스럽게 알게 했다면 이제는 점검을 통해 부족한 부분을 채워주세요. 다음 단계 리스닝은 리스닝 스킬이 미흡하면 잘 들을 수 없습니다.

아이가 리스닝 스킬을 잘 알고 있는지를 파악하는 간단한 방법이 있습니다. 아이에게 트와이스의 노래 〈Dance the night away〉에서 제목이 들어간 부분을 들려주고 써보게 하세요. 이 부분은 연음과 th(ㄷ) 생략, 플랩 현상의 영향으로 '댄서나이러러웨이(Dancethe night(r)away)'로 들립니다. 아이가 'the' 대신 'a'를 써도 괜찮아요. 하지만 쓰지 못한다면 이제는 부록 7(리스닝 실력을 높이는 15가지 스킬)을 이용해 알려주세요. 아이가 스스로도 충분히 읽을 수 있을 겁니다.

리스닝 스킬이 들어간 부분이 있다면 아이가 여러 번 말하며 익숙하게 만드세요. 예컨대 'Tom and Jenny have a radio.'에서 연음과 플랩이 들어간 'have a radio[해버 레리오]'만 다섯 번 이상 말합니다. 리스닝 스킬이 들어간 모든 문장을 말할 필요는 없고, 아이에게 익숙하지 않은 리스닝 스킬이 들어간 문장만 선별해 말하게 합니다. 한 번 학습할 때 문장 2~3개만 해도 됩니다.

코칭법 3

노트 정리와 테스트는 당근 해야지! ★★

노트에는 아이가 모르는 단어와 외울 만한 문장을 적습니다. 테스트는 단어와 문장을 합쳐 24개 이상을 할 수 있습니다. 이 단계의 후반부터는 아이주도 영어 학습을 위해 아이에게 영어 노트 정리법을 가르치세요.

　이 단계 정도가 되면 암기 속도가 빨라지고 암기력도 향상되었을 겁니다. 행복이뿐만 아니라 제가 가르쳤던 다른 아이들도 날로 암기 속도와 암기력이 좋아졌어요. 혹자는 암기력만 키우는 것이 아닌지 의구심을 갖겠지만, 그러기에는 암기하는 양이 많지 않고 가치 있는 내용들을 암기하기 때문에 암기력 외의 효과도 있습니다.

　여기에 음원을 반복해서 들으며 암기 내용을 다져갑니다. 아이가 시간이 있을 때마다 학습했던 리딩과 리스닝 음원을 들려주세요.

영리하게 중2 수준
문법 마스터하기

학습법과 코칭법

영어와 우리말의 차이 때문에 아이는 영어를 회피할 수 있다

우리말은 우랄-알타이어계 언어라고 하지만 영어는 인도유럽어계 언어로 그 기원이 다릅니다(영어는 인도유럽어계 게르만 어파의 서게르만 어군에 속해요). 문장 구조만 봐도 영어는 '주어+동사~'의 어순이지만 우리말에서는 주어가 처음에 나오고 동사는 문장의 끝에 위치합니다. 영어와 우리말의 이런 차이는 영어를 학습하는 데 어려움을 느끼게 합니다.

　외국어 학습 이론 중 대조분석 가설CAH; Contrastive Analysis Hypothesis이 있습니다. 제1언어(모국어)와 제2언어(영어)가 유사하면 학습자들이 제2언어(영어) 구조를 쉽게 배우지만, 차이가 있으면 학습자들이 어려움을 겪게 된다는 가설입니다.[*] 실제로 우리말과 영어의 차이 때문에 어려움을 느껴 '회피avoidance' 현상이 나타나기도 합니다. 외국어 학습에서의 회피 현상은 외국어 구조와 모국어 구조의 차이가 커서 학습자가 '시도하지 않는 편이 낫겠다'고 생각해 일어납니다.[**] 이 가설로 봤을 때 아이들도 영어 공부에 어려움을 느끼면 회피할 수 있습니다. 그렇다면 어떻게 해야 회피 현상 없이 아이에게 영어를 공부시킬 수 있을까요?

제가 학생들과 행복이를 지도하며 느낀 것은 타고난 언어감각이 뛰어난 아이도 어느 수준에 이르면 더 이상 진전이 어려운 경우가 있다는 것입니다. 아이가 흙수저 언어감각을 가졌다면 더더욱 제대로 된 대책이 필요합니다. 아이가 우리말과의 차이로 영어를 회피하는 상황이 오지 않도록 이 단계 문법에서는 영리하게 코치하세요.

우리말 용어로 원리와 구조를 파악하자

엄마표 영어 3단계에서 학습한 중1 문법과 달리 이번 단계의 중2 문법에는 관계대명사, 관계부사, 간접의문문 등의 심화 문법이 등장합니다. 이런 문법들은 문장의 구조까지 파악해야 제대로 이해할 수 있습니다. 무턱대고 문법 공식을 암기해서 문제를 반복적으로 풀며 패턴을 익혀서 답을 맞혔더라도 문법을 안다고 할 수 없습니다. 여러 문법이 섞

---

[*] Lightbown, P.M. and Spada, N., 《외국어는 어떻게 배우고 가르치는가》, EPUBLIC, 2019.
[**] Schachter, J., *An error in error analysis*, Language Learning 24(2): 205-214. 1974.

이면 문제를 풀지 못할 수 있고, 문법을 라이팅에 적용하지 못할 수도 있거든요. 그러니 단순히 문법 공식을 외우게 하지 말고, 원리를 알고 구조를 이해하게 만드세요. 그러려면 우리말 용어로 배우는 게 낫습니다.

강남 사교육 현장에서 20년 넘게 입시 컨설턴트로 활약해온 강현주 씨는 이런 말을 했습니다.

한국식 문법은 영어로 된 문법과 정말 많이 다릅니다. 가끔 영어로 된 문법책을 가지고 공부하려는 학생들이 있는데, 허세를 충족시키는 데는 좋겠지만 여전히 옛날식 문법 문제가 나오는 학교 시험에서는 전혀 도움이 되지 않습니다(to 부정사의 용법을 구분하는 문제가 아직도 출제되는 것이 현실입니다). (중략) 문법 체계를 공부하는 핵심은 바로 '문장의 구조'를 이해하는 것입니다.[*]

영어로 된 교재로 문법을 배웠다면 우리말로 된 문법 교재로 다시 공부해야 할 확률이 매우 높습니다. 행복이는 우리말로 문법을 배웠어요. 문법은 우리말 용어로 배워야 문법 개념이나 공식 등을 정립하기에 용이합니다. 특히 구조는 우리말로 이해하는 것이 쉽습니다. 어차피 중학교에 들어가면서는 우리나라식 문법을 배웁니다. 중학교 수업이

---

[*] 강현주, 《입시의 정도》, 지식너머, 2019.

나 시험 대비를 위해서라도 우리말로 문법을 배우는 게 낫습니다.

구조까지 고려해 문법을 학습하고, 시간을 벌어 미래에 투자하자

초등 고학년 때 학원에 들어오는 학생들 중에는 문법 교재로 혼자 공부하다가 내용이 어려워서 온 학생들이 있습니다. 그중 일부 학생들은 기계적으로 문제를 풀어 답을 맞히면 진짜로 해당 문법을 잘 안다고 착각합니다. 막상 구조에 대해서 물어보고 라이팅에 적용해보라고 하면 잘하지 못하지요.

문법 교재를 선택할 때는 문제가 많은 것도 중요하지만, 그보다는 자세한 설명이 있는 교재를 선택하세요. 구조적인 분석까지 있으면 더 좋습니다. 행복이는 제가 직접 쓴 교재(출판되지 않았습니다)의 내용이 자세해서 문법 설명을 혼자서 읽고 문제를 풀었습니다. 문장의 구조까지 설명했기에 리딩에서 해당 문법이 적용된 문장을 찾아내 정확하게 의미를 파악했습니다. 게다가 문법의 쓰임과 용도를 알아서 구조적으로 이해하며 문장을 쓸 수 있었습니다. 문법 문제를 푸는 것으로 끝내지 말고 리딩과 라이팅, 나아가 스피킹과 리스닝에도 적용시켜보세요.

요즘 아이들은 4차 산업혁명 시대에 걸맞은 교육도 받아야 하는 만큼 '제대로 된 문법 학습'으로 시간을 벌 필요가 있습니다. 행복이의 영어 향상 비결은 우리말 능력도 있지만, 문장 구조를 보는 눈이 생긴 것도 한몫했습니다.

4단계 문법 학습 방식

문제 풀기 → 채점 후 고치기 → 노트 정리 → Test

행복이는 일주일에 1회, 문법 교재를 사용해 한 유닛의 설명과 기본 문제를 20분 정도 학습한 뒤 남은 문제는 주말에 풀었습니다. 총 소요 시간은 60~70분 정도였어요. 행복이가 사용한 교재는 35유닛으로 구성되어 있지만, 어려운 유닛은 두 번에 나눠서 공부하고 복습도 해 43주 정도 걸려 교재를 끝냈습니다. 이후에는 중3 수준의 문법 교재로 5주 정도 학습했습니다. 행복이의 진도는 빠른 편이니 여러분 자녀의 속도에 맞춰 학습 진도를 정하세요.

학습 전

① 지난주에 영어 노트에 정리한 공식과 문장을 읽으며 복습합니다.

학습 시

② 수업은 '교재의 문법 설명을 읽으며 중요하거나 새로 알게 된 부분에 밑줄 치기 → 기본 문제 풀기 → 채점하고 고치기([선택] → 남은 문제 풀기 → 채점하고 고치기)'입니다.

학습 후

③ 부모님은 영어 교재를 보고 문법 설명, 해당 문법 예문 한 문장 이상, 영어 공부를 하며 발견한 모르는 단어와 정리할 만한 단어를 노트에 정리하고 테스트지를 만듭니다.

④ 학습 시 모든 문제를 풀지 않았다면 남은 문제를 풀고 채점한 뒤 고치기를 합니다.

⑤ 아이는 노트에 적힌 내용을 암기해 테스트를 봅니다.

⑥ 시간이 될 때 수시로 노트 정리를 보면 좋습니다.

코칭법 1

전 단계 코칭법과 같은 점

엄마표 영어를 4단계에서 시작했다면 2~3단계 코칭법을 참고하세요.

행복이는 4학년 때 4단계 학습을 했습니다. 4학년이어도 아직 어려 공부할 때 제가 옆에 있어줘야 좋아했습니다. 그래서 전 행복이가 문법 설명을 읽는 20분 동안 옆에서 같이 있어줬습니다. 아이가 문법 설명을 이해하기 힘들어하고 부모님 역시 그러하다면 동영상 강의를 활용해도 좋습니다.

여러분의 자녀가 행복이처럼 체력이 약하다면 풀다가 남은 문법 문제는 다른 날에 풀게 하세요.

추가로, 이 단계의 후반부터는 아이에게 영어 노트 정리법을 가르쳐줍니다. 테스트는 단어와 문장을 합쳐 24개 이상을 하고, 문법 내용과 함께 예문까지 암기시킵니다.

코칭법 2

꿈과 성과로 4단계 문법 공부를 하게 만들자 ★

중2 문법 교재는 중1 문법 교재보다 어렵고, 문제 푸는 시간도 조금 늘어납니다. 이 때문에 아이는 영어가 어렵고 힘들어졌다고 느낄 수 있으니 이 고비를 잘 넘기도록 도와주세요. 아이가 문제 푸는 것을 두세 번에 나눠서 풀게 해도 좋고, 격려와 응원의 말을 종종 해주세요. 또한 아이가 영어에만 몰두한다는 부담을 느끼게 하기보다 영어를 꿈과 목표를 위한 학습의 일부분으로 생각하게 만들어야 합니다. 그렇게 하면 영어 공부에 대한 부담감은 줄어들고 당위성은 높아집니다.

이 단계부터 행복이는 학습 성과가 나기 시작했다는 걸 스스로 인지하기 시작했습니다. 전 이 점을 이용해 행복이에게 힘든 영어 학습을 이겨낼 수 있는 힘을 만들어주었습니다. 행복이의 꿈이 과학자라 수학과 과학에 신경을 더 써야 했지만 행복이는 수학을 좋아하지 않았기에 영어 진도를 좀 뺀 뒤 5학년 때 수학에 더 집중하자고 했습니다. 지금까지 나온 영어 성과를 본다면 충분히 잘해낼 수 있을 거라며 용기와 의욕을 심어주는 것도 잊지 않았습니다.

코칭법 3

아이의 아웃풋은 목표를 향해 나아가는 힘이 된다 ★

행복이는 단지 영어 리딩만 되는 것이 아니라 스피킹과 라이킹까지 할 수 있게 되니 만족감과 자신감이 커져서 영어 공부를 더 의욕적으로 했어요. 가시적인 성과가 있어야 학습 동기가 유발되어 아이는 앞으로 나아갈 추진력을 얻습니다. 그런데 어떤 학습법은 리딩만 해서 스피킹과 라이팅의 아웃풋이 늦게 발현됩니다. 리딩과 문법, 리스닝 학습을 통해 지속적으로 문장을 이해하고 흡수시키는 제 엄마표 영어라면 다른 학습법보다는 빠르게 아웃풋이 나올 겁니다.

4단계 문법 학습 결과, 행복이는 리딩과 리스닝에서 접했던 심화 문법의 원리와 구조를 이해하고 의미를 정확하게 파악하는 법을 알게 되었습니다. 또한 이런 문법을 영어 일기나 학교 라이팅 수업에서 응용해 썼습니다(행복이가 4, 5학년 때 썼던 영어 일기와 글들은 제 블로그에 있으니 참고하세요).

온라인 영어 도서관에
성공적으로 적응하기

아이들은 싫증을 잘 내서 한 종류의 학습 자료를 반복해서 학습하는 것
보다는, 다양한 방법과 매체를 활용해 동기를 유발하면서 지루하지 않
게 반복하는 것이 효과가 좋습니다. 저는 아이들의 이런 특성을 고려해
행복이에게 온라인 영어 독서 프로그램인 '리틀팍스(LittleFox)'를 하게
했습니다. 참고로, 저는 '행복이가 영어를 즐기며 듣고, 즐기며 읽게 만
드는 것'을 목표로 했습니다.

　온라인 영어 독서 사이트는 리틀팍스 외에도 리딩 게이트(Reading
Gate), 라즈키즈(Raz-kids), 러닝 캐슬 E-라이브러리(Learning Castle
E-library), 텐 스토리(Ten Story) 등 여러 개 있으니 여러분 자녀의 특성

에 맞는 영어 도서관을 찾길 바랍니다.

온라인 영어 도서관의 장점

온라인 영어 독서 사이트의 프로그램('온라인 영어 도서관'이라고도 합니다)이 교육적으로 정말 효과가 있는지 궁금하실 겁니다. 그 궁금증을 풀어드리기 위해 관련 논문의 내용을 인용해 전자책(e-book) 프로그램의 장점을 정리합니다.

첫째, 리딩을 어려워하는 아이들도 전자책의 소리를 듣고 따라 읽을 수 있습니다. 그 과정에서 새로운 단어의 발음까지 알게 됩니다.

둘째, 시각적 효과가 뛰어난 애니메이션과 음악, 효과음이 아이의 흥미를 유발해 학습으로 이어집니다.[*] 물론 아이의 영어 실력보다 전자책의 수준이 많이 높으면 아이는 내용을 이해하기 위해 소리와 글보다는 영상에 더 집중할 수 있습니다. 이 점만 주의한다면 아이가 지루하지 않게 공부할 수 있습니다. 저는 온라인 영어 독서를 시작할 때부터 행복이가 영상보다는 글과 소리에 집중해 전자책을 보도록 코치했습니다.

셋째, 전자책과 관련된 자료가 다양해 학습 효과를 높일 수 있습니다. 리틀팍스는 내용 이해 문제와 단어 테스트 게임, 단어장을 제공합니다.

---

[*] 정진영. 온라인 영어 독서 프로그램을 활용한 중학교 영어 읽기 수업의 교육적 효과. 한양대학교 석사학위 논문. 2016.

온라인 영어 도서관 이용법 1

시작 전에 준비 기간을 갖자

행복이가, 여러 장점을 가진 온라인 영어 도서관에 적응하는 걸 돕기 위해 저는 한 달 동안 공을 들였어요. 리틀팍스는 만화 같아서 적응하기 쉬워 보이지만 영어를 좋아하지 않는 아이에게는 적응이 쉽지 않습니다. 아무리 재미있다고 해도 매일 꾸준히 제대로 보게 만들려면 준비 기간이 필요합니다.

평소에 영상물을 거의 보지 않는 아이라면 바로 온라인 영어 도서관을 시작해도 됩니다. 행복이는 온라인 영어 도서관을 이용하기 전에 영상물을 거의 접하지 않았어요. 스마트폰이 없었고, 인터넷 사용 시간은 제한적이며 적었거든요. 그래도 온라인 영어 독서에 대한 적응력을 높이기 위해 온라인 영어 도서관 시작 한 달 전부터는 영상물 노출을 최소화했습니다. 행복이는 영상에 굶주려서 그런지 만화 같은 전자책을 환장하며 좋아했어요. 그래서인지 온라인 영어 도서관을 거부감 없이 시작할 수 있었습니다.

온라인 영어 도서관 이용법 2

적응 성공과 세 가지 목표

아이가 거부감 없이 온라인 영어 도서관을 시작했다 하더라도 제대로 적응하려면 부모님의 노력이 필요합니다.

온라인 영어 도서관에 성공적으로 적응하는 비밀은 '한 달 동안 같이 보기'입니다. 아무리 영상물에 굶주린 아이라도 영어 만화를 꾸준히 보는 건 힘들어할 수 있어요. 저는 행복이의 온라인 영어 도서관 적응을 위해 행복이가 처음 본 만화 전자책인 《Rocket Girl》을 한 달 동안 같이 봤습니다. 그러면서 세 가지 목표를 세워 진행했어요.

첫 번째 목표는 '제대로 온라인 영어 도서관 보게 만들기'로, 행복이의 실력보다 수준이 조금 낮고 재미가 있는 전자책을 선택해 영상보다는 글과 소리에 최대한 집중해 읽게 했습니다. 행복이는 영상의 도움 없이도 내용을 이해할 수 있어 그나마 적응하기 쉬웠어요.

두 번째 목표는 '온라인 영어 도서관에 빠지게 만들기'입니다. 이를 위해 저는 만화 전자책을 같이 보며 계속 "너무 재미있다! 다음 편 내용이 궁금해 죽겠어!"라고 분위기를 띄웠습니다. 다만, 아이들은 부모님이 거짓으로 하는 행동과 말을 금세 알아채니 내 아이를 위해 정말 즐기려고 애써주세요. 행복이는 제 말에 맞장구치며 만화 전자책을 즐겁게 봤습니다.

세 번째 목표는 '꾸준히 보는 습관 만들기'로, 저는 공부 시간표에 전자책 보는 시간을 넣고 일정한 시간에 전자책을 보게 만들었습니다. 초반에는 알람을 맞춰두면 도움이 될 겁니다.

이러한 한 달 동안의 노력으로 행복이는 자연스럽게 전자책 보는 습관이 잡혔습니다.

행복이는 리틀팍스를 거의 반년 동안 1시간씩 열심히 이용했습니다. 그 후에는 하루 일과의 마지막을 온라인 영어 도서관으로 정해 시간이 없는 날에는 20분 정도, 여유가 있는 날에는 1시간 넘게 봤습니다. 행복이는 온라인 영어 도서관 덕분에 리스닝과 리딩 속도가 빨라져서 엄마표 영어 5단계의 토플형 리스닝에 무난히 적용할 수 있었습니다.

온라인 영어 도서관 이용법 3

전자책과 음원 활용

행복이가 온라인 영어 도서관을 이용하며 실천했던 학습법이 있습니다. 온라인 영어 도서관마다 방식이 조금씩 다르니 참고하고 변형해서 적용하세요.

행복이가 했던 리틀팍스는 세 가지 유형으로 전자책을 볼 수 있습니다. 영어 자막이 없는 애니메이션, 영어 자막이 있는 애니메이션, 그리고 영어책 유형입니다. 영어책은 책의 형태라 작은 만화 화면보다는 영어로 쓰인 글에 집중하며 보는 겁니다. 행복이는 영어책 유형으로 전자책을 보았습니다. 즉 만화를 거의 보지 않고 집중 듣기로 리틀팍스를 활용한 거예요. 이렇듯 아이가 소리에 집중하며 영어 글을 볼 수 있게 코치해야 나중에 화면이 없는 영어 원서에 대한 거부감이 덜합니다.

리틀팍스에서는 전자책의 mp3 파일을 제공합니다. 전자책을 본 후 mp3 파일을 이용해 아침이나 이동 시간에 흘려듣기를 하면 좋습니다. 새로운 것보다는 이미 본 전자책의 음원을 들려주며 복습시키세요.

단어 학습

행복이는 각각의 전자책에 있는 단어장을 확인하며 단어 공부를 했습니다. 단어장으로 단어의 뜻과 발음을 확인할 수 있는데, 행복이에게 온라인 영어 도서관은 보조적인 영어 공부 수단이라 최대한 부담을 주지 않으려고 따로 단어 암기를 하지 않았습니다. 대신 단어를 여러 번 들으며 익히게 했습니다.

또한 게임을 통해 단어의 기억을 강화시켰습니다. 단어의 뜻을 보고 단어를 맞히는 게임이 있습니다. 저는 게임 노트를 만들어 행복이에게 게임에서 받은 점수를 적게 했어요. 제가 정한 점수를 넘어서면 용돈을 주었습니다. 행복이는 용돈을 받기 위해 아주 열심히 단어 공부를 했습니다.

우리말 문해력이 좋으면
영어 원서 읽기가 쉬울까?

학습법과 코칭법

엄마표 영어 교육법은 달라도…

행복이가 4학년 때 우연히 《엄마표 영어 이제 시작합니다》라는 책의
팝업 광고를 봤어요. 그 책은 반디라는 아이가 여덟 살에 영어 공부를
시작했지만 초등학교 졸업 후 2년간의 홈스쿨링으로 열여섯 살에 해외
대학에 입학한 내용을 담았습니다. 행복이처럼 여덟 살 때 영어를 시작
했다는 공통점이 있어 망설임 없이 책을 샀어요. 사실 행복이가 영어
공부를 시작한 시기는 여덟 살인 해의 12월이라 반디보다 1년 정도 늦
었지만요.

　행복이는 반디처럼 하루 3시간 영어에 몰입할 시간과 체력이 되지

않았고, 무엇보다 우리말 독서 시간 확보가 중요했어요. 게다가 저는 행복이에게 중학교 정규과정을 포기시키고 홈스쿨링을 해줄 시간과 자신이 없었습니다. 이렇듯 큰 맥락에서 보면 행복이의 영어 학습법과 반디의 영어 학습법이 다르지만 '우리말 실력이 탄탄해야 영어 습득에 힘이 된다는 걸 믿었다', '영어 학습에 대한 목적과 목표가 분명해야 하며, 초등 6년 동안은 영어 공부에 집중해야 한다'*는 저자의 생각에는 깊이 공감했습니다. 이로써 저는 엄마표 영어에 더욱 힘을 실을 수 있었습니다.

우리말 능력과 영어 실력의 상관관계

저는 《엄마표 영어 이제 시작합니다》에서 반디 친구에 대한 이야기를 읽고 안도했습니다.

반디 친구는 우리말 독서의 바탕이 탄탄하고 두터워서인지 원서 집중 듣기를 통해 읽어내는 속도가 기대 이상이었다. (중략) 지금처럼 원서를 읽어주면 6개월 뒤에는 비슷해질 것을 믿으라고 했다. 반디 친구가 가지고 있는 독서력은 정말 탐이 날 정도였기에 확신이 있었다.*

---

* 누리보듬(한진희). 《엄마표 영어 이제 시작합니다》. 청림Life. 2018.

379

이 글을 접했을 때 행복이는 영어 동화책과 온라인 영어 도서관으로 영어 원서 읽기를 준비하고 있었습니다. 행복이도 반디 친구처럼 독서를 바탕으로 좋은 우리말 능력을 가졌기에 영어 원서 읽기를 잘해낼 거란 안도감과 확신이 생겼습니다. 영어 원서를 척척 읽는 다른 아이들을 부러워하기보다 우리말 독서로 영어와 꿈, 다른 과목까지 잡는 전략을 짠 제 판단이 옳았다고 생각했어요.

우리말 능력과 영어 실력의 연관성에 대해 알 수 있는 반디 친구의 또 다른 이야기를 해보겠습니다.

반디의 친구는 자신이 다른 친구들보다 영어를 늦게 시작했기에 실력이 부족하다 생각했고 과제라도 열심히 해야 한다고 생각했던 것이다. (중략) 선생님의 말씀을 빌리자면 반디 친구의 과제는 매주 성장이 눈에 보인다고 하셨다. (중략) 반디의 친구는 다른 두 친구들보다 독서 내공이 월등했다. 영어도 언어이기에 탄탄한 우리말 내공이 기본이 되는 것이 아닐까.[*]

반디 친구는 성실하고 열심히 준비해 영어 과제에서 두드러진 성장을 나타냈습니다. 하지만 그 이면에는 우리말 독서가 크게 자리 잡고 있었을 겁니다. 우리말 독서는 영어 원서 읽기에도 도움을 주지만 영

---

[*] 누리보듬(한진희), 《엄마표 영어 이제 시작합니다》, 청림Life, 2018.

어의 전반적인 실력 향상에도 도움을 줍니다. 행복이도, 제가 학원에서 가르쳤던 학생들도 그러했습니다.

우리말 독서를 잘해왔다면 영어 원서 읽기는?

이 책을 읽고 몇 달 후 행복이는 영어 원서 읽기를 본격적으로 시작했습니다. 영어 동화책과 온라인 영어 도서관으로 워밍업을 해서 그런지 영어 원서 읽기를 거부감 없이 시작했어요. 영어거부감이 있었던 아이라 걱정이 좀 되었는데 일단 시작이 좋았습니다.

저는 행복이도 반디 친구처럼 될 거란 강한 확신이 있었고 그 확신을 증명할 수 있겠다는 생각에 설레었습니다. 그 설렘은 '행복이는 영어 원서를 잘 읽는다'는 결과로 나타났습니다. 그럴 수밖에 없는 게, 행복이는 이미 856쪽이나 되는 소설을 읽은 터라 100쪽 정도의 책은 제아무리 영어로 쓰였다 해도 부담을 느끼지 않았으며, 모르는 단어가 있어도 이야기를 추론하며 끝까지 읽어나갈 우리말 능력이 있었기 때문입니다. 우리말 독서력이 뛰어나면 영어 원서 읽기가 가능할 거란 제 예상이 기분 좋게 적중한 것입니다.

지금 행복이는 자기 나이의 미국 아이들이 읽는 영어 원서를 읽습니다. 지식책을 읽을 때는 가끔 사전의 도움을 받지만 이야기책은 즐기며 잘 읽습니다. 우리말 독서로 영어 원서 읽기 능력을 잡길 바랍니다.

아이의 취향을 이용해
영어 원서 읽기에 맛들이게 하기

학습법과 코칭법

크라센은 우리말로 된 책을 재미있게 많이 읽으면 외국어를 읽는 능력도 크게 향상된다고 하면서 그 이유에 대해 이렇게 말했습니다.

일단 읽기 능력을 획득하면 읽기 능력이 제2언어로 전이된다. (중략) 읽기는 교과 지식뿐만 아니라 세상에 관한 지식을 제공한다. 우리말을 통해 획득한 지식은 제2언어를 이해하기 쉽게 해준다. (중략) 우리말로 재미있게 책을 읽는 사람은 외국어로도 재미있게 책을 읽는 사람이 될 것이다.*

382

아이의 흥미를 이용해 영어 원서 읽기에 적응하자

행복이는 엄마표 영어 4단계부터 영어 원서를 다독했습니다. 856쪽의 우리말 책인《꼬마 니콜라》를 읽은 그즈음부터 영어 원서를 거부감 없이 읽었어요. 온라인 영어 도서관을 통해 전자책 독서를 6개월 정도 하다가 점점 횟수를 줄이고 영어 원서 읽기를 늘려갔습니다.

4단계 영어 원서 읽기의 목표는 '아이의 흥미를 잡는 영어 원서로 영어 원서 읽기에 완벽 적응하기'입니다. 온라인 영어 도서관을 통해 영어책 독서를 접했어도 아이가 동적인 전자책에서 정적인 영어 원서로 바꾸는 건 쉽지 않습니다. 그러니 일단 재미 중심의 영어 원서를 골라 아이가 읽게 만드세요. 행복이는 이 단계에서 영어 만화와 그림책도 적절히 섞어서 읽었습니다.

행복이는 같은 학년(4학년) 미국 초등학생 수준의 영어 원서 읽기를 목표로 주로 BL 3과 4 정도의 책을 읽었습니다. BL 3은 미국 초등학생 3학년 수준이고, BL 4는 미국 초등학생 4학년 수준입니다. 행복이는 영어 원서 속 어휘를 모를 땐 아주 가끔 사전의 도움을 받았고 대부분은 문맥과 배경지식으로 내용을 추측하며 의미를 파악했습니다.

교재 학습만으로는 다채로운 상황에서 쓰이는 영어를 접하기엔 부족합니다. 영어 원서나 온라인 영어 도서관을 통해 다양한 단어와 문장을 접하게 해주세요.

---

* Krashen, S.D.,《크라센의 읽기 혁명》, 르네상스, 2013.

영어 원서 읽기 코칭법 1

영어 원서 읽기를 만만하게 느끼게 하기

처음에는 자신의 수준보다 낮은 영어 원서를 읽어 영어 원서 읽기를 만만하게 느끼게 해주세요. 그리고 영어 원서가 얇지 않다면 원서 한 권을 며칠 동안 나눠서 읽게 하세요. 챕터북이라면 챕터로 나누면 됩니다. 행복이는 이 시기에 BL 2 수준의 영어 원서를 최소 40분씩 매일 읽었습니다.

영어 원서를 여러 권 준비해서 아이가 읽던 영어 원서에 흥미가 없어지면 과감히 다른 책을 읽게 하세요. 초반에는 재미있는 책만 읽겠지만 나중에는 감동적이거나 우리말 독서 취향과 비슷한 부류의 책, 또래 이야기로 장르가 다양해질 겁니다. 행복이는 음원을 듣지 않고 묵독하는 것을 좋아했으나, 음원을 활용하면 읽기의 지루함이 덜합니다. 단, 음원 속도가 아이의 읽기 속도와 맞는지 확인하세요. 일부 음원은 행복이의 읽기 속도보다 느렸습니다.

영어 원서 읽기 코칭법 2

아이의 흥미를 이용하기

아이의 흥미를 이용해 영어 원서 읽기에 적응시킬 수 있습니다.

그 첫 번째 방법은 영어 만화를 읽게 하는 것입니다. 만화는 문어체 문장과 구어체 문장이 복합적으로 사용되기 때문에 다양한 문장 유형을 접할 수 있는 좋은 읽기 자료입니다.* 만화책은 주로 대화문으로 이루어진 데다 복잡한 구조의 문장이 거의 없어 읽기가 더 쉽습니다. 만화 형식의 영어 원서로 스피킹 학습 효과를 보고, 이야기 배경에 해당하는 문화를 접하게 하세요. 미국이 배경이면 미국 문화를 배울 수 있습니다. 만화 중에는 《Roller Girl》처럼 뉴베리상을 탄 양질의 그래픽 노블도 있습니다. 그래픽 노블은 만화와 소설의 중간 형식으로, 일반 만화보다 철학적이고 진지한 주제를 다룹니다.** 영어 원서 읽기를 힘들어하는 아이라도 만화라면 거부감이 덜하고 더 재밌게 읽을 겁니다.

두 번째 방법은, 아이가 좋아할 만한 소재를 다룬 영어 원서를 고르는 것입니다. 아이들은 코딱지, 똥, 오줌, 트림, 귀지 등 더러운 소재를 좋아합니다. 남자아이들은 더 그래요. 영어 원서를 읽기 싫어하는 아이라도 좋아하는 소재와 내용이라면 웃겨서라도 받아들일 겁니다. 행복이가 《Dirty Bertie》(꼬질이 버티)를 읽다가 주인공이 코딱지 파는 장면을 보여줬을 때 저는 표정을 일그러뜨리며 보기 싫은 척을 했어요. 그랬더니 재미있어하면서 책을 계속 읽어나갔습니다. 아이가 더러운 장면을 보여주면 싫은 표정을 짓는 등 훌륭한 메소드 연기를 하세요.

* 김영미. 조기영어 읽기 지도. 임병빈, 정동빈 편저. 《어린이 영어 교육 1-듣기·말하기·읽기·쓰기》. 한국문화사. 2009.

** pmg 지식엔진연구소 시사상식사전(네이버 지식백과). '그래픽 노블'. https://terms.naver.com/entry.nhn?docId=5668832&cid=43667&categoryId=43667. 2019.03.15 접근.

페어북 활용

한글판이 있는 페어북을 이용하면 영어 원서 읽기의 성공률을 높일 수 있습니다. 아이가 영어 원서를 읽기 힘들어한다면 우선 우리말 번역본을 읽게 한 뒤 시간차를 두고 영어 원서를 읽게 하세요. 아이가 우리말 번역본을 읽고 몇 달이 지나 내용이 가물가물할 시기에 영어 원서를 읽게 해야 합니다. 책 내용을 너무 잘 기억하면 그림만 보거나 내용을 대충 읽을 수도 있거든요. 아이가 우리말 번역본을 재미있게 읽었다면 그 기억 때문에 거부감 없이 영어 원서를 읽을 확률이 큽니다.

저는 행복이가 전에 읽은 우리말 그림책의 페어북인 영어 그림책을 활용했습니다. 행복이는 저와의 좋은 추억이 있는 그림책이라면 시키지 않아도 잘 읽었습니다.

만화

〈Mighty Jack〉
시리즈

◆ BL 2.1~2.5. 200쪽 정도의 두꺼운 책이지만 글밥이 적어 금방 읽을 수 있습니다. 영어 원서를 끝까지 읽었다는 성취감을 주기에 딱 좋습니다.

〈Super Diaper Baby〉 시리즈

◆ BL 2.2~2.5. 영어 원서를 읽기 싫어하는 아이도 읽을 만한 쉽고 재미있는 만화 챕터북입니다. 챕터북으로 넘어가는 과도기에 읽으면 좋습니다.

〈Poptropica〉
시리즈

◆ BL 2.3~3.0. 쉬운 그래픽 노블로, 앱 게임이 있어 흥미를 높일 수 있습니다.

《Roller Girl》

◆ BL 3.2. 뉴베리 아너상 수상작입니다. 성장의 통과의례들을 당차게 겪는 열두 살 소녀의 이야기입니다.

〈Garfield〉 시리즈

◆ 애플리스 외국어사(EPLIS)에서 출판한 가필드 영어 만화책입니다. 이 출판사의 책에는 영영단어 정리와 Words & Idioms 코너가 있어 학습에 효과적입니다.

재미있는 주제의 챕터북

〈The Princess in BLACK〉 시리즈

✦ BL 3.0~3.4. 챕터북으로 넘어가는 과도기에 읽기 좋은 올 컬러 챕터북입니다. 홈페이지(www.princessinblack.com)에서 회원가입 없이 무료로 자료를 다운로드할 수 있습니다.

〈Dirty Bertie〉 시리즈

✦ BL 3.1~3.5. 20권이 넘는 시리즈로 코딱지, 벼룩, 트림, 벌레 등이 소재입니다. 영어 원서를 읽기 싫어하는 아이들에게 강력히 추천합니다. 영국식 영어로 쓰였습니다.

〈DATA〉 시리즈

✦ BL 3.3~3.7. 총 7권입니다. 모험, 판타지, 공상과학, SF 장르를 좋아하는 아이들에게 추천하고 싶습니다.

〈Inspector Flytrap〉 시리즈

✦ BL 3.3~3.9. 행복이가 강력히 추천하는 책입니다. 식물계 최초 탐정인 파리지옥 이야기입니다.

〈The Story treehouse〉 시리즈

✦ BL 3.2~4.3. 행복이가 강력 추천하는 유머 가득한 챕터북입니다. 시리즈물이라 여러 층의 나무집 이야기가 있습니다.

〈Lotus Lane〉 시리즈

✦ BL 3.5~4.2. 귀여운 키키, 미카, 룰루, 코코가 주인공입니다. 아기자기한 일기장을 보는 느낌을 주는 책입니다.

〈Captain Awesome〉
시리즈

✦ BL 3.8~4.0. 히어로물을
좋아하는 남자아이들에게
추천하고 싶은 영어 원서
입니다.

〈Geronimo
Stilton〉 시리즈

✦ BL 3.0~4.0. 70권이 넘
는 시리즈로, 아이가 이
책만 고집할 정도로 재미
있습니다.

〈Captain
Underpants〉 시리즈

✦ BL 4.4~5.3. BL 지수는
높지만 내용은 저학년 아
이들도 볼 수 있을 정도로
이해하기 쉽습니다. 내용
이 유익하지는 않아서 '영
어 원서 읽기 적응'이 목표
인 시기에 읽히기 적당한
책입니다.

영어 원서 읽기 적응을 위한 책 3

그림책

〈Curious George〉 시리즈

✦ BL 1.6~4.1. 100권이 넘는 시리즈입니
다. 호기심 많은 꼬마 원숭이 조지가 주인
공입니다. 우리말 번역본으로는 《신나는
페인트칠》, 《아프리카여 안녕!》, 《따르릉
따르릉 비켜나세요!》 등이 있습니다.

《Library Lion》

✦ BL 2.8. 우리말 번역본은 《도서관에 간
사자》입니다. 해외와 국내에서 우수 그림
책으로 선정되었습니다.

《It's a secret!》

◆ BL 3.0. 우리말 번역본은 《비밀 파티》입니다. 영국 3대 일러스트레이터인 존 버닝햄의 작품입니다.

《Where the wild things are》

◆ BL 3.4. 우리말 번역본은 《괴물들이 사는 나라》입니다. 칼데콧상 수상작입니다.

추가 학습

미국 교과서, 단어집 등

행복이는 4단계 학습 초반에 사립초로 전학을 가서 더 이상 화상영어를 하지 않았습니다. 사립초에서는 원어민 선생님과 일상적인 수업을 하기 때문에 충분히 말할 기회가 생겼고, 행복이 입이 어느 정도 트였다고 판단했기 때문입니다. 아이가 사립초를 다니지 않는다면 화상영어의 횟수와 시간을 유지하거나 시간이 부족하다면 줄입니다. 화상영어 횟수를 줄이거나 안 한다면 리스닝에서 배운 문장들을 아이가 발화할 수 있도록 신경 써주면 좋습니다.

　사립초에서 행복이는 미국 교과서인 《Story Town 3.2 Breaking New Grounds》(Harcourt)로 공부했습니다. 이 책은 문학, 사회, 예술, 과학 등의 주제로 구성되며, 어려운 단어가 있어도 문장 구조가 쉬워서 아이 혼자서 공부할 만합니다. 엄마표 영어로 활용할 땐 별도로 구매 가능한

CD를 활용하세요.

미국 교과서를 이용한 대략적인 영어 학습법은 이렇습니다.

'CD를 1~2회 듣기 → CD를 들으며 2~3회 따라 읽기 → CD를 듣지 않고 속으로 읽으며 모르는 단어에 밑줄 치기. 이때 앞뒤 문맥을 통해 모르는 단어의 의미를 추측하며 글의 내용 파악하기 → 단어의 뜻을 찾은 후 다시 읽기(듣고 따라 읽는 횟수는 가감할 수 있습니다)'.

미국 교과서 대신 영어 원서로 대체 가능합니다.

행복이는 일주일에 한 번, 숙제로 영어 일기를 쓰는 것으로 라이팅 학습을 대체했습니다. 이 시기에는 중등 심화 단계의 단어집인 《주니어 능률VOCA 실력편》으로 어휘 학습을 했습니다. 예문까지 꼼꼼히 읽으며 단어집을 암기한 후 모르는 단어만 1~2회 복습했습니다.

한눈에 보이는 진도표와 학습법

이떤 학습법과 교습법이라도 꾸준히 하면 반드시 효과가 나니 아이가 꾸준히 실천할 수 있도록 도와주세요. 전에도 얘기했듯이 절대적인 학습법과 교육법은 없습니다. 행복이의 학습법을 토대로 여러분의 자녀에게 맞게 조절하세요. 행복이는 4단계 학습을 하는 데 12개월이 걸렸지만, 학교 시험과 학교 영어 시험을 준비했던 2개월 동안은 학습하지 않아 실제로 10개월이 걸렸습니다.

← 10개월 →		
우리말 독서(여러 시리즈 소설을 읽고 좋아하는 작가 만들기)***		
꿈과 목표 그리고 영어(꿈으로 도구적 동기 만들기)		
중등 원서형 리딩 1 《Junior Reading Expert 2》	중등 원서형 리딩 2 《Junior Reading Expert 3》	고등 원서형 리딩 3 《Reading Expert 2》
중등 원서형 리스닝 1 《Listening Insight 2》	중등 원서형 리스닝 2 《Listening Insight 3》	중등 원서형 리스닝 3 《Listening Insight 4》
중2 수준 문법 '제대로 철저한 영문법 2'(미출간 교재)		
중등 심화 영어단어집 《주니어 능률VOCA 실력편》		
온라인 영어 도서관 '리틀팍스'		
+		
영어 원서 다독		

1. 우리말 독서***와 꿈과 목표

여전히 공부 시간표나 공부 목록표의 첫 일과는 우리말 독서입니다. 행복이는 이 단계에서 주중에는 1시간 이상, 주말에는 4시간 이상 독서를 하고, 일요일에는 하루 종일 독서를 하기도 했습니다. 이 단계에서 아이가 여러 소설 시리즈를 읽고 좋아하는 작가를 만들게 해주세요.

아이는 소설도 읽지만 일주일에 최소 2권 이상의 지식책도 읽어야 합니다. 행복이는 이 단계에서 매달 영어 원서를 포함해 17~25권의 책을 읽었습니다. 아직까지 우리말 독서 습관이 잡히지 않았다면 영어 공부 시간을 줄여서라도 반드시 우리말 독서를 해야 합니다.

이 단계에서는 영어를 포함한 학습의 전 영역에 도구적 동기를 적용합니다. 꿈이 있어야 도구적 동기가 생기니 아이의 꿈을 찾기 위해 '주니어 커리어넷' 등을 이용하세요.

2. 공부 습관을 잡고 아이와 좋은 관계 유지하기

이 단계부터는 아이주도 영어 학습을 위한 준비가 슬슬 시작됩니다. 아이의 공부 습관이 제대로 잡혀 있지 않다면 아이주도 영어 학습에 실패할 수 있으니, 더 늦기 전에 공부 습관을 바로잡아주세요.

아이주도 영어 학습은 자기주도 영어 학습이라고 생각하면 됩니다. 행복이는 이 단계에서 공부 목록표를 사용했는데, 아이의 공부 습관이 제대로 잡혀 있지 않다면 공부 시간표를 짜서 실천하게 하세요. 공부 목록표와 공부 시간표에 대해서는 0단계에서 설명했습니다.

엄마표 영어의 지속성을 위해 아이와의 유대관계는 필수임을 명심하세요.

3. 학습 횟수와 시간

이 단계에서 아이가 어려워하는 영역이 있다면 비슷한 수준의 문제집을 한두 권 더 풉니다. 교재 브랜드를 달리 한다면 비슷한 수준의 교재 찾기가 더 쉬울 겁니다.

① 행복이는 일주일에 3회(수, 금, 토) 교재 학습을 했습니다.
② 학습 시간은 리딩 60분, 리스닝 60~70분, 문법 60~70분 정도입니다.
③ 일하는 부모님이라면 주말을 이용해 한두 영역을 학습시키세요. 부모님이 영역을 나눠 코치해도 좋습니다.

4. 간략한 수업 방식

부모님이 옆에서 서포트해주는 아이주도형 엄마표 영어에서 아이주도 영어 학습으로 전환하기 위해 이 단계의 후반부터는 아이가 노트 정리를 직접 할 수 있도록 지도하세요.

① 리딩: 아이가 문제를 두 번 풀게 한 후 채점을 해주고
↓
아이가 모르는 단어를 미리 찾아 앱 단어장에 정리하고
↓
음원을 틀어 따라 읽게 하고
↓
노트 정리를 하고
↓
[선택] 반복학습하는 문법이 적용된 문장을 노트에 정리하고 검사합니다.
↓
노트에 정리된 내용으로 테스트를 합니다.

② 리스닝: 음원을 틀어주고
↓
문제 푼 것을 채점해주고
↓
받아쓰기를 할 때 맞혔는지 틀렸는지 알려주고
↓
노트 정리를 하고
↓
노트에 정리된 내용으로 테스트를 합니다.

③ 문법: 문법 내용을 읽게 하고
↓
문제 푼 것을 채점해주고
↓
노트 정리를 하고
↓
노트에 정리된 내용으로 테스트를 합니다.

④ 행복이는 추가 학습으로 온라인 영어 도서관을 이용해 영어 원서 읽기를 워밍업하고, 영어 원서를 다독하고, 단어집을 공부했습니다. 사립초에서는 일주일에 한 번 영어 일기를 검사하는데, 이는 화상영어의 교정 서비스로 대체할 수 있습니다.

5. 노트 정리와 테스트

행복이는 단어와 문장을 합쳐 24개 이상을 주 5회 테스트 보았습니다. 테스트용으로 정리할 내용이 부족하면 단어집으로 채우세요. 일주일에 한 번 정도는 주말에 테스트를 볼 수 있게 허용하고, 2주에 한 번은 테스트를 건너뜁니다.

6. 엄마도움표 영어

적극적 엄마도움표 영어(엄마표 영어+외부 도움)와 소극적 엄마도움표 영어(학원표 영어+엄마표 영어), 변형된 엄마도움표 영어(2~3시간 몰입 영어+엄마표 영어)에 대한 내용은 '2단계 한눈에 보이는 진도표와 학습법'을 참고하세요. 부모님이 코치하기 어려운 영역이 있다면 동영상 강의나 과외 등으로 대체하세요. 부모님이 코치하기 부담스러우면 엄마표 영어는 오래 지속되기 힘듭니다.

주 3회 고등 수준/
토플형 영어 배우기

기간: 10개월 (행복이 초5 ~)

◆ **아이의 목표**

토플형 리딩과 리스닝에 잘 적응하기

◆ **엄마의 미션!**

1. 알람 없이도 시간에 맞춰 학습시키기

2. 튼튼한 손가락을 이용해 10분 정도 단어 검색해 정리하기

3. 필요하다면 답지를 휘릭 들여다보기

4. 가벼운 유머, 온기를 느낄 수 있는 학습 분위기 만들기

5. 졸지 않고 음원 틀어주고, 학습 후에도 음원을 듣게 하기

6. 학습 중반까지는 10분 정도 단어와 문장, 내용을 노트에 정리해주기

7. 잊지 않고 테스트를 봐주고, 아이에게 필요하다면 이 책의 부록을 보여주기

8. 영어 학습량을 잘 소화하도록 아이 옆에서 응원하기

[문해력 독서법]

이야기책과
지식책의 균형 잡기

필수 조건

아이의 대학생활과 미래의 직업을 위한 선택

대부분의 부모님은 자녀가 어디서든 영어로 어려움을 겪지 않길 바랍니다. 저 역시 행복이가 대학을 다니고 사회생활을 할 때 자신의 전공 분야에서 영어 논문을 쓰고 영어로 강의하길 바라는 마음이 큽니다. 그렇다면 고등영어를 중간 정도 마친 이 시점에서 영어 학습의 방향을 어떻게 잡아야 할까요? 수능영어로 직행할 수도 있고, 아이의 대학생활과 미래의 직업을 위해 아카데믹한 영어를 한 뒤 수능영어로 가는 우회의 길을 택할 수도 있습니다.

많은 아이가 중학생이 되면 본격적으로 수능을 대비한 학습 체제로 들어섭니다. 내신과 수능을 준비하려면 마음의 여유가 없기 때문에 수능과 동떨어진 방식으로 영어 학습을 하는 걸 선호하지 않습니다. 그러니 초등학생 때라도 아카데믹한 영어를 접할 기회를 주세요.

그래서 제 엄마표 영어 5단계에서는 토플TOEFL형 교재로 학습합니다. 토플 리스닝은 수능 리스닝과 다르지만, 토플 리딩은 수능에도 도움이 됩니다.

시사적이고 학문적인 내용의 이해를 위해 지식책을 접하게 하자

행복이가 사용했던 토플형 리딩과 리스닝 교재의 주제는 과학, 경제, 기술, 예술, 역사, 사회 이슈 등입니다. 교재의 주제와 내용이 아이의 지적 수준보다 높습니다. 아이가 이처럼 어려운 내용을 예측해서 이해하려면 우리말 독서로 쌓은 배경지식이 필수입니다. 또한 이러한 교재로 학습을 하면서 배경지식을 쌓기도 합니다. 교재에서 배경지식을 추가로 얻기 위해서라도 관련 배경지식(배경지식의 배경지식)이 필요합니다. 의학박사 김영훈 씨는 배경지식에 대해 이렇게 언급했습니다.

뇌는 새로운 정보가 자신의 경험과 연관될 때 쉽게 이해하며, 이해한 뒤에야 그것을 의미 있는 정보로 받아들인다. 그래서 배경지식이 중요한 것이다. 아이는 이해가 되지 않으면 암기한다.*

398

아이가 교재의 내용을 이해하며 쌓은 배경지식은 단순암기로 쌓은 배경지식과는 다르게 제대로 흡수됩니다. 아이가 시사적이고 학문적인 내용을 이해할 수 있도록 본격적으로 균형 잡힌 지식책을 건네주세요.

한국십진분류법을 이용해 독서 편식을 없애자

이 단계에서 저는 '한국십진분류법KDC; Korean Decimal Classification을 이용해 균형 잡힌 독서 습관 만들기'를 실천했습니다. 한국십진분류법은 우리나라의 대표적인 도서 분류체계로, 000~900번 대까지 총 10개의 주제로 도서를 나눕니다. 도서관에서는 이 분류법에 의해 책을 분류합니다.

행복이는 독서 편식이 심하진 않았지만 비교적 덜 읽는 주제가 있었습니다. 자주 접하지 않는 주제는 배경지식과 어휘가 부족하기 마련이라 저는 행복이의 독서 편식 습관을 바로잡으려고 노력했습니다.

독서 불균형을 바로잡아야 하는 또 다른 이유는, 4차 산업혁명이라는 시대의 흐름에 따라가려면 문과형 아이들은 이과 분야의 책을 읽어 이과적 사고를 보충하고, 이과형 아이들은 문과적 소양을 쌓아야 하기 때문입니다. 괜히 인문학 열풍이 온 게 아닙니다. 글로벌 IT 기업인 애플의 공동창업주 스티브 잡스는 철학을 전공했습니다. 자신의 영역에 매몰되지 않고 다른 영역의 책을 읽어 융합적 사고를 해야 4차 산업혁명의 흐름에서 성공적으로 살아갈 수 있습니다.

---

* 김영훈, 《압도적인 결과를 내는 공부 두뇌》, 베가북스, 2018.

한국십진분류법을 이용해 독서의 균형을 잡는 방법은 어렵지 않습니다. 준비할 건 종이 한 장뿐입니다. 종이에 2열 10행의 표를 만들어 왼쪽 열에 한국십진분류표처럼 000~900을 100단위로 써넣고 아이가 책을 읽을 때마다 해당 분류 주제의 오른쪽 칸에 '바를 정(正)'자로 권수를 표시합니다. 표시하다 보면 한눈에 부족한 주제가 파악됩니다.

독서량이 적은 주제가 드러나면 아이와 함께 도서관에 가서 해당 주제의 책을 빌리게 하세요. 아이가 좋아하는 책을 빌리면서 독서량이 부족한 주제의 책도 몇 권 채우면 됩니다.

한국십진분류 유형		주제
000	총류	백과사전, 신문 등
100	철학	철학, 논리학, 윤리학 등
200	종교	불교, 기독교, 천도교, 기타 종교 등
300	사회과학	정치학, 경제학, 법학, 통계학, 교육학 등
400	순수과학	수학, 천문학, 동물학, 식물학 등
500	기술과학	의학, 농학, 공업 등
600	예술	건축술, 음악, 회화, 연극, 운동 등
700	언어	한국어, 중국어, 일본어, 영어, 기타 언어 등
800	문학	한국문학, 중국문학, 일본문학, 영미문학 등
900	역사	아시아, 유럽, 지리, 전기 등

다양한 분야의 우리말 독서로 콘텐츠의 크기를 늘리자

이 단계에서 추천하고 싶은 독서법이 있습니다. 지식책을 위한 '메모하며 읽기'입니다. 메모하며 읽기는 기존에 알고 있던 지식과 새로 알게 된 지식, 글을 읽으면서 생기는 질문, 느낌 등을 책 옆에 짧게 메모하는 것입니다.* 어른이라면 모를까, 아이가 책을 읽으며 이 모든 것을 다 할 수는 없습니다. 최소한 새로 알게 된 지식만이라도 짧게 메모하고 중요한 부분에 밑줄을 친다면 나중에 도움이 될 겁니다. 행복이는 자신의 꿈과 관련된 책 중 일부를 이 방법으로 읽었습니다. 영어에만 많은 시간을 투자하지 않았기에 행복이는 우리말 독서를 꾸준히 할 수 있었습니다. 그랬더니 매달 영어 원서를 포함해 10~20권의 책을 읽었습니다.

이 단계에서는 지식책의 범위를 확장해서 읽도록 단계가 높은 책을 추천해주세요. 이러한 우리말 독서를 통해 아이의 콘텐츠가 다양하고 풍성해지면 좋겠습니다. 그 결과로 좋은 학교 성적도 기대할 수 있을 겁니다. 행복이는 이 시기의 학교 성적이 평균 99.75점이었습니다. 행복이의 학교 성적이 잘 나오고 관심 있어 하는 과학 분야의 독서로 지식이 차곡차곡 쌓여가는 걸 보니 미래 직업과 4차 산업혁명 시대에 대한 준비가 잘되어가는 것 같아 안심이 되었습니다.

아이가 다양한 분야의 우리말 독서를 통해 콘텐츠의 크기를 키우고 콘텐츠 강한 아이로 성장해 자신의 분야에서 웅지를 활짝 펼 수 있게 해주세요.

---

* 박은주. 스키마를 활용한 독서 지도 방법 연구. 한국외국어대학교 석사학위 논문. 2010.

드림보드를 만들어
꿈에 대한 구체적 목표 정하기

필수 조건

동기는 학습 전반에 좋은 영향을 준다

제2외국어 학습에서 학습 동기가 높은 학습자는 동기가 낮은 학습자에 비해 목표를 위해 더 많은 노력을 한다. 만약 학습자가 배움에 대한 강한 의지를 갖게 된다면 그 학습은 성공적이게 된다. 반면 학습 동기가 없는 학습자들은 학습에 적극적이지 못해 자신의 잠재적인 언어 습득 능력도 개발시키지 못한다.[*]

외국어 학습에서 동기가 이렇게 중요합니다. 그런데 학습 동기는 단

402

지 영어 학습에만 효과적으로 발현되는 게 아닙니다. 전반적인 학습에 긍정적인 영향을 줍니다. 이쯤 되면 강한 학습 동기와 의지를 만드는 방법이 궁금하실 것 같네요.

엄마표 영어 5단계에서 행복이의 영어를 포함한 전 과목의 학습 동기를 끌어올린 비결은 두 가지입니다. 이 두 가지 비결은 아이의 꿈을 통해 학습 동기를 높이는 방법으로 상호보완적이니 두 가지 모두 실천하길 바랍니다.

학습 동기를 높이는 방법 1
드림보드 만들기

첫 번째 방법은 '드림보드 만들기'입니다.

부모는 아이의 진로에 영향을 미치는 막대한 존재입니다. 진로 발달 이론과 여러 경험적인 연구 결과에 의하면 자녀의 진로 선택 및 진로 발달에 부모가 많은 영향을 미친다고 합니다. 부모와 자녀의 상호작용 및 부모의 육아법에 따라 자녀의 욕구 유형이 달라지고, 이는 향후 자녀가 직업을 선택할 때 커다란 영향을 미친다는 가설도 있습니다.** 그러니 아이가 드림보드를 만들어 꿈을 설계하게 도와주세요. 부모님은

---

* Gardner, R.C., *Social Psychology and Second Language Learning: The Role of Attitudes and Motivation.* London: Edward Arnold. 1985. / Oxford, R. and Shearin, J., *Language learning motivation: Expanding the theoretical framework.* Modern Language Journal 78: 12-28. 1984.

아이가 진로, 즉 자신의 꿈에 대한 목표를 세우도록 돕고, 그것을 학습으로 연결시켜줘야 합니다.

학습 방식은 아이의 꿈에 따라 다릅니다. 대부분의 경우 전문지식을 배우는 것이지만, 경험도 이에 해당합니다. 꿈에 대한 목표가 학습으로 이어지려면 꿈에 대한 강한 의지가 생길 계기를 마련해줘야 합니다. 그 계기는 두 번째 비결 '꿈 포트폴리오 작성하기'(407쪽)가 도와줄 겁니다.

드림보드 만드는 법

드림보드는 비전보드라고도 합니다. 이루고 싶은 비전vision을 글과 시각적 이미지를 사용해 판board에 표시하는 것입니다. 드림보드에는 머릿속에만 있던 생각들을 구체화해 글과 이미지로 표현하는데, 이미지는 장래의 상황을 구체적으로 보여줄 수 있는 사진이나 그림으로 제대로 표현해야 기억에 오래 남습니다.

행복이의 드림보드를 예로 들어 드림보드 만드는 방법을 구체적으로 알아보겠습니다. 아이 혼자서 드림보드를 만들기는 어려우니 옆에서 도와주셔야 합니다.

드림보드의 내용을 작성하려면 아이는 자신의 능력과 흥미, 잠재력, 일의 세계 등을 인식해야 하는데 아직 어려 제대로 파악할 수 없습니다

** 진혜영. 진로 인식 향상을 위한 초등 진로교육 프로그램 개발. 이화여자대학교 석사학위 논문. 2006.

다. 그러니 관련 정보를 아이에게 주고 이해시켜주세요. 부모님도 같이 드림보드를 만들면 더 좋습니다.

행복이의 드림보드

"과학자 겸 교수가 되기 위해서" * 롤모델: 아빠	
내 꿈을 이루기 위한 지금의 노력은	향후 계획
1. 영재교육원 준비	1. 2019년 초등 영재교육원 합격(과학)
2. 과학이나 수학 관련 책을 일주일에 최소 1권 읽기	2. 2020년 중등 영재교육원 합격 (과학)
3. 독서 많이 하기	3. 2023년 과학고 합격
4. 아빠와 과학적인 토론하기	4. 2026년 KAIST 합격
5. 코딩하기	5. 2030년 KAIST 석사과정 합격
6. 과학적 지식과 정보 찾기	6. 2032년 하버드대학교 박사과정 합격
7. 수학 공부 열심히 하기	7. 2034년 〈네이처〉나 〈사이언스〉에 논문이 실림
	8. 2037년 KAIST 교수 되기

드림보드를 만드는 방법은 어렵지 않습니다. 다음의 순서를 따르면 쉽게 만들 수 있습니다.

1) 꿈과 롤모델, 로드맵 정하기

꿈과 롤모델을 정한 뒤 그 꿈을 위한 노력, 삶의 로드맵 등을 정합니다. 행복이는 꿈을 위한 노력 7가지와 향후 계획 8가지를 생각해냈어요. 그 내용은 최대한 간결하게 표현합니다.

2) 사진이나 그림 찾기

꿈과 롤모델, 삶의 로드맵 등을 표현하는 사진이나 그림을 준비합니다. 행복이는 자신이 존경하는 여성 과학자 '마리 퀴리'의 사진과 가고 싶은 대학교인 카이스트, 하버드대학교의 사진을 인쇄했어요.

3) 드림보드 만들기

보드나 작은 칠판, 큰 종이를 준비한 뒤 내용과 사진을 옮깁니다. 행복이는 사절지를 이용해 만들었습니다. 종이로 만들면 업데이트를 할 수 없다는 단점이 있어요.

4) 매일 보이는 곳에 붙이기

아이가 매일 볼 수 있는 곳에 드림보드를 붙입니다. 행복이는 책상 근처에 드림보드를 붙여 매일 확인합니다. 드림보드는 행복이에게 꿈과 목표를 상기시켜 학습 동기를 만들어줍니다.

꿈 포트폴리오 작성하기

행복이의 학습 동기를 끌어올린 두 번째 비결은 '꿈 포트폴리오 작성하기'입니다. 포트폴리오란 일정 기간 동안의 활동, 발전, 성취의 결과물을 체계적으로 모으고 평가한 자료 묶음을 의미합니다. 즉 꿈을 이루기 위한 노력의 결과를 담은 것이 포트폴리오입니다. 아이들은 포트폴리오를 만들며 자신에 대한 새로운 발견을 하고 만족감을 얻습니다. 게다가 학습 계획 및 진로 계획을 체계적으로 실천하려는 노력을 통해 동기도 유발됩니다.[*] 이 동기는 다른 학습 계획 및 진로 계획을 실천할 원동력이 됩니다.

행복이는 5학년 때 또다시 영재교육원 입학을 위해 포트폴리오를 만들었습니다. 그 과정에서 드림보드에 적힌 '내 꿈을 이루기 위한 노력'을 모두 다 실천했습니다. 과학과 수학 관련 책을 매주 읽었고, 모르는 내용이나 관심이 생긴 부분이 있으면 아빠와 토론을 했습니다. 토론 내용이나 읽은 책 일부는 포트폴리오로 작성했어요. 코딩으로 간단한 게임도 만들었습니다. 게임 내용과 사용한 기능, 추가하고 싶은 내용 등을 적어 포트폴리오에 넣었어요. 또한 어린이신문 기사를 작성하거나 다양한 실험을 하고, 박물관과 과학관 등을 견학하며 과학 지식이나 정보를 찾아보았습니다. 이외에도 영재교육원 준비를 위해 영재교육원

---

[*] 권명희. 포트폴리오를 활용한 진로 탐색 프로그램이 중학생의 진로의식 성숙에 미치는 효과. 영남대학교 석사학위 논문. 2010.

대비 문제집을 풀고, 독서를 많이 하고, 싫어하는 수학 공부도 열심히
했습니다.

미리 꿈을 꿔보게 하자

행복이의 드림보드에는 아쉽게 영어 공부가 빠졌지만 대부분의 직업
이 영어와 관련되어 있습니다. 영어로 된 논문과 대학 교재를 본 행복
이는 영어 공부의 필요성을 느끼고 열심히 공부를 했습니다. 여러분의
자녀에게도 희망 직업에서의 영어 쓰임을 알려주어 드림보드에 영어
공부를 추가하게 하세요. 그리고 포트폴리오를 작성하며 영어 공부를
실천하게 하세요.

아이의 꿈은 달라질 수 있습니다. 하지만 꿈을 위해 노력을 해본 것
과 안 해본 것은 확실히 차이가 납니다. 노력을 해봐야 다른 꿈을 꾸더
라도 어떻게 해야 하는지 대략 감이 생깁니다. 아이가 '꿈을 꾼 자'가 되
어서 세상을 만나게 해주세요.

장문의 토플형 글을 분야별로
접하고 필사하기

이 단계의 리딩은 리버스Rivers의 읽기 발달 단계 중 마지막 단계인 '자립'을 목표로 합니다. 그래서 사전의 도움을 거의 받지 않고 일반 책이든 잡지든 신문이든 즐거움과 계발을 위해 읽습니다.*

　행복이는 이 단계에서 심도 있고 다양한 주제를 다룬 리딩 교재를 사용했고, 재미 위주의 영어 원서보다 다양한 장르와 주제의 영어 원서를 읽었습니다.

---

* Rivers, W., *Teaching Foreign Language Skills*, Chicago: The University of Chicago Press, 1968.

창의적 언어능력이 있으면 어려운 읽기가 가능하다

행복이가 엄마표 영어 5단계의 리딩 학습을 한 건 5학년 때입니다. 《어린이 영어 교육 1-듣기·말하기·읽기·쓰기》에 의하면, 초등 고학년 (12~13세) 아이들은 호기심이 많고, 추상적인 것과 상징적인 것을 이해해 일반화나 체계화할 수 있습니다. 또한 상황에 맞는 적절한 어휘가 생각나지 않더라도 자신이 알고 있는 지식 안에서 이해하고 해석하는 창의적 언어능력을 가지고 있습니다.* 이런 창의적 언어능력이 있으면 특정 상황에서 만들어진 언어의 특정 의미를 이해할 수 있게 됩니다. 5단계 리딩에서는 이런 능력이 최대치로 발휘되어야 합니다.

분야별 토플형 글과 문제를 정복하자

행복이가 이 단계에서 사용한 리딩 교재는《Advanced Reading Expert 1~2》(NE능률)입니다. 이 교재는 토플형 교재이자 원서형 교재로, 권당 32개의 지문이 있습니다. 120점 만점인 토플을 기준으로 봤을 때 첫 번째 책은 '토플 80~89점' 수준이고, 두 번째 책은 '토플 90~99점' 수준입니다.

교재의 주제는 경제, 기술, 예술, 언어, 환경, 고고학, 심리학, 사회 이슈, 교육, 화학, 생물학, 정치, 법 등으로 엄마표 영어 4단계 리딩 교재

---

* 김영미. 조기영어 읽기 지도. 임병빈, 정동빈 편저. 《어린이 영어교육 1-듣기·말하기·읽기·쓰기》. 한국문화사. 2009.

와 비슷하지만 내용의 심도가 다릅니다. 4단계 리딩 교재는 아카데믹하고 시사적일지라도 난도가 중고등 학습자에게 맞게 조정되었습니다. 반면 이번 단계의 교재는 토플 중상급 이상 수준의 상위권 및 특목고 준비생을 위한 교재라 초등 고학년이 풀기에는 쉽지 않습니다. 행복이는 그동안 쌓아올린 우리말 독서와 영어 실력 덕분에 이 두 권의 정답률이 95% 이상이었습니다.

리딩에 어려움을 겪는다면 그 원인과 대책은?

이 단계에서 아이가 리딩에 어려움을 겪는다면 그 원인은 크게 두 가지입니다.

첫 번째는 영어 실력입니다. 어휘가 부족하거나 문장 구조를 파악하는 능력이 부족하면 의미를 이해하지 못할 수 있습니다. 4단계 교재의 문장보다 길이가 길어져 한 문장이 세 줄인 경우도 있기 때문에 문장 구조를 파악하지 못하면 의미 파악이 어려울 수 있습니다. 그럴 땐 제대로 된 문법 교재나 강의로 문장 구조를 보는 눈을 키워야 합니다.

두 번째는 우리말 독서의 부족입니다. 리딩 지문을 이해하는 데 필요한 배경지식과 유추 능력, 추론력, 읽기의 기술 등은 우리말 독서로 키워집니다. 이제 더 이상 우리말 능력을 키우는 것을 지체해선 안 됩니다. 이것이 해결되지 않으면 이번 단계부터는 영어 실력 향상이 더뎌지고, 심하면 이 단계 학습을 포기하는 상황까지 벌어질 수 있습니다. 시간이 없다면 영어 공부에 할애하는 시간을 줄여서라도 아이가 우리말 독서를 하게 해주세요.

아이의 리딩 기술을 향상시킬 수 있는 묘책이 있습니다. 아이가 비문학 국어 문제집을 풀게 시키세요. 초등 고학년 정도면 중학국어 비문학 문제집을 충분히 풀 수 있습니다(초등용도 있긴 합니다). 비문학 국어 문제집은 영어 리딩 교재와 문제 구성이 거의 같고, '주제 찾기와 세부 사항 일치, 빈칸 완성, 추론하기' 등이 문제로 나옵니다. 아이는 비문학 국어 문제집을 통해 중심 문장과 핵심어 찾는 법, 문단 간의 관계와 글의 구조를 파악하는 법, 주제 찾기 등을 배우게 됩니다. 장문의 영어 문제를 풀기 힘들어한다면, 우리말로 우선 연습시키세요.

영어 원서 vs 토플형 리딩 교재

아이가 토플형 리딩을 학습할 정도로 실력을 갖추었다는 이유로 이제부터 영어 원서 읽기에 몰두해볼까 생각하시나요? 그러실까 봐 영어 원서와 리딩 교재를 비교해보겠습니다.

우리말 책으로 보자면 영어 원서는 이야기책과, 5단계 리딩 교재는 지식책과 유사합니다. 영어 원서도 지식책이 당연히 있습니다. 하지만 지식책의 내용을 아이의 인지 수준에 맞추려면 영어 원서의 수준이 너무 높아집니다. 결국 아이의 인지 수준을 고려해 영어 원서를 읽으려면 추측을 통해 의미를 파악할 수 있는 이야기책을 선택하게 될 겁니다.

수능영어 문제의 주제와 소재는 철학, 환경, 물리, 화학, 미술, 문학, 정치, 경제 등으로 지식책의 분야와 유사합니다. 5단계 학습을 마치면

곧 예비중 학습을 하게 될 텐데, 아이가 지식 중심의 영어 원서를 잘 읽지 못한다면 수능영어와 유사한 주제를 다루는 토플형 교재로 학습하는 게 탁월한 선택일 겁니다.

5단계 리딩 학습 방식

'듣고 읽기 → 의미 파악 → 노트 정리 → Test' + 필사

행복이는 일주일에 1회, 영어 교재를 사용해 한 개의 지문을 70분 정도 학습했습니다.

학습 전

① 아이는 리딩 지문의 문제를 두 번씩 풉니다. 우선 단어카드를 보지 않고 문제를 풀고, 그다음에는 단어카드를 보고 풉니다. 아이가 지문을 읽을 때 모르는 단어에 밑줄을 치게 합니다. 이 방법으로 1~2개 지문의 문제를 풉니다.

② 아이가 푼 문제를 아이 또는 부모님이 채점합니다. 아이가 2개의 지문을 풀었다면 함께 의논해 수업할 지문 하나를 선택합니다.

③ 지문에서 아이가 밑줄 친 단어를 다음사전 앱이나 네이버사전 앱 등의 영어단어장에 정리해줍니다. 앱 단어장은 아이가 공부를 할 때 지체 없이 발음을 들려줄 수 있습니다. 부모님도 교재를 읽어 모르는 단어가 있으면 찾아보고, 답지로 지문의 내용을 알아봅니다.

학습 시

④ 지난주에 학습한 지문의 음원을 들으며 복습합니다.

⑤ 수업은 '이번에 배우는 지문에 해당하는 단어장이나 단어카드 읽기 → 지문 전체 듣기 → 한 문장씩 들려주고 아이가 따라 읽기 → 한 문장 씩 들려주고 아이와 부모님이 함께 따라 읽기 → 한 문장씩 들려주고 아이가 의미를 말하기 → 따져볼 만한 문장을 다시 해석하기 → 지문 전체 듣기 → 지문 전체 읽기' 순서로 진행합니다. 음원을 듣고 따라 읽 는 횟수는 가감할 수 있습니다.

⑥ 부모님은 아이와 함께 답지를 보며 문제가 틀린 이유를 알아봅니다.

학습 후

⑦ 공부를 하다 발견한 모르는 단어, 외울 만한 문장, 단어장이나 단어 카드 등을 부모님이나 아이가 노트에 정리합니다.

⑧ 아이는 노트에 적힌 내용을 암기해 테스트를 봅니다.

⑨ [선택] 선별한 리딩 지문 전체를 씁니다.

⑩ 시간이 될 때 수시로 음원을 들으면 좋습니다.

코칭법 1

4단계 코칭법과 같은 점

엄마표 영어 4단계 리딩 학습 때처럼 추론력과 독해력, 지문 이해력을 파악하기 위해 문제를 두 번 반복해서 풀고, 두 개의 지문을 푼 뒤 한 개의 지문을 선택해 학습을 합니다. 이 단계에서 총 두 권의 교재를 사용했는데, 첫 번째 교재는 매주 지문을 두 개씩 풀었고, 두 번째 교재는 수학 공부에 집중하느라 한 개의 지문만 풀기도 했습니다. 두 개의 지문을 풀 때는 아이와 상의해 더 어려웠거나 공부해볼 만한 지문을 선택해 학습시키세요.

음원을 듣고 리스닝 스킬을 이용해 음원보다 좀 더 빠르게 읽습니다. 이때 내 것이 되게 여러 번 듣고 읽습니다. 아이가 긴 지문을 읽는 걸 지루해할 수 있으니 가끔 몇 문장을 "크게/작게/빠르게" 식으로 재미있게 읽게 합니다. 하지만 이 방법은 자칫 학습에 방해가 될 수 있으니 정서적 유대나 가벼운 유머, 격려, 응원 등으로 학습 분위기를 밝게 만들어주세요.

답지에 구문 해설이 있다면 이를 활용해 글의 의미를 파악하고, 학습 후에 음원을 반복해서 듣게 해 학습한 문장을 흡수시킵니다.

코칭법 2

리딩 지문 필사하기

리딩이 안정화되었으니 새로운 학습법을 하나 더 추가합니다. 그건 '리딩 교재 필사하기'입니다. 필수는 아니고 선택이니 필요하다면 활용하세요.

리딩 지문 필사를 통해 라이팅 실력의 향상을 기대할 수 있습니다. 이번 단계의 리딩 교재는 글의 완성도가 높아 필사할 만합니다. 게다가 아이가 지문을 여러 번 듣고 따라 말하며 이미 많이 흡수해 필사 효과가 큽니다. 만약 이번 단계 교재를 쓰기가 어렵다면 전 단계 리딩 교재를 필사해도 됩니다. 필사할 지문은 아이와 상의해서 결정하는데 지문의 주제와 전체적인 글의 구조, 어휘, 문장에 쓰인 영어 구조와 문법 등을 고려해 선택합니다.

리딩 지문 필사는 두 가지 방법으로 할 수 있습니다. 첫 번째는 학습한 리딩 지문 중 하나를 그 주에 한 번 써보는 겁니다. 두 번째 방법은 학습한 리딩 지문들 중 좋은 지문을 선별해 전체를 여러 번 써보는 겁니다. 한 주에 한두 번씩 몇 주에 걸쳐 씁니다.

행복이는 첫 번째 방법으로 필사를 하다가 두 번째 방법으로 바꿔서 같은 지문을 4~5회 썼습니다. 두 번째 방법은 여러 번 써야 해서 지루하지만, 전체적인 글의 구조를 이해하고 문장에 쓰인 문법 형태와 어휘 등을 흡수하기에 탁월한 방법입니다.

코칭법 3
아이도 노트 정리 + 테스트! ★★

아이가 영어 노트 정리를 직접 할 수 있도록 노트 정리법을 가르칩니다. 행복이는 5단계 학습 중반부터 스스로 노트 정리를 했습니다. 이렇게 하면 아이주도 영어 학습 능력을 키울 수 있습니다.

부모님이 정리할 단어의 스펠링과 문장이 있는 곳을 노트에 간단히 적어놓으면 아이가 노트 정리를 쉽게 할 수 있습니다. 아이는 모르는 단어와 외울 만한 문장을 노트에 직접 적습니다. 단어와 문장을 합쳐 26개 이상 적습니다. 정리할 내용이 부족하면 단어집으로 채웁니다.

암기할 문장이 길어 아이가 부담스러워하면 콤마(,)를 기준으로 문장을 나눠서 최대한 문장 형태를 살려 암기시킵니다. 행복이는 5단계부터 주중에 네 번, 주말에 한 번 테스트를 보았습니다. 주중에 바쁜 날은 테스트를 보지 않고 행복이의 선택에 따라 주말로 미뤄주니, 행복이는 제한된 범위 안에서 좀 더 편안하게 공부를 했습니다. 전처럼 2주에 한 번은 시험을 건너뛰어 아이의 부담감을 줄여줍니다.

행복이는 토플형 교재에서 의미를 파악하기 어려운 문장이 거의 없었고, 문제도 거의 다 맞혔습니다. 문장 구조를 보는 눈이 생겨서 해석하는 것도 별 어려움이 없었습니다. 아이가 의미를 파악하기 쉽지 않은 한두 문장이 있을 수는 있습니다. 그래도 단어카드 없이 다섯 문제 중서너 문제를 맞히고, 단어카드를 보고 네 문제 정도 맞힌다면 괜찮은 실력입니다.

원서형 심화 리스닝 교재를 사용하고
영어 원서를 읽게 하는 이유

학습법과 코칭법

대학 공부까지 생각한 영어 학습이란?

행복이 친구의 어머니가 행복이가 사용하던 교재에 대해 물으셨습니다. 제가 원서형 리딩과 리스닝 교재를 사용한다고 말하자 다른 어머니께서 원서형 리스닝 교재가 무엇인지 물었어요.

저는 "심화 듣기용 교재예요. 2분 30초 정도 길이의 영어 지문을 듣고 네 문제를 푸는 건데요. 주제 찾기, 세부 내용 찾기, 추론하기 등의 문제를 풀어요. 영어 지문의 주제는 과학, 문학, 역사, 예술 등 다양해요"라고 대답했습니다. 그러자 이번엔 심화 듣기가 무엇이냐는 질문이 돌아왔습니다.

사실 '심화 듣기'라는 말은 '집중 듣기'와 구분해 설명하기 위해 제가 만든 용어입니다. 보통은 집중 듣기라고 하면 영어 원서를 눈으로 읽으며 음원을 듣고, 경우에 따라 문제를 푸는 걸 의미합니다.

반면에 행복이가 한 심화 듣기는 긴 길이의 영어 지문을 귀로 들은 뒤에 네 문제 정도를 푸는 걸 말합니다. 듣기 평가와 비슷한데, 지문이 길고 문항은 4개 정도 되니 더 높은 집중력을 요구합니다. 또한 주제를 고르는 문제뿐 아니라 추론 문제까지 풀려면 듣는 즉시 이해해야 하지요. 이런 심화용 교재는 받아쓰기 코너가 따로 있어 음원을 듣고 받아쓰는 연습까지 했습니다.

사실 수능이나 토익 시험을 위해서라면 그렇게까지 할 필요가 없는데, 왜 그렇게까지 리스닝 연습을 하는지 궁금해하시는 분들이 많습니다. 저는 아이가 대학교 공부도 잘할 수 있도록 이끄는 것이 제 할 일이라고 생각해 리스닝 학습에도 신경을 많이 썼습니다.

이과대학 학생에게도 영어는 계속 따라다닌다

전 영어 전공이 아닌 이과 출신입니다. 대학생 때 과외를 하면서 재능을 발견해 영어 선생이 되기로 했습니다. 그리고 대학 졸업 후부터 전업맘이 되기 전까지 영어를 전문적으로 가르치고, 제가 좋아하는 교수님들이 쓰신 책과 여러 논문을 읽으며 영어 선생으로서의 자질을 키웠습니다.

이과생은 문과생에 비해 영어를 쓸 일이 적을 거라고 생각하겠지만 이과생조차도 영어를 끼고 삽니다. 우선 수업 자료가 대부분 영어로 쓰여 있고, 교재도 영문판입니다. 따끈따끈한 신간 교재는 우리말 번역본이 거의 없고, 가끔 우리말 번역본이 있는 교재는 번역문이 더 이해하기 힘든 경우도 왕왕 있었습니다. 그러니 어쩔 수 없이 영어 원서를 펼치게 되는 것이죠.

대학 교재와 영어 심화 듣기가 무슨 상관이냐고요? 우리나라 명문대학의 이과대학 전공 강의 중 거의 절반이 영어로 이루어집니다. 외국인 교수님은 당연히 영어로 수업을 하고, 절반 정도의 한국인 교수님도 영어로 수업을 합니다. 심화 듣기는 발췌된 글의 일부분을 듣는 거라 장시간의 대학교 강의와 다르지만, 아이가 강의 형태의 리스닝을 해본 것과 아닌 것은 나중에 대학생활에 적응할 때 차이가 날 겁니다.

초등 때가 심화 듣기와 영어 원서 읽기의 적기

저는 행복이가 초등학생 때부터 심화 듣기 훈련을 시켰습니다. 중고등학생 때도 시간이 된다면 영어 교재나 다른 매체를 통해 시킬 겁니다.

초등학생 때부터 심화 듣기를 시킨 데는 이유가 있습니다. 노암 촘스키Noam Chomsky에 따르면, 언어 습득 장치LAD; Language Acquisition Device는 만 12세에 성장을 멈추므로 만 12세 이후부터는 듣기의 민감도가 더뎌진다고 합니다. 또한 만 12세 이전에는 모국어를 사용하는 뇌 영역으로 영어를 습득하기 때문에 훨씬 수월하게 영어 듣기를 익힐 수 있습니다.* 시기상으로도 중고등학생 때보다 그나마 여유가 있는 초등학생 때가 심화 듣기를 할 수 있는 적기입니다.

영어로 둘러싸인 대학 수업에 적응하고 영문판 대학 교재를 잘 읽기 위해서는 영어 읽기도 익숙해져야 합니다. 이 역시 시간적 여유가 있는 초등학생 때 영어 원서를 읽고 흥미를 갖는 것이 좋습니다. 사실 대학 교재는 용어나 개념이 있는 지식책이라 영어 원서와는 결이 다르지만, 어렸을 때부터 쌓아온 영어 원서를 읽는 습관은 커서도 영어로 된 글을 거부감 없이 읽게 만드는 원동력이 됩니다. 만약 아이에게 독서 내공이 탄탄하게 쌓이고 관심 분야가 생긴다면 지식책을 영어 원서로 읽는 것도 좋습니다. 이는 분명 대학 공부의 밑바탕이 될 겁니다.

---

* 전희진. 뇌 과학을 이용한 성인 외국어 학습법. 대전일보. 2016.01.14.

지금이 적기!
원활한 대학 이후를 위한
토플형 장문 리스닝

학습법과 코칭법

외국어를 배울 때 리스닝에 어려움을 느끼는 요인은 여러 가지입니다. 그중에서 《어린이 영어 교육 1-듣기·말하기·읽기·쓰기》의 '초등영어 듣기 지도'에 제시된 요인들 중 몇 가지를 알아보겠습니다.

영어 리스닝에 어려움을 느끼는 요인 1

말의 속도

첫 번째 요인은 말의 속도로, 학습자의 정보 처리 속도가 말의 속도를 따라가지 못해 흘러가는 소리 정보를 놓치기 때문입니다.* 리스닝이 제대로 이루어지려면 아이의 리스닝 실력보다 약간 어려운 교재를 선택해 단계적으로 리스닝 실력을 향상시켜야 합니다.

영어 리스닝에 어려움을 느끼는 요인 2

음운 변화

두 번째 요인은 연음, 플랩, 축약 현상과 같은 음운 변화입니다. 학습자가 단어 인식에 실패하는 가장 큰 원인은 바로 이것들 때문입니다.[**] 특히 완전한 문장 형태로 학습한 아이에게 축약은 이해하기 상당히 어려운 소리 변화입니다. 따라서 완전한 문장 형태의 구어와 축약형의 구어를 병행해 지도해야 합니다.[***] 아이에게 리스닝 실력을 높이는 스킬이 부족하다면 이 책의 부록을 이용해 코치하세요(아이가 직접 봐도 됩니다). 이번 단계부터는 이러한 스킬이 절대적으로 필요합니다.

---

[*] 안수웅. 초등영어 듣기 지도. 임병빈, 정동빈 편저. 《어린이 영어 교육 1-듣기·말하기·읽기·쓰기》. 한국문화사. 2009.

[**] 안수웅. 초등영어 듣기 지도. 임병빈, 정동빈 편저. 《어린이 영어 교육 1-듣기·말하기·읽기·쓰기》. 한국문화사. 2009.

[***] 이혜경. 초등영어 듣기 지도. 임병빈, 정동빈 편저. 《어린이 영어 교육 1-듣기·말하기·읽기·쓰기》. 한국문화사. 2009.

일상회화체의 부족 등

세 번째 요인은 일상회화체의 부족입니다. 일상적인 대화체인 회화체에는 관용어, 축약형, 공유된 문화적 지식이 모두 섞어 있습니다. 따라서 문어체로만 학습하면 일상적인 회화체를 알아듣는 데 큰 어려움을 느낄 수 있습니다.

아이가 일상회화체에 익숙해지게 하려면 다양한 언어 자료를 듣게 해야 합니다.* 아이가 이런 것들을 접하고 학습하기에는 리스닝 교재가 적합합니다. 제 엄마표 영어로 꾸준히 학습을 해왔다면 아이는 일상적인 기본 회화체를 잘 습득했을 겁니다.

이 밖에 제한된 어휘, 강세, 억양 등도 리스닝을 어렵게 만드는 요인입니다.

리스닝의 어려움을 극복할 교재를 선정하자

엄마표 영어 5단계 리스닝에서는 리스닝에 어려움을 느끼게 만드는 요인들을 고려해 교재를 선택해야 합니다. 이 단계의 교재는 말의 속도가 더 빨라져 아이가 리스닝 처리 속도를 높이도록 훈련시킵니다. 또한 연음, 플랩, 축약 현상 등 다양한 음운 변화가 있어 리스닝 스킬에 완벽히

---

* 이혜경. 초등영어 듣기 지도. 임병빈, 정동빈 편저. 《어린이 영어 교육 1-듣기·말하기·읽기·쓰기》. 한국문화사. 2009.

적응하게 하고, 다양한 장르의 일상회화체를 접하게 합니다.

행복이가 이 단계에서 사용한 교재는 《Bricks Intensive Listening 1~3》입니다. 말의 속도가 빠르고, 다양한 리스닝 스킬이 쓰였습니다. 이전 교재엔 일상회화체에서 대화와 모놀로그monologue(독백) 정도만 있었다면, 이번 교재에는 다양한 주제의 강의와 내레이션이 있어 난도가 훨씬 높아졌습니다. 그래서 예측하기나 추론하기 같은 리스닝 전략이 더 절실해집니다. 이런 전략들은 우리말 독서로 생긴 예측력과 추론력, 배경지식을 필요로 하므로 우리말 독서는 계속 신경 써주세요. 특히 이번 교재의 내용은 과학, 철학, 언어, 경제, 역사, 문화, 예술 등 아카데믹한 주제라 배경지식이 더욱 중요합니다.

한 세트에 4~5문제의 토플형 장문 듣기

행복이는 《Bricks Intensive Listening 1~3》의 마지막 교재인 《Bricks Intensive Listening 3》만 사용했어요. 이 교재의 학습 대상은 영어 학습 6년차 이상이고, 교재의 수준은 '토플 95~111점' 정도입니다. 행복이는 영어 학습 3년 만에 이 교재를 사용했으니 3년의 시간을 벌었다고 볼 수 있습니다.

저는 엄마표 영어 3단계의 '03. 교재 선정 방법과 팁'에서 제시한 방법 중 교재 출판사의 미리보기를 이용해 행복이를 테스트했어요. 그 결과 행복이에겐 《Bricks Intensive Listening 3》이 조금 어려웠지만 리스닝 교재는 조금 어려워도 된다는 생각으로 선택했습니다. 아이가 《Bricks Intensive Listening 3》을 어려워하면 《Bricks Intensive Listening 1》이나 《Bricks Intensive Listening 2》를 사용하면 됩니다.

이 교재는 토플형으로, 1분 50초에서 2분 40초 정도의 대화, 강의, 내레이션 등을 듣고 4~5문제를 풉니다. 주제 찾기, 유추하기, 세부 사항 판단하기, 요약하기 등의 문제로 구성되었는데 토플형 리딩 문제와 유사합니다. 행복이는 4~5문제 중에서 대부분 1문제 정도 틀렸습니다. 이전 교재의 정답률이 95% 이상이었던 것과 비교하면 확실히 난도가 높은 교재입니다.

영어 원서 '집중 듣기'와 영어 동영상 보기는 힌트가 있는 듣기다

이 단계의 리스닝 실력이면 고등용 듣기 문제도 꽤 잘 풉니다. 그래서 영어 리스닝을 영어 원서나 영어 동영상으로 대체할 생각을 할 수도 있습니다. 하지만 권하지는 않습니다. 제가 영어 원서와 영어 동영상, 토플형 리스닝 교재를 비교해볼 테니 다시 생각해보시길 바랍니다.

영어 원서로 '집중 듣기'를 한다면 아이는 영어 원서를 보며 음원을 듣게 됩니다. 집중력이 매우 좋은 아이라면 리스닝과 리딩을 동시에 소화할 것입니다. 하지만 대부분의 아이들은 영어 원서 읽기는 하지만 음원까지는 제대로 집중하지 못합니다(드물긴 하지만 그 반대의 경우도 있습니다). 내용 이해 면에서 본다면, 아이는 리스닝보다는 리딩을 통해 내용을 이해할 것입니다.

영어 동영상의 경우 아이가 동영상 속 대화를 완벽히 들을 수 있으면 괜찮지만, 대부분의 아이들은 화면 속 등장인물의 표정이나 억양 등을 통해 내용을 유추하며 봅니다. 결국 아이는 리스닝과 화면 속 힌트를 결합해 내용을 이해하게 됩니다.

영어 원서 '집중 듣기'와 영어 동영상 보기 vs 토플형 리스닝 교재 '심화 듣기'

그럼, 토플형 리스닝 교재로 '심화 듣기'를 하는 경우는 어떨까요?

심화 듣기는 단순한 소리 듣기^{hearing}가 될 수 없습니다. 왜냐하면 듣고 나서 풀어야 할 문제가 있기 때문입니다. 이 미션을 해결하기 위해 아이는 고도로 집중하게 되고, 뇌를 빠르게 회전시켜 음원과 거의 같은 속도로 의미를 처리하게 됩니다. 말하는 사람의 억양과 어투 등에서 내용의 실마리를 얻을 수는 있겠지만 그 영향은 미비합니다. 오로지 귀에 의존한 리스닝을 통해 의미를 파악합니다. 이렇듯 리스닝 교재는 질문의 답을 구하기 위한 듣기가 목적입니다. 행복이는 심화 듣기를 통해 의미 처리 속도를 높여 의미를 바로바로 파악하는 속도가 빨라졌습니다.

영어 원서 '집중 듣기'와 영어 동영상 보기도 여러모로 도움이 되니 잘 활용하면 좋겠지만, 의미 처리 속도를 향상시키기 위해서라면 토플형 리스닝을 학습하기를 강력히 추천합니다. 토플형 리스닝 학습은 대학 이후의 생활을 위해서도 필요합니다.

5단계 리스닝 학습 방식

듣고 풀기 → 의미 파악 → 노트 정리 → Test

행복이는 일주일에 1회, 리스닝 교재를 사용해 두 세트의 문제를 70~80분 정도 학습했습니다. 학습 시간이 짧지 않아 시간적 여유기 있는 주말에 했어요. 이 단계의 후반부에는 수학 공부에 집중하고자 한 세트의 문제만 풀었습니다.

학습 전

① 부모님은 답지를 보고 코치할 거라 답지를 읽어보지 않아도 되지만 영어 실력이 부족해 걱정이 된다면 답지를 미리 읽어봐도 됩니다. 이때 부모님이 모르는 단어를 다음사전 앱이나 네이버사전 앱 등의 영어단어장에 정리해두면 아이가 공부할 때 지체 없이 발음을 들려주고 뜻을 찾아볼 수 있습니다.

학습 시

② 지난주에 학습한 음원을 들으며 복습을 합니다.
③ 수업은 '노트에 정리한 단어와 표현 읽기 → 문제 읽기 → 음원 들려주기 → 채점하기 → 받아쓰기를 하며 의미 파악하기 → 답지를 보며 틀린 이유 알아보기 → 음원 다시 듣기 → 단어와 표현 문제 2분의 1 풀기' 순서로 진행합니다. 문제는 두 세트('문제 읽기'부터 '음원 다시 듣기'까지)를 풉니다.

학습 후

④ 공부를 하며 발견한 모르는 단어, 외울 만한 표현, 다음에 학습할 부분에 나오는 단어와 표현 등을 부모님이나 아이가 노트에 정리합니다.

⑤ 아이는 노트에 적힌 내용을 암기해 테스트를 봅니다.

⑥ 시간이 될 때 수시로 음원을 들으면 좋습니다.

코칭법 1

전 단계 코칭법과 같은 점

엄마표 영어 4단계에서 했던 것처럼 한 문장을 여러 부분으로 끊어서 받아쓰기를 하고, 받아쓰기를 하면서 의미를 파악합니다. 아이가 리스닝 스킬을 모른다면 이 책의 부록을 이용해 반드시 코치하고, 영어 공부를 할 때 리스닝 스킬이 들어간 부분 중 아이가 어려워하는 몇 곳을 여러 번 말하게 시킵니다. 아이는 내용의 일부를 듣지 못했어도 전체 의미를 대충 파악할 줄 알아야 하고, 리스닝 지문을 보고 내용을 완벽하게 해석할 줄 알아야 합니다.

아이주도 영어 학습을 위해 늦어도 이 단계의 중반부터는 아이가 직접 노트를 정리하게 하세요. 모르는 단어와 표현, 외울 만한 문장을 26개 이상 노트에 적습니다.

전 단계와 달리 리스닝 수준이 높아졌으니 아이가 학습한 두 개의 지문 중 한 개의 지문만 집중해서 음원을 들어도 좋습니다. 음원을 들으며 문장을 흡수해야 영어 실력이 향상됩니다.

코칭법 2

《Bricks Intensive Listening 1~3》을 사용한다면

《Bricks Intensive Listening 1~3》에는 답지가 없으니 출판사 홈페이지에서 무료로 제공하는 단어상과 답지를 출력해 사용합니다. 아이는 미리 단어와 표현을 암기하는데, 이전 교재와 달리 핵심 문장이 없는 대신 숙어 같은 표현이 있으니 문장 대신 이것들을 암기시킵니다.

이 교재의 한 유닛에는 '단어와 표현 문제+4세트의 문제'가 있습니다. 한 유닛을 두 번에 나눠 학습하니, 각 유닛의 도입부에 있는 '단어와 표현 문제'도 두 번에 나눠 풉니다.

영어 공부가 끝나면 풀었던 '단어와 표현 문제'에서 발견한 모르는 단어와 숙어 등을 암기 노트에 정리합니다. 첫 번째 유닛의 '단어와 표현 문제'에 있는 단어와 숙어 등을 한꺼번에 모두 암기해야 미리 예습이됩니다. '단어와 표현 문제'에는 4세트의 단어와 표현이 섞여 있기 때문입니다.

아이의 실력 점검을 위해 교재의 중간에 있는 'Real TOEFL'을 활용하면 좋습니다. 미리 단어를 암기하지 않고 테스트를 해도 좋습니다.

영리하게 중3 수준 문법
마스터하기

학습법과 코칭법

의사소통 중심의 학습만으로는 정확성에 문제가 생길 수 있다

의사소통 중심 교수법은 언어 구조에 대한 정확한 지식보다 유창성을 강조하고 상호작용을 통한 의사소통 기능을 가르칩니다.[*] 이 교수법을 이용한 학습은 외국인과의 영어회화 정도로 생각하면 됩니다.

　의사소통 중심 교수법의 타당성을 비판하는 흥미로운 실험이 있었습니다. 학생들은 의사소통 중심 교수법에 따라 각자의 실력에 맞게 외국어(프랑스어)를 충분히 교육받았고 활용할 기회도 가졌습니다. 그 결

---

[*] 하연경. 의사소통 중심 교수법에 관한 이론 연구. 전주대학교 석사학위 논문. 2011.

과 대부분의 학생들은 언어 사용 능력이 뚜렷하게 향상되었지만 부정적인 결과 또한 나타났습니다. 무엇보다 정확성에 있어서 문제가 드러났습니다. 예를 들면, 상당수의 학생들은 기본적으로 시제조차 정확하게 활용하지 못했습니다. 이러한 학습 결함은 이후의 후속 연구에서도 지속적으로 관찰되었습니다.*

이런 점들로 미루어봤을 때 외국어 교육에 성공하려면 언어의 정확성 및 언어 구조에 관심을 가져야 합니다. 최근 외국어 교육의 정확성까지 반드시 고려해야 한다는 인식이 확산되고 있는데*, 이런 정확성은 문법 교육으로 충족될 수 있습니다.

의사소통 기능을 익히고 사용하려면 문법 지식은 필수

박혜정 씨는 논문에서 "외국어 교육의 목표는 말하기 능력뿐만 아니라 듣기, 읽기, 쓰기를 포함한 종합적인 언어능력을 높이는 것"**이라고 말하며 언어학자 헨뤼 G. 위도슨의 책 일부분을 인용했습니다.

학습자들이 의사소통 기능을 익히고 실제로 사용하려면 문법에 대한 지식이 반드시 필요하다.***

언어능력 향상을 위해 문법은 배워야 합니다. 그러면 문법은 어떻게 지도해야 좋을까요? 김혜련 씨는 문법 지도에 대해 "습득이 저절로 일어나기를 기대하고 방치하기보다는 균형 있게 잘 짜인 계획을 바탕으로 학습이 점진적이고 체계적으로 이루어지도록 지도하는 것이 바람직하다"****라고 했습니다.

계획적·효율적으로 구조 분석까지 하는 중3 수준 문법 배우기

저는 엄마표 영어 5단계에서 문법을 효율적이고 계획적으로 진행했습니다. 이 단계에서 사용한 교재는 제가 집필한 중3 수준의 문법 교재(출간되지 않았습니다)입니다. 행복이는 이 교재로 4단계 문법의 일부 중요한 부분을 좀 더 복잡해진 문장 형태로 접했으며, 새로 배우는 문법도 4단계 문법의 문장들보다 길고 복잡해진 형태로 배웠습니다.

이 단계에서는 엄마표 영어 3단계와 4단계의 문법 학습 때처럼 구조까지 다루었지만 리딩보다 한 템포 늦게 진도를 진행해 최대한 리딩에 영향을 끼치지 않으려 했습니다. 즉 리딩 학습에서 자연스럽게 해석하는 것을 익힌 후에 문법과 구조를 배워 의미를 정확하게 파악하는 방법을 익혔습니다. 이런 방식은 문법과 구조가 리딩 해석에 최대한 관여하지 않게 합니다. 그럼에도 불구하고 아이는 문법과 구조를 익혀서 정확

---

* 황주희. 초등영어 문법 지도에 관한 연구. 경희대학교 석사학위 논문. 2010.

** 박혜정. SVOC 문형에 대한 문제점과 효과적인 지도 방안: 고등학생들의 문형 인지도 분석을 바탕으로. 충북대학교 석사학위 논문. 2009.

*** Widdowson, H.G., *Learning Purpose and Language Use*. London: Oxford University Press. 1983.

**** 김혜련. 《초등 영어 교수법》. 학문출판. 1999.

하게 해석하는 방법을 알아야 합니다. 이건 영어 시험에서 좋은 성적을 받는 무기가 될 뿐만 아니라, 문법과 구조를 의식하지 않아도 잠재의식 속에서 영어 감각을 키우는 자양분이 됩니다.

외고 입시생과 최상위권 대입 입시생이 가장 원하는 영어 티칭은?

그렇다면 왜 이렇게 문법을 넘어 구조까지 알아야 하는 걸까요? 이 답을 말하기 위해 제가 학원을 운영했을 때의 이야기를 하겠습니다.

제가 그 당시 특별히 신경 써야 했던 두 부류가 있었습니다. 한 부류는 외고 입시생들이었고, 다른 부류는 내신 1등급을 원하는 대입 입시생들이었어요. 이들 중에는 사교육으로 유명한 지역의 학원을 다니다 온 학생들도 있었습니다. 이런 아이들이 제가 운영하던 학원에 들어온 가장 큰 이유는 문법 때문이었습니다. 외고 입시생들은 외고 입시에 결정적 영향을 끼치는 영어 내신 성적이 대단히 중요합니다. 이런 학생들은 이미 영어 실력이 출중했지만 문법과 구조를 일일이 따져가며 내신 만점을 준비해야 했어요.

고등반 중 전교권 반이 있었습니다. 주변 몇몇 고등학교의 전교권 학생들로 구성되었는데, 다들 영어 내신 1등급을 원했습니다(어떻게 알고 왔는지 어느 순간 전교권 반이 생겼어요). 극단적인 경우는 한 학교에서 단 두 명만 내신 1등급을 받을 수 있어서, 학생들은 내신 기간마다 엄청 예민해졌습니다(문과와 이과로 나뉘면서 1등급 학생의 수는 더 줄었어요). 이 학생들이 원하는 건 문법과 구조를 철저히 분석해 한 문제도 놓치지 않는 것이었습니다. 이를 위해 학생들은 문법과 구조를 배워 문장을 분석하고, 정확한 문장까지 만들며 주관식을 대비했습니다.

문법의 심화인 구조까지 공부해 영어 학습 시간을 확 줄이자

외고 입시나 내신 1등급이 아니더라도 아이의 중등 내신과 대입 수시 전형의 자료가 되는 고등 내신을 위해서는 이런 문법 학습이 꼭 필요합니다. 서울 주요 15개 대학의 수시전형 모집 비율은 무려 70%가 넘습니다. 줄어든다고 해도 여전히 비율이 높습니다. 그러니 시험을 위해서 문법을 제대로 학습시키세요. 행복이는 이미 문법의 심화 영역인 구조까지 공부해 앞으로 영어 공부에 투자해야 하는 시간이 확 줄었습니다. 줄어든 시간만큼 다른 과목이나 미래를 위해 투자할 겁니다.

행복이는 과학고 입학을 원해 초등 5학년 때 중3 문법까지 끝냈습니다. 특목고 입학을 원하지 않더라도 늦어도 중1 때까지는 중등 문법을 완성하기를 권합니다. 중학교 내신은 고등학교 내신을 위한 연습입니다. 대부분 중학교 때 100점을 받던 아이가 고등학교 때도 100점을 받습니다. 공부는 해본 놈이 잘합니다. 만만한 과목이 있어야 시간이 많이 드는 다른 과목을 차질 없이 해냅니다. 영어를 만만한 과목으로 만들어 내신 게임에서 승리하게 하세요.

문제 풀기 → 채점 후 고치기 → 노트 정리 → Test

행복이는 일주일에 1회, 문법 교재를 사용해 한 유닛의 설명과 기본 문제를 20분 정도 학습한 뒤 일부 문제를 풀고 남은 문제는 주말에 풀었습니다. 총 소요 시간은 60~70분 정도였어요. 행복이가 사용한 교재는 35유닛으로 구성되어 있지만, 어려운 유닛은 두 번에 나눠서 공부하고 복습도 4주 동안 해 전부 마치는 데 43주 정도 걸렸습니다.

학습 전

① 지난주에 노트에 정리한 공식과 문장을 읽으며 복습합니다.

학습 시

② 수업은 '교재의 문법 설명을 읽으며 중요하거나 새로 알게 된 부분에 밑줄 치기 → 기본 문제 풀기 → 채점하고 고치기([선택] → 남은 문제 풀기 → 채점하고 고치기)' 순서로 진행합니다.

학습 후

③ 부모님이나 아이가 문법 설명, 해당 문법 예문 한 문장 이상, 공부를 하면서 발견한 모르는 단어, 정리할 만한 단어를 노트에 정리하고 테스트지를 만듭니다.

④ 학습 시 풀지 않고 남은 문제를 풀고 채점한 뒤 틀린 문제는 고칩니다.

⑤ 아이는 노트에 적힌 내용을 암기해 테스트를 봅니다.

ⓖ 시간이 될 때 수시로 노트에 정리된 내용을 보면 좋습니다.

코칭법 1

전 단계와 같은 코칭법

4단계의 코칭법을 참고합니다.

행복이는 컨디션이 좋지 않은 금요일에 20분 정도 문법 내용과 기본 문제를 푼 뒤 남은 문제는 주말에 풀었습니다. 아이주도 영어 학습을 위해 이 단계의 중반부터는 아이가 직접 노트 정리를 하게 합니다. 노트 정리 시 문법 내용과 함께 예문도 정리합니다.

테스트는 단어와 문장을 합쳐 26개 이상 봅니다.

코칭법 2

어려워진 5단계 문법, 엄마도움표 영어도 좋다 ★

엄마가 가르쳐야 한다는 압박감에 엄마표 영어를 시작하지 않으려는 부모님들도 계십니다. 게다가 중3 수준인 5단계 문법은 난도가 높습니다. 그러나 부모님은 가르치지 않으셔도 됩니다. 시중에는 좋은 학습 자료가 많으니 가르치는 것은 교재와 동영상 강의 등이 하고 부모님은 코치만 하는 엄마도움표 영어로 아이를 학습시키세요. 제대로 된 방법으로 꾸준히 코치하면 원하는 성과를 거둘 수 있습니다.

엄마의 영어 실력은 문제가 되지 않습니다. 꾸준함이 문제이고 핵심입니다. 아이가 꾸준히 공부할 수 있도록 시간 관리에 신경을 써주시고, 아이가 학습한 자료를 채점하거나 확인해주면 됩니다. 동영상 강의의 경우, 시간이 된다면 같이 봐도 좋습니다.

코칭법 3

충실히 잘해왔다면 아이는 스스로 영어 공부를 즐기게 될 것 ★★

엄마표 영어를 한 지 2년 반 정도 된 4단계에서 행복이는 자신의 영어 실력이 꽤 향상되었다고 스스로 느껴 영어 공부를 점점 즐기게 되었습니다. 엄마표 영어를 한 지 3년이 넘은 5단계에서는 영어 공부에 굉장한 만족감을 느껴 더 이상 영어거부감을 찾아볼 수 없었습니다. 오히려 실력을 빠르게 향상시키고자 하는 욕심이 생겼습니다. 행복이는 토플형 리딩과 리스닝을 학습하고 영어 원서 읽기를 잘하는 자신을 높이 평가하면서 그동안 해온 영어 공부에 자부심을 갖고 자신을 인정하면서 자존감도 높아졌습니다.

행복이는 이 단계에서 배운 어려운 문법과 구조를 이용해서도 문장을 제법 잘 만들었습니다(행복이가 쓴 글들은 제 블로그에 있으니 필요하시면 5학년 영어 일기와 라이팅을 참고하세요). 문법만 배웠다면 이런 아웃풋이 나오지 않습니다. 리딩과 리스닝에서 여러 문장들을 흡수하고 영어 원서에서 다양한 문장들을 접하며 문장에 대한 감과 형태를 익혔기 때문에 가능한 일입니다.

여러분의 자녀도 할 수 있습니다. 아이가 영어 공부에 만족감을 느끼고 자신 있게 아웃풋이 나올 수 있도록, 영어의 여러 영역을 골고루 제대로 공부할 수 있게 코치해주세요.

장르의 폭을 넓혀
영어 원서 다독하기

다독과 묵독의 장점

다독은 책을 많이 읽는 것으로, 책을 즐기고 좋아하게 만드는 것은 물론 자신감을 갖고 책을 빨리 읽는 유창한 독자가 되게 합니다.[*] 이 단계에서는 온라인 영어 도서관 이용을 최대한 줄이고 영어 원서를 다독하게 합니다. 행복이는 온라인 영어 도서관의 만화 전자책을 거의 다 봐서 전자책이나 종이로 된 영어 원서를 읽었습니다.

---

[*] 정진영. 온라인 영어 독서 프로그램을 활용한 중학교 영어 읽기 수업의 교육적 효과. 한양대학교 석사학위 논문. 2016.

전에는 리스닝과 결합된 리딩을 했다면 이제는 묵독을 합니다. 묵독은 소리를 내지 않고 속으로 책을 읽는 것을 말합니다.

영어 원서를 묵독으로 다독할 경우 어떤 좋은 점이 있을까요? 아이가 음원에 맞춰 빨리 읽다 보면 구조를 제대로 인식할 여유가 없지만, 묵독을 하면 문장 구조에 대한 감을 키울 수 있습니다. 그리고 다독은 다양한 간접경험을 함으로써 배경지식을 넓히고 이해력을 높여서 다른 새로운 글을 읽을 때 도움이 됩니다. 이는 글의 문맥이나 의도, 형식 등을 이해하는 바탕이 되어* 영어 원서 다독의 밑거름이 됩니다.

영어 원서로 교재와 다른 배경과 상황에서 어휘와 표현 습득하기

영어 교재만으로 수능 준비는 충분하지만, 이 단계에서는 다양한 어휘와 표현을 위해 영어 원서 읽기에 신경을 씁니다. 행복이는 새로운 어휘와 표현을 영어 원서의 자연스러운 맥락에서 습득했습니다. 영어단어집과 영어 교재의 어휘는 암기를 했지만 영어 원서의 어휘는 자연스럽게 익혔어요.

저는 학년에 맞는 영어 원서 읽기를 목표로 정했고, 행복이는 미국 초등학생 4~5학년 수준의 책인 BL 4~5 대의 책을 읽었습니다. 이 단계 영어 원서를 읽을 때 도움이 될 만한 팁은 다음과 같습니다.

---

* 정진영. 온라인 영어 독서 프로그램을 활용한 중학교 영어 읽기 수업의 교육적 효과. 한양대학교 석사학위 논문. 2016.

영어 원서 읽기를 위한 팁 1

장르를 넓히자

엄마표 영어 4단계 영어 원서가 재미 위주의 책이었다면 5단계에서는 장르의 폭을 넓혀주세요. 책을 읽는 목적이 재미에서 감동과 지식의 습득, 상상력 자극 등으로 다양해지는 겁니다. 목적이 다양해진 만큼 영어 원서를 읽고 싶은 욕구도 더 커질 거예요.

우선, 아이가 우리말 책에서 좋아하는 주제와 장르를 영어 원서로 읽게 권해보세요. 행복이는 모험과 판타지 장르를 좋아해 영어 원서로도 잘 읽었습니다. 이 방법은 아이의 영어 원서 단계를 높일 때도 유용합니다.

영어 원서 읽기를 위한 팁 2

IL 지수를 고려하자

IL^{Interest Level} 지수는 어느 연령대의 아이가 해당 책에 흥미를 갖는지를 알려주는 연령 적합성 지수로, AR 지수 검색 시 알 수 있습니다. 이 지수는 LG^{Lower Grades}부터 UG^{Upper Grades} 까지 총 네 단계로 구분됩니다. 엄마표 영어 4단계에서는 재미 위주의 책을 읽어 IL 지수가 별로 필요 없었지만, 이번 단계부터는 IL 지수까지 고려해 아이에게 맞는 영어 원서를 선택할 수 있습니다. BL 지수는 같지만 IL 지수가 다른 세 권의 책을 예로 들어 설명하겠습니다.

| 《Captain Awesome Goes to Superhero Camp》 | 《Charlotte's Web》 | 《The Sun Also Rises》 |

BL 4.4 (미국 초등학생 4학년 4개월 수준)
IL LG(Lower Grades). 유치원~3학년 수준
Lexile 670L

BL 4.4 (미국 초등학생 4학년 4개월 수준)
IL MG(Middle Grades). 4~8학년 수준
Lexile 680L

BL 4.4 (미국 초등학생 4학년 4개월 수준)
IL UG(Upper Grades). 9~12학년 수준
Lexile 610L

세 권의 책 모두 BL 지수가 4.4로, 미국 초등학생 4학년 4개월 수준입니다. 하지만 《Captain Awesome Goes to Superhero Camp》는 IL 지수가 LG이고, 퓰리처상과 노벨문학상을 탄 소설가 어니스트 헤밍웨이의 《The Sun Also Rises》는 UG로 분류됩니다. 즉 단어와 문장의 난도는 같으나 이해 난도는 《The Sun Also Rises》가 훨씬 더 높습니다.

또 다른 도서 지수인 렉사일Lexile 지수로도 비교해보면, IL 지수가 가장 높은 《The Sun Also Rises》가 다른 두 책보다 오히려 낮습니다. BL 지수와 렉사일 지수만으로 어휘 수준은 알겠지만 이해 수준이 어려운지는 알 수 없습니다. 그러니 영어 원서를 고를 땐 AR 지수를 검색할 때 나오는 IL 지수도 꼭 고려하세요.

소설 페어북을 활용하자

페어북을 영리하게 활용하세요. 페어북은 웬디북 같은 영어 원서 판매 사이트나 검색을 통해 알 수 있습니다.

페어북을 잘 활용하는 첫 번째 방법은, 우리말 소설을 이용해 우리말 독서에 빠지게 만들었듯 페어북을 이용해 영어 소설로 영어 원서 읽기에 빠지게 만드는 것입니다.

행복이는 에린 헌터의 《전사들》 1부와 2부를 우리말 번역본으로 읽다 3부는 우리말 번역본이 없어 영어 원서 《Warriors》로 읽었어요. 자기가 좋아하는 소설이라면 영어 원서라도 읽게 됩니다. 영어 소설 읽기에 적응시키기 위해 1권만 우리말 번역본으로 읽어 내용과 인물 간의 관계를 알게 한 후 2권부터는 영어 원서로 읽게 할 수도 있고, 홀수 권은 우리말 번역본으로 읽고 짝수 권은 영어 원서로 읽게 할 수도 있습니다. 행복이는 우리말 번역본을 읽은 후 다음 권부터 영어 원서로 읽었는데, 인물 간의 관계를 알게 되니 모르는 단어가 나와도 대강 내용을 이해할 수 있다고 했습니다.

페어북을 하브루타에 지혜롭게 활용하자

아이의 영어 원서 이해도를 알기 위해 우리말 번역본으로 내용을 체크하는 것도 좋지만 자녀와 함께 질문하고 대화하고 토론하며* 하브루타를 하는 것도 페어북을 잘 활용하는 방법입니다. 아이는 영어 원서로, 부모님은 우리말 번역본으로 책을 읽은 뒤 가족 하브루타를 하면 좋습니다. 부모님이 분량이 많은 글책을 읽기 부담스럽다면 그림책을 이용하면 됩니다. 그림책 중에는 BL 지수가 높은 것들도 있어요.

하브루타는 두 사람이 글을 읽고 그 의미에 대해 서로 질문하며 생각을 나누는 대화 활동입니다. 상대방의 의견이나 대답에 동의할 수 없을 때에는 그 이유를 설명하거나 또 다른 생각을 제시하도록 질문을 합니다. 때로는 이것이 깊은 논쟁이 되어 사고력 확장은 물론 고등 사고력을 길러주고, 한 가지 질문에 수많은 답이 있다는 것을 알게 합니다.[**]

하브루타는 가족이 다 같이 할 수도 있습니다. 저희 가족은 셋이라 하브루타를 할 때 돌아가며 질문을 합니다.

[*] 김혜경. 《하브루타 부모 수업》. 경향 BP. 2017.

[**] 김난예. 질문 생성 전략과 하브루타 신앙공동체 교육. 기독교교육논총 43: 169-198. 2015.

가족 하브루타를 위한 그림책

《The Boy Who Grew Flowers》

BL 4.7, 렉사일 지수 AD810L.
장애에 관한 그림책이며, 우리말 번역본은 《꽃이 피는 아이》입니다.

《The Three Robbers》

우리말 번역본은 《세 강도》입니다.
BL 지수와 렉사일 지수는 주로 미국 책만 검색이 되기 때문에 프랑스 책인 이 책은 검색되지 않습니다.

《Before She Was Harriet》

BL 4.5. NP(Non-Prose/비산문)라 렉사일 지수를 부여하지 않습니다.
코레타 스콧 킹 상을 수상했습니다.

《The Little House》

BL 4.1, 렉사일 지수 AD610L.
무분별한 도시화 현상을 비판하는 내용입니다. 칼데콧상을 수상했으며, 우리말 번역본은 《작은 집 이야기》입니다.

《The Gardener》

BL 3.9, 렉사일 지수 AD 570L.
칼데콧 아너상을 수상했습니다. 우리
말 번역본은 《리디아의 정원》입니다.

《The Little Island》

BL 3.6, 렉사일 지수 590L.
칼데콧상을 수상했습니다.

《Crown: An Ode to
the Fresh Cut》

BL 3.8, 렉사일 지수 700L.
뉴베리 아너상, 칼데콧 아너상, 코레
타 스캇상, 에즈라 잭 키츠상을 수상
했습니다.

《Why Mosquitoes Buzz in
People's Ears》

BL 4.0, 렉사일 지수 770L.
칼데콧상을 수상했습니다. 우리말 번
역본은 《모기는 왜 귓가에서 앵앵거
릴까?》입니다.

행복이가 읽은 영어 원서

《Sarah, Plain
and Tall》

BL 3.4, IL은 MG,
렉사일 지수 660L.
뉴베리상을 수상했습니
다. 우리말 번역본은 《엄
마라고 불러도 될까요?》
입니다.

〈I Wonder Why〉
시리즈

BL 4.3~5.9, IL은 LG,
렉사일 지수 600~1100L.
우리말 번역본은 《왜 그런
지 정말 궁금해요》입니다.

《Out of My
Mind》

BL 4.3, IL은 MG,
렉사일 지수 700L.
우리말 번역본은 《안녕,
내 뼈끔거리는 단어들》입
니다.

〈Dork Diaries〉
시리즈

BL 4.2~5.4, IL은 MG,
렉사일 지수 610~890L.
일기 형식의 영어 원서로,
우리말 번역본은 《니키의
도크 다이어리》입니다.

〈Who Was
(Who Is)?〉 시리즈

BL 4.3~6.4, IL은 MG,
우리말 번역본은 〈후워즈
어린이 롤모델〉 시리즈입
니다.

〈Warriors〉 시리즈

BL 4.0~6.3, IL은 MG,
재미있는 판타지 소설로,
우리말 번역본은 《전사
들》입니다.

《Danny the Champion of the World》

BL 4.7, IL은 MG,
렉사일 지수 770L.
로알드 달의 작품으로, 우
리말 번역본은《우리의 챔
피언 대니》입니다.

《The Trumpet of the Swan》

BL 4.9, IL은 MG,
렉사일 지수 750L.
두꺼운 영어 원서로 넘어
가는 시기에 읽기 좋은 책
입니다. 우리말 번역본은
《트럼펫 부는 백조, 루이》
입니다.

《Cat 》

한국 소녀가 쓴 영어 소설
로, 라이팅 실력을 위한 자
극제가 됩니다.

《Matilda》

BL 5.0, IL은 MG,
렉사일 지수 840L.
로알드 달의 작품으로, 우
리말 번역본은《마틸다》
입니다.

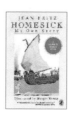

《Homesick My Own Story》

BL 5.1, IL은 MG,
렉사일 지수 860L.
뉴베리 아너상을 수상했
습니다. 우리말 번역본은
《그리운 양쯔강》입니다.

〈Diary of a Wimpy Kid〉 시리즈

BL 5.2~5.8, IL은 MG,
렉사일 지수 910~1060L.
일기 형식의 영어 원서로
우리말 번역본은《윔피키
드》, 영화도 〈윔피키드〉입
니다.

《The Chronicles
of Narnia》 시리즈

BL 4.1~5.9, IL은 MG,
렉사일 지수 790~970L.
행복이가 강력 추천하는 판타지 소
설로, 우리말 번역본은 《나니아 연대
기》입니다.

《About
Average》

BL 5.5, IL은 MG,
렉사일 지수 860L.
〈Andrew Clements〉 시리즈 중 한
권입니다.

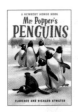

《Mr. Popper's
Penguins》

BL 5.6, IL은 MG,
렉사일 지수 910L.
뉴베리 아너상을 수상했습니다. 행복
이가 강력 추천하는 책으로, 우리말
번역본은 《파퍼 씨의 12마리 펭귄》
입니다.

《The View From
Saturday》

BL 5.9, IL은 MG,
렉사일 지수 870L.
뉴베리 아너상을 수상했습니다. 우
리말 번역본은 《퀴즈왕들의 비밀》
입니다.

라이팅과 스피킹 대회
준비하기

라이팅 대회 수상, 영어 학습 기간과 노출 시간이 짧아도 가능하다

행복이는 5학년 때 5~6학년이 함께 경쟁한 교내 라이팅 대회에서 동상을 탔습니다. 외국에서 몇 년 살다 온 아이들, 방학마다 외국에 다녀오는 아이들이 있는 곳에서 한 학년 선배들도 같이 경쟁해 받은 동상이라 저는 매우 만족했습니다. 행복이는 다른 아이들에 비해 영어 학습 기간이 짧고 노출 시간도 훨씬 적었거든요.

엄마표 영어 3~4단계에서 영어 일기로 라이팅을 했다면, 이 단계에서는 형식을 갖춰 몇 단락의 영어 에세이를 써보는 것을 추천합니다. 글쓰기는 콘텐츠의 표현인데, 요즘 아이들은 콘텐츠가 부족한 편입니다. 영상물이나 읽기 편한 책에서 얻은 단편적인 지식은 있지만, 그것들을 연결할 힘이 없습니다. 그래서 제대로 된 책으로 독서를 하고, 글을 쓰면서 생각하고 사고를 확장하고 연결하는 연습이 필요합니다. 제 엄마표 영어를 잘 따라왔다면 우리말 독서로 콘텐츠가 차곡차곡 쌓이고 우리말 일기로 콘텐츠를 표현하는 연습을 했을 겁니다.

몇 단락의 에세이를 써보자

행복이의 학교 교재를 참고해 5단락 에세이 구조를 첨부하겠습니다. 라이팅 에세이 샘플과 분석이 필요하다면 이 책의 부록 8(5단락 영어 에세이의 예)이나, 제 블로그에 있는 '쓰기(W)/말하기(S)' 카테고리를 참고하세요. 행복이의 라이팅 에세이와 그 에세이를 분석한 포스트들이 있습니다.

• 기본적인 5단락 에세이 구조

1단락 (도입)	Main Idea(주제) + Main Example 1(주요 예 1) + Main Example 2(주요 예 2) + Main Example 3(주요 예 3) + Restate Main Idea(주제를 재진술)
2단락	Main Example 1(주요 예 1) + Example 1(예 1) + Example 2(예 2) + Example 3(예 3) + Restate Main Example 1(주요 예 1을 재진술)
3단락	Main Example 2(주요 예 2) + Example 1(예 1) + Example 2(예 2) + Example 3(예 3) + Restate Main Example 2(주요 예 2를 재진술)

4단락	Main Example 3(주요 예 3) + Example 1(예 1) + Example 2(예 2) + Example 3(예 3) + Restate Main Example 3(주요 예 3을 재진술)
5단락 (결론)	Restate Main Idea(주제를 재진술) + Restate Main Example 1(주요 예 1을 재진술) + Restate Main Example 2(주요 예 2를 재진술) + Restate Main Example 3(주요 예 3을 재진술)

일단 에세이 구조를 머릿속에 넣고, 이 구조에 맞춰 에세이를 써봅니다. 여러 번 구조에 맞춰 에세이를 쓰다 보면 이런 형태의 글을 쓰는 것이 익숙해집니다.

또한 문법이나 리딩 학습에서 접한 구조나 문법이 적용된 문장을 여러 개 만들어봅니다. 그러다 보면 감각이 키워지고, 아이의 머릿속에 구조나 문법이 패턴화되어 자리 잡습니다. 영어 에세이 작성 시 이 패턴들을 활용하면 좀 더 고급스러운 문장을 작성할 수 있습니다.

스피킹 대회 1등, 영어 학습 기간과 노출 시간이 짧아도 가능하다

행복이는 4학년 때 교내 영어동화 구연대회에서 은상을 탔습니다. 행복이의 영어거부감이 재발할까 봐 걱정돼 최대한 스트레스를 주지 않고 준비시켰어요. 원고는 3분 분량까지 가능했지만 2분 분량으로 짧고 쉽게 작성하고, 발표 연습은 대회 전날에만 시켰습니다. 분량이 적어서 금상을 탈 순 없었습니다. 하지만 5학년 때는 원고 분량을 시간에 맞춰 길게 작성하고 며칠 동안 발표 연습도 시켜서 행복이는 영어 스피킹 대회에서 금상을 탔습니다.

제가 학원을 운영했을 때 학원생들이 영어 스피킹 대회의 상을 거의 휩쓸다시피 했습니다. 라이팅 대회와 달리 영어 스피킹 대회는 영어 실력이 조금 부족해도 연습을 통해 극복할 수 있으니, 교내 대회가 있다면 참가할 것을 추천합니다. 만약 아이가 상을 탄다면 그 상이 엄청난 동기가 되어 영어 실력 향상에 도움이 될 겁니다. 설령 상을 못 타도 아이는 이 대회를 통해 영어에 대한 자신감을 더 키울 겁니다.

영어 스피킹 대회를 위한 팁

영어 스피킹 대회를 위한 원고, 전략, 준비에 대해 알아보겠습니다. 이 팁을 활용해 여러분의 자녀도 스피킹 대회에서 좋은 성과를 얻길 바랍니다.

첫째, 원고는 개성이 있어야 좋습니다. 상을 탄 학원생들의 원고는 독특하고 재밌었어요. 원고의 주제는 '꿈속에서 몰래 해외여행 가기', '투명인간', '경주에서 거북이를 이긴 미래형 토끼' 등이었습니다.

둘째, 영어학원에 다니지는 않지만 화상영어를 한다면 화상영어 선생님에게 스피킹 대회 원고를 부탁하세요. 우리말 원고의 번역은 원어민 선생님이 봐줄 순 없지만 화상영어 업체에서 봐주기도 합니다. 참고할 스피킹 대회 대본이 필요하다면 길벗 홈페이지의 제 책 페이지에서 '상을 탄 영어 스피킹 대회 원고들' 스크립트를 다운받을 수 있으니 참고하세요. 아니면 영어 스피킹 대회와 관련된 책을 보셔도 좋아요.

셋째, 꼭 1등을 하지 않아도 된다면 2등을 준비시키세요. 제가 학원을 운영했을 당시엔 1등을 하지 못할 것 같은 학생에게는 원고의 분량을 조금 줄이면서 그 원고를 완벽하게 소화시키게 했어요. 긴 원고를 제대로 소화하지 못한다면 짧은 원고로 완벽하게 말해야 수상 확률이 높아집니다.

넷째, 소품을 활용하고 제스처(몸짓)를 추가합니다. 다만, 원고를 완벽하게 숙지한 경우에만 해당됩니다. 원고 숙지가 미흡하다면 소품과 제스처 사용은 오히려 독이 됩니다.

추가 학습

단어집과 숙어집, 미국 교과서

행복이는 엄마표 영어 5단계에서 고등용 단어집《능률VOCA 어원편》과 숙어집《능률VOCA 숙어편》(둘 다 NE능률)을 사용했습니다. 행복이는 교재의 단어를 낱낱이 다 외워 이미 단어집의 많은 단어를 알았습니다. 그로 인해 단어 복습 효과와 예문의 이해도를 높여 적용력과 응용력을 향상시켰습니다.

이 시기에 사립초에서 행복이는 미국 교과서《Story Town 4 Winning Catch》로 공부했습니다. 행복이의 영어 실력보다 책의 수준이 낮아 큰 효과를 보지는 못했지만, 다양한 단어를 접할 순 있었습니다. 미국 교과서 학습법이 궁금하다면 390쪽의 '추가 학습: 미국 교과서, 단어집 등'을 참고하세요.

한눈에 보이는 진도표와 학습법

이 단계만 지나면 '아이표 영어'로 바뀌니 힘을 내 5단계를 잘 마무리하시길 바랍니다. 행복이는 5단계 학습을 하는데 13개월이 걸렸지만 학교 시험과 학교 영어 시험을 준비했던 2개월 동안은 학습이 중단되었고, 후반부에는 수학 공부에 집중하느라 영어 교재 학습량을 반으로 줄였습니다. 학습을 제대로 한다면 8~10개월이면 됩니다.

← 10개월 →
우리말 독서(이야기책과 지식책의 균형 잡기)***
꿈과 목표 그리고 영어(드림보드를 만들어 꿈에 대한 구체적인 목표 정하기)

토플형 리딩 1 《Advanced Reading Expert 1》	토플형 리딩 2 《Advanced Reading Expert 2》

토플형 리스닝 1 《Bricks Intensive Listening 3》
중3 수준 문법 '제대로 철저한 영문법 3'(미출간 교재)
고등 영어단어집 《능률VOCA 어원편》, 고등 영어 숙어집 《능률VOCA 숙어편》
온라인 영어 도서관

+

영어 원서 다독

1. 우리말 독서***와 꿈과 목표

첫 일과를 우리말 독서로 정해 아이가 항상 독서를 한 뒤 다른 일과를 하게 합니다. 행복이는 이 단계에서 주중에는 1시간 이상, 주말에는 4시간 이상 독서를 했지만 일요일에는 더 많은 시간 동안 독서를 했습니다. 이 단계에서는 이야기책과 지식책의 균형을 잡기 위해 '한국십진분류법'을 이용하면 좋습니다. 종이에 2열 10행짜리 표를 만들어 왼쪽 칸에 한국십진분류표처럼 000~900을 100단위로 써넣은 뒤 읽은 책을 분류해 해당 칸 오른쪽 열에 권수를 표시하면 독서가 부족한 주제를 파악할 수 있습니다. 행복이는 이 단계에서 매달 영어 원서를 포함해 10~20권의 책을 읽었습니다.

아이의 드림보드를 만들어 꿈에 대한 구체적인 목표를 정해야 합니다. 또한 목표에 대한 포트폴리오를 만들어 꿈을 위한 노력의 실천 결과를 담으면 좋습니다.

2. 아이주도 영어 학습을 준비하고 아이와 좋은 관계 유지하기

아이주도 영어 학습을 위해서는 공부 습관이 잡혀야 합니다. 아직도 안 잡혔다면 꼭 지킬 수 있는 공부 시간표를 짜서 아이가 지킬 수 있도록 도와주세요. 일단 공부 습관이 잡혔다면 독서량과 공부 양을 늘리고, 공부 시간표 대신 공부 목록표를 사용해도 됩니다.

아이가 사춘기가 올 때입니다. 평소 아이와의 관계가 좋았다면 문제 될 것이 없거나 금방 지나가겠지만, 아니라면 아이와 좋은 관계를 유지하기 위해 더 노력해주세요. 엄마표 영어의 지속성을 위해 아이와의 좋은 관계는 반드시 유지해야 합니다.

3. 학습 횟수와 시간

아이가 어려워하는 영역이 있다면 비슷한 수준의 문제집을 한두 권 더 풉니다.

① 행복이는 일주일에 3회(수, 금, 토) 교재 학습을 했습니다.
② 학습 시간은 리딩 70분, 리스닝 70~80분, 문법 60~70분 정도입니다.
③ 일하는 부모님이라면 주말을 이용해 한두 영역을 학습시키세요. 부모님이 영역을 나눠 코치해도 좋습니다.

4. 간략한 수업 방식

아이주도 영어 학습을 위해 늦어도 이 단계의 중반부터는 아이가 스스로 노트 정리를 해야 합니다.

① 리딩: 문제를 두 번 풀게 한 후 채점해주고
↓
아이가 모르는 단어를 미리 찾아 단어장에 정리하고
↓
음원 틀어주고 따라 읽게 하고
↓
(노트 정리)
↓
(리딩 지문을 필사시키고)
↓
노트에 정리된 내용으로 테스트를 합니다.

② 리스닝: 음원을 틀어주고
↓
문제 푼 것을 채점해주고
↓
받아쓰기를 할 때 맞혔는지 틀렸는지 알려주고
↓
(노트 정리)
↓
노트에 정리된 내용으로 테스트를 합니다.

③ 문법: 문법 내용을 읽게 하고
↓
문제 푼 것을 채점해주고
↓
(노트 정리)
↓
노트에 정리된 내용으로 테스트를 합니다.

④ 행복이는 추가 학습으로, 온라인 영어 도서관 이용을 최대한 줄인 대신 영어 원서를 다독하고 단어집과 숙어집을 공부했습니다. 사립초에서는 일주일에 한 번 영어 일기를 검사하고 라이팅과 스피킹 수업을 하는데, 이것은 화상영어로 해결이 됩니다. 필요하다면 화상영어를 하게 하세요.

5. 노트 정리와 테스트

행복이는 테스트를 주 5회 봤는데 단어와 문장을 합쳐 26개 이상 봤습니다. 암기할 양이 적으면 단어집에서 채워 노트 정리를 하고, 외울 것이 없는 날에는 단어집과 숙어집만 암기하게 했습니다. 주중 테스트를 대신해 주말에도 한 번 테스트를 보고, 전처럼 2주에 한 번은 테스트를 건너뜁니다.

6. 엄마도움표 영어

적극적 엄마도움표 영어(엄마표 영어+외부 도움)와 소극적 엄마도움표 영어(학원표 영어+엄마표 영어), 변형된 엄마도움표 영어(2~3시간 몰입 영어+엄마표 영어)에 대한 내용은 '2단계 한눈에 보이는 진도표와 학습법'을 참고하세요. 제대로 된 교재가 없다면 5단계 문법은 어려워서 부모님이 코치하기 힘들 수 있습니다. 그렇다면 동영상 강의나 과외 등을 활용하세요.

PART 3

수능 모의고사
만점 이후
영어 로드맵

성인용 책도 포함된
문해력 독서법 & 꿈과 목표

수능 성적이 좋다면 대학 성적도 좋을까?

아이가 좋은 대학에 입학한다고 모든 게임이 끝나는 게 아닙니다. 아이는 대학에 입학하는 순간부터 다시 새로운 삶을 시작해야 합니다. 명문대건 아니건 대학생활을 어떻게 하느냐에 따라 평범한 삶을 사는 사람이 되기도 하고, 누구나 부러워하는 삶을 사는 사람이 될 수도 있습니다. 이러한 삶의 차이는 어디서 올까요?

S여대 자연과학부 입학생들의 수능 성적과 대학 성적 간의 상관관계를 연구한 결과가 있습니다. 학생들을 대상으로 설문조사를 했더니 '대학 성적과 수능의 수리탐구 성적 및 과학탐구 성적 사이에 상관관계

가 있을 것이다'라는 응답이 각각 74.5%, 80.4%가 나왔습니다.[*] 사람들은 일반적으로 수능 성적이 좋다면 대학에서도 공부를 잘할 거라고 생각합니다. 하지만 학생들의 실제 성적을 분석한 결과, 수능의 수리탐구 성적과 과학탐구 성적 모두 대학 성적과 큰 상관관계가 없는 것으로 밝혀졌습니다.

수능 성적과 대학 성적은 연관이 없다?

좀 더 자세히 알아보기 위해 교차지원자와 비교차지원자로 나누어 알아볼게요. 교차지원은 대학 입시에서 자신이 수능시험에 응시한 계열과 다른 계열로 지원하는 것을 말합니다. 즉 인문계 수험생이 자연계 학과에 지원하거나, 자연계 수험생이 인문계 학과에 지원하는 것을 교차지원이라고 합니다. 이 연구에서는 인문계 응시자가 자연계 학과에 지원한 것을 의미합니다.

옆 페이지의 표를 볼까요?

상관계수가 크면 클수록 비례 관계가 명확하고, 0에 가까울수록 관계가 없다는 걸 뜻합니다. 그리고 마이너스(-)이면서 숫자가 작을수록 반비례관계가 명확한 것입니다. 보시면 아시겠지만, 전체적으로 상관계수가 낮아 대학 성적과 수능 성적 간에 특별한 상관성이 없는 것으로 나타났습니다. 교차지원자의 일반생물학 성적은 수능 과학탐구 성

[*] 김문겸. 대학 성적과 수능 성적 간의 상관성. 숙명여자대학교 석사학위 논문. 2002.

[표] 교차지원자들과 비교차지원자들의 대학 성적과 수능 성적 간의 상관계수*

수능 분야	교차지원자			비교차지원자		
	기초 물리학	일반 생물학	일반 화학	기초 물리학	일반 생물학	일반 화학
수리탐구	-0.12	-0.21	-0.11	-0.15	-0.06	-0.11
과학탐구	0.21	0.49	0.06	0.07	-0.05	0.11

적과 약간의 관련성(0.49)이 있지만 0.5보다 낮아 통계적으로 상관성이 있다고 보기 어렵습니다.

수능 성적이 대학 성적과 연관이 없다면 무엇이 빛나는 대학 성적을 만들어내는 걸까요?

빛나는 대학 성적을 만드는 두 가지 요소

제가 생각하는 대학 성적의 비밀은 두 가지입니다.

첫 번째는 대학 입학 전부터 쌓아온 우리말 독서입니다. 최고점을 받은 이는 학창 시절에 우리말 책을 다독함으로써 사고 확장은 물론 논리력, 사고력, 이해력, 추론력 등이 완성되었습니다. 또한 우리말 독서로 쌓인 배경지식은 대학 공부의 이해도를 높이고 공부해서 익힌 지식들의 연결성을 강화합니다. 그러니 내 아이가 대학에 가서도 공부 잘하

* 김문겸. 대학 성적과 수능 성적 간의 상관성. 숙명여자대학교 석사학위 논문. 2002.

게 하려면 우리말 독서를 어려서부터 꾸준히 하게 해야 합니다.

두 번째는 자기주도학습 능력입니다. 중고등학교에서는 선생님이 설명을 한 후 연습 문제까지 풀어주지만, 대학 공부는 교수님의 설명을 들은 후의 학습은 스스로 해야 합니다. 즉 전공 교재를 나시 읽고 문제를 풀며 연습해 그 지식을 자기 것으로 만드는 것까지 모두 자기 몫입니다. 그래서 대학 공부는 자기주도학습 능력이 있는 사람에게 유리합니다.

아이의 적성에 맞는 학과를 찾는 노력을 계속하자

여전히 영어 학습에만 몰두하는 영어 몰빵식(집중 투자식) 학습법을 고수하신다면 제가 여태까지 한 말들을 되새기며 현실적으로 아이를 코치하시길 바랍니다. 자녀를 영어만 잘하는 영어 능통자로 키울지, 아니면 자기 분야의 최고 실력자로 키울지는 부모님이 어떻게 코치하고 준비시키느냐에 크게 영향을 받기 때문입니다.

사실 아이가 영어 능통자가 된다고 해도 자기만의 콘텐츠가 없다면 소용없습니다. 그러니 '영어만 잘하면 돼!', '명문고와 명문대만 가면 만사형통이야'라는 근시안적인 판단은 하지 말아주세요. 아이는 부모님이 보는 만큼 세상을 봅니다. 저는 행복이가 엄마표 영어 5단계 학습을 끝낸 후 영어 학습 목표를 재정비했습니다. 행복이에게 과학자 겸 교수라는 꿈과 목표가 정해지니 자연스럽게 영어로 향하던 시선이 분산되었거든요.

좋은 대학에 입학하는 것도 중요하지만, 그전에 아이의 적성에 맞는 학과를 찾는 노력을 충분히 해야 합니다. 저는 자신의 진로를 찾지 못해 방황하는 대학생들을 꽤 봤습니다. 그들 중 몇몇은 여러 시도를 했지만 준비된 게 없어서인지 번번이 실패를 했습니다. 그런 일이 여러분의 자녀에게 일어나지 말라는 법이 없습니다. 그렇게 되지 않으려면 아이가 자신의 미래에 대해 고민할 시간을 주어야 합니다. 아이마다 그 시간이 길 수도 있고 짧을 수도 있으니 시간적 여유를 충분히 주어서 마음 편히 자신의 미래를 고민할 수 있게 해주세요.

관심 분야에 대한 넓고 깊은 독서도 하자

제 엄마표 영어를 제대로 실천했다면 지금쯤 수능영어 정도는 웬만큼 준비되었을 겁니다. 행복이는 엄마표 영어 5단계 학습을 끝낸 뒤 고등학교 1학년 70분 영어 모의고사를 47분 만에 풀며 만점을 받았습니다.

앞으로의 영어 학습에 필요한 시간을 단축시킨 만큼 그 시간을 아이의 적성을 찾거나 우리말 독서에 활용하세요. 아이는 관심 분야의 책을 읽음으로써 직업에 대해 고민하고 진로를 확신하게 됩니다. 관심 분야 외의 책도 읽게 해서 직업 선택의 폭을 넓히고 삶의 목표와 방향, 지혜를 얻게 하세요.

이 단계에서는 확장독서에 깊이를 더한 심화독서를 해야 합니다. 행복이는 관심 있는 분야의 성인용 책인 칼 세이건의 《코스모스》와 제임스 러브록의 《가이아》를 읽었습니다. 읽는 책의 두께가 두껍고 내용이 어려워져서 행복이가 이 단계에서 읽은 책은 한 달에 3~10권입니다. 포트폴리오도 계속 만들었는데, 학년이 올라간 만큼 좀 더 세분화된 과학 분야로 진행했습니다.

아이의 꿈을 찾기 위해 진로 프로그램을 활용하자

중고등학생을 위한 진로 탐색 프로그램으로 '진로정보망 커리어넷'이 있습니다. * 이 사이트의 '진로심리검사'에서는 직업적성검사, 직업가치관검사, 진로성숙도검사, 직업흥미검사, 진로개발역량검사를 제공하는데, 소요시간이 15~20분 정도라 부담스럽지 않습니다. 그밖에 직업 정보, 학과 정보, 진로 동영상, 진로 교육자료가 있고, 진로 상담을 신청할 수 있습니다.

전에 만들었던 드림보드를 점검한 후 수정해보는 것도 좋습니다. 행복이는 1년마다 드림보드를 수정할 계획입니다.

---

* www.career.go.kr/cnet/front/main/main.do

자기주도로 학습하는
'아이표 영어'를 하자

5단계 학습 이후에는?

여기까지 잘 마치셨다니, 정말 수고하셨습니다! 이제부터는 더 편하게 아이를 코치하실 수 있을 겁니다.

행복이는 초등학교 6학년, 엄마표 영어 5단계 학습을 마친 후 고등학교 2학년 영어 모의고사(수능 대비 연습용 시험)를 봤는데 처음에는 2등급이 나왔습니다. 문제 유형도 모른 채 한꺼번에 45문제를 풀어야 하니 적잖이 당황해하고 힘들어했습니다. 게다가 행복이의 인지 수준이 고등학교 2학년 문제를 풀기엔 부족한 부분이 있었습니다. 행복이가 성인용 책을 읽는다고 해도 분야가 과학에 국한되어 있고, 장문의 토플형 리딩과 달리 영어 모의고사는 글의 일부를 발췌한 형태라 문맥상 유추하기가 힘듭니다. 행복이는 토플형 리딩의 경우 긴 글을 읽으며 필요할 땐 배경지식으로 유추를 해서 답을 얻었거든요.

행복이의 인지 수준을 고려해서 다시 고등학교 1학년 영어 모의고사를 보게 했습니다. 행복이는 전에 풀어봐서인지 만만해하며 70분짜리 영어 모의고사를 47분 만에 풀고 만점을 받았습니다. 많은 학생이 시간에 쫓기며 푸는 것을 생각한다면, 초등학생이 47분 만에 시험을 마친 것은 굉장한 일이라 생각합니다. 문제 유형을 알면 고등학교 2학년 모의고사도 1등급이 나올 거라는 생각이 들었습니다. 여러분의 자녀도 엄마표 영어 5단계까지 우리말 독서와 영어 학습을 잘해왔다면 행복이처럼 고등학교 1~2학년 모의고사는 어렵지 않게 풀 수 있을 것입니다.

모든 학습의 균형을 생각하자

저는 행복이의 수능영어 대비가 웬만큼 되었다는 생각이 들어 학습 균형을 고려해 영어 학습 계획을 다시 세웠습니다. 우선, 영어 학습의 비중을 줄이고 그 대신 행복이가 좋아하지 않는 수학 공부에 시간을 더 투자하게 했습니다.

특별한 목표가 없더라도 계획된 과목에서 아이의 실력이 안정기에 접어들면 다시 한 번 학습 전반을 조감할 필요가 있습니다. 코가 높고 예뻐도 얼굴의 다른 부위들과 균형을 이루지 못하면 코의 아름다움을 충분히 느끼지 못합니다. 영어 공부 역시 제아무리 실력이 우뚝 솟았어도 다른 과목들과 조화를 이루지 못한다면 전반적인 학력은 기대에 못 미칠 수 있습니다. 영어 공부 시간을 줄여도 된다면 부족한 과목의 학습, 꿈을 위한 탐색, 독서, 4차 산업혁명 시대 준비 등으로 그 시간을 유용하게 활용하세요. 영어만 해서는 안 됩니다. 가용 시간을 산출해 균형 있게 학습 시간을 안배하세요.

'아이'가 앞장서는 엄마표 영어

학습법과 티칭법, 코칭법은 수백수천 가지이기 때문에 전 엄마표 영어를 어떤 방식으로 할지 고민이 많았습니다. 그러다 자기주도학습이 떠올랐습니다. 학원 강사의 장점을 살리기보다 아이의 자기주도학습 능력을 키우기로 결심했죠.

제 엄마표 영어는 아이가 먼저 영어를 발화하고, 해석하고, 테스트를 보는 형태로, 아이가 주도적으로 영어 학습을 이끌어나가는 '아이주도형' 방식입니다. 행복이는 엄마표 영어를 하며 자기주도학습 능력이 생겨 5단계 학습 이후에는 스스로 영어 공부를 했습니다. 이런 자기주도학습 능력은 다른 과목을 공부할 때도 발휘되었습니다.

엄마표 영어가 끌어낸 자기주도학습 능력 1
시간 관리 능력과 학습 의지

행복이의 자기주도학습 능력은 엄마표 영어를 하면서 키워졌습니다.

엄마표 영어가 자기주도학습 능력에 어떤 영향을 끼친 걸까요?

첫 번째는 '시간 관리 능력'입니다. 시간 관리를 하지 않으면서 공부를 하면 학습 효과를 제대로 볼 수 없고 자기주도학습 능력 또한 제대로 키워지지 않습니다. 저는 공부 시간표나 공부 목록표를 사용하게 했는데, 꾸준히 사용하니 행복이의 학습 태도가 잡히고 시간 관리 능력이 키워졌습니다. 자신이 계획한 시간 내에 학습 목표를 완료하면서 성취감을 느낀 아이는 이런 행동을 반복적으로 하며 자기주도학습 능력을 키워갔습니다.

두 번째는 '학습에 대한 의지'입니다. 경제현상 중 승수효과가 있습니다. 어떤 변화가 다른 변화를 유발해서 최종적으로 처음의 몇 배 증가 또는 감소로 나타나는 총효과입니다.* 행복이는 엄마표 영어를 하며 영어 공부에 만족했습니다. 이 만족감은 다른 과목의 공부도 긍정적으로 받아들이게 해 학습 동기로 작용했습니다. 그렇게 해서 공부에 자신감을 얻은 아이는 공부 의지가 생겼고, 최종적으로 자기주도학습으로 이어졌습니다.

---

* 국립국어원 표준국어대사전 '승수효과'. https://stdict.korean.go.kr/search/searchResult.do?page Size=10&searchKeyword=%EC%8A%B9%EC%88%98%ED%9A%A8%EA%B3%BC. 2020.08.20 접근.

노트 정리 능력, 평가 능력, 인내심

세 번째는 '노트 정리 능력'입니다. 행복이는 엄마표 영어를 하며 노트 정리하는 법을 배웠고, 5단계부터 직접 노트 정리를 했습니다. 자기가 직접 중요한 내용과 모르는 내용 등을 노트에 정리할 수 있어야 제대로 된 학습을 하고 스스로 공부할 수 있는 자기주도학습 능력을 가질 수 있습니다.

네 번째는 '학습 결과 평가 능력'입니다. 행복이는 엄마표 영어를 하며 노트에 정리된 내용을 암기한 후 테스트를 보았습니다. 테스트 후에는 재암기, 교재 복습, 음원 듣기 등을 통해 부족한 부분을 채워나가는 방법도 자연스럽게 터득했습니다. 행복이는 다른 과목에서도 이러한 패턴으로 공부를 합니다.

다섯 번째는 '인내심'입니다. 행복이는 영어 공부 시간을 해마다 조금씩 늘렸습니다(시간이 늘어나도 즐겁게 영어 공부를 할 수 있게 만들어야 해요). 그 덕택에 집중하는 시간이 점점 길어졌습니다. 자기주도학습은 인내심도 필요한데, 집중력은 인내심도 동시에 키웠습니다.

이런 능력들은 아이 혼자서 터득할 수 없습니다. 부모님이 관심을 갖고 코치해주어야 합니다. 이런 능력들을 길러 자기주도학습이 가능해지면 '아이표 영어'가 실현됩니다. 아이의 가능성을 기대하세요.

내신과 수능,
미리 단단히 대비하기

수능형 + 토플형 학습하기

행복이는 꿈을 이루기 위해 수학과 과학에 집중해야 하는 시간이 더 필요해져서 이 단계에서는 영어 학습 시간을 조금 줄였습니다. 그리고 예비중이 되어 중고등영어 내신과 입시까지 생각한 영어 학습 계획을 짰습니다. 5단계에서 토플형 학습을 했다면, 이 단계에서는 '수능형 + 토플형' 학습을 하게 됩니다.

중고등 내신과 입시를 위한 '수능형' 리스닝

행복이는 이 단계에서 성인용 중급 토플 리스닝 교재와 함께 수능형 리스닝 교재를 병행했습니다. 행복이가 사용한 수능형 리스닝 교재는 《Concept 컨셉 영어듣기 실전모의고사 35회》(신사고)로, 고등학교 2~3학년 대상의 교재입니다. 행복이처럼 심화형 리스닝 교재를 사용했다면 이 정도 수준의 리스닝 교재가 적합합니다.

행복이는 이 교재의 문제를 거의 다 맞히고, 받아쓰기의 경우 한 번만 들어도 다 받아 적습니다. 행복이에게는 이 교재가 쉬워 리스닝 실력 향상을 많이 기대하긴 힘들지만, 중고등 내신과 수능 리스닝 준비를 위해 필요합니다. 아이의 내신 성적에 반영되는 리스닝은 토플형이 아니라 수능형입니다. 문제 유형과 어휘, 표현을 파악할 목적으로 수능형 리스닝 문제집을 최소 한두 권은 사용하게 하세요. 이 교재는 실전 모의고사이기 때문에 아이가 어려워할 수 있습니다. 그러면 유형편 문제집을 먼저 풀게 하세요.

'아이표 영어'로 수능형 리스닝을 학습하기

이 단계에서는 '아이표 영어'를 할 수 있습니다. 부모님이 한두 번만 수업을 같이 하며 컴퓨터로 음원을 재생하는 방법을 가르쳐주세요. 받아쓰기의 빈칸이 적고 발음 속도도 느려 아이는 한 번에 듣고 받아쓰기를 적어낼 것입니다. 아이가 스스로 해도 부담이 되지 않습니다.

행복이에게는 《Concept 컨셉 영어듣기 실전모의고사 35회》가 어렵지 않아 스스로 학습했습니다. 행복이는 교재를 한 회씩 푸는 것이 아니라 70분 정도 학습합니다. 문제를 풀다가 말았다면 다음에 이어서 풉니다. 이전 리스닝과는 달리 단어나 표현을 미리 암기하지 않고 문제를 풉니다. 또한 아이가 미리 문제를 읽지 않고 실전처럼 문제를 푼 뒤 재빠르게 다음 문제를 읽는 연습을 시킵니다.

받아쓰기를 할 때는 의미를 파악하는데, 이때 모르는 부분이 있다면 답지를 보며 의미를 알아보게 합니다. 학습 후에는 답지를 보며 모르는 단어와 표현을 노트에 정리하게 한 뒤 그 내용으로 테스트를 봅니다. 아이가 수능형 리스닝을 잘한다면 행복이처럼 한 달에 한두 번만 이 교재를 사용해 감을 유지하게 합니다.

아이가 스스로 공부하는 것을 거부한다면 동영상 강의를 고려해도 됩니다. 강남구청 인터넷 수능 방송에는 이 교재를 사용한 강의가 있습니다. 이 교재는 쉬워서 자기주도적 아이표 영어도 가능할 겁니다.

'아이표 영어'로 수능형 리딩 학습하기

행복이는 바로 성인용 중고급 토플 리딩 교재를 병행할 수 있지만, 수능 유형을 알아본 뒤 성인용 중고급 토플 리딩 교재를 병행하기로 했습니다.

행복이처럼 과학고 입학과 같은 특별한 계획이 없다면 바로 '수능+토플' 리딩 학습을 시키세요. '수능'과 '토플' 학습을 격주로 하거나 2 대 1의 비율로 학습해도 됩니다. 수능형 리딩의 경우, 문제 유형별로 풀이 노하우와 복잡한 구조의 문장을 정확하게 해석하는 법을 터득해야 합니다. 부모님이 해주기에는 한계가 있을 수 있으니 동영상 강의를 적극 활용해 아이표 영어를 하게 합니다. 행복이도 동영상 강의로 수능형 리딩을 학습합니다.

동영상 강의의 경우, 선생님의 강의가 아이의 수준과 성향에 간혹 맞지 않을 수 있으니 초반에는 아이와 함께 강의를 들으며 아이에게 맞는 강의인지를 파악합니다. 행복이는 처음에 고등학교 3학년 대상의 인터넷 강의를 들었는데, 생각보다 어렵지 않고 선생님이 꼼꼼하게 봐주시지 않아 EBS 강의로 바꿨습니다.

아이에게 필기하는 법도 가르쳐주세요. 초등학교 수업과 달리 수능용 강의는 스피드 있게 진행됩니다. 빠른 호흡의 강의를 들으며 필기까지 해야 합니다. 그러니 말의 속도를 조절하고, 필요 시 일시정지 버튼을 누른 뒤 필기하고, 교재의 여백을 활용해 필기하는 법 등을 가르쳐주세요. 강의를 들은 뒤에는 암기가 필요한 부분을 노트에 정리하고 암기하게 합니다.

수능 리딩 학습을 위해 독해에 신경 쓰자

우리말 독서를 충실히 하며 이 단계까지 왔다면 고등학교 3학년 EBS 강의를 들을 수 있습니다. 행복이는 EBS 수능특강 교재를 활용한 고3 문법 강의를 들었습니다. 한 강의에 60분 정도 되는 단기 강좌인데, 행복이는 교재에 있는 문제들을 거의 다 맞혔습니다.

이 강의를 듣고 나서는 고등학교 3학년 교재인 《자이스토리 영어 독해 실전편》(수경출판사)을 사용하고 있습니다. 유형별 풀이법과 고난도 문장을 접할 수 있는 교재로, 수능영어 1등급을 위해서는 고난도 문장 독해는 반드시 넘어야 할 산입니다. 이 교재는 강남구청 인터넷 수능 방송에서 강의를 제공하지만, 행복이는 자세한 해설지를 보며 혼자서 아이표 영어로 학습합니다. 행복이는 일주일에 10문제 이상을 풀고 이 교재의 거의 모든 문제를 맞히지만, 맞힌 문제와 틀린 문제 모두 해설지를 보며 어휘와 표현, 구문 등을 노트에 정리하고 암기합니다.

고3 학생들을 가르치면서 느꼈던 점은 제가 수능영어 선생이기보다 수능국어 선생 같았다는 점입니다. 영어를 가르치는 것도 중요했지만 아이들에게 독해 지문을 이해시키는 것 또한 중요했습니다. 어떤 학생들은 제가 해석을 해줘도 글을 이해하지 못했습니다. 이는 영어가 아닌 우리말 능력이 부족해서 생기는 문제입니다. 수능영어 시험을 잘 보려면 우리말 독서를 반드시 해야 합니다.

수능을 미리 준비해 아이에게 시간을 만들어주자

행복이는 이 단계에서 《특급 수능·EBS 기출 VOCA》(NE능률)를 사용합니다. 제가 이 교재를 선택한 이유는 '표현'이 있어서입니다. 예를 들면 'public relations'는 '홍보, 선전'이라는 뜻이에요. 이런 표현들은 수능영어 독해에서 꼭 알아야 합니다. 행복이는 단어집 학습을 진도표대로 하지 않고 개수를 정해 26개 이상 암기합니다. 행복이는 여태까지 교재에 쓰인 단어들을 다 암기했던 터라 단어집의 단어를 이미 꽤 익혔습니다. 그래서 표현과 유의어까지 꼼꼼히 보며 암기합니다.

아이들은 고등학교 입학과 동시에 내신 시험을 준비하고 생활기록부의 내용을 채우느라 바쁜 나날을 보냅니다. 그러니 중학교 3학년 때까지 수능영어 실력을 완성하는 걸 목표로 삼아주세요. 그래야 고등학교에 가서 내신과 생활기록부를 신경 쓰며 부족한 과목의 학습을 차질없이 해낼 수 있습니다.

수능시험에서 영어는 절대평가 과목이라 관건은 수학영역인데, 이 과목은 오랜 공을 들여야 점수가 오릅니다. 국어영역도 단기간에 점수를 올리기 힘들고, 탐구영역도 만만치 않게 시간이 듭니다. 영어 학습을 미리 끝내서 아이에게 부족한 과목을 공부할 시간을 만들어주세요.

영어식 사고를 위한
성인용 중고급 토플 교재와
영어 원서 활용법

미래를 위해 '토플' 학습을 하자

토플과 같은 학술적 내용의 리스닝 지문을 학습하면 대학 진학 후에도 실용성 높은 학습을 할 수 있다고 합니다.[*] 그러니 아이가 수능형 영어 학습 외에도 토플 학습과 영어 원서 독서를 하게 해 미래를 알차게 준비시키세요.

　행복이는 이 단계에서 《토마토 TOEFL iBT Listening》(NE능률)을 사

---

[*] 박상인. 대학수학능력시험 영어듣기 문항 분석을 통한 수능듣기평가 개선방안 연구. 부산교육대학교 석사학위 논문. 2017.

용합니다. 이 교재는 성인용 중급 토플 교재로, 짧은 글의 음원은 50초 정도이고 긴 글의 음원은 5분가량 됩니다. 토플 리스닝 교재는 수능형 듣기처럼 대화문도 있지만 수능형 듣기 교재와는 다르게 대학 강의도 다룹니다. 교재를 통해 천문학, 생물학, 미학, 건축학과 같은 다양한 강의를 들을 수 있어 좋습니다. 아이가 대학에서 영어 강의를 들을 것을 생각한다면 토플 리스닝에 투자하는 건 결코 시간 낭비가 아닐 겁니다. 오히려 미래를 위한 투자라고 생각합니다.

제가 《토마토 TOEFL iBT Listening》을 선택한 이유는 '무료 동영상 강의'가 있고, 다른 유료 학습 사이트에서도 강의가 있기 때문입니다. 행복이는 저와 함께 공부하기를 원해 일단 제 코치를 받으며 공부하고 있지만, 행복이 혼자서 동영상 강의를 들으며 충분히 공부할 수 있습니다. 행복이는 이 교재의 한 Day에 있는 14문제 중 2개 정도 틀렸습니다 (정답률 85.7%).

이 단계의 토플 리딩은 5단계에서 설명한 토플 학습법과 같은 방법으로 진행합니다. 행복이는 토플 리딩 학습에 《해커스 TOEFL Reading》(해커스어학연구소)의 정규편을 사용합니다. 토플은 리딩, 리스닝, 라이팅, 스피킹 영역의 점수 총합이 120점 만점인데, 이 교재는 토플 시험에서 80~110점을 받는 성인을 위한 교재입니다. 이 교재에는 유료 동영상 강의만 있습니다. 무료 동영상 강의를 원한다면 《토마토 TOEFL iBT Reading(NE능률)》을 사용하세요.

'발화형' 토플 리스닝 학습을 하자

이 단계에서는 수능형 리딩 교재를 쓰다 보니 음원이 없어 발화할 여건이 충분치 않습니다. 아이에게는 발화 연습이 필요하고, 토플 리스닝 문제의 대부분은 받아쓰기가 없어서 내용을 여러 번 접하며 완전히 아이 것으로 만들 다른 방안이 필요합니다. 그래서 이전 단계의 토플 리스닝과 다르게 아이에게 발화하게 시킵니다. 리딩에서 부족한 발화를 리스닝에서 대신하는 겁니다. 행복이는 시간적으로 여유가 있는 주말에 이 교재로 60~70분 정도 학습합니다.

학습 전

① 부모님은 답지를 보고 코치할 테니 답지를 읽어보지 않아도 되지만 영어 실력이 부족해 걱정이 된다면 답지를 미리 읽어봐도 됩니다. 이때 부모님이 모르는 단어가 있다면 다음사전 앱이나 네이버사전 앱 등의 영어단어장에 정리하세요. 아이가 공부할 때 지체 없이 발음을 들려주고 뜻을 찾아볼 수 있어 좋습니다.

학습 시

② 지난주에 학습한 음원을 들으며 복습합니다.
③ 수업은 '노트에 정리한 단어와 표현 읽기 → 문제 읽기 → 음원 들려주기 → 채점하기 → (받아쓰기가 있다면) 받아쓰기를 하며 아이가 한 문장씩 따라 읽기 / 한 문장씩 들려주고 아이가 따라 읽기 → 한 문장씩 들려주고 아이와 부모님이 함께 따라 읽기 → 한 문장씩 들려주고 아이

가 의미를 말하기 → 답지를 보며 문제를 틀린 이유 알아보기 → 음원 다시 듣기' 순서로 진행합니다. 음원을 듣고 따라 읽는 횟수는 가감할 수 있습니다.

학습 후

④ 아이는 공부를 하며 발견한 모르는 단어, 외울 만한 표현, 다음에 학습할 부분의 단어와 표현 등을 노트에 정리합니다.
⑤ 아이는 노트에 적힌 내용을 암기해 테스트를 봅니다.
⑥ 시간이 될 때 수시로 음원을 들으면 좋습니다.

BL 6.0 이상의 영어 원서 읽기

행복이는 여전히 영어 원서 읽기를 꾸준히 합니다. 6학년이 되어서는 미국 초등학교 6학년 수준인 BL 6.0 이상의 영어 원서를 읽기 시작했습니다.

영어 원서 독서의 매끄러운 시작을 위해 영어 원서 한 권을 추천하겠습니다. BL 지수가 6.0인 《Stuart Little》(우리말 번역본 제목은 《스튜어트 리틀》)입니다. BL 6.0 수준이라는 생각이 들지 않을 정도로 내용이 어렵지 않아 아이가 끝까지 재미있게 읽어낼 가능성이 큽니다. 게다가 책의 주인공인 스튜어트는 귀여운 생쥐라 아이들이 좋아할 만합니다. 행복이가 강력 추천하는 책입니다.

행복이는 온라인 영어 도서관인 '리딩게이트'도 합니다. 리딩게이트는 독후 문제가 있어 아이가 영어 원서를 얼마나 이해했는지를 파악하기에 용이합니다. 행복이는 전과는 다르게 관심 분야인 과학 분야의 영어 원서도 읽을 계획입니다. 만약 아이의 꿈이 영어와 관련된 직업이라면 원서 읽기에 좀 더 집중하면 좋습니다.

우리나라는 EFL_{English as a Foreign Language} 환경('외국어로서의 영어'라는 의미로, 영어가 사용되지 않는 환경에서 영어를 배우는 경우를 말합니다)이라 대부분의 아이들은 우리말 독서로 얻은 배경지식과 추론력, 이해력, 사고력 등을 바탕으로 내용을 추측하며 영어 원서를 읽습니다. 그렇기 때문에 대부분의 아이들은 자신의 인지 수준보다 훨씬 높은 영어 원서를 읽는 걸 어려워합니다. 그러니 아이의 인지 수준보다 높은 우리말 책을 읽어 독서력을 키우게 하세요. 영어 원서 읽기에 집중하자고 우리말 독서의 수준을 단계별로 높이는 걸 소홀히 해서는 안 됩니다.

구조를 활용해 라이팅하기

행복이는 이 단계에서 구조를 이용한 라이팅 교재를 사용합니다. 이 교재는 제가 집필한 교재로 아직 출판되지 않았습니다(가칭은 '쏙쏙 들어오는 구조 분석 리딩&라이팅'입니다). 행복이는 이 교재의 자세한 설명을 읽으며 스스로 학습하는데, 단어마다 쓰이는 원리를 정확하게 알게 되고 구조 분석법을 적용해 쓸 수 있게 됩니다. 문장을 변형하거나 확장한 형태로 쓰는 것도 가능해집니다.

행복이는 이 라이팅 교재를 끝낸 뒤에 고등용 문법 교재를 사용할 겁니다. 입시 경향이 바뀌지 않는 이상 내신과 수능을 위해 문법 학습은 필수입니다. 행복이는 이 단계에서 원어민 선생님한테 웨어러블 디바이스의 사용법을 설명해 이해시킬 정도의 스피킹 실력이 되었습니다.

행복이에게 이제 영어는 난공불락의 요새가 아니라 함께 가는 편안한 동행인이 되었습니다.

Part 3의 학습 플랜

Part 3의 학습 과정

주중 하루	토	일
라이팅 ⇨ 고등 문법 교재를 사용 예정	수능형 리딩 《자이스토리 영어 독해 실전편》 + 토플 리딩 《해커스 TOEFL Reading 정규편》 ⇨ 대략 2:1 비율	수능형 리스닝 《Concept 컨셉 영어듣기 실전모의 고사 35회》+ 토플형 리스닝 《토마토 TOEFL iBT Listening》 ⇨ 대략 1:3 비율
단어집 《특급 수능·EBS 기출 VOCA》 + 영어 원서 + 온라인 영어 도서관 '리딩게이트'		
주중 테스트 2회 & 주말 테스트 2회 / 테스트는 단어와 문장을 합쳐 26개 이상		

486

행복이는 주중에 수학과 과학 공부에 집중하고자 영어 공부와 일부 테스트를 주말로 옮겼습니다. 테스트 횟수는 주 5회에서 주 4회로 줄였습니다. 아이의 상황에 맞춰 테스트 횟수와 요일을 정하면 됩니다.

지금 엄마표 영어는 순항 중이다

자코보비츠Jakobovits는 외국어 학습의 성공 요인을 태도와 동기 33%, 소질 33%, 지능 20%, 기타 14%로 수치화했습니다.[*] 제 엄마표 영어를 잘해왔다면 아이는 지금쯤 부모님과 끈끈한 관계를 유지하면서 긍정적인 학습 태도로 꿈을 찾고 영어 공부의 동기를 찾았을 겁니다. 또한 꾸준한 우리말 독서로 언어감각을 키워 영어 실력을 높이고, 규칙적인 학습과 테스트 준비 등으로 자기주도학습 능력과 성실성을 갖추었을 겁니다.

제가 경험한 엄마표 영어는 부모의 노력이 요구되지만, 어느 단계가 지나면 그 노력에 대한 보답이 옵니다. 엄마표 영어를 한 지 2년이 넘자 행복이의 영어 공부의 틀이 제대로 잡히면서 제가 편해졌습니다(하지만 전 엄마표 교육도 합니다). 엄마표 영어를 한 지 5년이 넘은 지금, 행복이가 영어 공부를 스스로 주도해 제겐 무사안일의 관성마저 생길 것 같은 안온감마저 감돕니다.

---

[*] Jakobovits, L. A., *Foreign Language Learning Rowley*, MA: Newbury House Publishers, 1970.

부록

영어 발음이 두려운 부모를 위한
파닉스 단어 읽기

1. 자음의 유성음과 무성음

<table>
<tr><td rowspan="3">유성음</td><td>발음
기호</td><td>b</td><td>d</td><td>g</td><td>v</td><td>z</td><td>ʒ</td><td>dʒ</td><td>ð</td><td>m/n/ŋ</td><td>j/w</td><td>r/l</td></tr>
<tr><td>음</td><td>브</td><td>드</td><td>그</td><td>브</td><td>즈</td><td>지</td><td>쥐</td><td>드</td><td>므/느/응</td><td>이/우</td><td>르/러</td></tr>
<tr><td>기호</td><td>ㅂ</td><td>ㄷ</td><td>ㄱ</td><td>ㅂ</td><td>ㅈ</td><td>ㅈ</td><td>주</td><td>ㄷ</td><td>ㅁ/ㄴ/ㅇ</td><td>ㅣ/ㅜ</td><td>ㄹ/ㄹ</td></tr>
<tr><td rowspan="3">무성음</td><td>발음
기호</td><td>p</td><td>t</td><td>k</td><td>f</td><td>s</td><td>ʃ</td><td>tʃ</td><td>θ</td><td>h</td><td></td><td></td></tr>
<tr><td>음</td><td>프</td><td>트</td><td>크</td><td>프ᶠ</td><td>스</td><td>쉬</td><td>취</td><td>쓰</td><td>흐</td><td></td><td></td></tr>
<tr><td>기호</td><td>ㅍ</td><td>ㅌ</td><td>ㅋ</td><td>ㅍᶠ</td><td>ㅅ</td><td>수</td><td>추</td><td>ㅆ</td><td>ㅎ</td><td></td><td></td></tr>
</table>

2. 모음

발음기호	a	e	i	o	u	ʊ	ə	ʌ	ɔ	ɜ	æ
음	아	에	이	오	우	어	어	오		에	애
기호	ㅏ	ㅔ	ㅣ	ㅗ	ㅜ	ㅓ	ㅓ	ㅗ		ㅔ	ㅐ

3. 기본 파닉스 표

Aa	에이(ㅐ)	Hh	에이치(ㅎ)	Oo	오(ㅏ)	Vv	브이(ㅂ)
Bb	비(ㅂ)	Ii	아이(l)	Pp	피(ㅍ)	Ww	더블유(ㅜ)
Cc	씨(ㅋ)	Jj	제이(ㅈ)	Qq	큐(ㅋ)	Xx	엑스(ㅋㅅ)
Dd	디(ㄷ)	Kk	케이(ㅋ)	Rr	알(ㄹ)	Yy	와이(ㅑ, ㅓ, ㅛ)
Ee	이(ㅔ)	Ll	엘(ㄹ)	Ss	에스(ㅅ)		
Ff	에프(ㅍ^f)	Mm	엠(ㅁ)	Tt	티(ㅌ)	Zz	지(ㅈ)
Gg	쥐(ㄱ)	Nn	엔(ㄴ)	Uu	유(ㅓ)		

4. 파닉스 단어 읽기*

이 발음법은 《영어, 발음강사 되다!》(Garrett Kim, 위아북스)라는 책 내용을 토대로 설명합니다.

영어에서 유성음voiced sound은 성대가 울리는 소리로, 대부분의 모음과 [b/ㅂ], [d/ㄷ], [g/ㄱ], [v/ㅂ], [z/ㅈ] 등의 자음이 이에 속합니다. 무성음voiceless sound은 성대를 진동시키지 않는 소리로 [p/ㅍ], [t/ㅌ], [k/ㅋ], [f/ㅍ^f], [s/ㅅ] 등이 이에 속합니다. 손바닥을 입 앞에 대고 무성음 [p/ㅍ]를 소리내보면 빠른 공기의 흐름을 느낄 수 있습니다. 반면 유성음 [b/ㅂ]의 경우 미세한 공기의 흐름이 느껴집니다. 빠른 [p/ㅍ]는 [b/ㅂ]보다 고음입니다. 즉 성대가 울리지 않는 무성음이 성대가 울리는 유성음보다 음이 높습니다.

영어단어의 첫 스펠링이 유성음일 경우(예를 들어 mad), 유성음은 무

---

*김형주. 《영어, 발음강사 되다!》. 위아북스. 2013.

성음보다 더 낮은 음에서 시작해서 더 오래 발음됩니다. 반면 첫 스펠링이 무성음일 경우(예를 들어 fad), 유성음보다 더 높은 음에서 시작해서 더 짧게 발음됩니다. 영어단어의 끝 스펠링이 유성음일 경우(예를 들어 fad), 유성음은 무성음보다 더 길고 더 낮게 발음됩니다. 반면 끝 스펠링이 무성음일 경우(예를 들어 pat), 유성음보다 더 짧고 더 높게 발음됩니다. 무성음과 유성음의 발음 속도는 두 배 차이가 납니다. 즉 '유성음+모음+유성음'인 'mad'는 '무성음+모음+무성음'인 'pat'보다 발음할 때 2배의 시간이 걸립니다.

LL (유 +모 +유) : m +a +d	LS (유 +모 +무) : b +a +t	SL (무 +모 +유) : f +a +d	SS (무 +모 +무) : p +a +t

※ L은 길게 발음된다는 것을 의미하고, S는 짧게 발음된다는 것을 의미합니다.

참고로 영어단어의 첫 스펠링이 모음인 경우 무성음과 같고, 끝 스펠링이 모음인 경우 유성음과 같습니다.

02

리딩 & 리스닝 교재 레벨표

리딩과 리스닝 교재 선정 시 참고할 수 있는 교재 레벨표입니다. 다음 사항을 유의해 활용하세요.

1. 렉사일 지수와 학습 대상 표기 등은 모두 출판사에서 제시한 자료를 참고했습니다. 학습 대상은 출판사마다 기준이 다를 수 있으니 출판사의 레벨 테스트나 3단계의 '03. 교재 선정 방법과 팁'을 참고해 교재를 선정하세요.

2. 표에서 제시하지 않은 교재를 사용해도 됩니다. 출판사의 책 중 일부만 수록했고, 여기 수록된 출판사 외에 다른 출판사의 교재도 있습니다.

3. 행복이가 사용한 교재는 별표로 표시했습니다. '(★2)'의 경우 행복이가 2단계 리딩에서 사용한 교재를 의미합니다. 행복이의 교재를 참고해 코칭법 단계 선정 시 참고하세요.

4. 교재 출판사 사이트에서는 단어 테스트지, 교재 PPT, 번역 워크시

493

트, 받아쓰기 워크시트, 리뷰 테스트, 답지 등을 제공하고 있으니 적절히 활용하시면 좋습니다.

5. 행복이는 6단계에서 성인용 토플 리딩과 리스닝 교재, 고3 수능 대비용 리딩과 리스닝 교재를 사용했습니다. 5단계 이후 교재 선정 시 참고하세요.

리딩

6. 렉사일 지수가 0L 미만이면 BR^{Beginning Reader} 코드로 표기합니다.

7. 아이가 처음에 사용하는 초등 저학년과 중학년 정도의 리딩 교재는 2단계 리딩 코칭법을 적용하면 됩니다.

8. 표에서 제시하지 않은 행복이의 3단계 리딩 교재 《I can Reading》 (아이앰북스)의 경우, 출판사에서는 학습 대상을 초등으로 보았지만 '초등 고학년~중등'으로 간주하면 됩니다. 이 교재에는 관계대명사와 관계부사, 간접의문문 같은 어려운 중등 문법을 포함해 전반적인 중등 문법이 사용된 문장이 나오기 때문입니다.

9. 2단계 교재 사용 후 관계대명사(who, whom, which, that)가 등장했다면 3단계 리딩 코칭법을 적용하세요.

10. 중등 문법을 전반적으로 접했다면 4~5단계 리딩 코칭법을 적용하세요. 특히 원서형 장문 리딩이라면 4~5단계 코칭법이 잘 맞습니다.

리스닝

11. 초등 저학년 리스닝 교재는 2단계 코칭법, 초등 고학년 리스닝 교

재는 3단계 코칭법, 중등 리스닝 교재는 4단계 코칭법, 토플형 리스닝 교재는 5단계 코칭법을 적용하시면 됩니다.

• 행복이가 사용했던 《Listening Insight》는 거의 절판 상태입니다.

리딩 교재 리스트

교재명	렉사일 지수	학습 대상
NE능률		
Easy Link Starter	–	미취학~초등 저학년
Easy Link 1~3	240~280L	초등 저학년
Easy Link 4~6	320~380L	초등 저학년
Insight Link Starter 1~3	400~500L	초등 초급~초등 중급 High Beginner
Insight Link 1~3	500~610L	초등 중급~초등 고급 High Beginner, Intermediate
Insight Link 4~6	670~760L	초등 중급~초등 고급 Low Intermediate, Intermediate
Subject Link Starter 1~3	430~460L	초등 초급 High Beginner
Subject Link 1~3	520~610L	초등 중급 Low Intermediate, Intermediate
Subject Link 4~6	720~830L	초등 고급 Intermediate, High Intermediate
Subject Link 7~9	860~950L	중등 High Intermediate, Advanced
리딩버디 1 (★2)	–	초3

리딩버디 2 (★2)	–	초3~4
리딩버디 3 (★2)	–	초4
주니어 리딩튜터 스타터 1	300~500L	초4~5
주니어 리딩튜터 스타터 2	400~600L	초5~6
주니어 리딩튜터 1	500~700L	예비중1
주니어 리딩튜터 2	600~800L	중1
주니어 리딩튜터 3	700~900L	중1~2
주니어 리딩튜터 4	800~1000L	중2~3
리딩튜터 입문	800~850L	중3
리딩튜터 기본	850~900L	중3~예비고
리딩튜터 실력	900~1000	고1
리딩튜터 수능PLUS	1000~1100L	고1~2
Junior Reading Expert 1	-	초6~중1
Junior Reading Expert 2 (★4)	-	중1~2
Junior Reading Expert 3 (★4)	-	중2~3
Junior Reading Expert 4	-	중3
Reading Expert 1	900~950L	중3~예비고
Reading Expert 2 (★4)	950~1000L	고1
Reading Expert 3	1000~1050L	고1~2
Reading Expert 4	1050~1100L	고등
Reading Expert 5	1100~1200L	고등
Advanced Reading Expert 1 (★5)	1200~1300L	고등 / 수능 이상 / 토플 80~89 · 텝스 600~699점
Advanced Reading Expert 2 (★5)	1300~1400L	고등 / 수능 이상 / 토플 90~99점 · 텝스 700~799점
Bricks		
Bricks Reading 30 1~3	70~100L	영어 학습 1년 차
Bricks Reading 40 1~3	70~100L	영어 학습 1년 차

Bricks Reading 50 1~3	100~150L	영어 학습 1~2년 차
Bricks Reading 60 1~3	100~150L	영어 학습 1.5년 차
Bricks Reading 80 1~3	200~300L	영어 학습 2년 차 이상
Bricks Reading 100 1~3	200~300L	영어 학습 2년 차
Bricks Reading 150 1~3	300~400L	영어 학습 2년 차 이상
Bricks Reading 200 1~3	400~500L	1: 영어 학습 3년 차 이상 2: 영어 학습 3~4년 차 3: 영어 학습 4년 차 이상
Bricks Reading 250 1~3	500~600L	영어 학습 4년 차 이상
Bricks Reading 300 1~3	600~750L	1: 영어 학습 4년 차 이상 2: 영어 학습 4~5년 차 3: 영어 학습 5년 차 이상
Bricks Subject Reading 1~4	800~950L	영어 학습 5년 차 이상
Bricks Intensive Reading 1~4	900~1100L	영어 학습 6년 차 이상
Bricks Story Reading 70	150~200L	영어 학습 1.5년 차
Bricks Story Reading 150	300~400L	영어 학습 2년 차
Bricks Story Reading 230	400~500L	영어 학습 3년 차
Bricks Reading 120 Nonfiction 1~3	300~400L	영어 학습 2~3년 차 이상
Bricks Reading 170 Nonfiction 1~3	400~500L	영어 학습 3~4년 차 이상
Bricks Reading 240 Nonfiction 1~3	500~600L	영어 학습 4년 차 이상
길벗스쿨		
미국교과서 Reading Early 1~3	–	미취학~초2
미국교과서 Reading Starter 1~3	–	초1~2
미국교과서 Reading Easy 1~3	470~600L	초3~4
미국교과서 Reading Basic 1~3	550~720L	초5~6
미국교과서 Reading Advanced 1~3	650~820L	초등 고학년~중학생
기적의 영어리딩 30 1~3	–	7세~초1
기적의 영어리딩 50 1~3	–	초2~3
기적의 영어리딩 80 1~2	–	초4~5
기적의 영어리딩 120 1~2	–	초6 이상

이퓨쳐		
My Phonics Reading 1~3	–	초1~2
My First Reading 1~3	100L 이하	초1~2
My Next Reading 1~3	100~250L	초2~3
My Next Reading 4~6	200~350L	초3~4
My Best Reading 1~3	300~450L	초4~5
My Best Reading 4~6	400~600L	초5~6
투판즈		
WonderSkills Reading Starter 1~3	30~350L	미취학~초1
Wonderskills Reading Basic 1~3	170~410L	초1~2
Wonderskills Reading Intermediate 1~3	330~540L	초2~3
Wonderskills Reading Advanced 1~3	400~690L	초4~5
WonderSkills Reading Master 1~3	500~890L	초5~6
A*List		
30-word Reading 1~2	BR 10~210L	미취학~초등 저학년
40-word Reading 1~2	0~210L	미취학~초등 저학년
50-word Reading 1~2	110~250L	미취학~초등 저학년
60-word Reading 1~2	140~320L	초등 저학년 (1~2년 차 영어 학습자)
80-word Reading 1~2	200~540L	초등 저학년 (1~2년 차 영어 학습자)
100-word Reading 1~2	250~540L	초등 고학년 (3~4년 차 영어 학습자)
120-word Reading 1~2	350~650L	초등 고학년 (3~4년 차 영어 학습자)
150-word Reading 1~2	450~710L	예비중~중등 (4년 차 이상 영어 학습자)
180-word Reading 1~2	500~790L	예비중~중등 (4년 차 이상 영어 학습자)

210-word Reading 1~2	580~870L	예비중~중등 (4년 차 이상 영어 학습자)

비상교육		
주니어 리더스 뱅크 Level 1	-	초5~6
주니어 리더스 뱅크 Level 2	-	초5~6
리더스 뱅크 Level 3	600L	중1
리더스 뱅크 Level 4	710L	중1
리더스 뱅크 Level 5	750L	중2
리더스 뱅크 Level 6	830L	중2~3
리더스 뱅크 Level 7	890L	중3
리더스 뱅크 Level 8	930L	중3
리더스 뱅크 Level 9	1000L	고1
리더스 뱅크 Level 10	1070L	고1~2

웅진컴퍼스(Compass Publishing)		
Reading Future Starter 1~3	50~150L	초1
Reading Future Dream 1~3	150~260L	초1~2
Reading Future Discover 1~3	260~360L	초2
Reading Future Develop 1~3	350~500L	초3
Reading Future Connect 1~3	400~550L	초3~4
Reading Future Change 1~3	500~650L	초4~5
Reading Future Create 1~3	600~800L	초6, 중등 초급

리스닝 교재 리스트

교재명	학습대상
NE능률	
리스닝버디 1 (★2)	초3
리스닝버디 2 (★2)	초3~4
리스닝버디 3 (★2)	초4~5

1316 팬클럽 듣기 Level 1	중1
1316 팬클럽 듣기 Level 2	중2
1316 팬클럽 듣기 Level 3	중3
주니어 리스닝튜터 입문	중1
주니어 리스닝튜터 기본	중1~2
주니어 리스닝튜터 완성	중3
Junior Listening Expert Level 1	중1
Junior Listening Expert Level 2	중1~2
Junior Listening Expert Level 3	중2~3
Junior Listening Expert Level 4	중3
RADIX LISTENING for the TOEFL iBT Black Label 1~2	중등 최상위권, 수능 이상
RADIX LISTENING for the TOEFL iBT Blue Label 1~2	중등 최상위권, 수능 이상
Bricks	
Bricks Easy Listening 100 1~3	초등 초급(G1~G3) 영어 학습 1~2년 차
Bricks Listening Beginner 150 1~3	초등 초급(G2~G4) 영어 학습 2년 차
Bricks Listening High Beginner 200 1~3	초등 중급(G3~G5) 영어 학습 2~3년 차
Bricks Listening 250 1~3	초등 중급(G4~G6) 1: 영어 학습 3년 차 2: 영어 학습 3~4년 차 3: 영어 학습 4년 차
Bricks Listening Intermediate 250 1~3	초등 중급~고급(G4~G6) 1: 영어 학습 3년 차 이상 (TOSEL Junior) 2: 영어 학습 3~4년 차 (TOSEL Intermediate) 3: 영어 학습 4년 차 이상 (TOSEL Intermediate)

Bricks Listening 300 1~3	초등 고급, 중등(G5~G7) 1: 영어 학습 4년 차 이상 (토플 63~67 · 텝스 450~470점) 2: 영어 학습 4~5년 차 (토플 67~70 · 텝스 470~490점) 3: 영어 학습 5년 차 이상 (토플 70~74 · 텝스 490~510점)
Bricks Listening 350 1~3	중등 초급~중등 고급(G6~G8) 1: 영어학습 5년 차 이상 (토플 70~76 · 텝스 490~530점) 2: 영어학습 5~6년 차 (토플 76~80 · 텝스 530~560점) 3: 영어학습 6년 차 이상 (토플 80~86 · 텝스 560~600점)
Bricks Intensive Listening 1~3 (★5)	중등 중급(G7 이상) 영어 학습 6년 차 이상 (토플 86~105 · 텝스 600~775점)
ETOPIA (천재교육)	
Listening POP Level 1 (★3)	초3~4
Listening POP Level 2 (★3)	초4~5
Listening POP Level 3 (★3)	초5~6
Listening Insight Level 1	중1
Listening Insight Level 2 (★4)	중2
Listening Insight Level 3 (★4)	중2
Listening Insight Level 4 (★4)	중3
Listening Insight Level 5	중3
이퓨쳐	
Listen Up 1~3	초등 저학년
Listen Up Plus 1~3	초등 고학년
A*List	
Listening Ace 1	초3~4

Listening Ace 2	초4~5
Listening Ace 3	초5~6
비상교육	
Listening TAPA Level 1	중1
Listening TAPA Level 2	중2
Listening TAPA Level 3	중3
웅진컴퍼스(Compass Publishing)	
Listening Practice Through Dictation 1~2	중등 중급
Listening Practice Through Dictation 3	중등 고급
Listening Practice Through Dictation 4	고등 초급

✦ NE능률 레벨 차트

https://www.netutor.co.kr/pages/curriculum_chart.asp

✦ NE능률 추천 커리큘럼

https://www.netutor.co.kr/pages/curriculum_popular.asp

✦ 브릭스 Book Map

http://www.ebricks.co.kr/bookmap/index

✦ 브릭스 커리큘럼 서비스

http://www.ebricks.co.kr/tecurri/index#curri3

✦ 브릭스 레벨 테스트

http://www.ebricks.co.kr/leveltest/leveltest.html

✦ 길벗스쿨 교재 선택 가이드

https://school.gilbut.co.kr/board/index

✦ 이퓨처 교재 맵

http://www.e-future.co.kr/customer/bookmap.asp

◆ **이퓨쳐 우리 아이 교재 찾기**

http://www.e-future.co.kr/customer/booksearch.asp

◆ **투판즈 카탈로그**

https://www.twoponds.co.kr/publish/catalog

◆ **A*List 교재 차트**

http://www.alist.co.kr/bookmap/bookmap.asp

◆ **A*List 레벨 테스트**

http://www.alist.co.kr/leveltest/index.asp

◆ **비상 교재 선택 가이드**

https://book.visang.com/book/guide_e.aspx?gtt=E

◆ **웅진컴퍼스퍼블리싱 북 맵**

https://www.compasspub.com/kor/popup/book_map.html

◆ **웅진컴퍼스퍼블리싱 카탈로그**

https://i.compasspub.com/kor/catalogue/2021_K%20Compass%20Catalog.pdf?v1

◆ **웅진컴퍼스퍼블리싱 레벨 테스트**

http://www.santaclass.net/service/level-test/directions.asp

◆ **천재교육(ETOPIA) 홈페이지**

https://book.chunjae.co.kr/

03

2단계 리딩의 독해 실력을 높이는 엄선된 문장

2단계 리딩에서 쓰이는 문장 형태를 엄선해 아이가 암기하기 쉽도록 최소의 단어를 이용해 문장을 만들었습니다. 아이의 영어 노트에 일주일에 1~3문장씩 정리해 암기시키세요. 아이는 영어 지문을 읽을 때 암기한 문장들을 활용해 의미를 파악하게 될 겁니다.

아래 예시 문장에서 두껍게 처리한 단어는 주어를, 밑줄 친 단어는 동사를 의미합니다. 주어와 동사에 대해 아래 박스에 정리했으니 참고하세요.

문장에서 주어와 동사를 구분해볼게요. 마침표로 끝나는 평서문에서 대부분 동사를 기점으로 앞에 있는 것이 모두 주어입니다. 주어는 명사류이고 '은, 는, 이, 가'로 해석되는 부분입니다. 동사는 '~다'로 끝나는 낱말입니다. 문장에서 동사는 꼭 있어야 합니다.

ex **He and I**^{주어} <u>helped</u>^{동사} her. **그와 나는** 그녀를 도왔<u>다</u>.

ex **To play the piano**^{주어} <u>makes</u>^{동사} me feel relaxed. **피아노를 연주하는 것은** 나를 편안하게 만든<u>다</u>.

1   **He** <u>reads</u> a book. 그는 책을 읽는다.

2   **They** <u>are</u> reading a book. 그들은 책을 읽는 중이다.

3   **They** <u>must read</u> a book. 그들은 책을 읽어야 한다.

4   <u>Do</u> **you** <u>read</u> a book? Yes, I do. / No, I don't.
     너는 책을 읽니? 응, 읽어. / 아니, 읽지 않아.

5   <u>Does</u> **she** <u>want</u> to read a book? 그녀는 책을 읽는 것을 원하니?

6   **I** <u>love</u> reading a book. 나는 책을 읽는 것을 사랑한다.

7   **She** <u>doesn't like</u> to read a book. 그녀는 책을 읽는 것을 좋아하지 않는다.

8   <u>Read</u> a book. 책을 읽어라.

9   <u>Don't read</u> a bad book. 나쁜 책을 읽지 마라.

10   There <u>is</u> **a book** in the box. 상자에 한 권의 책이 있다.

11   There <u>are</u> **three books** in the box. 상자에 세 권의 책이 있다.

12   Here <u>is</u> **a book** for you. 여기에 너를 위한 책이 있다.

13   Here <u>are</u> **three books** for them. 여기에 그들을 위한 세 권의 책이 있다.

14 **We** <u>will read</u> a book. 우리는 책을 읽을 것이다.

15 **We** <u>are going to read</u> a book tomorrow.
우리는 내일 책을 읽을 예정이다.

미래를 나타내는 조동사 'will'의 대용어 'am/are/is going to 동사원형(~할 것이다)'은
하나의 동사로 보면 편합니다.

16 How long <u>is</u> **her hair?** 그녀의 머리카락은 얼마나 기니?

17 What <u>are</u> **you** reading now? 너는 지금 무엇을 읽고 있는 중이니?

18 What a nice book! 정말 좋은 책이구나!

19 How nice! 정말 좋구나!

20 **They** <u>loved</u> to read a book. 그들은 책을 읽는 것을 사랑했다.

21 **He** <u>didn't like</u> reading a book. 그는 책을 읽는 것을 좋아하지 않았다.

22 **She** <u>was</u> happy to read a book. 그녀는 책을 읽어 행복했다.

23 **I** <u>bought</u> a table lamp to read a book at night.
나는 밤에 책을 읽기 위해서 테이블 램프를 샀다.

24 **He** <u>read</u> a book to me. 그는 나에게 책을 읽어주었다.

25 A book <u>gives</u> me an idea. 책은 나에게 아이디어를 준다.

26 I <u>called</u> him Pobi. 나는 그를 포비라고 불렀다.

27 He <u>was</u> reading a book when I <u>saw</u> him.
내가 그를 봤을 때 그는 책을 읽고 있었다.

28 It <u>is</u> the nicest book in the world. 그것은 세상에서 제일 멋진 책이다.

29 The book <u>is</u> smaller than mine. 그 책은 나의 것보다 더 작다.

30 This book <u>is</u> as thick as that book. 이 책은 저 책만큼 두껍다.

31 He <u>said</u> that **he** <u>liked</u> reading a book.
그는 그가 책을 읽는 것을 좋아한다고 말했다.

32 I <u>think</u> (that) **a book** <u>makes</u> us happy.
나는 책이 우리를 행복하게 만든다고 생각한다.

33 His book <u>made</u> me think about my grandmother.
그의 책은 내가 나의 할머니에 대해 생각하게 만들었다.

34 It <u>made</u> a sound like a rat. 그것은 쥐와 같은 소리를 만들었다.

35 Reading a book <u>is</u> like going on a great journey.
책을 읽는 것은 멋진 여행을 하는 것과 같다.

36   **To read a book** <u>is</u> interesting.   책을 읽는 것은 흥미롭다.

37   **It** <u>is</u> interesting **to read a book**. 책을 읽는 것은 흥미롭다.

38   If **you** <u>read</u> this book, **you** <u>can find</u> an answer.

     만약 네가 이 책을 읽으면, 너는 답을 찾을 수 있다.

※ 문장에 쓰인 문법을 정리했습니다. 코치할 때 참고하세요.

만약 아이가 의미를 이해하기 힘들어하면 문법 교재를 활용해 의미가 파악될 정도로만 알려 줍니다.

①일반동사의 단수형 ②현재진행형 ③조동사 must ④일반동사의 현재 의문문 ⑤일반동사의 현재의문문, 목적어로 쓰인 to부정사 ⑥목적어로 쓰인 동명사 ⑦일반동사의 현재부정문, 목적어로 쓰인 to부정사 ⑧명령문 ⑨부정명령문 ⑩⑪유도부사 'There be동사+주어' ⑫⑬유도부사 'Here be동사+주어' ⑭미래를 나타내는 조동사 will ⑮미래를 나타내는 대용어('be going to 동사원형') ⑯의문사 how가 이끄는 의문문 ⑰의문사 what이 이끄는 의문문 ⑱what으로 시작하는 감탄문 ⑲how로 시작하는 감탄문 ⑳일반동사의 과거형, 목적어로 쓰인 to부정사 ㉑일반동사의 과거부정문, 목적어로 쓰인 동명사 ㉒부사적 용법의 to부정사 '감정의 원인' ㉓부사적 용법의 to부정사 '목적' ㉔일반동사의 과거형, 3형식으로 전환된 수여동사 ㉕4형식 수여동사 ㉖목적격 보어가 명사인 5형식 ㉗과거진행형, 시간을 나타내는 접속사 when ㉘최상급 ㉙비교급 ㉚동등비교 ㉛접속사 that, 목적어로 쓰인 동명사 ㉜접속사 that의 생략, 목적격 보어가 형용사인 5형식 ㉝5형식 사역동사 ㉞전치사 like ㉟주어로 쓰인 동명사, 전치사 like ㊱주어로 쓰인 to부정사 ㊲가주어(가짜주어) it과 진주어(진짜주어) to부정사 ㊳조건을 나타내는 접속사 if

04

3단계 리딩의
독해 실력을 높이는 엄선된 문장

3단계 리딩에서 쓰일 만한 문장 형태를 엄선한 뒤 문장에 쓰인 문법도 함께 정리했습니다. 문법 교재에서 해당 문법을 찾아 공부하게 하세요. 깊게 공부하는 것이 아니라 당장 해석할 수 있을 정도로만 공부하면 됩니다.

다양한 형태의 예문을 접하게 하고자 접속사 that 같은 경우에는 4개의 문장을 넣었습니다. 각각의 접속사 that 예문을 문법 교재에서 2~4개 찾으면 좋겠지만, 그게 어렵다면 부록의 접속사 that 예문만으로도 반복학습을 할 수 있습니다. '문법이 적용된 문장을 체득하는 반복학습법'에 활용하지 않는다면 아이의 영어 노트에 한두 문장씩 정리해 암기시켜도 좋습니다. 3단계 교재 초반에 관계대명사가 나와 관계대명사가 들어간 문장들을 앞에 배치했습니다. 관계대명사에 대해 '부록 6. 관계대명사 특강'에 정리했으니 참고하세요.

※ 문법에 해당되는 부분을 두꺼운 글자로 표시했습니다. 학습할 때 해당 문법을 파악하기 쉬울 겁니다.

1 I know a girl **who** sings beautifully.

나는 아름답게 노래를 부르는 한 소녀를 안다. (주격 관계대명사)

---

2 This is the car **that** I bought last year.

이것은 내가 작년에 산 차이다. (목적격 관계대명사)

---

3 **Are** you **going to** write a letter?

너는 편지를 쓸 예정이니? (미래를 나타내는 대용어 'be going to')

---

4 While he **was taking** a shower, his cat **broke** a cup.

그가 샤워를 하는 동안 그의 고양이가 컵을 깼다. (과거와 과거진행형)

---

5 **Turn** the volume up and **let's** dance.

볼륨을 높이고 춤을 추자. (명령문과 제안문)

---

6 He **has to** finish his homework by 6 o'clock.

그는 6시까지 숙제를 끝내야 한다. (조동사 must의 대용어 'have to')

---

7 She **seems** really happy and he also **looks** happy.

그녀는 정말로 행복한 것 같고 그 역시 행복해 보인다. (2형식과 2형식 감각동사)

---

8 They will **buy** me a backpack.

그들은 나에게 배낭을 사줄 것이다. (4형식 수여동사)

---

9 **Learning** a foreign language isn't easy.

외국어를 배우는 것은 쉽지 않다. (주어에 쓰인 동명사)

10 She regrets **not learning** Chinese.

그녀는 중국어를 배우지 않은 것을 후회한다. (동명사의 부정)

---

11 **When she takes a test,** she will use her favorite pen.

그녀가 시험을 볼 때 그녀가 가장 좋아하는 펜을 사용할 것이다. (시간의 부사절)

---

12 He **has been** hungry **since** 7 o'clock.

그는 7시부터 배가 고팠다. (현재완료, 기간을 나타내는 전치사 since)

---

13 He **had arrived** home before she woke up.

그녀가 깨기 전에 그는 집에 도착했다. (과거완료)

---

14 She **has lived** in Seoul **since** she graduated from high school and she **has taught** English **for** three years.

그녀는 고등학교를 졸업한 이래로 서울에 살고 있고, 3년 동안 영어를 가르쳐 오고 있다. (현재완료, 기간을 나타내는 접속사 since와 전치사 for)

---

15 **Since** she doesn't have a daughter, she **doesn't have to** buy a pink ribbon pin.

그녀는 딸이 없기 때문에 분홍 리본 핀을 살 필요가 없다. (이유의 접속사 since, 조동사 must의 대용어인 have to의 부정형)

---

16 She was sad **because** she heard a piece of bad news about her friend.

그녀는 그녀의 친구에 대한 나쁜 소식을 들었기 때문에 슬펐다. (이유의 접속사 because)

---

17 Bob is **the most handsome** in his class.

밥은 그의 반에서 가장 잘생겼다. (최상급)

---

18 She is **smaller than** her younger sister.

그녀는 그녀의 여동생보다 작다. (비교급)

---

19 **It** is dangerous **for children to swim in the deep pool.**

아이들이 깊은 수영장에서 수영하는 것은 위험하다. (가주어 it과 진주어 to부정사구,
의미상 주어 'for+목적어')

---

20 Does her smile **make you happy?**

그녀의 미소는 너를 행복하게 만드니? (5형식-목적격 보어가 형용사)

---

21 We **saw them crossing the road.**

우리는 그들이 길을 건너는 것을 보았다. (5형식-지각동사 사용)

---

22 The doctor **advised me to exercise at least three times a week.**

의사는 나에게 일주일에 최소한 세 번 운동하라고 충고했다. (5형식-목적격 보어가
to부정사)

---

23 My mom **has me clean my room every Sunday.**

나의 엄마는 내가 나의 방을 일요일마다 청소하게 시키신다. (5형식-사역동사 사용)

---

24 Her recipe makes **it** possible **for me to make pizza.**

그녀의 요리법은 내가 피자를 만드는 것을 가능하게 만든다. (가목적어 it과 진목적어
to부정사구, 의미상 주어 'for+목적어')

25 Do you have pictures **to show** me?

너는 나에게 보여줄 사진을 가지고 있니? (형용사적 용법의 to부정사)

---

26 Some people eat chicken breast **(in order) to lose** weight.

일부 사람들은 살을 빼기 위해서 닭가슴살을 먹는다. (부사적 용법의 to부정사 - 목적)

---

27 She was very glad **to meet** them.

그녀는 그들을 만나서 매우 반가웠다. (부사적 용법의 to부정사 - 형용사 수식, 감정의 원인)

---

28 Did you know **(that)** she was full?

너는 그녀가 배가 불렀다는 걸 알았니? (접속사 that - 목적어에 쓰임)

---

29 **That** plants have feelings is true.

식물이 감정을 가졌다는 것은 사실이다. (접속사 that - 주어에 쓰임)

---

30 It was strange **that** she was absent.

그녀가 결석한 것은 이상했다. (접속사 that - 진주어에 쓰임, 'It'은 가주어)

---

31 The fact is **that** he didn't want to be a teacher.

사실은 그가 선생님이 되는 것을 원하지 않았다는 것이다. (접속사 that - 보어에 쓰임)

---

32 Kimchi **(that/which)** we made five months ago is too sour.

우리가 다섯 달 전에 만든 김치는 너무 시다. (목적격 관계대명사의 생략)

---

33 She has a friend **whose** mom is a famous chef.

그녀는 엄마가 유명한 요리사인 친구가 있다. (소유격 관계대명사)

---

34 The picture **was drawn** by him.

그 그림은 그에 의해서 그려졌다. (수동태)

---

35 I don't know **when he left the office.**

나는 언제 그가 사무실을 떠났는지 모른다. (간접의문문 - 목적어)

---

36 **Why he stole his mom's money** is a mystery.

왜 그가 그의 엄마의 돈을 훔쳤는지는 불가사의하다. (간접의문문 - 주어)

---

37 **Whether he raises a cat or not** is important to her.

그가 고양이를 키우는지 아닌지는 그녀에게 중요하다. (의문사가 없는 간접의문문,

접속사 whether - 주어에 쓰임)

---

38 I wonder **if(=whether) you can help her to do her homework.**

나는 네가 그녀가 숙제하는 걸 도울 수 있는지 아닌지 궁금하다. (의문사가 없는 간접

의문문, '~인지 아닌지'로 쓰인 접속사 if - 목적어에 쓰임)

---

39 **If I have** time tomorrow, **I will read** a book.

만약 내가 내일 시간이 있다면 나는 책을 읽을 것이다. (가정법 현재)

---

40 Could you tell me **what to eat?**

너는 나에게 무엇을 먹어야 할지 말해주겠니? (의문사+to부정사 - 직접목적어)

41 Look at the dog **barking loudly**.

크게 짖고 있는 개를 봐라. (현재분사구 - 주격 관계대명사+be동사 생략)

---

42 The book **written in English** is his.

영어로 쓰인 책은 그의 것이다. (과거분사구 - 주격 관계대명사+be동사 생략)

---

43 The movie is **boring** so we are **bored**.

영화가 지겨워서 우리는 지겹다. (감정을 나타내는 분사)

---

44 Don't tell me the reason **why** you are late.

나에게 네가 늦은 이유를 말하지 마라. (관계부사)

---

45 (While) **Walking** a dog, he saw a thief running away.

개를 산책시키면서 그는 도둑이 도망가는 걸 보았다. (분사구문)

---

46 **If** she **were** tall, she **would be** a model.

만약 그녀가 키가 컸으면 모델이었을 텐데. (가정법 과거)

---

47 **If** he **hadn't had** a car, he **couldn't have come** early.

만약 그가 차를 가지고 있지 않았다면 그는 일찍 오지 못했을 텐데. (가정법 과거완료)

---

48 She likes to wear **what she designs**.

그녀는 그녀가 디자인한 것을 입길 좋아한다. (관계대명사 what - 관계대명사 what절이 목적어로 쓰임)

---

49 **What he said yesterday** is false.

그가 어제 말했던 것은 거짓이다. (관계대명사 what - 관계대명사 what절이 주어로 쓰임)

05

4단계 리딩의 독해 실력을 높이는 엄선된 문장

4단계 리딩에서 쓰일 만한 10문장을 엄선한 뒤 간단히 분석했습니다. '문법이 적용된 문장을 체득하는 반복학습법'에 활용하거나 아이의 영어 노트에 한두 문장씩 정리해 암기시키세요. 아이는 의미를 파악할 때 이 문장들을 사용하게 될 겁니다. 문법 교재에서 해당 문법을 찾아 함께 공부하면 더 좋습니다. 정확하게 해석할 줄 알게 하려고 여기서는 분석을 했지만, 아이는 구조와 문법에 신경 쓰지 않고 최대한 자연스럽게 해석하는 게 바람직합니다.

1. 주격 관계대명사

There are <u>two problems</u> (that must be solved by them).
선행사

(그들에 의해 반드시 해결되어야 하는) 두 가지 문제가 있다.

➡ 동사 'must be'의 주어가 없으니 'that'은 주격 관계대명사입니다.

2. 목적격 관계대명사의 생략

Some of the words (you are familiar with) didn't exist last year.
선행사

(네가 친숙한) 몇몇의 단어들은 작년에는 존재하지 않았다.

➡ 'you' 앞에는 목적격 관계대명사가 생략되었습니다. 목적격 관계대명사는 생략이 가능합니다.

➡ 전치사 'with'의 목적어가 없는 걸 보니 목적격 관계대명사가 생략된 것이 맞습니다.

➡ 목적격 관계대명사절(you are familiar with)이 중간에 삽입된 형태입니다.

3. 관계부사 how의 생략

It was developed as an alternative to the old way (red pepper paste
선행사
was made).

그것은 (고추장이 만들지는) 예전 방법에 대한 대안으로 개발되었다.

➡ 'red' 앞에는 관계부사 'how'가 생략되었습니다. 관계부사 'how'는 선행사와 같이 쓸 수 없습니다.

➡ 관계부사 'how'의 선행사는 'the old way'처럼 방법을 나타내는 명사입니다.

4. 과거분사구의 명사 수식

Take the example of a cellular phone (made in Korea).
(한국에서 만들어진) 휴대폰을 예로 들자.

➡ 과거분사구 'made in Korea'는 앞에 있는 명사 'a cellular phone'을
수식합니다.

➡ 'made' 앞에는 '주격 관계대명사+be동사'가 생략된 원리입니다.

(= ~ a cellular phone (which was) made in Korea.)

5. 현재분사구의 명사 수식

The boys (giving bread to the poor) are my brothers.

(가난한 사람들에게 빵을 주는) 소년들은 나의 남자형제들이다.

➡ 현재분사구 'giving bread to the poor'는 앞에 있는 명사 'The boys'
를 수식합니다.

➡ 'giving' 앞에는 '주격 관계대명사+be동사'가 생략된 원리입니다.

(= The boys (who are) giving bread to the poor ~ .)

6. 목적어로 쓰인 간접의문문

They competed to see [who could eat the most lemons].
　　　　　　　　　동사　　　　　　　　　목적어

그들은 [누가 가장 많은 레몬을 먹을 수 있는지] 알아보기 위해 경쟁했다.

➡ to 부정사에 있는 동사 'see'의 목적어는 간접의문문 'who ~ lemons'

입니다. 간접의문문은 '의문사+주어+동사'의 형태입니다.

➡ 간접의문문은 명사절이라 문장 내에서 주어, 목적어, 보어로 쓰입니다.

➡ 간접의문문에서 의문사가 주어인 형태가 있습니다. 의문사 'who'는 동사 'could eat'의 주어로 쓰였습니다.

7. 분사구문

He lies, knowing that his mother must be angry.
그는 그의 엄마가 화가 날 것이 틀림없다는 걸 알면서도 거짓말을 한다.

➡ = He lies, although he knows that his mother must be angry.

➡ 'knowing'은 현재분사로, 'knowing ~ angry'는 분사구문입니다. 문장 내의 주어 'He'가 'knowing'하는 겁니다.

➡ 분사구문은 문두와 문중, 문미에 위치할 수 있습니다.

8. 'Having been'이 생략된 분사구문

Built in 1913, his house is always neat and clean.
1913년에 지어졌지만, 그의 집은 항상 정돈되어 있고 깨끗하다.

➡ = Though his house was built in 1913, it is always neat and clean.

➡ 'Built'는 과거분사로, 'Built in 1913'은 분사구문입니다. 문장 내의 주어 'his house'가 'Built'된 겁니다.

➡ 'Built' 앞에는 'Having been'이 생략되었습니다. 분사구문에서 be 동사의 분사 형태인 'being'과 'having been'은 생략이 가능합니다.

'having been(having+과거분사)'은 주절의 동사보다 한 시제 더 과거임을 나타냅니다.

9. 보어로 쓰인 관계대명사 what절

<u>This is</u> [<u>what Peter decided to do in 2019</u>].
주어 동사　　　　　　　　보어

이것은 [피터가 2019년에 하기로 결심했던 것]이다.

➡ 동사 'is'의 보어는 관계대명사 what절인 'what ~ 2019'입니다.

➡ 관계대명사 what절은 명사절이라 문장 내에서 주어, 목적어, 보어로 쓰입니다.

➡ 동사 'do'의 목적어가 없으니 what은 목적격 관계대명사입니다.

10. 주어로 쓰인 관계대명사 what절

[<u>What they were looking for</u>], <u>she thought</u>, <u>might be</u> a useless thing.
주어　　　　　　　　　　삽입절　　　　동사

그녀는 [그들이 찾고 있는 것]이 무용한 것일지도 모른다고 생각했다.

➡ 동사 'might be'의 주어는 관계대명사 what절인 'What ~ for'입니다.

➡ 전치사 'for'의 목적어가 없는 걸 보니 what은 목적격 관계대명사입니다.

➡ 'she thought'는 삽입된 문장으로 'She thought (that) what they were looking for might be a useless thing'과 같습니다.

06

관계대명사 특강

관계대명사를 간략하게 정리하는 건 사실상 불가능한 일이지만 정리해보겠습니다.

1. 관계대명사란?

관계대명사는 문장을 이어주는 접속사와 대명사가 합쳐진 형태로, 두 단어가 한 단어로 줄여진 효율적인 형태입니다. 즉 '관계대명사=접속사+대명사'입니다.

2. 선행사란?

관계대명사 안에 들어가 있는 대명사와 의미가 같은 명사라 관계대명사절의 수식을 받습니다.

➡ **명사(선행사)**+(관계대명사+문장) : ~한 (명사)

ex <u>pies</u> (**which** she made) : (그녀가 만든) 파이들
  선행사

3. 주격 관계대명사

주격 관계대명사는 '접속사+주어(대명사)'입니다. 관계대명사 안에 주어가 들어가 주격 관계대명사 뒤에는 주어가 없습니다. 결국 주격 관계대명사 뒤에는 주어가 없는 불완전한 문장이 옵니다. 그래서 관계대명사 안에 들어가 있는 대명사 주어와 같은 명사인 선행사를 수식해야 의미가 파악됩니다. 선행사가 사람이면 주격 관계대명사 'who'를 쓰고, 선행사가 사물이나 동물이면 'which'를 씁니다. 주격 관계대명사 'that'은 모든 선행사에 쓰입니다.

➡ **명사(선행사)**+(주격 관계대명사+동사..)

🄔 a boy (**who** looks happy) : (행복해 보이는) 소년
　　선행사

🄔 We had a dog (**which** ran fast). = We had a dog **and the dog** ran fast. : 우리는 (빠르게 달렸던) 개를 가졌었다.

4. 목적격 관계대명사

목적격 관계대명사는 '접속사+목적어(대명사)'입니다. 관계대명사 안에 목적어가 들어가 목적격 관계대명사 뒤에는 목적어가 없습니다. 결국 목적격 관계대명사 뒤에는 목적어가 없는 불완전한 문장이 옵니다. 그래서 관계대명사 안에 들어가 있는 대명사 목적어와 같은 명사인 선행사를 수식해야 의미가 파악됩니다. 선행사가 사람이면 목적격 관계대명사 'who(m)'을 쓰고, 선행사가 사물이나 동물이면 'which'를 씁니다. 목적격 관계대명사 'that'은 모든 선행사에 쓰입니다. 목적격 관계대명

사는 생략이 가능합니다.

➡️ **명사(선행사)+(목적격 관계대명사+주어+동사..)**

🔵ex spaghetti (**that** she liked) : (그녀가 좋아했던) 스파게티

　　선행사

🔵ex We raise a chick (**which** Tom bought). = We raise a chick **and**

Tom bought **the chick.** : 우리는 (톰이 샀던) 병아리를 키운다.

07

리스닝 실력을 높이는
15가지 스킬*

아이가 이 스킬들을 스스로 읽고 이해할 수 있다면 혼자 학습해도 됩니다. 아이는 리스닝 스킬을 알게 되면 실력이 더 향상될 겁니다. 보다 자세한 내용을 알고 싶다면《김련희의 영어회화 발음 & 청취 사전》(김련희, 다락원)을 참고하세요.

1. 플랩(flap) 현상 듣기**

모음과 모음 사이에서 d[ㄷ]와 t[ㅌ] 발음이 [ㄹ]로 발음됩니다. 주로 미국 영어에서 나타나는 현상입니다.

[d] → [r]		[t] → [r]	
edit [에릿]	video [비리오]	total [토우를]	title [타이를]
middle [미를]	radio [래리오]	water [워러]	matter [매러]
model [마를]	already [얼레리]	later [레이러]	pretty [프리리]
anybody [애니바리]	credit [크레릿]	better [베러]	theater [띠어러]
idiot [이리엇]	kidding [키링]	notice [노리스]	Saturday [쌔러데이]

2. 연음 듣기

발음의 편의를 위해 단어와 단어가 이어져 발음되지만 이로 인해 리스닝이 어려워져 원리를 알고 준비해야 합니다. 대표적인 것은 '자음+모음' 연음으로, 앞 단어의 끝 자음과 다음 단어의 첫 모음이 이어져 발음됩니다. 여기에 플랩 현상이 더해질 수 있습니다.

make it [메이킷]	have a [해버]	What's up [와썹]
for a long time [포ʳ러롱타임]	Never again [네버뤄겐]	sure of [슈러브]
give it a [기비러](+플랩)	get a [게러](+플랩)	not at all [나래럴](+플랩)

3. 부정축약형 듣기

'not'의 축약형 'n't'에서 [t/ㅌ]가 생략되면 [n]의 [n/ㄴ] 소리로 부정문이라는 걸 알아내야 합니다.

isn't [이즌]	aren't [아-안]	wasn't [워즌]	weren't [워-언]
don't [도운]	doesn't [더즌]	didn't [디른](+플랩)	won't [워운]
haven't [해븐]	hasn't [해즌]	hadn't [해른](+플랩)	wouldn't [우른](+플랩)
shouldn't [슈른](+플랩)	couldn't [쿠른](+플랩)	mightn't [마이른](+플랩)	can't [캔]

---

* 김련희. 《김련희의 영어회화 발음 & 청취 사전》. 다락원. 2008.

** 전기선. 《단어를 보면 발음이 떠오르는 미국 영어 발음법》. 이다새. 2012.

4. 동화 듣기

[t] 또는 [ts]로 끝나는 단어가 [j]와 이어져 [tʃ/취]로 발음됩니다. [d] 또는 [dz]로 끝나는 단어 역시 [j]와 이어져 [dʒ/쥐]로 발음됩니다. [j] 소리로 시작하는 단어는 주로 'you'나 'your'입니다.

don't you [도운츄]	want you [원츄]	get you [게츄]	what you [와아츄]
did you [디쥬]	would you [우쥬]	could you [쿠쥬]	need you [니이쥬]

5. [s] + [p, t, k]

[s] 다음에 [p, t, k] 발음이 오면 발음의 편의를 위해 [ㅃ, ㄸ, ㄲ]에 가깝게 발음됩니다.

speak [ㅅ삐익]	split [ㅅ쁠릿]	student [ㅅ뜌던ㅌ]	stop [ㅅ따압]
mistake [미스떼이크]	school [ㅅ꾸울]	score [ㅅ꺼얼]	skill [ㅅ낄]

6. nd/nt

모음 사이에서 'nd'와 'nt'는 [d]와 [t]가 생략되고 [n]만 들리기도 합니다.

twenty [트웨니]	internet [이너넷]	center [세너]	interview [이너뷰]
in front of [인 프러너브](+연음)	isn't it [이즈닛](+연음)	lend it [레닛](+연음)	kind of [카이너브](+연음)

7. rd/rt

'rd'와 'rt'는 모음 사이에서 [r]처럼 들리기도 합니다.

disorder [디스어럴]	recorded [레커어릿]	ordinary [어-리너뤼]	heard **of** [허어**러브**](+연음)
party [파아리]	started [ㅅ따릿]	exporting [엑스포링]	part **of** [파아**러브**](+연음)

8. ld/lt

'ld'와 'lt'의 [d]와 [t]는 잘 들리지 않기도 합니다.

building [빌링]	colder [코울러]	told **us** [토우**러ㅆ**](+연음)	fold **it** [포ᴮ울**릿**](+연음)
guilty [길리]	melting [멜링]	insulted [인써릿]	felt **it** [펠ᴮ**릿**](+연음)

9. dr/tr =[dʒr]/[tʃr]

발음의 편의를 위해 [d]와 [r]이 만나 [dʒr]로, [t]와 [r]이 만나 [tʃr]처럼 발음됩니다.

drive [쥬롸이브]	drug [쥬러그]	drawing [쥬로잉]	dropped [쥬롸압트]
trouble [츄뤄블]	trip [츄립]	country [컨츄리]	extra [엑스츄뤄]

10. [h] 생략

'h'로 시작되는 약세 단어들이 빠르게 발음될 때 [h] 소리가 없어지면서 앞 단어와 이어져 발음됩니다. 이런 단어로는 'he, his, him, have' 등이 있습니다.

Is he [이지] (+연음)	Did he [디리] (+플랩/연음)	with her [위덜](+연음)	pick him up [피키멉/피크멉] (+연음)
for him [포림/포름] (+연음)	get her [게러] (+플랩/연음)	ask him [애스낌/애스끔] (+연음)	should have [슈러브] (+[d]생략/연음)

11. 'th' 생략

'th'로 시작되는 약세 단어들이 빠르게 발음될 때 [ð] 소리가 없어지면서 앞 단어와 이어져 발음됩니다. 이런 단어로는 'the, they, their, them, this, that' 등이 있습니다.

on the [오너]	Is this mine? [이지스 마인]	Is there special water? [이제얼 스뻬셜 워러]
as the [애저]	one of them [원 오범/원 오븜]	He is in that movie. [히 이즈 이냇 무비]

12. 겹자음 생략

같은 자음이 겹칠 때 뒤에 있는 자음만 조금 더 길게 발음됩니다.

summer [써머-]	side dish [싸이디-쉬]	set to [세투-]	dark color [달컬-러]
would do [우두-]	bus schedule [버스-께쥴]	half full [해풀-]	part time [팔타-임]

13. 유사자음 생략

빠르게 발음될 때 서로 비슷한 자음이 나란히 오면 앞 자음은 거의 들리지 않고 뒤의 자음은 조금 더 길게 발음됩니다. 유사자음이 생략되지 않을 수도 있습니다. '티, ㄷ'와 'ㅍ, ㅂ, ㅃ', 'ㅋ, ㄱ', 'ㅅ, ㅈ, 쉬', 'ㅆ, ㄷ' 등이 각각 유사자음이 됩니다.

had **to** [해투-]	give **b**irth [기벌-ㅆ]	said **to** [세투-]	arrived **th**ere [어롸이ㅂ데-얼]
hard **t**ime [할타-임]	was **sh**e [워쉬-]	his **sh**oes [히슈-ㅈ]	health **c**enter [헬세-너]

14. 음절자음 [n]과 [l]

[t, d] 뒤에 [n]과 [l]이 있을 경우 [t, d]는 거의 들리지 않습니다. 그리고 [n]은 [은]으로, [l]은 [을]처럼 발음됩니다.

button [벗은]	mountain [마운은]	garden [가알은]	sudden [썬은]
little [릿을]	mostly [모우스을리]	absolutely [앱써루을리]	kindly [카인을리]

15. 유성음 vs 무성음*

3단계 리스닝 받아쓰기를 할 때 행복이가 'b'와 'p'의 차이를 헷갈려해서 제가 가르쳐준 방법입니다. 1단계 파닉스에서 알려주었던 유성음과 무성음의 차이를 알려주세요. 이를 통해 영어단어 속 스펠링의 미묘한 발

---

* 김형주. 《영어, 발음강사 되다!》. 위아북스. 2013.

음 차이를 알게 돼 받아쓰기 정답률이 올라갈 겁니다. 참고로, 성대가 울리는 유성음은 [b], [d], [g], [v], [z] 등이고, 성대를 진동시키지 않는 무성음은 [p], [t], [k], [f], [s] 등입니다.

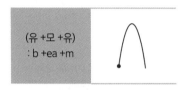

첫 스펠링이 유성음일 경우 더 낮은 음에서 시작해 더 오래 발음.

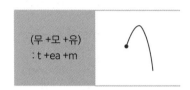

첫 스펠링이 무성음일 경우 더 높은 음에서 시작해 더 짧게 발음.

08

5단락 영어 에세이 예

제 블로그의 '쓰기(W)/말하기(S)' 카테고리에는 행복이의 다른 에세이들이 있습니다. 짧은 에세이와 설득하는 5단락 에세이도 있으니, 필요하다면 참고하세요.

'If I were an animal…'의 구조

◆ **Main Idea**
: If I could change myself into an animal, I would become a cat.

◆ **Main Example 1:** I think a Scottish fold cat is the cutest animal in the world.
- Example 1 : It has cute folded ears.
- Example 2 : It looks like a baby because it has a chubby face.
- Example 3 : It has wonderful fur feeling very soft, stripes on its head, and big and round eyes.

◆ **Main Example 2:** A Scottish fold cat has charming personalities that people like.
- Example 1 : It is good-natured.
- Example 2 : It adjusts to other animals extremely well.
- Example 3 : It is one of the top 7 most intelligent cat breeds.

◆ **Main Example 3:** A Scottish fold cat has good physical characteristics.
- Example 1 : It has a good sense of balance.
- Example 2 : It can climb up a tree well and jump from it.
- Example 3 : It is able to hear every step sound of a mouse.

◆ **Title:** If I were an animal…

◆ **제목:** 만약 내가 동물이 된다면…

1단락(도입)

> Main Idea(주제)[1] + Main Example 1(주요 예 1)[2] + Main Example 2(주요 예 2)[3] + Main Example 3(주요 예 3)[4] + Restate Main Idea(주제를 재진술)[5]

If I could change myself into an animal, I would become a cat. [1]
만약 내가 동물로 변할 수 있다면, 나는 고양이가 될 거다.

A cat has a cute look[2], charming personalities[3], and good physical characteristics[4].
고양이는 귀여운 외모, 매력적인 성격, 그리고 좋은 신체 특성을 가졌다.

Because a cat has lots of advantages, I want to become a cat, particularly a Scottish fold cat. [5]
고양이는 많은 장점을 가졌기 때문에, 나는 고양이, 특히 스코티시폴드 고양이가 되길 원한다.

2단락

> Main Example 1(주요 예 1)[1] + Example 1(예 1)[2] + Example 2(예 2)[3] + Example 3(예 3)[4] + Restate Main Example 1(주요 예 1을 재진술)[5]

I think a Scottish fold cat is the cutest animal in the world. [1]
나는 스코티시폴드 고양이가 세상에서 가장 귀여운 동물이라고 생각한다.

It has cute folded ears. That's why it is called the 'Scottish fold'. [2]

그것은 접힌 귀를 가졌다. 그것이 'Scottish fold'라고 불리는 이유이다.

It looks like a baby because it has a chubby face. [3]

그것은 포동포동한 얼굴을 가졌기 때문에 아이처럼 보인다.

It has wonderful fur feeling very soft, stripes on its head, and big and round eyes. [4]

그것은 매우 부드럽게 느껴지는 털, 머리 위의 줄무늬, 그리고 크고 둥근 눈을 가졌다.

These traits make it much cuter. [5]

이 특성들은 그것을 훨씬 더 귀엽게 만든다.

3단락

Main Example 2(주요 예 2)[1] + Example 1(예 1)[2] + Example 2(예 2)[3] + Example 3(예 3)[4] + Restate Main Example 2 (주요 예 2를 재진술)[5]

A Scottish fold cat has a charming personality that people like. [1]

스코티시폴드 고양이는 사람들이 좋아하는 매력적인 성격을 가졌다.

It is good-natured and adjusts to other animals extremely well.

그것은 성격이 좋고 다른 동물들에게 정말 잘 적응한다.

It can make a lot of friends and get along with them. [2]

그것은 많은 친구들을 만들고 잘 어울릴 수 있다.

Also, it is one of the top 7 most intelligent cat breeds.[3]

또한 그것은 가장 똑똑한 7개의 고양이 종류 중 하나이다.

So it can enjoy puzzle toys and playing with people. [4]

그래서 그것은 퍼즐과 사람과 노는 것을 즐길 수 있다.

I like its good personality. [5]

나는 그것의 좋은 성격이 좋다.

4단락

> Main Example 3 (주요 예 3)[1] + Example 1(예 1)[2] + Example 2(예 2)[3] +
> Example 3(예 3)[4] + Restate Main Example 3 (주요 예 3을 재진술)[5]

A Scottish fold cat has good physical characteristics. [1]

스코티시폴드 고양이는 좋은 신체 특성을 가졌다.

It has a good sense of balance that makes it safe even when it falls from a high place. [2]

그것은 심지어 높은 곳에서 떨어졌을 때에도 안전하게 하는 좋은 균형감각을 가졌다.

It can climb up a tree well and also jump from it. [3]

그것은 나무를 잘 올라가고 또한 점프할 수 있다.

It is able to hear every step sound of a mouse. [4]

그것은 쥐의 모든 발자국 소리를 듣는 것이 가능하다.

These abilities can make it a good hunter. [5]

이러한 능력은 그것을 좋은 사냥꾼으로 만든다.

5단락(결말)

Restate Main Idea(주제를 재진술)[1] + Restate Main Example 1(주요 예 1을 재진술)[2] + Restate Main Example 2(주요 예 2를 재진술)[3] + Restate Main Example 3(주요 예 3을 재진술)[4]

Because of these great traits and abilities, a Scottish fold cat would be what I wish to become if I were an animal. [1]

이러한 위대한 특성과 능력 때문에, 스코티시폴드 고양이는 내가 동물이 된다면 되고 싶은 것이다.

As you can see, it is very cute[2] and charming[3].

네가 보았듯이, 그것은 매우 귀엽고 매력적이다.

It also has great physical abilities. [4]

그것은 또한 좋은 신체 능력을 가졌다.

공부를 시작하기에
절대로 늦은 시기란 없습니다

지금 행복이는 과학자 겸 교수라는 꿈을 키우고 있습니다. 초등학교 4학년에 과학 영재원에 입학해 벌써 4년째 영재원에서 공부하고 있고, 스스로 과학고등학교에 진학하는 것을 목표로 세웠습니다. 그러다 보니 해야 할 공부량이 많아서 시키지 않아도 주말까지 책상 앞에 앉아 있습니다.

특히 천문학에 관심이 많아, 비는 시간에는 성인용 지식책을 읽거나 과학 논문을 읽곤 합니다. 과학 논문은 한눈에 이해하기 어려운 듯하지만 모르는 내용은 구글과 관련 서적 등을 찾아보며 나름대로 재밌게 공부하고 있는 듯합니다. 롤모델을 인터뷰해오라는 학교 과제를 받자, 경희대학교 우주탐사학과 문용재 교수님께 직접 인터뷰를 요청해서 자기의 학습 방향과 목표를 좀 더 구체화하기도 했습니다.

행복이는 과학자라면 코딩을 기본적으로 활용할 수 있어야 한다고 생각해, 틈틈이 코딩 공부도 합니다. 영어로 된 코딩 앱을 사용해 자기에게 필요한 기능만 넣은 핸드폰 위젯을 직접 만들어 학습 관리와 건강 관리도 하고 있습니다. 이 모든 걸 스스로 하고 있습니다.

제가 아이의 영어를 코치하며 낸 가장 큰 성과는 '초등학생 때 수능 영어 만점'이 아닙니다. 바로, 누가 시키지 않아도 즐겁게 공부하는 아이로 이끈 것입니다. 행복이는 늦게 영어를 시작했지만 차근차근 꾸준히 공부해 빛나는 성과를 만들었습니다. 행복이는 영어만 늦은 게 아니었습니다. 수학도 다른 아이들보다 늦게 깨우치는가 싶었지만, 기초를 쌓아가며 탄탄하게 학습하기로 결정했습니다. 제가 한 것은 조급해하거나 채근하지 않고 목표로 가는 길을 안내한 것뿐이었습니다. 그 결과 중학교 1학년인 현재, 고등학교 2학년 수학을 아이 스스로 학습하고 있습니다.

이 경험들을 통해, 행복이는 이제 어떤 과제가 주어지든 차분하게 계획을 세우고 하나씩 해나갑니다. 남들보다 뒤처져도, 잘 모르는 게 나와도 흔들리거나 포기하지 않는 아이가 되었습니다. 저는 행복이를 단순히 영어를 잘하는 아이가 아니라, 꿈을 찾고 좋아하는 공부를 즐겁게 할 수 있는 아이로 자랄 수 있게 도운 점에서 엄마이자 공부 코치로서 가장 큰 보람을 느낍니다. (아이의 관심사가 영어보다 수학이라면, 그리고 부모님이 수학을 잘한다면 제 영어 코칭법을 수학부터 적용해 공부 습관을 잡아보시는 것도 좋겠습니다)

내 아이의 관심사를 가장 잘 알고, 아이의 흥미를 학습으로 연결시키고 싶은 마음이 가장 큰 사람은 세상에 부모밖에 없습니다. 아이를 코치하는 게 쉽지는 않습니다. 부모의 많은 관심과 노력, 때론 어느 정도 희생도 필요합니다. 저는 한창 일하던 중 건강 악화로 갑자기 학원 운영을 그만둘 수밖에 없었고, 자의 반 타의 반으로 행복이의 학습 코치가 되었습니다.

하지만 그 시간은 제 커리어에 매우 의미 깊은 시간이 되었습니다. 영어를 많은 아이들에게 효율적으로 가르치는 데 집중하던 제가, 아이들의 관심사와 학습 동기를 자극해 자기주도학습으로 이끄는 커리큘럼을 짜서 블로그에 공유하고 학습 상담을 진행하며, 행복이와 비슷한 많은 아이들의 성장을 돕고 있습니다.

많은 부모님들이 저에게 영어 학습에 대한 고민을 말씀하시는데 특히 이런 질문을 많이 합니다.

'엄마표 영어 망한 것 같아요. 1살 때부터 영어 노출 안 시켜서 그런 걸까요?'

아닙니다. 아이가 공부를 시작하는 데 늦은 나이란 절대 없습니다. 하지만 정확한 방법은 있습니다. 제가 이 책에 제시한 방법대로 차근히 따라해보세요. 처음에는 물론 부모님께서 이끄셔야 하니 쉽지 않겠지만, 어느 순간부터 아이는 스스로 성장하기 시작할 겁니다. 그리고 부모님께는 여유가 생길 거고요. 여러분과 여러분 자녀의 학습에 순항의 길이 펼쳐지길 바랍니다. 이 책이 그 키가 되길 바랍니다.

영어 공부 잘하는 아이는
이렇게 공부합니다

초판 1쇄 발행 2021년 12월 10일
초판 4쇄 발행 2022년 2월 14일

지은이·김도연
발행인·이종원
발행처·(주)도서출판 길벗
출판사 등록일·1990년 12월 24일
주소·서울시 마포구 월드컵로 10길 56(서교동)
대표 전화·02)332-0931 | 팩스·02)323-0586
홈페이지·www.gilbut.co.kr | 이메일·gilbut@gilbut.co.kr

기획 및 책임편집·황지영(jyhwang@gilbut.co.kr) | 제작·이준호, 손일순, 이진혁 | 영업마케팅·진창섭, 강요한
웹마케팅·조승모, 송예슬 | 영업관리·김명자, 심선숙, 정경화 | 독자지원·윤정아, 홍혜진

디자인·정윤경 | 교정교열·장도영 프로젝트 | 인쇄·천일문화사 | 제본·경문제책

ISBN 979-11-6521-805-8 03370
(길벗 도서번호 050170)

독자의 1초를 아껴주는 정성 길벗출판사
길벗 | IT실용서, IT/일반 수험서, IT전문서, 경제실용서, 취미실용서, 자녀교육서
더퀘스트 | 인문교양서, 비즈니스서
길벗이지톡 | 어학단행본, 어학수험서
길벗스쿨 | 국어학습서, 수학학습서, 유아학습서, 어학학습서, 어린이교양서, 교과서